黄金时代

中国黄金行业的崛起

北京黄金经济发展研究中心 编著

中国财经出版传媒集团
中国财政经济出版社

图书在版编目（CIP）数据

黄金时代：中国黄金行业的崛起／北京黄金经济发展研究中心编著． ——北京：中国财政经济出版社，2019.9

ISBN 978－7－5095－9246－5

Ⅰ. ①黄… Ⅱ. ①北… Ⅲ. ①黄金工业－工业发展－概况－中国 Ⅳ. ①F426.32

中国版本图书馆 CIP 数据核字（2019）第 205051 号

责任编辑：潘 飞　　　　　责任印制：张 健
封面设计：陈宇琰　　　　　责任校对：徐艳丽

中国财政经济出版社 出版

URL：http：//www.cfeph.cn

E－mail：cfeph＠cfemg.cn

（版权所有　翻印必究）

社址：北京市海淀区阜成路甲 28 号　邮政编码：100142

营销中心电话：010－88191537

北京中兴印刷有限公司印刷　各地新华书店经销

710×1000 毫米　16 开　27.75 印张　442 000 字

2019 年 11 月第 1 版　2019 年 11 月北京第 1 次印刷

定价：98.00 元

ISBN 978－7－5095－9246－5

（图书出现印装问题，本社负责调换）

本社质量投诉电话：010－88190744

打击盗版举报热线：010－88191661　　QQ：2242791300

编　委　会

主　任：宋　鑫

副主任：焦瑾璞　姜　岩　刘　冰　陈玉民　陈景河　翁占斌
　　　　　黄启富　李宝权　叶志斌　张永涛　毕立君

执行副主任：陶明浩　李广国

委员：（以姓氏笔划为序）

王　涛	王立新	王兴猛	王军强	王志伟	王忠善
王建强	王信恩	王胜斌	石力华	石玉君	叶向洲
曲　静	吕晓兆	华若鸣	刘山恩	刘永胜	刘旺枝
关士良	李　节	李　涛	李　瑢	李小平	李伟柱
李建波	杨　佩	杨　奕	杨　越	杨明星	杨宝慈
杨绍武	杨海飞	吴峰华	张国王	张国华	张震宇
陈世昌	陈建正	陈美峰	陈焕先	陈雄伟	陈黎阳
陈德官	苗志国	林水清	林畅伟	周桃林	周德奋
郑焕坚	赵占国	赵志良	姜　华	姜良友	祝合良
耿　波	格　根	徐福山	翁国强	翁德新	郭英杰
黄　滢	黄　震	黄万州	黄仕坤	黄志勇	曹　阳
龚奕民	崔建国	彭国敏	满建军		

主　编：李广国　姜　华

副主编：张正虹　倪金合　张伟超

编　辑：裴　虹　吕　磊　马　佳　刘豫杰　陈　平

推　广：陈　帅　刘　冬　隗合新　崔金林　吕　磊　李　瑨

前言
Preface

2019年是中华人民共和国成立70周年。70年来，在党的坚强领导下，在中国人民及海内外华人同胞的共同努力下，中华人民共和国取得了举世瞩目的成就，民族独立，国家富强，百姓安居乐业。伴随着70年的沧桑巨变，黄金行业也发生了翻天覆地的变化。从中华人民共和国成立之初多产黄金为国家换取外汇，到改革开放后逐渐与国际接轨为国家稳定金融市场、满足人民生活需要，再到党的十八大以来助推实现中国梦贡献黄金力量，黄金产业70年风雨兼程，70年披荆斩棘，虽路途艰险，但满载而来。

从几组数据可以看出中华人民共和国成立70年我国黄金行业的斐然成绩：

2018年，我国黄金产量为401.119吨，连续12年位居全球第一，是1949年（4.07吨）的98.56倍；2018年，我国黄金消费量为1151.43吨，连续6年保持全球第一，是1979年（3.99吨）的288.6倍；2018年，全国查明黄金资源储量约为14000吨，截至2019年4月我国的黄金储备为1900.42吨。我们已从世界黄金产业的跟随者变成领军者。

在中华人民共和国成立70周年的历史节点上，回顾黄金行业70年，一个个历史瞬间让人心潮澎湃，一个个高光时刻足以彪炳史册。70年沧海变桑田，70年旧貌换新颜。站在新时代的阶梯上，回望来时路，我国黄金行业的改革发展历程大概分为以下三部分。

中华人民共和国成立后，人民政权没收、接管了日伪、国民党政府和官僚资本金矿，这些金矿的采矿系统、厂房、设备大多遭到严重破坏，黄金工业基础十分薄弱，且国民党败退台湾前运走了几乎所有黄金储备。为大力发展黄金生产，并用黄金储备换取国民经济恢复所需的物资设备，中央人民政府在1949年11月成立重工业部，主管黄金生产，随后成立的中国黄金矿产公司、武警黄金部队、国家黄金管理局等机构更是将黄金生产热潮推向新高度。在这个过程中，老一辈无产阶级革命家毛泽东、周恩来、董必武、王震等对黄金工业的快速发展发挥了重要作用：1957年，周恩来总理签发的《国务院关于大力组织群众生产黄金的指示》将黄金工业发展纳入第二个五年计划；1959年，董必武在中央工作会议上希望各地多产金子的倡议得到毛泽东同志的大力支持；1975年，王震主持黄金工作后，带领有关部门推出了群众采金、实物奖售、价外补贴、黄金专项贷款、黄金生产开发基金和黄金地质勘查基金，并在全国成立各级黄金管理机构。这一系列鼓励扶植政策，让黄金行业的管理和生产迈入稳步推进阶段。到1977年时，我国黄金产量已达16吨，创近代黄金生产历史纪录。而黄金生产的好转也为满足人民群众的衣食住行需求奠定了基础。

改革开放后，中国黄金总公司成立，与中国人民解放军基建工程兵黄金指挥部、冶金工业部黄金管理局合署办公，管理全国的黄金地质勘探、生产建设、科研设计等，黄金行业生产能力大幅提升：1992年，全国黄金产量达到了84.026吨，1993年，黄金产量达到了90.964吨。这期间，按照"边探、边采、边设计、边施工"的发展方针，黄金行业加强黄金地质勘探，实行储量承包制，重点推进山东胶东、河南小秦岭、黑龙江砂金等生产基地建设，建成了若干采用先进技术的大型机械化矿山，黄金生产突飞猛进。"七五"计划时期，国家自有外汇年均达50多亿美元，而黄金出口创汇就高达约30亿美元，这为我国引进总投资200亿元人民币的化肥和化纤设备来解决人民群众的吃穿需求提供了保障。随后，随着改革开放的深入推进，黄金行业也在多年的沉寂下，走进市场竞争。无论是国务院办公厅下发的《关于调整黄金经济政策问题的复函》，中国人民银行批准深圳中心支行开展黄金寄售业务，还是2002年10月30日上海黄金交易所的开业，2010年《关于促进黄金市场发展的若干意见》的印发，都是"黄金人"勇于搏击市场巨浪的有益探索。2011年，全国黄金产量已达到360.957吨，黄金珠宝首饰用金达到456.66吨，黄金珠宝总销售额为3800亿元人民币。2007年，我国的黄金产量首次超过连续109年位居世界产金之冠的南非，成为世界第一产金大国。黄金行业借助改革开放的东风，实现了"弯道超车"。

党的十八大以来，在以习近平同志为核心的党中央坚强领导下，在"五位一体"总体布局和"四个全面"战略布局的指引下，黄金行业深入贯彻落实习近平新时代中国特色社会主义思想，按照创新、协调、绿色、开放、共享发展理念，抓住"一带一路"建设、"京津冀协同发展"、"长江经济带"、雄安新区建设、粤港澳大湾区建设等发展倡仪和战略给黄金行业带来的历史性机遇，努力实现了转型升级。特别是党的十九大以来，习近平总书记发出了培育具有全球竞争力的世界一流企业的动员令,各黄金企业集团积极响应、登高望远,取得了更大的成就:我们不断调整企业结构,加大资源整合和企业兼并重组力度,发挥大型黄金集团优势,在重点矿区实施资源整合、企业改组、技术改造,淘汰落后产能,大型企业主导行业发展的格局初步形成;我们积极开展科技创新工作,在地采选冶、两化融合等方面极大地提高了科技含金量,用"科技"这个第一生产力带动全产业链发展;我们严抓安全环保和生态文明建设,牢固树立安全发展、绿色发展的理念,根据黄金矿山的特点,全面提升了黄金行业的安全和绿色保障能力;我们勇当"一带一路"先行者,开展与沿线国家黄金资源、市场的开发合作和国际产能合作,在世界舞台上刮起了中国的"黄金旋风";我们构建起上海黄金交易所、上海期货交易所与商业银行黄金业务共同发展的黄金市场体系,成长为全球第三大黄金市场;我们勇于开拓"互联网+"的黄金消费模式,积极应用新理念、新技术、新材料,打造智慧型黄金产业,推动了黄金消费的升级。目前,我国黄金生产、加工、消费量均位居全球之首,已经形成了勘探、开采、选冶、设计、加工、消费、投资交易全产业链上下游贯通的黄金产业体系和大型黄金集团主导行业发展的格局。黄金行业的持续健康发展,增强了国家对黄金的控制力,提高了国家综合实力和对抗金融风险的能力,对维护国家经济安全、金融安全,以及推进人民币国际化进程具有重要意义。

回顾中华人民共和国成立70年来黄金行业的发展脉络,我们发现,党和国家的支持是黄金行业发展的坚强后盾,习近平新时代中国特色社会主义思想是实现黄金行业高质量发展的行动指南。未来,我们必须肩负起筑牢国家金融安全的"防波堤"、为人民币国际化增信的责任和使命,我们必须进一步扩大开放,努力构建全球配置资源、国际化发展的新格局,我们必须促进行业发展从投资驱动转向科技创新驱动,通过科技创新实现规模经营、装备现代、优质高效发展,我们必须彻底摒弃传统的"生产—污染—治理"的高环境成本模式,大力推动绿色矿山建设,我们必须在新时代改革开放征程中进一步发扬光大"艰苦创业、勇于创新、甘于奉献、拼搏奋进"的黄金精神,才能带领黄金行业广大干部职工继续砥砺前行,创造下一个70年的辉煌!

70年砥砺奋进,70年春华秋实。中华人民共和国成立以来的70年,是不断创造伟大奇迹、彻底改变中华民族前途命运的70年。从70年的发展历程看,国家兴则产业繁荣,国家强则产业昌盛,而黄金产业在国家走向伟大复兴的过程中以其独特的魅力散发着光与热。无论是在中华人民共和国成立初期发挥"硬通货"作用,为国家进口紧急物资、应对突发事件而拼搏奉献,还是现在扛起为人民币国际化增信、满足人民对美好生活需要的重担,黄金产业肩负了历史职责和使命。同时,一代代优秀企业家、劳动模范、先进人物,一代代普通黄金产业人,以满足国家之需为己任,形成了"艰苦创业、勇于创新、甘于奉献、拼搏奋进"的黄金精神,这种精神仍然凝结在当代"黄金人"的血液里,体现在黄金产业和企业的发展逻辑里。

为回顾黄金产业70年发展历史,重新挖掘黄金精神,凝聚黄金力量,出版《黄金时代——中国黄金行业的崛起》。该书以庆祝中华人民共和国成立70周年为契机,通过对全产业链的结构梳理,展现70年来黄金产业发展历程、黄金在历史上的作用,凸显黄金的战略意义和时代价值,绘就黄金参与大国建设的恢弘画卷。本书力图讲好70年的黄金故事,弘扬传统黄金文化,彰显大国黄金自信,用情展现"黄金人"奋斗精神,礼赞新中国,描绘新时代。

回首来时路,我们不忘初心,展望未来,黄金产业必将在中国共产党的坚强领导下走向辉煌。我们要紧密团结在以习近平同志为核心的党中央周围,高举中国特色社会主义伟大旗帜,以全球化视野进一步优化黄金产业布局,深化供给侧结构性改革,加强科技创新,推进智能制造和两化融合,加快绿色矿山建设步伐,积极参与"一带一路"建设,促进黄金珠宝行业转型升级和黄金市场的健康繁荣发展,着力构建结构优化、资源节约、环境友好、可持续发展、具有国际竞争力的现代化黄金行业,为实现中华民族伟大复兴的中国梦而不懈奋斗!

中国黄金协会党委书记、会长
中国黄金集团有限公司党委书记、董事长

目录

第一章　金脉国运

3	奋斗七十载　阔步新时代	
	——中国黄金行业70年发展纪实	（王胜斌）
22	开放的力量	
	——上海黄金交易所成立及"上海金"诞生纪实	（焦瑾璞）
28	为黄金矿业持续繁荣贡献"中国智慧"	（陈玉民）
34	自觉承担新时代黄金矿业人的光荣使命	（陈景河）
42	打造更高质量的黄金生态圈	
	——国内商业银行黄金业务发展分析	（李宝权）
49	从世界舞台边缘走到中央	（王立新）
53	为"中国梦"贡献黄金力量	
	——党的十八大以来中国黄金行业发展纪实	（马春红　张正虹　贺轶群）
67	黄金政策演变：护航经济　助力改革	（申升）
75	科技创新让黄金大显身手	（裴虹）
82	见证黄金市场开放全过程	（沈刚）
86	中国黄金珠宝市场的发展历程	（张伟超　王昕晨）

第二章　金色版图

95	山东：第一大产金省的规模化之路	（李明双　吕金庆）
102	河南：连续35年保持全国第二大产金省位置	（刘伟）
108	贵州：从粗放发展到走在黄金行业高质量发展前列	（高荣）
114	安徽：形成龙头为引领、骨干为支撑的黄金产业发展新格局	（蒋光华）
119	烟台：中国产金第一市的新跨越	（朱战胜）
125	中国黄金：坚定信念跟党走的砥砺奋进之路	（中国黄金集团有限公司）
135	山东黄金集团：为实现中国梦凝聚"山金"力量	（山东黄金集团有限公司）
141	招金集团：主动融入全球黄金行业发展大潮	（宋健）
145	云南黄金：实现打造国内一流现代化企业的"云金梦"	（杨大钊）
149	赤峰黄金：几代奋斗者的"赤金"梦想	（高波）
154	湖南黄金：建设世界知名的黄金和有色金属矿业集团	（匡国友）
159	灵宝金源：书写"金城"大地上绿水青山的壮美画卷	（李改改　马秀勤）
164	长春黄金研究院：黄金产业科研的前沿阵地	（李文扬）
169	长春黄金设计院：黄金行业工程建设领域的排头兵	（丛学国）
175	焦家金矿：走在全国黄金矿山前沿	（潘春娟）
181	三山岛金矿：开启"国际一流示范矿山"征程	（徐京民）
187	北衙金矿：从"小型铅矿"到全国第三大黄金矿山的华丽蜕变	（杨炤锋）
191	内蒙古太平：为低品位金矿床大规模开发利用贡献中国方案	（杨锋锋　唐金铃）
195	新城金矿：大力推动数字化矿山建设	（于绍雷）
200	玲珑金矿：赤诚本色撑起黄金	（秦良水　张明凯）
205	夏甸金矿：在严格精细管理中低成本运营	（董丽杰）
210	锦丰矿业：以国际化管理模式引领未来发展	（许勇）
217	辰州矿业：百年老矿继续追梦前行	（李新林）
223	湖北三鑫：建智慧矿山，促两化融合	（曹正方　柯年新　黎先燕）
228	贵州紫金：以技术进步成就高质量发展	（许勇）
235	哈图金矿：不毛之地上崛起的现代化大型黄金企业	（赵金萍）

240	夹皮沟金矿：中国第一金矿的历史担当	（吴　尚　刘　芳）

第三章　东方力量

247	我国黄金市场：擎起全球黄金的领军旗帜	（张伟超）
253	"上海金"：国际黄金定价的中国影响力	（年四伍）
258	黄金期货：黄金投资生态体系的巨大推动力	（梁永慧）
262	国内首家商业银行贵金属持牌专营机构的黄金十年	（张永江）
267	商业银行黄金业务供给侧改革在路上	（格　根）
271	一条具备国际视野的黄金银行之路	（李　涛）
276	我国商业银行贵金属业务新时代的发展方向	（董　虹　张　震）
282	"一带一路"倡议为中国与东南亚黄金市场合作带来更大机遇	
	（杨瑞琪　黎　然　姚长志　杨之希　毛燕燕）	
288	香港黄金市场：承前启后　再创百年辉煌	（张德熙）
292	伴随改革开放一路走来的中国贵金属纪念币	（陈　宇）
298	黄金ETF：亚洲黄金市场的活跃因子	（许之彦）
302	黄金回购是产业链中的重要环节	（朱志刚）
306	黄金市场化改革带来的沧桑巨变	（王永刚）
309	新时代的"金商"故事	（张文斌）

第四章　中国制造

315	中国黄金首饰业的变革与演进	（陈志君）
322	品牌+营销，开启黄金珠宝新消费时代	（郭士军　蒋子清　贺轶群）
327	产业基地：珠宝行业发展的大引擎	（吕　磊）
330	设计和文化创新成为金饰行业转型升级的基石	（毛　文　马　佳）
334	上海：黄金珠宝市场兼容并包70年	（吕　磊）
339	深圳：我国黄金珠宝产业崛起的独特样本	（黄志勇）
344	番禺：黄金珠宝加工出口基地的兴起与发展	（蔡鹏举）
350	伦教：珠宝产业从0到999.9的飞跃	（廖攀文）
353	周大福：以年轻的姿态不断前行	（陈世昌）

357	中金珠宝：黄金为民　行稳致远	（陈雄伟）
362	老凤祥：民族品牌飞向世界	（卢　晶　吕　磊）
367	菜百："中国黄金第一家"的商业奇迹	（赵志良）
372	萃华珠宝：与国同梦，老字号绽放新华彩	（郭裕春　梁秀琴）
376	百泰：在创新热土创新前行	（丁云洁）
381	金龙：三十二载专注锻造黄金品牌	（刘旺枝）
385	宏艺：老字号的传承经	（马　佳）

第五章　货币之王

391	黄金具有重大战略价值	（祝合良）
396	黄金储备：全球竞相增持的"压舱石"	（王　蓓）
402	黄金助力人民币国际化	（李　婧　许晨辰）
408	黄金百年定价体系风云激荡	（王亚宏）
414	迎接黄金再货币化下的金融属性的回归	（皮　俊）
420	黄金财富文明进入新时代	（钱万权）
426	塑造新时代中国特色的黄金文化	（葛　辉）

第一章 金脉国运

产金报国,十三万两黄金送延安,成为中国共产党领导的中国人民抗日战争和中国人民解放战争经费的重要来源。

奋斗七十载　阔步新时代

——中国黄金行业 70 年发展纪实

中国黄金协会副会长　王胜斌

2019 年是中华人民共和国成立 70 周年。70 年来，中国人民在中国共产党领导下，以百折不挠、一往无前的奋斗精神，进行社会主义革命、建设、改革的伟大实践，中国特色社会主义不断取得重大成就，中华民族实现了从站起来、富起来，到强起来的历史飞跃。

70 年来，黄金行业也发生了天翻地覆的变化，从人拉肩扛的土法生产到机械化、自动化，如今正在向以信息技术为支撑的新型工业化迈进，黄金产业从小到大、从弱到强，实现了勘探、开采、选冶、设计、加工、消费、投资交易全产业链的协同发展。目前，我国黄金产量、黄金消费量均居全球之首，黄金市场规范繁荣发展，国际话语权不断提升，成绩令世界瞩目，我国黄金产业正在从追随者转变为引领者。

回顾黄金行业 70 年来的沧桑巨变、凤凰涅槃，一幕幕感人画面、美好瞬间令人无法忘怀，一代代"黄金人"披荆斩棘、艰苦创业的故事令人铭记心间。

恢复黄金生产，集中统一管理（1949—1977 年）

中华人民共和国的黄金工业是在一穷二白的基础上起步的。中华人民共和国成立初期，人民政权没收、接管了日伪、国民党政府和官僚资本金矿，这些金矿分布在东北、山东、河北、湖南、广西等地，采矿系统、厂房、设备大多遭到严重破坏，旧中国留下的黄金工业基础十分薄弱。接管矿山后，立即实行民主改革，废除封建把头制，清理现场，维修设备，恢复巷道。经过艰苦努力，1949

年末已有 20 余座矿山恢复了生产，其中包括至今仍在生产的吉林夹皮沟金矿、辽宁五龙金矿、山东玲珑金矿和河北峪耳崖金矿（当时为新华金矿），中华人民共和国黄金工业之旅开始起航。

中华人民共和国成立之初，百废待兴，随着经济建设的发展，外贸渠道的拓宽和进口技术装备需求的激增，仅靠出口物资创汇已远远不能满足实际需要，这种矛盾在 20 世纪 50 年代中期逐渐突出，因此，发展黄金生产换取外汇成为一项政治任务。中华人民共和国成立后，每年的黄金产量只有五六吨，50 年代中期黄金产量出现回落。为此，周恩来总理于 1957 年 9 月签发了《国务院关于大力组织群众生产黄金的指示》，决定将黄金价格从 90 元/两提高到 130 元/两，要求国家地质队伍加强黄金勘探，鼓励群众探矿、找矿，保障黄金生产所需物资和采金群众所需粮食和日用品供应，实行交售黄金实物奖励制度，取消对黄金生产 5% 的课税，并将黄金工业发展纳入第二个五年计划。对重点矿山进行贷款改造，推行机械化采矿和选矿，各地采金积极性大涨。从这年开始，黄金产量渐升，1960 年产量达到 6.5 吨。

1959 年 5 月，董必武副主席在视察东北黄金生产时对冶金部的相关负责人说："黄金是最自由的外汇，增加黄金生产是扩大积累、扩大进口的简捷便宜的办法，有条件生产黄金的，都应积极安排生产。"毛主席在 1964 年中央工作会议上对董必武副主席的提法给予了充分肯定："董老提倡挖金子、银子是对的，要多挖金子、银子。"当时党和国家领导人对黄金生产高度重视，以今天的眼光看，充满了睿智和远见。

在党和国家的关心支持下，1965 年，我国成立了中国黄金矿产公司，采用托拉斯的组织形式集中统一管理黄金生产，标志着我国黄金工业发展进入了一个新时期。中国黄金矿产公司所属黄金地勘、矿山、机修、建设、学校等企事业单位有 41 个，实现了对黄金地质、建设、生产、科研设计的集中统一管理，初步形成了比较完整的黄金工业体系。山东省三山岛、焦家、新城 3 个特大型破碎带蚀变岩型金矿床就是在这一时期发现的，五龙、金厂峪和招远金矿等我国第一批 500 吨/日规模的黄金矿山相继建成投产，小秦岭黄金基地建设也进入全面准备阶段。这一时期黄金产量提高较快，1965 年至 1969 年的五年中，平均年产量为 8.1 吨，1966 年达到 9.6 吨，是 1949 年的 2.3 倍。

"文革"时期，中国黄金矿产公司被当作"复辟资本主义"的产物惨遭批判，被迫撤销，黄金生产受到严重干扰，处于艰难徘徊状态。周恩来总理嘱托时任国务院副总理王震同志抓黄金工作，1975年王震临危受命，担起了黄金工业发展的重任。

面对当时黄金工业一片凋零的现状，王震组织冶金部、地质部的领导和专家，成立"黄金生产领导小组"，力排"文革"干扰，亲自带队，奔赴山东、内蒙古、东北三省、湖南、湖北、河北、新疆、陕西、四川等产金地，深入矿区调研考察，了解黄金探矿、生产中亟待解决的问题，组织动员各方面力量，研究制定政策措施，增加投入，迅速大力度地推动了黄金生产，扭转了黄金工业的被动局面。

在王震的主持下，黄金行业管理得到了加强，并根据黄金矿山的特点，制定了边探、边采、边设计、边施工的发展方针，完善了扶持政策，促进了黄金工业的快速发展。1976年1月1日，冶金工业部成立黄金管理局，负责研究制订全国黄金工业发展目标和发展规划，统一领导管理全国黄金生产。为扶持黄金工业发展，制定了多项扶持政策，实行价外补贴、专项贷款、外汇分成、实物补贴和确保生产物资供应，形成了此后黄金行业实行多年、行之有效的"以金养金"政策体系的雏形。在此期间，国家投入了大量勘探资金和工作量，黄金找矿出现重大突破，先后建成一批重要的黄金生产基地，奠定了黄金行业在改革开放后腾飞发展的基础。1977年，黄金产量达到16.02吨，首次超过此前中国历史上产量最高年份（1911年产金15吨）。

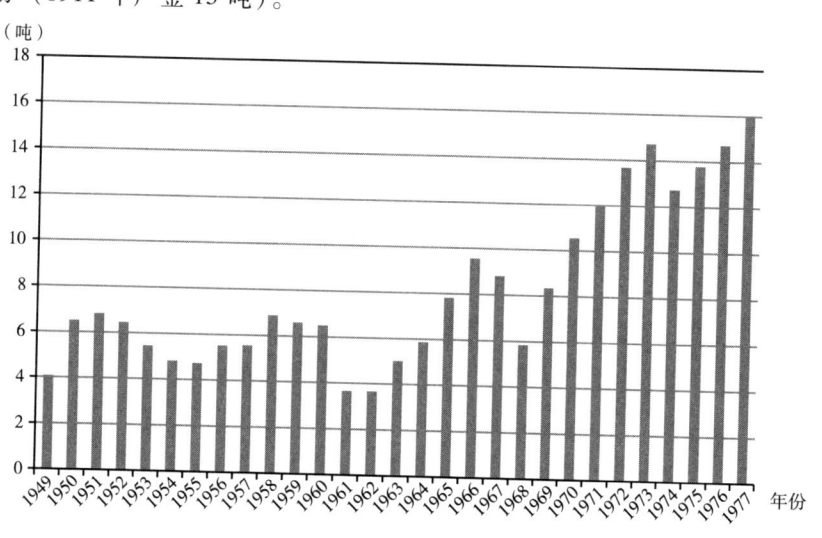

1949—1977年我国黄金产量

建立完善的黄金工业体系（1978—1992年）

1978年12月召开的党的十一届三中全会做出了从1979年起，把全党工作重点转移到社会主义现代化建设上来的战略决策。借改革开放的东风，我国黄金工业厚积薄发，出现了新的转机。

在王震的建议下，1979年3月，国务院、中央军委批准成立基建工程兵黄金指挥部，建立起一支专门从事黄金地质普查、勘探工作的部队。1979年9月，冶金工业部成立了中国黄金总公司。1981年7月，经冶金部、基建工程兵委员会批准决定，冶金部黄金局、中国黄金总公司和基建工程兵黄金指挥部实行统一领导、三位一体的管理体制，这种军政企合一、集中统一的管理模式，在特定历史时期发挥了集中力量办大事的优势，为黄金行业的发展打下了坚实基础。

1988年，国家黄金管理局成立，为国务院部委管理的国家局，由冶金部归口管理，形成了对全国黄金工业实行统一规划、监督、协调的行业管理格局。

20世纪80年代中期，我国黄金产量仅有40吨左右，远远不能满足国家建设的需要。为此，国务院要求各地区、各部门抓紧抓好黄金增产工作。1987年、1991年、1996年先后召开了三次国务院黄金工作会议，对全国黄金工业的发展作出全面部署。

1986年，国务院颁发了《关于加快发展黄金生产的决定》，提出在1985年黄金产量的基础上五年翻一番的奋斗目标，制定了发展黄金生产的12项措施：设立黄金生产开发基金、地质勘探基金、价外补贴，实行减免税、黄金专项贷款、外汇分成、计划单列、实物补贴和确保生产物资供应等政策，形成了"以金养金"的政策体系。

1989年，国家决定对"892规划"项目实行储量承包。黄金地质储量承包改变了国家无偿投入地勘资金的做法，引入市场机制，是我国黄金地质工作一次重大突破与飞跃。

1990年，国务院黄金工作领导小组成立，时任国务院副秘书长的白美清同志担任首任组长，负责研究和协调有关黄金生产、建设、地质、加工、销售等方面的重大问题。这对保证黄金地质勘探、生产计划完成，推进建设和技术改造项目实施，促进各项黄金扶持政策的落实起到了重要作用。

为维护良好的黄金生产秩序，国家加强黄金生产准入管理，严厉打击倒卖走私黄金犯罪行为。

1987年6月,最高人民法院、最高人民检察院、公安部、司法部联合发出《关于严厉打击倒卖走私黄金犯罪活动的通知》,大力加强采金区治安管理和对非法收购、倒买倒卖、走私黄金犯罪活动的查缉工作,对走私黄金犯罪活动依法严惩,并对非法收购、倒买倒卖、走私黄金制定了量刑标准。

1988年,国务院颁发了《国务院关于对黄金矿产实行保护性开采的通知》,将黄金矿产列为"实行保护性开采的特定矿种",规定未经国家黄金管理局批准,任何单位和个人不得开采。

1983年6月,国务院颁发《中华人民共和国金银管理条例》,明确国家对金银实行统一管理、统购统配政策,这是中华人民共和国成立以来由国家颁布的第一个全国性的金银管理方面的法规。

为发挥黄金的作用,在严格产品管理前提下,国务院批准,决定拿出部分黄金制成饰品投放国内市场,以配合当时的物价、工资改革,回笼货币,稳定金融市场。

1979年,国务院批准并授权中国人民银行发行纪念中华人民共和国成立三十周年纪念金币以换取外汇。1982年8月,中国人民银行发布《关于在国内恢复销售黄金饰品的通知》,实行黄金原料有计划配售、产品定点生产和销售制度。同年,中国人民银行发行中国第一套熊猫金币。中华人民共和国成立后长时间中断的国内黄金饰品市场重新得到恢复,迈出我国黄金市场开放的第一步。

为加强黄金行业科技研发、教育培训、产业经济研究和舆论宣传工作,1987年12月,经国家教委批准,沈阳黄金专科学校升格为沈阳黄金学院,设置本科专业。1990年,中国黄金学会、国家黄金管理局黄金经济发展研究中心相继成立。长春黄金研究所、长春黄金设计院、哈尔滨砂金设计研究院获批成为国家黄金管理局所属事业单位。1991年,经国家新闻出版署批准,《中国黄金报》创刊,成为国家黄金管理局机关报。

在此期间,按照国家强化黄金行业管理、大力发展黄金生产的要求,遵循"边探、边采、边设计、边施工"的发展方针,加快黄金地质勘探,实行储量承包制,重点推进山东胶东、河南小秦岭、黑龙江砂金等生产基地建设,建成了一大批采用先进技术的大型机械化矿山,黄金生产突飞猛进。1992年全国黄金产量达到了84.026吨,是1978年的4.27倍。从1978年至1992年15年间,累计生产黄金644.761吨,是中华人民共和国成立至改革开放前29年累计产量

（236.631吨）的2.72倍，年均增幅度达到10.93%。

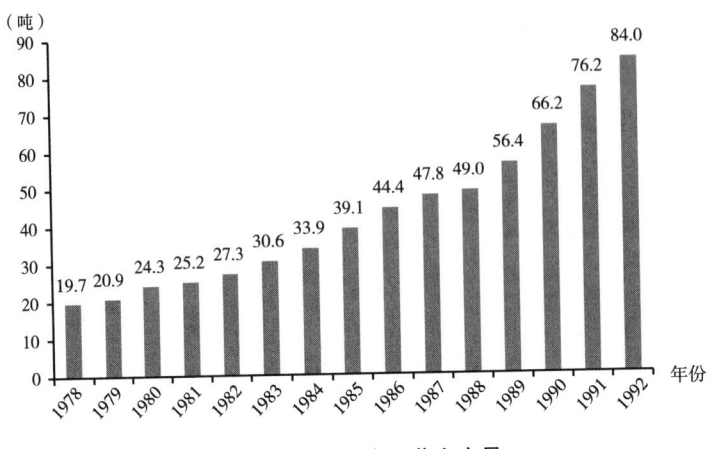

1978—1992年我国黄金产量

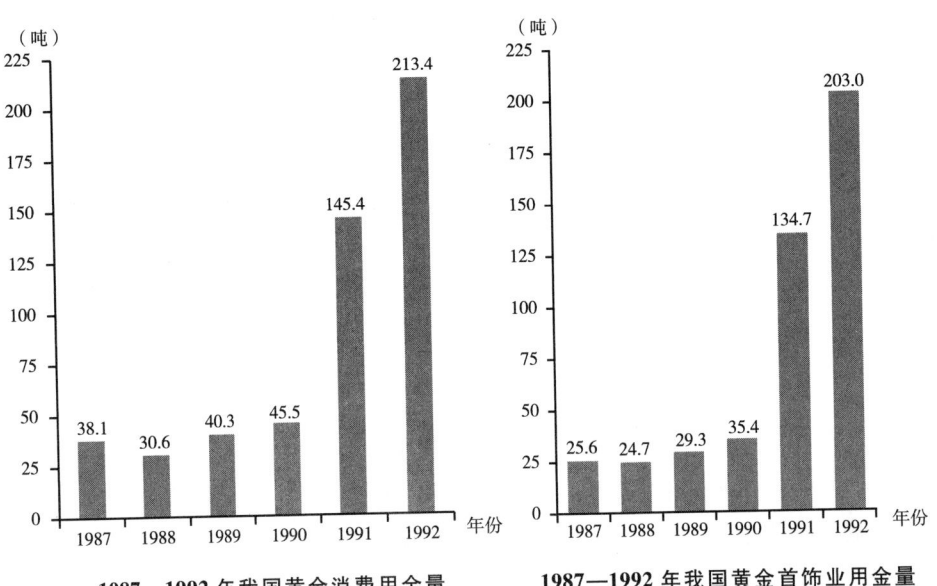

1987—1992年我国黄金消费用金量　　　　**1987—1992年我国黄金首饰业用金量**

黄金行业市场化改革破冰前行（1993—2001年）

1992年，邓小平同志发表南方谈话，党的十四大召开，确立了我国社会主义市场经济体制的改革目标，我国改革开放和现代化建设事业进入新的发展阶段。

同年，位于辽宁省海城市西南16公里的感王镇出现了一个民间黄金市场，这在当时黄金"统收专营"管理制度之下产生了不小的震动，政府管理部门在取消这个市场的同时，也对这种民间行为进行了理性的思考。市场化改革是黄金行业发展的必然结果，但感王市场的出现确实起到了黄金市场化改革催化剂的作用。

1993年，国务院办公厅下发了《关于调整黄金经济政策问题的复函》，确定在继续实行"统收专营"管理体制的前提下推进黄金市场化改革，黄金仍由中国人民银行统收统配，将黄金的固定定价方式改为浮动定价方式，黄金收购价格按低于国际市场10%的水平制定，黄金配售价格与国际市场价格一致。此举打破了中华人民共和国成立以来一直实行的国家固定低价定价模式，为以后黄金价格进一步与国际接轨和国内黄金市场的组建打下了基础，成为撬动我国黄金行业市场化改革的支点。

在价格改革的同时，取消实行多年的"以金养金"扶持政策，黄金开发融资渠道、获取地质资源方式、营销模式都发生了变化，促使黄金企业成为市场主体，在市场竞争中求得生存发展。

黄金对外开放也开始启动，1994年，国务院下发《关于利用境外资金开采低品位、难选冶金矿资源问题的批复》，允许开展外商同我国合资合作经营开采目前国内经济技术难以开发利用的低品位、难选冶金矿资源的试点。

为了解决深圳首饰加工原料不足的问题，2000年，中国人民银行批准深圳人民银行开展黄金寄售业务，准许深圳可以利用自有外汇进口国外黄金。

20世纪90年代，国际金价呈持续下降趋势，1999年黄金价格曾跌至251.9美元/盎司低点，很多企业生产经营难以为继，亏损企业增多。面对如此严峻的考验，黄金行业推出山东仓上金矿降本增效的经验，兴起"远学邯钢，近学仓上"的热潮。黄金企业在市场低谷时期，正本清源，强身健体，经过市场的磨炼和洗礼，历经几度阵痛，僵化的运行机制得到转变，落后的管理和技术水平得到改善，开始了黄金行业改革开放的破冰之旅，为黄金市场进一步开放、迎接更大的挑战做好了比较充分的准备。

为适应黄金行业由传统体制向市场经济体制转变的新形势，2001年经国家经贸委和民政部批准成立的中国黄金协会，成为服务于黄金上下游的自律组织。

也正是这一时期，20世纪80年代中后期开始的国家在黄金地质、建设上的投入显现出成果，大量产能被释放出来，黄金产量连年大幅增长。2001年全国黄金产量达到了181.830吨，是1993年（94.548吨）的1.92倍。1993年至2001年累计生产黄金1300.822吨，连续8年产量平均增长幅度达到8.52%。

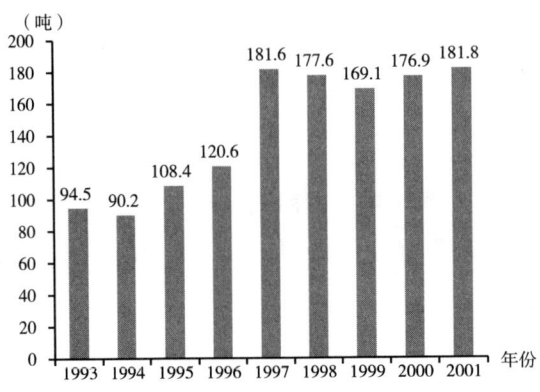

1993—2001年我国黄金产量

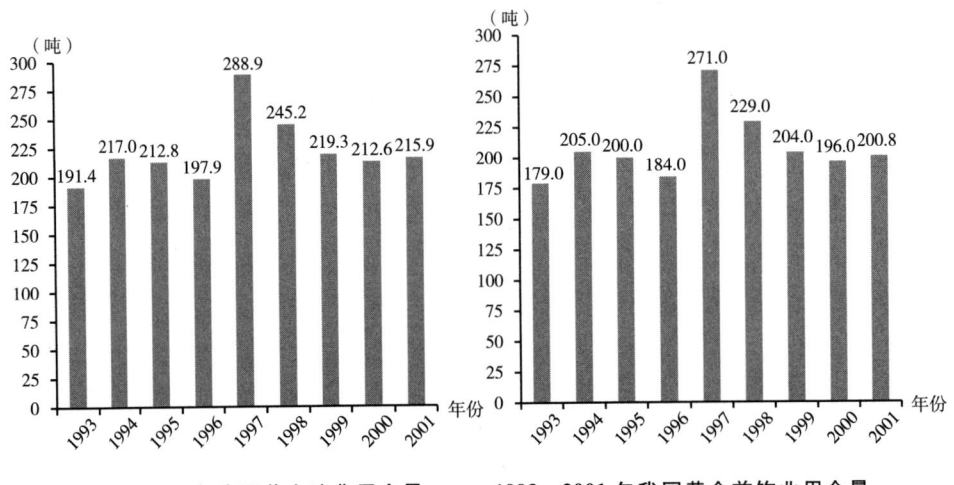

1993—2001年我国黄金消费用金量　　　　**1993—2001年我国黄金首饰业用金量**

重塑黄金产业发展新格局（2002—2011年）

在党的十六大精神的指引下，我国改革进入完善社会主义市场经济体制的新阶段，黄金行业改革更加深入，国内黄金市场应运而生。

2002年10月，经国务院批准，上海黄金交易所组建运行，实现了我国黄金生产、消费、流通体制的市场化，封闭了半个多世纪的国内黄金市场终于开放，标志着黄金"统购统配"管制彻底结束，我国黄金行业全面市场化时代来临。

2008年1月，黄金期货在上海期货交易所正式上市，黄金市场得到进一步完善。2010年7月，中国人民银行、国家发展和改革委员会等6部委颁发了《关于促进黄金市场发展的若干意见》，进一步明确了我国黄金市场未来发展定位、总体思路和主要任务，提出了合力建成多层次、国际化黄金市场体系的措施。在随后的几年中，不断加强黄金市场服务体系、法律法规体系建设，推动市场功能完善和对外开放，我国黄金市场迅速走上了规范协调发展的轨道。

2003年1月，经国务院批复同意，中国黄金集团公司正式成立，作为黄金行业唯一的央企，开始了在改革开放中做强、做优、做大的市场化发展征程。同年，根据国务院机构改革方案，国家经贸委撤销，国家经贸委黄金管理局黄金行业管理职能并入国家发展和改革委员会，中国黄金协会承接了原黄金管理部门事务性、辅助性、服务性工作。这是我国黄金管理体制的一次重大变革，宣示了我国黄金行业面向市场发展的政策取向，是我国黄金行业走向开放、走向成熟的重要标志。

2003年8月，中国黄金集团公司旗下的"中金黄金"在上海证券交易所挂牌上市，开黄金企业直接融资之先河，成为"中国黄金第一股"。此后，山东黄金、紫金矿业、招金矿业相继在国内或境外上市，至今已有14家黄金矿业公司、13家黄金珠宝企业在海内外上市。

黄金市场开放为黄金企业赢得了更为宽阔的发展空间，又恰逢黄金牛市，黄金企业如虎添翼，企业兼并重组力度加大，一批大型黄金集团应运而生。中国黄金集团公司、山东黄金集团有限公司、紫金矿业股份公司、山东招金集团公司、灵宝黄金股份等大型黄金集团相继成长壮大，规模化经营和大型黄金企业主导我国黄金工业发展的格局初步形成。2011年，以上五家大型企业矿产金产量共计109.682吨，其中，境内矿产金108.253吨，占黄金行业矿产金产量的35.85%，实现利润占全行业的58.96%，保有黄金资源储量占全国的53.81%以上。

黄金市场的开放突破了原有黄金原料配售、经营业务许可管制的限制，随着人民生活水平的逐年提高，我国黄金珠宝业很快就进入了加速发展的"快车道"。黄金珠宝加工能力迅速增长，并呈集群式发展态势，逐步形成了广东深圳内销加工企业集群和广东番禺外销加工企业集群两大黄金首饰加工基地，黄金饰品、投资品品种不断丰富，黄金消费持续增长，黄金珠宝设计、加工、制造、批发零售业进入了一个全新的发展阶段。2011年，黄金珠宝首饰用金达到456.66吨，黄金珠宝总销售额为3800亿元人民币，分别是2002年的2.4倍、3.8倍。

黄金市场也成为整合上下游资源的纽带，黄金上下游企业通力合作，相互融合，黄金产业链得到延伸和完善，实现了黄金全产业链的协同发展。黄金行业已从单一的黄金开采向勘探、开采、选冶、设计、加工、消费、投资交易协同发展方向转变，形成了上下游连贯一体的完整产业链条。

2007年，我国黄金产量270.491吨，首次超过连续109年世界产金之冠的南非，成为世界第一产金大国。

2011年，我国黄金产量达到360.957吨，是2002年的1.90倍。2002年至2011年，累计生产黄金2635.195吨，年均增幅达到7.40%。

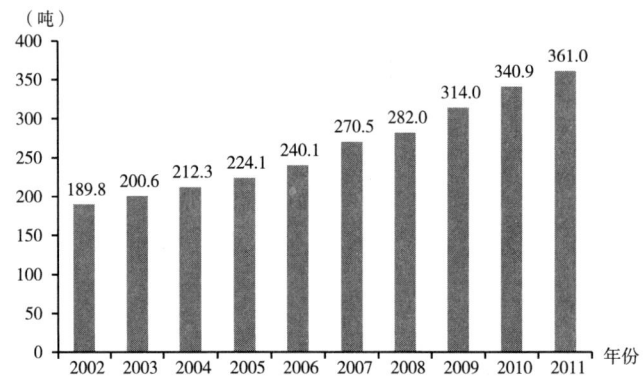

2002—2011年我国黄金产量

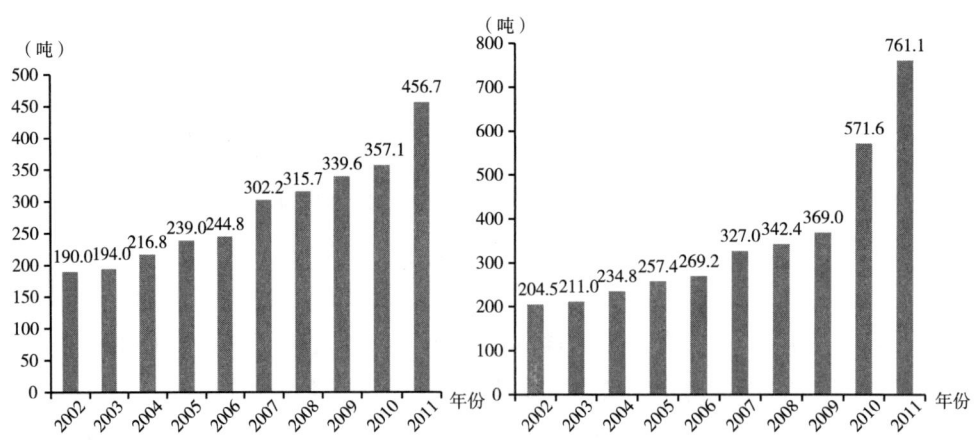

2002—2011年我国黄金消费用金量　　　　2002—2011年我国黄金首饰业用金量

黄金行业步入高质量发展新时代（2012年至今）

党的十八大以来，在以习近平同志为核心的党中央的坚强领导下，在"五位一体"总体布局和"四个全面"战略布局的指引下，黄金行业按照创新、协调、绿色、开放、共享发展理念，抓住"一带一路"建设、"京津冀协同发展"、"长江经济带"、粤港澳大湾区、雄安新区等发展倡议和战略给黄金行业带来的历史性机遇，大力推进供给侧结构性改革，加强科技创新，严抓安全环保，履行社会责任，努力实现转型升级。在国际金价长时间低迷的情况下，黄金生产仍然保持稳定增长态势，企业改革、科技创新、安全环保、跨国经营、消费升级、市场国际化、职工队伍建设、党建工作得到全面提升，我国黄金产业发展已进入创新驱动、转型发展的重要战略机遇期，迎来绿色发展、高质量发展的新时代。

推进结构调整，打造中国黄金产业升级版。加大资源整合和企业兼并重组力度，发挥大型黄金集团优势，在重点矿区实施资源整合、企业改组、技术改造，淘汰落后产能，建设大基地，培育大集团，大型企业主导行业发展的格局初步形成。黄金矿山企业数量从2012年的726家减少到目前的500家左右。2018年，中国黄金、山东黄金、紫金矿业、山东招金四家大型黄金集团的销售收入总和为3450.81亿元、查明黄金资源储量总和6579.55吨，与2012年相比分别增长了38.27%、34.78%。

推动管理创新，促进企业高质量发展和行业转型升级。中国黄金集团围绕创建世界一流黄金产业集团的愿景目标，弘扬"精诚所至，金石为开"的精神，发挥"每天进步一点点""绳锯木断、水滴石穿"的韧劲，推行精细化管理，以成本领先为核心，从"优化五率、降低五费"，到"全过程成本管控"，再到"全过程成本管控+科技进步""全过程成本管控+改革创新"，实现了黄金资源储量、精炼金产量、黄金投资产品市场占有率、黄金选冶技术水平、上海黄金交易所综合类会员实物黄金交易量五项指标国内行业第一。山东黄金引入内部竞争机制，将降本增效与员工增收、企业增利结合起来，构建了企业内部市场化管理模式，调动了员工积极性，劳动生产率大大提升。紫金矿业建立了国际化管理平台，利用大数据分析，实现企业运营管理的实时智能监控分析，发现管理盲点，提供有效解决方案。招金集团强化内部管理，在成本核算、资金周转率、能耗、劳动生产率等指标管理方面狠下功夫，克金成本一直保持行业领先水平。

黄金行业实施"以金为主,多金属并举"战略,增强抵御市场风险的能力。2018年,黄金行业生产白银3341.75吨,占全国矿产银产量的17.15%;铜147.39万吨,占全国矿产铜产量的22.08%;铅57.55万吨,占全国铅产量的11.26%;锌69.90万吨,占全国锌产量的12.30%。大型黄金企业集团已成为重要的有色金属生产商,紫金矿业、中国黄金铜产量在全国名列前茅。

创新驱动,科技引领行业发展。2012年12月,在中国黄金协会的倡议下,黄金产业技术创新战略联盟成立,为黄金行业搭建起产、学、研、用一体化,联合开发,优势互补,利益共享,风险共担的技术创新合作平台。通过几年的艰苦努力,在地质方面,深部找矿及成矿规律的研究取得实质性突破,攻克了胶东深部金矿找矿的关键理论技术这一世界性难题,拓宽了找矿空间,如山东西岭金矿区的"中国岩金勘查第一深钻",终孔深度4006.17米,填补了我国超深部勘查的空白,为西岭超大型金矿的成功发现提供了支持。同时,老矿山找矿实践和理论不断丰富和发展,老矿山周边和深部找矿不断取得重大突破。在采矿方面,安全高效、高回采率和无轨化金矿采矿技术研究取得可喜成果,采场生产能力显著提高,损失、贫化指标大幅降低。三山岛金矿"海底大型金属矿床高效开采与安全保障关键技术"获得了2012年度国家科技进步二等奖,成为全球首座安全高效开采海底金属资源的矿山。黄金企业承担多个国家重点研发计划项目,在深部矿体开采的岩爆、通风和提升等研究领域取得重要成果,特别是夏甸金矿采用国际先进技术装备解决通风降温问题,取得良好成效。在选冶方面,中国黄金集团自主研发了具有世界先进水平的生物氧化和原矿焙烧技术,紫金矿业攻克了热压氧化技术,这三大预处理提金工艺将过去无法利用的3000多吨"呆矿"变成了可利用的矿石。在两化融合方面,内蒙古乌努格吐山铜钼矿、湖北三鑫金铜公司、山东三山岛金矿、大尹格庄金矿、夏甸金矿走在行业前列,积极推动数字矿山建设,逐步实现了生产、经营决策、安全环保管理和设备控制的信息化,构建了工作面、采区、选厂和尾矿库等的实时监管数据链,实现了各生产环节的精确管理、集中监测和远程控制,极大地提高了资源利用率、生产效率和安全环保工作水平。

严抓安全环保,建设生态文明,创建绿色矿山。黄金行业高度重视安全环保工作,牢固树立安全发展、绿色发展的理念,根据黄金矿山的特点,全面提升黄金行业安全保障能力,加强重大灾害防治,重点防范透水、中毒窒息、坍塌和尾矿库溃坝等事故。创建本质安全企业,加强安全生产"三基"工作,建设矿山井下安全避险"六大系统",有效防范重特大事故。加强职业危害防治,以防范尘肺病为重点，加强劳动保护设施建设，全面提升职业健康保障水平。按照建设环境友好型社会的要求，强化矿区环境保护，从被动治理转向污染防治与生态恢复并重，加强尾矿库的安全管理，严格监管污染源，减少有毒有害废气排放。不断加大环保治理投资，有针对性地采取了一系列先进环保手段、措施，"三废"排放量呈现逐年下降趋势，排放达标率、工业"三废"处理率、矿山生态环境修复率逐年提高。在661家国家级"绿色矿山"试点单位中，黄金企业占76家，占比11.5%；其中，黄金行业首批6家国家级"绿色矿山"试点单位已通过国家验收，占通过企业的17.1%。2012年至2018年中国黄金协会连续四次发布《中国黄金行业社会责任报告》，前三版获得社科院4.5星评级，2018年版获得5星评级，这是目前行业性社会责任报告获得的最高评级。

中国黄金集团勇担央企社会责任，当好生态环境的守护者，所属31家矿山企业获准"国家级绿色矿山试点单位"，占全行业"绿色矿山"总数的40%。尤其是在青藏高原和内蒙古高纬度地区打造的甲玛和乌山两座大型矿山，环保设施、绿化投入分别超过总投资的11%、13%。西藏甲玛项目被誉为"固边富民，绿色发展"的典范。甲玛矿区处于西藏海拔4000米以上的高原（最高处达5300米），为减少对绿色植被的破坏，减少扬尘污染，改变了投产伊始的地表运输方式，而代之以地下运输，先后投入2亿多元用于地下平硐运输、尾矿处理、循环用水工艺、复垦绿化工程，建成了"矿在森林下、人在花丛中"的现代化矿山。紫金矿业在矿山开发过程中因地制宜，按照"稳定一块，恢复一块"的方式，采用工程措施与生物措施并举的快速植被恢复技术，对堆场、废渣、尾矿边坡等进行综合整治，累计投入近14亿元，恢复植被1730多公顷，种植各类树木383多万株。山东黄金坚持新建一个矿山新栽一万棵树，并对莱州尾矿库进行覆土绿化，建设山东黄金尾矿生态治理项目实验区，所属矿山每年新增树木数十万棵，核心矿山的矿区绿化面积达到40%以上，尾矿库绿化面积超过95%。招金集团应用生物纳米抑尘技术，在粉尘治理方面取得了重大突破，粉尘的总抑制率最大可达95%以上，在车间内距离设备5米处基本无粉尘飘扬，大大改善了操作工人的劳动环境。为适应更高的环保要求，黄金行业在多个方向开展无氰药剂前瞻性研究。比如，中国黄金自主研发的CG505新型环保浸金药剂在排山楼等4个金矿成功实现了工业应用，产生的尾液可达到国家工业废水排放标准，为下一步实现"无毒"提金奠定了基础。

地质先行，实现重大突破。在中、东部重点开展大中型老矿山深部、外围资源开发和超深部资源勘查；在西部着力提高阿尔泰、西南三江、东昆仑等重点成矿区带地质勘查程度。黄金地质勘探工作成果显著，扣除消耗，截至2018年底，黄金查明资源储量13638.40吨，位居世界第二位，比2012年增长5442.16吨。胶东地区深部勘查获得突破，新增资源储量1840吨，累计探明金矿资源储量已达近4000吨，发现了海域（470吨）、西岭（383吨）和纱岭（328吨）等多座世界级特大金矿，成为全球第三大金矿集区。到2020年，全国将形成一批百吨级金资源基地，为我国黄金工业持续发展提供了坚实的保障。

当"一带一路"先行者，开创全球开发利用黄金资源的新格局。2014年至2018年，我国已连续在北京举办了三届"中国国际黄金大会"，聚集全球政府、机构和黄金全产业链的业界人士，开展交流，寻求合作，打造"让世界了解中国黄金、让中国黄金走向世界"的国际平台，促进我国黄金产业的国际化。2017年10月，"'一带一路'黄金产业高峰论坛"在京召开，在中国黄金协会的倡议下，黄金企业共同发布《黄金行业"一带一路"发展共识》，推动黄金行业积极响应"一带一路"倡议，开展与沿线国家黄金资源和市场开发合作，以及国际产能合作。鉴于中国黄金产业的国际影响力，2018年9月世界黄金协会建立中国委员会，中国黄金协会党委书记、会长，中国黄金集团有限公司党委书记、董事长宋鑫担任世界黄金协会中国委员会首任主席。

从2011年至今，我国黄金企业累计海外投资近60亿美元，获取黄金资源量超过1000吨。中国黄金集团海外资源开发合作取得丰硕成果，索瑞米项目作为刚果（布）第一座集采、选、冶于一体的现代化矿山，仅用16个月建成，生产出了刚果（布）国家的第一块铜板。吉尔吉斯布丘克项目、库鲁项目建设已取得重要进展，库鲁项目建成后将成为吉国最大的铜金矿生产基地和该国最大的地下开采矿山。2018年9月签署的克鲁奇金矿项目，是中国黄金行业第一个进入俄罗斯战略资源的大型金矿开发项目，开创了"金砖国家"框架下中、俄、印三国矿业开发合作的先河，并首次实现了中国国有企业对俄罗斯战略级资源的控股。通过合理布局海外并购，增加金资源储量142吨。

紫金矿业积极布局海外资源开发，拥有境外保有的资源储量价值超过了一万亿元，已超过其在国内保有的黄金资源储量。旗下的巴布亚新几内亚波格拉金矿、吉尔吉斯斯坦左岸金矿、澳大利亚诺顿金矿和塔吉克斯坦泽拉夫尚有限责任公司等项目相继投产，2018年海外矿产金产量达19.07吨。紫金矿业刚果（金）卡莫阿-卡库拉铜矿地勘增储获得重大突破，铜资源量增加到4249万吨，成为世界上最大的高品位待开发铜矿之一。2018年紫金矿业先后收购塞尔维亚最大铜矿 RTB Bor 项目和海外上市矿企 Nevsun，合计投资额超过 200 亿元。

山东黄金出资 9.6 亿美元收购巴里克黄金公司所属的阿根廷贝拉德罗金矿项目 50%的权益，年产黄金 16 吨，并以此为起点，进军阿根廷矿业。2017 年 9 月，山东黄金在香港 H 股主板成功挂牌上市，成功进军国际资本市场。

招金集团在厄瓜多尔收购了金铜矿项目，目前已建成投产。2018 年 12 月，招金集团与塞拉利昂大宇矿业签署战略合作协议，建立长期稳定的战略合作关系，深化与塞拉利昂矿业在开发、地质勘查、工程建设等领域的合作。

湖南黄金集团通过参股庄胜黄金，在厄瓜多尔获得黄金开采权，已启动矿山建设。

赤峰黄金斥资 2.75 亿美元收购老挝 Sepon 露天铜金矿，迈出进军海外的重要一步。

黄金市场迅猛发展，成为全球黄金市场的重要一极。自 2002 年黄金市场开放至今，我国黄金市场经历了市场格局由一元到多元、产品结构由单一向多样转变的发展历程。2018 年，上海黄金交易所全部黄金品种累计成交量 6.75 万吨（双边），成交额 18.30 万亿元；上海期货交易所黄金期货合约累计成交量共 3.22 万吨（双边），成交额 8.85 万亿元。上海黄金交易所已成为全球第一大场内实金交易市场，上海期货交易所已成为仅次于纽约商品交易所的全球第二大黄金期货市场。商业银行不断拓展黄金自营、代理和境外业务，黄金业务发展迅速，2018 年，商业银行场内外黄金交易累计成交 9312.77 吨，同比增长 15.34%。我国已初步构建起上海黄金交易所、上海期货交易所与商业银行黄金业务共同发展的黄金市场体系，成为我国金融市场的重要组成部分，成为全球第三大黄金市场。

随着上海黄金交易所国际板正式启动、"黄金沪港通"的开通、人民币报价的"上海金"的成功推出，我国黄金市场加快了自身功能的完善和国际化的进程。目前，工行、中行、交行已成为伦敦金银市场协会（LBMA）黄金定盘商，我国在国际黄金市场的话语权进一步增强，中国逐步成为全球黄金市场的重要一极，发挥出越来越大的国际影响力。

传统黄金珠宝业开启"互联网+"新模式，助推"藏金于民"。黄金珠宝业以"互联网+"和高新技术兴起为契机，大胆创新生产制造和商业运营模式，在智能制造、设计创意、私人订制、线上线下整合营销方面取了可喜的成效。精心培育优秀的企业品牌，积极应用新理念、新技术、新材料，开发黄金文化资源，创建黄金文化创意产品，提高黄金产品附加值，打造智慧型黄金产业，为推动黄金消费升级，实现"藏金于民"作出了贡献。

中国黄金集团黄金珠宝有限公司作为国家第二批"混改"试点，不满足在投资金条市场方面所取得的成绩，整合国内外一流设计资源，开创了集研发、设计、品牌于一身的首饰品牌——"珍·如金"，创立高端黄金珠宝轻奢品牌，研发了3大主题，5大品类，1000款自有产品，并开发专卖店100个，成功建立起"连锁+专卖+体验"的高端客户体验式营销模式，取得了良好的销售业绩，确立了"中国黄金"在黄金珠宝市场高端领域的品牌影响力。上海老凤祥有限公司以百年民族品牌为旗，凭借产品的创意、质量和深厚的传统文化价值，以及服务的优质化、特色化，进军海外，落户国际知名商业圈。上海老凤祥已在澳大利亚悉尼、加拿大温哥华、美国纽约和我国香港地区开设了老凤祥专卖店。北京菜市口百货股份有限公司面对"互联网+"风口下的挑战，大胆尝试新的业务模式，成立菜百电子商务有限公司，启用平均年龄24岁的年轻电商团队，带来市场重大突破和业务量的激增。深圳百泰珠宝首饰有限公司加快黄金加工工艺和技术升级，自动化和信息化水平不断提高，自主研发了中空电铸、首饰吊色、推砂工艺等多项业内领先技术，努力推动"珠宝制造"向"珠宝智造"转变。

坚持党的领导，引领行业和谐健康发展。黄金行业深入学习贯彻党的十九大精神，进一步增强"四个意识"，坚定"四个自信"，坚决落实"两个维护"，奋力推进习近平新时代中国特色社会主义思想在全行业扎实实践。充分发挥党建引领作用，准确把握新时代发展要求，把握行业发展的正确方向，确保中央政令在行业的畅通，确保党的路线方针政策和决策部署在行业的贯彻落实，切实肩负起黄金行业应担负的经济责任、政治责任和社会责任。

按照中央办公厅、国务院办公厅《关于进一步推进国有企业贯彻落实"三重一大"决策制度的意见》要求，中国黄金集团、山东黄金集团、招金集团等大型国有企业都建立了党委议事规则和"三重一大"决策制度，凡属重大决策、重要人事任免、重大项目安排和大额度资金运作事项必须由领导班子集体作出决定，对"三重一大"事项的主要范围、决策的基本程序、实施和监督检查等作出相应规定。此举对切实加强反腐倡廉建设、提高决策水平、防范决策风险、保证企业健康持久发展起到了重要保证作用。

根据黄金珠宝业民营企业多的情况，引导强化民企党建工作，推进黄金行业党建工作全覆盖，扩大党在黄金行业的影响力，扩大党的群众基础，夯实党的执政基础。比如，辽宁中金欧亚（国际）珠宝集团、深圳金雅福珠宝集团有限公司建立健全党组织，严格各项党建工作制度，充分发挥党支部的战斗堡垒作用和党员的先锋模范带头作用，发挥党组织对企业职工的教育引导、团结凝聚、鼓励促进、关心扶助的功能作用，党建引领，群团跟进，以灵活的方式主动破解职工难题，积极维护职工的合法利益，激发民营企业发展活力，促进民营企业持续健康快速发展。

充分发挥"中国黄金思想政治研究会"理论阵地的作用，搭建黄金行业思想政治工作交流平台，加强思想政治研究及宣传工作，积极探索新时期黄金企业思想政治工作的新途径、新方法，创建积极向上、团结奋进的黄金企业文化，营造风清气正、健康和谐的行业发展氛围。为加强思想政治工作，调动企业思想政治工作人员积极性，"中国黄金思想政治研究会"组织开展了黄金行业思想政治工作研究成果评选，近两年来，有25项具有黄金特色的优秀成果脱颖而出。

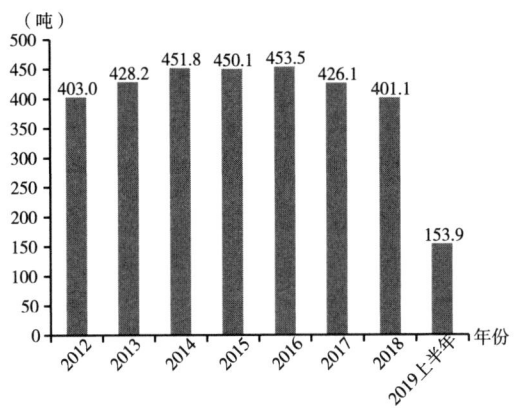

2012—2019年上半年我国黄金产量

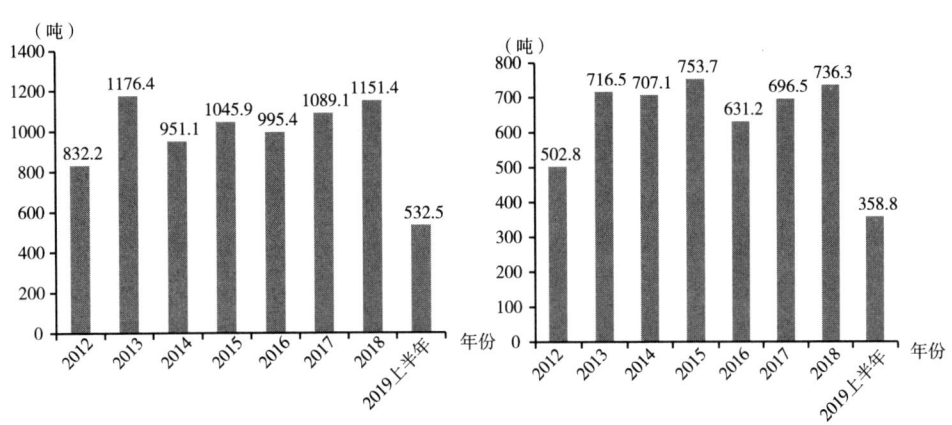

2012—2019年上半年我国黄金消费用金量　　2012—2019年上半年我国黄金首饰业用金量

黄金行业发展的体会与启示

回顾中华人民共和国成立70年来黄金行业发展所取得的成绩，有以下体会：

第一，党和国家支持是黄金行业发展的坚强后盾。黄金具有一般商品和货币的双重属性，是重要的全球性战略物资和国家金融储备体系的基石。在我国社会主义建设和改革开放各个历史时期，黄金行业发展一直得到党和国家高度重视和大力支持，这是黄金行业持续发展的巨大动力和坚强的后盾。新时期赋予黄金更加重要的使命，承担为人民币国际化"增信"的重任，使命光荣，责任重大，面向新时代，黄金行业将迎来新的发展机遇与挑战。

第二，不辱使命，勇于奉献，彰显黄金人的责任与担当。几代黄金人以满足国家之需为己任，艰苦奋斗，自强不息，开拓进取，换来了今天黄金行业健康繁荣发展的大好局面。未来，黄金行业的转型升级任重道远，"黄金人"要继续发扬优良传统，凝炼和实践"艰苦创业、勇于创新、甘于奉献、拼搏奋进"的黄金精神，在守正出新中实现自身跨越，不断为事业发展注入生机活力，实现黄金行业高质量发展。

第三，敢于走出封闭，主动迎接开放。黄金行业的发展历程是一个不断改革、坚持开放的历程。黄金行业主动顺应改革开放的潮流，打破旧观念、旧体制的束缚，冲出封闭，迈向开放，"走出去"与"引进来"并举，积极融入全球黄金业的竞合发展之中，开辟多元发展空间。过去，黄金行业开放从未停下脚步；未来，黄金行业将进一步扩大开放，加快"一带一路"建设步伐，努力构建全球配置资源、国际化发展的新格局。

第四，科技创新是引领行业发展的第一驱动力。每一次黄金技术进步都能够带来黄金生产效率的大幅提高，实施"科技兴金"战略，为黄金行业快速健康发展提供了不竭的动力。未来，黄金行业发展将从投资驱动转向科技创新驱动，通过科技创新实现规模经营、装备现代、优质高效发展，逐步实现由黄金大国到黄金强国的转变。

第五，绿色发展是企业生存之道。绿色发展是黄金企业生存发展的必由之路，绿色发展理念已成为全行业的共识。下一步，黄金行业必须做出艰苦的努力，彻底摒弃传统的"生产—污染—治理"的高环境成本模式，变被动应对为主动防控，建设绿色矿山，强化环境保护和生态治理，实现在降低物质消耗、减少对环境的影响、不断提高资源利用率基础上的优质增长。

第六，以党建统领行业发展，汇聚行业高质量发展新动能。实践证明，坚持党的领导是黄金行业改革开放取得成功的根本保证。黄金行业在发展过程中，要始终坚持党的领导，时刻把握行业发展方向和行业工作大局，全行业干部职工要用习近平新时代中国特色社会主义思想武装头脑，指导实践，增强"四个意识"，坚定"四个自信"，坚决做到"两个维护"，开拓进取，真抓实干，保证党和国家的方针政策、重大部署在黄金行业的贯彻执行，努力开创黄金行业更加美好的未来。

在看到辉煌成就的同时，还要清醒地看到黄金行业仍然存在诸多瓶颈制约行业健康发展：与发达国家相比，我国黄金产业核心技术、关键产品和重大装备尚存短板；资源整合、规模经营还有差距；产品附加值、品牌影响力有所欠缺；国际化经营和国际竞争力水平有待提升。这些问题还需要下一步黄金行业思想再解放、改革再深入加以解决。

新时代赋予黄金行业新的使命，我国黄金行业改革发展目标远大、重任在肩。未来，黄金行业要认真贯彻党的治国理政新理念新思想新战略，以全球化视野，加快黄金企业、黄金市场国际化发展步伐；以大格局，推动黄金产业上下游协同联动格局形成；以绿色发展理念，统领未来黄金产业高质量发展，构建具有国际竞争力的现代黄金产业，为实现中华民族伟大复兴的中国梦而不懈奋斗！

开放的力量

——上海黄金交易所成立及"上海金"诞生纪实

上海黄金交易所党委书记、理事长　焦瑾璞

改革开放,赋予了中国黄金市场活力、创造力和引领力。这种力量的土壤和支撑便是市场。如许滋养,它便能冲破藩篱、孕育新生、催生出市场化运作的上海黄金交易所,更能开荒辟壤、破茧成蝶,用"上海金"在国际市场鸣放出中国声音。

2016年4月19日,"上海金"集中定价合约正式挂牌交易

"统购统配"使命完成，上海黄金交易所开业

1949年，中华人民共和国成立后，我国外汇储备较为紧缺，黄金作为公认的硬通货，国家对其进行了比较严格的管制，实行"统购统配"的政策。在长达半个多世纪的时间里，黄金不能自由买卖，居民变现黄金的唯一渠道是出售给国家，支援国家建设；首饰加工企业同样需要通过中国人民银行配售才能取得黄金原料制作首饰。在当时的历史背景下，这一政策对我国的经济建设和发展起到了积极的作用。

随着改革开放的不断推进，计划经济时期实行的黄金管理体制已经不能适应社会发展的需求，其局限性日益凸显。一方面，"统购统配"的黄金价格由中国人民银行确定，对企业执行统购价，对用金单位则执行统配价。这套双轨制度难以应对国际金价瞬息万变的市场环境，而且国家将承担因价差产生的交易损失。另一方面，20世纪70年代布雷顿森林体系的瓦解，使得黄金的货币功能逐渐弱化、商品功能日益加强，市场上对于黄金的需求逐渐增加，需要对其进行更加全面和细致的管理。因此，加快黄金交易管理制度改革已成为一项刻不容缓的任务。

1982年，中国开放了黄金饰品市场。1992年，国家开始实行浮动的黄金价格管理。1993年，国务院对中国人民银行《关于提请解决黄金市场有关问题的请示》的批复，拉开了我国黄金行业管理体制市场化的序幕，也奠定了我国黄金交易市场化的政策基础。国务院由此牵头成立了黄金管理体制改革领导小组，研究如何妥善推进黄金管理体制、交易制度的改革。

受20世纪八九十年代全球黄金非货币化影响，黄金双重属性条件下的市场化改革思路并没有成为社会主流，而黄金商品论成了社会主流认识，甚至有人提出将黄金市场定位为一个现货商品的批发市场。所幸，中国人民银行在关键时刻收回了黄金市场筹备权，完成改革诉求目标的调整，从金融功能角度重新定位黄金市场，并协调黄金税制的市场平移工作，在政策与制度设计上重新确定：中国黄金市场应该是一个商品属性与金融属性共存的市场。

当时，中国人民银行计划将黄金作为一个新的交易品种加入中国外汇交易中心的平台。从外汇交易中心业务的角度来看，增加黄金交易的难度并不高。于是，按照外汇市场的既有经验，在领导小组提出要求以后，外汇交易中心随即成立了黄金市场筹备组，开始着手前期筹备工作。

2001年，我国的黄金市场筹备组开始正式运转。最初，筹备组的很多同志对黄金的认识较为浅显，但凭着在外汇市场方面的丰富经验和知识，筹备组在仅有四五人的情况下，合理分工，迅速投入黄金交易市场的设计工作。

然而，建立黄金交易市场并不如大家一开始想象的那么简单，参照外汇产品把黄金放在外汇市场平台上进行交易的模式被证明缺乏可行性。在听取各方汇报后，中国人民银行决定将黄金市场专门建成一个独立运行的体系。2001年6月11日，时任中国人民银行副行长的史纪良主持召开会议，宣布成立上海黄金交易所筹建小组，黄金交易市场的筹备工作从此进入了快车道。

从山东、河南到福建，筹备小组考察了许多金矿，切身体会到了黄金产品原料的稀有及开采的困难程度。此后，筹备小组又奔赴部分首饰加工企业，充分了解、调研首饰加工行业对黄金的需求。筹备小组还远赴土耳其伊斯坦布尔，学习国际黄金市场的运作方式。

通过调研，筹备小组根据中国市场的特点，逐步设计出了黄金交易平台的雏形。一是在市场建立过程中，除引入黄金矿业及首饰加工企业以外，还要将金融机构引入黄金市场。二是明确了交易所作为一个"有形的"场内市场，在体现商品属性与金融属性市场功能的大框架下，通过竞价方式使买卖双方能在同一市场上公开竞价，充分表达交投意愿，最终以双方都认为合理的价格撮合交易。

2002年10月30日，在位于上海外滩中山东一路15号那座历史悠久的建筑里，响起了上海黄金交易所的开业锣声。这一记锣声，结束了我国黄金行业长达50多年的计划管制，由交易系统连接着的买卖双方第一次成为黄金市场上的定价主体。上海黄金交易所的开业，也丰富了个人投资的渠道，为个人购买黄金提供了方便之门。

由于当时互联网并不像今天这么发达，交易所108家会员只能全部坐在交易所现场撮合交易，场面非常壮观。上午9点敲锣开市后，由山东黄金卖出、上海老凤祥首饰研究所买入的第一单成了上海黄金交易所的首笔黄金交易，成交价格为83.68元/克。当天的成交量达到540公斤，成交金额为4508.66万元。上海黄金交易所的正式开业，标志着中国黄金产业从此走上了市场化道路，也为中国的金融改革宏图增添了浓墨重彩的一笔。

历史总有着奇妙的巧合。在著名艺术家赵丹于1949年主演的电影《乌鸦与麻雀》里，老上海人"轧（换）金子"就是在这座当时属于国民党中央银行的大楼前排队；几十年后，这座大楼又成了中华人民共和国黄金自由交易的市场。

中国黄金市场已渐成熟，"上海金"集中定价业务推出

如果说，上海黄金交易所的开业拉开了中国黄金市场开放的序幕，那么，"上海金"集中定价业务的推出则标志着中国黄金市场已渐成熟。面对国际黄金市场新格局，上海黄金交易所以开放的姿态，用人民币报价反映中国需求，同时也为世界黄金市场提供多元选择。

伦敦定盘价的经历对于"上海金"集中定价业务的诞生，具有重要的借鉴意义。1919年9月12日，在位于伦敦市中心斯威辛街的罗斯柴尔德公司总部办公室的"黄金屋"，来自市场上5家主要黄金交易机构及精炼商的代表一早就赶到这里。他们都肩负着一个重要使命：确立一个公允的、被市场认可的黄金价格。经过了一个上午的激烈讨论，在11时，他们终于就金价达成了一致：每盎司4英镑8先令9便士。这便是黄金定价历史上的第一笔伦敦定盘价。在近百年时间里，伦敦定盘价逐渐成为国际黄金实物价格的风向标，与纽约的黄金期货价格一起，共同主宰着全球的黄金定价。近百年间，黄金市场面临的国际形势也发生了天翻地覆的变化，在日益追求高效、透明的市场呼吁下，伦敦定盘价也在不断进行调整。2015年3月，伦敦定盘价最终被伦敦金银市场协会（LBMA）的黄金价格所取代，其全新的定价机制被命名为"LBMA黄金价格"。

而在东方，改革开放给沉寂已久的中国黄金市场注入新的活力，世界黄金市场的天平正在悄然地倾斜。

2002年上海黄金交易所开业后，中国黄金市场驶入了发展快车道。上海黄金交易所逐步发展成为中国黄金交易的枢纽，中国黄金市场成为全球重要的黄金市场。据世界黄金协会统计，2016年全球金饰需求的30%来自于中国。"西金东移"的必然结果，是改变中国价格诉求难以向世界传导的现状。"上海金"人民币集中定价业务的构想便应运而生。此时，外部条件已较为成熟，推出"上海金"集中定价业务所需要的也许只是一个合适的时机。而这个时机，并不用等待太久。自2015年下半年开始，全球金融监管日趋严格。与此同时，境内外黄金价差逐渐缩小、人民币汇率波动上升、汇兑成本增加，这些因素交织在一起，影响了外资机构参与黄金交易的活跃度。但上海黄金交易所也敏锐地认识到，这些挑战也蕴含着市场创新的机遇。经过内部讨论研究，并广泛征求会员意见，报中

国人民银行同意，最后形成了修订后的《上海黄金交易所上海金集中定价交易业务规则（试行）》。"上海金"雏形初现。

秉承着公开公平公正的原则，上海黄金交易所在设计"上海金"集中定价业务时十分谨慎。通过内部研究讨论，大家一致认为，只有坚持透明开放才能赢得市场的信任。为此，上海黄金交易所借鉴多个境外黄金定价机制的经验，积极与市场主体沟通，创造性地成立了由国内外各市场主体组成的"上海金"集中定价交易监督管理委员会，及时研究评估利益冲突、漏洞风险，确保公平；跟踪分析国内外市场发展趋势，确保"上海金"设计的超前性。该委员会的设立提高了"上海金"业务的国际化程度，也在机制设计上避免了因不透明、不开放而导致的不信任。对此，市场参与各方特别是国际投资者反响良好。

交易所在机构引入方面也下足了功夫。通过实地走访、召开座谈会等形式，交易所向黄金市场主要参与者宣传推介"上海金"，因为只有会员广泛地参与，"上海金"才能在定价市场上一炮打响。第一，为了使参与主体在业内兼具多样性和代表性，交易所积极引入了金融类会员和大型产用金企业会员，分别作为定价成员和提供参考价成员。参与主体覆盖黄金市场上下游全产业链，保证了"上海金"基准价的广泛性。第二，交易所针对成交活跃的会员进行了重点推介，确保主要参与主体具备较雄厚的交易实力和资金实物基础，保证"上海金"集中定价业务的活跃性，避免出现"有人搭台，无人唱戏"的情况。

当然，引入会员时也并不是一帆风顺。比如，基于国际和国内政策差异较大，部分外资金融机构向我们提出监管合规等方面的顾虑，为了表示中国黄金市场开放的诚意，交易所与他们进行了多次座谈，详细讲解业务规则，分析比较中外政策异同，周到细致地解释宣传，最终打消了外资金融机构的顾虑，为"上海金"集中定价业务顺利推出铺平了道路。

一个性能良好、响应迅速的系统是"上海金"集中定价高效运作的根本保证。在宣传推介工作有序展开的同时，交易所的系统架构搭建也丝毫没有松懈，建立了定价交易、竞价交易、询价交易3个系统并行的新架构。经过技术人员攻坚克难，交易所"上海金"集中定价业务交易系统按期完成了集中开发、验收测试、模拟测试等关键步骤，同时通过了定价成员、提供参考价成员及部分会员和客户参与的联调联测。2016年4月，系统完成技术上线。至此，万事俱备，只欠东风，所有人都在等待"上海金"诞生那一激动人心的时刻。

2016年4月19日，仍是黄浦江畔，但地点已从开业时外滩中山东一路15号的那栋老建筑，转到了与其隔江而望的陆家嘴的上海国际会议中心。上海黄金交易所在"上海金"定价发布仪式上，发布了全球首个以人民币计价的黄金基准价格。中国人民银行副行长潘功胜、时任上海市副市长的赵雯，以及来自世界黄金协会、世界白银协会、国际铂金投资协会及国内外主要产用金企业和黄金投资机构的近400位代表出席了发布仪式，共同见证了"上海金"基准价格的诞生。"上海金"集中定价业务2016年累计成交量达到569.2吨；2017年成交量跃升至1262.7吨。2017年，"上海金"集中定价业务日均成交量5.18吨，与"伦敦金"定价交易日均5.5吨左右交易量的差距正在逐步缩小。"上海金"不仅是上海打造国际金融中心的先锋兵，其的推出更是中国金融要素市场创新开放、积极融入全球一体化进程的一个标志性事件。

如今，上海黄金交易所已经形成了机构投资者和个人投资者广泛参与、基础产品和衍生产品日益丰富、场内市场和场外市场共同发展、境内主板市场与国际板市场齐头并进的多层次市场体系。

交易所会员总数已从最初的108家发展到253家，其中包括国际会员69家。2017年，交易所黄金交易量5.43万吨，场内现货交易量更是连续11年位居全球之首；总交易额达19.52万亿元，已经是成立之初的5000余倍。2014年，上海黄金交易所还推出了黄金国际板，成为连接国内外黄金市场的创举。截至2017年底，国际板的黄金和白银累计成交量将近2.6万吨，成交金额超过3.6万亿元。

一个个跃动的数字、一项项刷新的第一，印证的是改革的成果、开放的力量。事实证明，改革开放并不意味着他人来蚕食中国黄金市场这块蛋糕，反而，这块蛋糕只会因改革开放而变得越来越大，最终惠及中国黄金产业，惠及全球投资者。只有通过不断改革创新，中国的黄金市场才能在国际黄金市场的汪洋大海中劈波斩浪、扬帆远航。

为黄金矿业持续繁荣贡献"中国智慧"

山东黄金集团有限公司党委书记、董事长　陈玉民

70年风雨蝶变，70年砥砺前行，成就了全球第一产金大国的飞越梦想。中华人民共和国成立70年以来，伴随我们国家发生翻天覆地的变化、成为全球第二大经济体的伟大征程，我国黄金矿业也经历了从无到有、从小到大、从弱到强、从落后到一流的巨变。1949年，我国黄金产量仅有4.07吨，2018年，黄金产量达到了401.119吨，70年间增长了100倍，70年生产黄金7831吨，连续12年位居世界第一位，为加速人民币国际化、维护我国经济和金融安全，以及满足人类对美好生活的向往作出了积极贡献。

回顾70年来我国黄金矿业的艰辛发展历程，汇聚无数黄金人青春、汗水和智慧的前进脉络依然清晰。特别是在习近平新时代中国特色社会主义思想的指引下，我国黄金矿业充分借力于新旧动能转换、矿业转型升级和"一带一路"建设带来的机遇，努力打造具有中国特色的新时代生态化、智能化、人文化、国际化的一流矿山，持续巩固了全球第一产金大国不可撼动的地位，也成为中国黄金矿业走向乃至闪耀于世界矿业舞台的必然路径和内生本质。

作为全球第一产金大国的第一产金企业，山东黄金集团的发展历史可以追溯到中华人民共和国成立之前，发展成效更是超出了发展预期。集团部分骨干矿山早在抗日战争和解放战争期间就盛产黄金，改革开放40多年来得到了加速发展，特别是迈入"十三五"时期，集团大力实施"争做国际一流，勇闯世界前十"的战略规划，2017年以来逆势增长、稳居全国第一产金企业，截至2018年底，集团"十三五"规划产量目标完成62%，利润目标完成95%，3年累计生产黄金128.7吨，年均增长9.85%，全球黄金企业排名第12位，成为世界黄金协会正式会员，实现了从省内到省外、从国内到国外、从量变到质变、从跟随到领跑的跨越。

聚力生态化，把"绿水青山就是金山银山"的愿景变为生动的现实

全球矿业进入绿色发展时代，必须坚持人与自然和谐共生的生态矿业之路。矿业发展模式正逐渐从以往单一的追求经济效益，变成经济与环境"两手抓"。生态文明、绿色发展是每一个矿业企业都迈不开也绕不过的发展主题。在这一点上，无论是发达国家，还是发展中国家，都有着高度契合的行业共识。近年来，我国黄金矿业企业在生态文明、绿色发展方面做了很多有益有效的尝试，充分证明了矿业不仅能创造巨大财富、拉动就业，还能够把"绿水青山就是金山银山"的愿景真正变为现实，在实现经济效益大幅提升的同时，回报自然，回馈社会，赢得社会公众的广泛理解和认同。

山东黄金集团作为大型国有矿业企业集团，恪守"绿水青山就是金山银山"的发展理念，提出实施了"零工亡、零重大环境污染事故"的安全环保"双零"目标，始终坚持以生态文明理念为指导，勇担保护生态环境责任，积极履行节能减排、防止污染、节约资源的义务，以实际行动在国内矿业领域率先发展生态矿业，走出了一条人与自然、发展与环境、经济与社会和谐共生、良性循环、持续繁荣的生态矿业发展之路，实现了经济效益与生态效益的有机统一。

2018年，山东黄金集团投入安全专项资金4.42亿元，同比增幅达19.46%，超过国家要求投入标准的2倍，山东省内所属各矿山企业"两体系"建设均通过了省安监局评估。集团坚持打造"山东黄金，生态矿业"的品牌形象，编制集团生态矿业绿色矿山建设三年规划，所属11家国家级绿色矿山企业全部通过实地核查，核心矿山的矿区绿化覆盖率达到可绿化面积的90%以上。下一步，集团将进一步加快生态矿业绿色矿山建设步伐，对矿山开发的矿区环境、资源开发与综合利用、科技创新与数字化矿山建设、节能与环保等统筹兼顾，全面打造绿色矿业企业，到2020年集团所有矿山都将达到国家级绿色矿山标准。

聚力智能化，推动矿业转型升级、高质量发展

伴随我国经济发展全面进入新时代，矿业企业加快新旧动能转换，实现由高速增长到高质量发展的转型升级，成为具有重大意义的发展主题和必然课题。从全球范围看，新一轮科技革命和产业变革孕育兴起，世界经济格局正处于深度调

山东黄金集团坚持打造生态矿业的品牌形象

整之中，与旧动能相关的资源要素配置矛盾和产业结构矛盾更加突出。就矿业企业而言，矿山生产运营模式不断革新，大数据、人工智能、物联网、云计算等新技术不断深化应用到矿业领域，数字化、智能化技术和装备的研发应用，使矿业发展新动能日益强劲，为矿业转型升级、实现高质量发展开辟了全新领域。矿山采矿工艺正不断向规模化、集约化、协同化方向发展，采选矿过程全面迈入遥控化、智能化乃至无人化阶段，勘探数据、储量数据、产量数据、运营数据等矿山大数据逐步展露出强大的生产力。在这样的时代背景下，开展矿山智能开采技术研究与推广，实现矿山智能化、数字化，进一步提高矿山技术实力和技术水平，成为我国黄金矿业走向世界的重要引擎。

山东黄金集团作为中国领先的黄金矿业公司，近年来依托雄厚的资源储备和先进的采、选、冶技术，在被誉为世界第三大黄金资源聚集地的山东胶西北地区建立了我国唯一一个世界级黄金生产基地，并实现了黄金生产流程的高度机械化、数位化和智能化控制。2017年，在这一地区成功探获了世界级的巨型单体金矿床西岭金矿，已经探明金金属量382.58吨，预计勘探结束后可提交550多吨，将成为我国黄金史上有记载以来最大的单体金矿床。为进一步提升该地区矿山数字化、智能化水平,实现矿产资源高效开采,自 2018 年 5 月以来,山东黄金以该地区的三山岛金矿为试点,投资 5 亿元全面实施"国际一流示范矿山"建设工程,计划利用二至三年的时间,在矿山资源及开采、安全管理、技术装备、数据管理、生产过程、运营管理等方面,全面实现数字化、网络化、智能化、信息化,大幅提高劳动生产率和资源综合利用率,提升生态矿业建设水平,成为具有国际一流水准的现代化矿山。同时,全力打造"矿业装备"和"设计研发"两大产业基地,通过建设以矿业装备制造、技术服务为主的"山金重工"高端装备制造基地,以及以设计监理、技术研发为主的"山金科技"设计研发基地,旨在打造国内最具行业特色和竞争力的"山金重工""山金科技"品牌,加速培育集团发展新动能。工程预计 2020 年全面建成,将为推进黄金矿山的整体高质量建设,提供行之有效的路径参考,还将在智能矿山、本质安全矿山、绿色生态矿山、深井矿山、人文矿山建设等方面对整个黄金行业产生一系列示范效应,对推动行业转型升级、引领矿业未来发展具有重大意义。

聚力人文化,让更多的个人和更大的范围因矿业发展受益

具有中国特色的黄金文化日益成为我国黄金矿业闪耀于世界经济舞台不可或缺的精神旗帜和根源力量。打造新时代的国际一流矿山,不仅要注重实施新旧动能转换、加快矿业转型升级步伐、提升矿山生产经营管理的"硬实力",更要注重打造融中国传统文化、黄金企业文化和国际矿业文化于一体的"软实力"。中华人民共和国成立 70 年来,一代又一代"黄金人"不忘初心、殚精竭虑、忘我奉献、接续奋进,国内众多的黄金矿业企业虽然利益诉求不尽相同,但更有共同的价值追求,那就是通过实际行动和不懈努力,建设成了既春色满园又百花齐放的黄金文化大家园,有力保障了我国黄金产量连续 12 年位居世界第一位的"黄金梦"成为灿烂的现实。

山东黄金集团把企业文化视作企业核心竞争力的重要组成部分。集团将对企业文化的认同与契合作为国际交流合作的重要基础与前提,实现了企业文化与企业战略"同等重要、同向发力、同步修订"。2019 年,集团对"十三五"战略进行了中期修编,同时也对企业文化理念体系做了修订,在企业发展实践的基础上,确立了以"追求卓越,创新进取"的企业精神和"开放、包容、忠诚、责任"的核心价值观为重点的企业文化体系。山东黄金企业文化建设始终坚持以人

民为中心的发展思想，持续履行"三让、三不让"承诺，不断改善职工的工作条件和生活环境，每年救助困难职工 1000 余人，救助金额 500 万元左右；始终坚持充分发挥先进典型对企业文化人格化的辐射带动作用，大力弘扬柱石精神、黄金企业家精神、开发精神和矿工精神；始终坚持与中国传统文化有机融合，持续开展了"孝行山金，感恩相伴"主题文化活动，连续多年组织开展山东黄金矿工节系列活动，目前矿工节已经成为特色品牌文化；始终坚持红色基因文化与黄金企业文化深度融合，以深入传承发扬"玲珑金矿 13 万两黄金送延安"的历史文化资源为重点，建成了我国黄金行业内首个集红色革命教育、爱国主义教育、特色党建品牌展示、党风廉政警示等于一体的综合性教育基地——山东黄金玲珑红色教育基地，充分发挥了红色基因的精神引领和文化传承效能；始终坚持认真履行社会责任，广泛开展各类慈善公益活动，在全国各地尤其是西部偏远省份和少数民族欠发达地区广泛吸纳当地人员就业，较好地拉动了当地经济发展和人民生活水平的提高。集团曾多次荣获我国慈善领域的最高奖——中华慈善奖。2018 年，集团还荣获了中国企业竞争力年会"最佳企业文化奖"和山东省政府颁发的"对外传播奖"。

聚力国际化，把握机遇积极融入世界矿业舞台

国际合作成为推动全球黄金矿业繁荣发展的必然要求和必然趋势。在发达国家制造业强劲回归、贸易回升以及发展中经济体稳定增长的推动下，目前，无论是发达经济体，还是发展中经济体，都把矿业作为推动经济发展的主要动力，甚至把能源和矿产作为摆脱政治和经济危机的工具，这是近些年来比较少有的现象。矿产资源在全球分布的不均衡，决定了世界上没有哪个企业甚至哪个国家可以完全依靠境内资源满足自身发展的需求，矿产资源储量以及矿山产量的限制也在一定程度上制约了整个行业发展的规模与水平。近年来，矿业蓬勃发展和各国矿业政策深度调整，为各大黄金矿企深化交流合作创造了良好机遇。只有牢牢把握住这一时代机遇，全面深化黄金矿业领域国际范围内的合作，深度加强科技创新、管理经验等各个方面的交流沟通，才能在全球矿业舞台上长袖善舞，推动全球矿业发展行稳致远。

近年来，山东黄金集团瞄准全球矿业市场，借助"一带一路"资源优势，不断加快国际化步伐，积极参与全球黄金资源配置，矿业及金融资产已覆盖中国

14个省级行政区，以及阿根廷、澳大利亚、加拿大等国家。目前，重点以在产大型金矿、铜矿、铅锌矿为主，正在积极推进海外优质项目并购，全力打造具有全球竞争力的世界一流企业。

在国际合作中，山东黄金不仅关注资产是否优质及潜力大小，更加注重双方企业文化是否相通及互信程度，积极致力于开创高效透明的合作模式。2017年，山东黄金与巴理克黄金公司在阿根廷贝拉德罗金矿的合作，应该说就创建了一种基于信任、透明、开放的合作模式，双方保持着高密度的最高层级的互访，往来多达19次。另外，双方技术及管理团队在矿山运营、采选技术、勘探技术、企业文化、智能矿山建设等方面的交流达到30次，逐步实现了在管理机制、技术规范、文化理念方面的深度融合。2018年以来，双方又签订了《战略合作推进协议》，实现了双方交叉持股，合作领域和合作内容又得以进一步拓展和细化。

在全球股市整体低迷、在港上市新股频频破发的背景下，山东黄金于2018年9月在香港联合交易所主板成功挂牌上市，实现了A+H两地上市布局和境内外资本市场的有效联动。首次与世界第八大银行法国巴黎银行开展战略合作，就授信业务、重组并购等内容签订了战略合作协议。尽管黄金矿业企业之间的国情、理念、模式可能有所不同，但对交流合作、繁荣发展的追求是共同的，这使得山东黄金能够超越差异和分歧，真正实现全球范围内的互利共赢。

党的十九大报告强调，要加快完善社会主义市场经济体制，特别是对于已经迈入改革深水区的国有企业，指明了未来的航行方向："深化国有企业改革，发展混合所有制经济，培育具有全球竞争力的世界一流企业。"未来，山东黄金将积极顺应时代发展大潮，不断推动矿业理论、文化、管理、技术、装备革新，努力深化在全球矿业各领域、各区域的沟通与合作，为实现矿业持续繁荣作出新的贡献。

自觉承担新时代黄金矿业人的光荣使命

紫金矿业集团股份有限公司党委书记、董事长　陈景河

一万余年前,人类发现和认识了黄金,从此,它像太阳一样点燃了人类的梦想,成为不同国家、不同肤色、不同民族的人们追逐美好生活的物质象征。

在中华人民共和国从站起来、富起来到强起来的70年伟大征程中,黄金矿业一直伴随着共和国的成长。中华人民共和国成立之初,百业待兴,1949年前留下的金矿,包括从日本人手中接管的机械化矿山夹皮沟金矿局和砂金矿黑河金矿局,都没有留下可供继续开采的地质储量,厂房和设备大多遭到严重破坏。随着国民经济的发展、外汇渠道的拓宽和从国外进口技术装备需求的激增,国家仅仅依靠出口物资创外汇,已远远不能满足实际需要。

为了增加国家外汇、满足老百姓对美好生活的向往,党中央发动全国人民大量生产黄金,在黑龙江、河南、山东、福建等地建立了黄金生产基地,从此,黄金矿业人踏上了艰苦创业的坎坷路。

紫金山国家矿山公园

紫金矿业也是承担使命的光荣一员。20世纪80年代，我们在福建上杭县紫金山开展了10年的艰辛探索，通过创新经济地质和成矿地质理论，发现和探明我国首例超大型浅成低温热液型铜金矿床—紫金山金铜矿，并在其后的开发过程中，以经济矿业思想系统解决矿山开发关键技术难题，使紫金山由呆矿变成了富矿，为紫金矿业的跨越式发展积累了重要的技术、人才、资金等资源。在投身西部大开发、振兴东北老工业基地和"一带一路"倡议等一系列国家决策中，走出了一条国际化大发展的"金光大道"。

回顾创业史，中华民族走向复兴的伟大时代是"紫金之母"

紫金矿业前身为1986年成立的上杭县矿产公司，1993年更名为上杭县紫金矿业总公司。以紫金山金矿开发为标志，紫金矿业开启了改革和发展的历史征程：

1993年至2000年，是公司的初创发展阶段。这一时期，公司以开发紫金山金矿为主，在资金、人才和技术极度匮乏的条件下，一批充满激情和梦想的年轻人，边学边干边探索，通过一系列自主技术创新，使紫金山这一"鸡肋"中小型金矿，迅速发展成为"中国第一大金矿"，创造了可利用资源规模最大、品位最低、处理矿石量和产金量最大、效益最好的金矿山纪录，结束了中国没有世界级大型金矿的历史。公司在这一时期完成了初始资本积累，培养了充满创新精神的技术和管理团队，更为重要的是，初步形成了富有紫金特色的企业创新文化。2000年，公司完成了具有重大意义的股份制改造。

2001年至2010年，是公司走向全国的发展阶段。在此期间，公司进一步扩大紫金山金矿生产规模，同时探索铜矿开发的技术路线，最重要的是走出上杭，走出紫金山，面向全国发展。在新疆、青海、内蒙古、吉林、黑龙江、贵州等18个省（区）收购和开发建设了一批骨干矿山，并且开始走上海外并购之路，实现了低成本高速扩张；值得指出的是，在此期间，紫金矿业所获得的资源大部分是低品位、难选冶的，也正因别人不想做，或是做不成，紫金矿业才得以以较低的代价入主开发，实现了少投入、低成本、高效益，为我国低品位、难处理的金、铜矿资源的综合利用和产业升级提供了"紫金方案"。借助这一时期黄金和金属价格持续上升，公司矿产品产量大幅度增加，规模和盈利空前增长；2003年，公司登陆香港H股，2008年，实现上海A股上市，实现了国内黄金行业领先的第一步战略目标。

2011年开始，是公司推动以国际化为重要特征的新一轮创业的发展阶段。在这一时期，公司跨洋过海，在澳大利亚、吉尔吉斯斯坦、刚果（金）、巴布亚新几内亚、塞尔维亚等11个国家收购、建设、运营了一批海外项目；特别是2015年，公司成功并购了巴布亚新几内亚波格拉金矿、刚果（金）卡莫阿铜矿，实现了海外项目资源储量、产量和利润的重大突破，海外项目成为集团重要的增长极，被誉为"中国矿业行业"一带一路"的先行者"；2013年，公司已实现了国内金属矿业行业领先的第二步战略目标。

经过20多年的发展，紫金矿业昂首挺进世界矿业之林，经济指标实现跨越式增长，行业地位实现国内领先。主营的金、铜、锌金属资源储量和矿产品产量均已进入国内矿业行业前茅，资产规模和销售收入超过1000亿元，在2019年《福布斯》全球2000强企业中，紫金矿业位居全球有色金属企业第10位、全球黄金企业第1位、中国有色金属企业第1位。

当前，紫金矿业国际化已进入收获期，跨国指数居"中企联"颁布的"中国100大跨国公司"第20位，境外资源储量、矿产品产量在公司比重均超过1/3，境外实现利润总额超过20亿元，占公司利润总额的30%，新建和在建的重要金、铜、锌矿山已逐步投产或将在未来几年投产，形成有较强竞争力的企业。公司已初步形成了国际化的体制机制和人才队伍，已初具国际化跨国大型矿业公司的雏形，初步具备了参与国际竞争的实力和条件。

回望来路，我们是毛泽东思想、邓小平理论在公司实践层面的受益者，也是习近平新时代中国特色社会主义思想的践行者。紫金矿业诞生于红土地，紫金的创业者们是毛泽东思想武装起来的企业家团队，我们从中国共产党人创造性地将马克思主义中国化的伟大实践中汲取养分，指导企业发展，提炼出了"创新就是普遍科学原理与客观实际的良好结合"等具有紫金特色的创新理论，在体制、管理、技术等多领域开展了一系列的创新，使之成为紫金矿业集团的核心竞争力，成就了公司攻坚克难、后发快进的比较优势。

回顾来路，我们深切感受到：党领导中华民族走向复兴的伟大时代造就了紫金矿业，特别是改革开放和中国经济快速发展的时代背景，西部大开发、振兴东北老工业基地、"一带一路"倡议等创造的重要发展机遇，使得一大批优秀的企业得以登上发展的大舞台，紫金矿业是时代使命的践行者和受益者。在紫金矿业日益走向国际化的今天，我们比以往任何时候都更加深切地感受到，紫金矿业的发展与国家战略、国家前途紧紧地连在一起。

不忘初心，造福社会，是紫金矿业前进的不竭动力

伴随人类文明的每一次进步，矿业是国民经济、社会、军事发展中不可替代、不可或缺的基础产业。党中央更是明确指出，开发矿业是建设社会主义现代化强国的资源基础。我们致力于"以优质矿物材料为中国经济腾飞和世界经济增长助力"，这是造福社会的"紫金方案"。

作为企业公民，我们以矿业为主导，积极参与国有企业改革、建设社会主义新农村、精准扶贫，以及推进革命老区开发建设与脱贫攻坚等一系列关乎人民群众福祉的重大举措，不断为社会创造价值，这是践行"全心全意为人民服务"宗旨的"紫金表达方式"。

不忘初心，我们始终坚持企业、职工双向促进。信仰是奋斗之路的"明灯"，公司在发展战略规划中，根据职工的共同意愿，确立了"紫金全球矿业梦是中国梦的组成部分"的集体志向，为一大批"追梦人"实现自我价值提供了国际化舞台。公司人力资源数量快速增长、质量持续提高，拥有3万余名优秀人才和技术工人组成的团队，其中，海外职工占一半以上，近年来，入职的硕、博士等高层次人才呈现快速增长态势，人均收入从上市以来实现了205%的增长。

紧紧围绕创造美好生活，我们制定了《职工职业健康安全工作规划》以及一批人文关怀制度，关注职工和协作者的美好生活，让劳动者体面生活，把员工作为紫金最宝贵的资源、最宝贵的财富，最广泛地凝聚起集体志向的合力。在广大职工的共同努力下，即便是在上一轮矿产品价格出现连续断崖式下跌、许多国际黄金矿业巨头出现巨额亏损的背景下，紫金矿业仍实现了较好的盈利，并在承压中超越，取得了国际化发展的重大突破，进而为更多的"寻梦人"搭建起了更广阔的国际舞台。

不忘初心，我们始终守望造福社会的赤子情怀。我们始终把爱党、忧党、兴党、护党的要求落实到经营管理的各项工作中，扎扎实实地为党尽职、为民谋利：当玉树、舟曲发生重大自然灾害，紫金矿业两次自发组建救援队深入灾区救援，是所有的企业救援队中，投入救援战斗最快、救灾时间最长、撤离灾区最晚的救援队伍之一；在党中央"稳疆、兴疆"的重大决策部署中，紫金矿业为阿勒泰地区带来了近2000个就业岗位，驻地平均每户就有1—2人是矿上员工；而

当党中央提出"精准扶贫",紫金矿业在矿业形势低迷、自身面临巨大经营压力的情况下,仍然迅速响应,出资705万元资助贫困残疾人家庭实现安居梦,直接受益人口近千人。

公司在总部福建上杭,新疆阿勒泰地区、克州地区,吉林珲春市,内蒙古乌拉特后旗,黑龙江嫩江县,贵州贞丰县,河南洛宁县等地的投资企业已经成为当地重要的经济支柱,为项目所在地经济社会发展作出了重大贡献。其中,公司累计在上杭投资超过200亿元,累计为财政缴纳税费和分红接近200亿元,上杭国有股大幅增值200多亿元,成为上杭县千亿金铜产业的主要力量,助推上杭县成为"福建县域经济实力十强县"。同时,公司为项目所在地的社会事业和慈善事业捐赠约26亿元,促进当地社会事业的发展,先后三次荣获中国慈善的最高奖项"中华慈善奖",被授予"全国文明单位"称号。

不忘初心,我们始终坚持走绿色的高质量发展之路。2001年,在紫金矿业发展的关键阶段,时在福建工作的习近平同志深入紫金山金铜矿视察,了解公司体制机制,听取紫金山金铜矿开发规划,认真询问公司环保生态工作,称赞紫金矿业"体制活、效益好、环保有创新",为我们注入了强大的精神动力。20多年来,我们牢记嘱托,既在青山绿水的环境中抓环保,也在人迹罕至的戈壁荒漠抓环保,国内权属企业共种植树木近450万株,一批矿山也被评为国家矿山公园、国家级绿色矿山、国家级工业旅游示范点、水土保持生态文明工程、全国节能减排先进集体、全国重点行业清洁生产示范企业等称号,在此基础上,我们制定了《全面加强绿色矿山建设规划》,设立了绿色矿山建设专项资金,明确到2020年全面建成绿色矿山的格局。在公司国际化的进程中,我们同步要求海外企业要参照国内矿山标准,建设绿色矿山,绝不因一些海外政府在生产过程中无要求而不作为,自觉塑造和维护中国企业的良好美誉度。

需要特别指出的是,我们通过大量的实践证明,生态与发展不是一对矛盾,而是相互促进的有机整体。以紫金山铜矿为例,该矿为高硫铜矿,经过微生物侵蚀自然形成含铜酸性水,同时,露采剥离、堆筑的废土场经过雨水冲刷,氧化汇流大量的含铜铁酸性溶液。紫金山通过对这些含铜废水进行资源综合利用,不但缓解了环保压力,还在其中回收铜金属量4000—6000吨/年,实现销售收入约2亿元,为企业带来巨大经济效益。而同时,在矿业开发过程中,我们通过改良土壤、优化植物生长条件、丰富植被品种,使得矿山复垦后的环境比原始地貌更加宜人美丽,实实在在地实现了生态效益和经济效益的双赢。

不忘初心，方得始终，正是因为我们在向前走的过程中，始终不忘"为什么出发"，始终尊重人民在历史创造中的主体作用，始终努力让员工、社会分享发展的果实，我们才得以汇聚了方方面面的支持和智慧，开创了紫金矿业光荣与梦想。

走好国际化的"新长征"，努力在中华民族的伟大工程、伟大事业、伟大梦想中有更大的作为

沐浴着新时代的浩荡东风，紫金已经走进了全新的发展阶段。我们认为，紫金矿业过去的成功，主要是乘着改革开放、中国大规模工业化和城镇化的东风，未来能否成功，关键要看紫金矿业的国际化进程。

"一个时代有一个时代的问题，一代人有一代人的使命"。党的十九大已经明确了建设现代化强国的路线图，而中国是全球最大的金属矿产品消费市场，基本金属消费量高达全球的40%—50%，自给能力严重不足，中国矿业企业在国际矿业市场控制的资源储量和产量比例都很小，与全球最大消费国的地位极不匹配，这呼唤着中国必须要有一大批具有全球竞争力的大型跨国公司。

习近平总书记指出，"我们这么大一个国家，就应该有雄心壮志"。紫金矿业作为全球有相当知名度的大型矿业公司，应该有志于在推进新时代中华民族的伟大工程、伟大事业、伟大梦想中有更大的作为，面向全球配置资源，勇敢地参与全球竞争，成为全球金属矿业行业重要的参与者和强有力的竞争者，这是新时代紫金矿业的"新长征"。

走好新长征，我们要坚持自信与虚心相统一。众所周知，中国的金属矿石品位普遍不高，但这并不妨碍中华先民在青铜、冶铁方面的工艺技术长期领先于西方，由此带来军事、经济、社会的空前强盛，创造了灿烂的、延绵不绝的5000年华夏文明。我们认为，矿业是非常适合中国人的行业，中国人的创新精神、敬业精神、吃苦耐劳精神、百折不挠精神是矿业人必备的非常优秀的创业品格。

我们强调要坚定自信，重点是能力自信。以紫金矿业为例，我们贵州水银洞金矿原由西方矿业公司开发，但因其矿石品位低、难选冶，西方人不得不转让、放弃。紫金矿业接手后仅用4个月就攻克了选冶难关，当年就产生了2000余万元的经济效益。再以公司非洲刚果（金）科卢韦齐项目为例，项目建设期，物流是制约项目进度的最大因素，按往常，公司物资在中国采购后一般要海运2个

月至南非，再陆运1个月至刚果（金），如遇台风季节等的影响，耗时将更长，当地西方企业对此习以为常、见怪不怪，但紫金人却创造了最快集港最优发运、非洲海运码头最快转港装货、最快清关入境、物资最快到场等一系列纪录，该项目也由此创造了刚果（金）同等规模项目的建设纪录……

没有挺得起腰杆的自信，就很难有站得住脚的未来，特别是全球重要矿产资源大部分被西方大型跨国公司控制，作为后来者，我们中国黄金矿业企业从海外企业中接手的项目，一定或多或少都存在着问题，否则也不会被出售，如果不科学分析是否可以通过创新改变其现状，而简单地因为别人干不成而望而却步，就会错失很多发展机遇。

当然，实现"精神崛起"的同时，我们也要看到，尽管有相当部分的中国黄金矿业企业已经基本具备参与国际竞争的实力，且国内大的黄金矿业公司几乎都提出了要建设国际一流矿业公司的目标，但我们也必须审视自己与国际一流矿业公司的差距。首先，在资产质量与资源可持续方面，存在巨大差距。其次，从管理体系上看，西方人对计划预算非常重视，做得非常好，我们与其差距很大，这与我国小矿多的实际情况有关，西方的大公司往往是有几个大矿山就够了。另外，在管理语言、海外运作经验和国际化人才等方面，我们的差距也不小，而这些只能靠实践获得和培养。

所以，在国际化进程中，保持"空杯"心态，通过向国外先进企业的学习，提升管理思想、管理方式，进而形成巨大的变革。因此，中国矿业现在和未来面临的"大考"就是实现国际化的"大考"，这条路是历史潮流，顺之者昌，非走不可，走通了，可持续发展也就海阔天高。

走好新长征，我们要坚持战略定力与风险防范相统一。国际化的进程中不可能坦途一片，特别是开展海外并购是一个难度系数极高的系统性工程，对决策者的战略眼光和战略定力有着非常高的要求。我们主张逆周期开展海外并购，就是在矿业形势低迷、项目价值被低估的时候出手，一旦形势回暖，项目就会产生巨大的投资回报，奠定紫金国际化新格局的刚果（金）卡莫阿-卡库拉铜矿、巴布亚新几内亚波格拉金矿就是这种战术的"结晶"。

市场机遇稍纵即逝，可遇不可求，我们强调要坚持战略定力与风险防范相统一，侧重点在于不过分强调风险，什么都不干，短期内固然是最安全的，但从长远看，却是最大的风险：一个企业一旦到了一定规模，如果没有新的项目支撑，就会慢慢被同行挤压而陷入萎缩，如果不在企业发展势头好的时候"抢天晴、修屋顶"，等到"屋漏偏逢连夜雨"才幡然醒悟，一定为时已晚，终将一事无成。

当然，每当我们踏在异国他乡的土地上时，我们才深切地感受到祖国安定的发展环境是多么的难能可贵。国际政局、宗教、法规、人文环境的复杂性带来的巨大风险也不容忽视，这也要求我们在海外并购中，不冲动、不盲动，要尽力而为，也要量力而行，要高度重视风险评估和防范，做好收益和风险的研究对比，特别要评估投资失败可能给公司带来的系统性风险，任何项目都会有风险，关键要应对有策，保证风险基本可控。

总体而言，紫金的文化是开放的文化，这不仅仅体现在文化内涵的兼收并蓄，更体现在对未来的开放，我们不因取得了一点成绩而画地为牢、守成止步，而是把目光放在了更加具有不确定性的海外，这种姿态是立足于紫金可持续发展这个最大实际的自信表达。

习近平总书记在庆祝纪念改革开放40周年讲话中指出："剧是从序幕开始的，但序幕还不是高潮，更值得骄傲的还在后头。"新时代征程已经开启，当前，"一带一路"倡议正越来越深刻地影响着中国与世界，作为这一倡议的追随者，我们身处其中、建设其中、受益其中，何其有幸！我们呼吁更多的黄金矿业同行，结伴而行，相互补台，相互分享经验教训；呼吁政府部门加快形成有利于矿业企业"走出去"的政策环境，为有实力和能力的矿业企业开辟国际化的绿色通道，提供更多的指导和帮助。我们深信，在中华民族伟大复兴的光辉征途中，新时代黄金矿业人一定能不辱使命，作出更大的贡献！

打造更高质量的黄金生态圈

——国内商业银行黄金业务发展分析

中国工商银行贵金属业务部总经理 李宝权

中国黄金市场历经十几年的快速发展,现已形成由场内市场、场外市场共同组成的多层次、多元化的市场体系。其中,场内市场主要包括上海黄金交易所黄金现货、递延及衍生品市场,上海期货交易所黄金期货市场;场外市场主要是商业银行的柜台市场,提供账户黄金、黄金租借、套期保值、资产管理及黄金零售等业务。随着国内商业银行各项业务的发展,创新产品层出不穷,在外延和内涵上不断拓展市场容量,有效发挥场内外黄金市场价格发现、协同联动、资源配置等功能,有序推进黄金行业资源整合、产能升级、"走出去"战略,有力助推上海黄金交易所成为全球最大的场内实金交易市场、上海期货交易所成为仅次于纽约商品交易所(COMEX)的全球第二大黄金期货交易市场。

可以说,在国内黄金市场、黄金产业链以开放的态度走向世界的过程中,国内商业银行始终注重把服务重点领域和薄弱环节更好地结合起来,把服务实体经济和防范化解金融风险更好地结合起来,把客户和市场作为业务存在和发展的价值所在,把掌握市场变化、了解客户需要、加快产品创新作为开展业务的基本前提。当前国内商业银行正面临金融供给侧结构性改革、利率市场化、互联网金融冲击、客户需求多元化等重大挑战,我们希望通过梳理和回顾,寻找商业银行黄金业务发展的逻辑,为行业提供一些可借鉴的经验。

商业银行在黄金市场和产业链中的作用

商业银行是现代金融的核心。随着越来越多的商业银行开展黄金业务,黄金业务的内在逻辑体系逐渐清晰，黄金银行经营理念逐步形成并建立了相应的产品、渠道、运营体系，进而对重构国内黄金市场体系、黄金生态圈起到了重要作用。黄金银行主要承担三个职能：一是做市商。商业银行依托良好的信誉、庞大的资金优势和高效的清算网络，通过竞价、询价、定价等交易业务，有效激活市场并防控系统性风险。二是渠道商。传统上，商业银行拥有遍布全国的营业网点、广泛的客户基础和多元化的线上线下营销渠道，充分满足个人、企业和机构在交易清算、融货融资、仓储交割方面的需求。三是平台商。一方面，主流商业银行在金融市场和衍生品交易方面具有相当丰富的经验，并建立了较为完善的风控体系和风险评估系统，为黄金自营和代客业务提供稳定的中后台支持，为客户提供安全可靠的业务平台。另一方面，商业银行同时作为黄金的供需方，分别对接市场供需主体并有效解决其流动性问题。

从黄金产业链的逻辑来看，商业银行在零售市场端、产业链端和基础设施建设上都发挥着日益重要的作用。

第一，零售市场的新兴力量。黄金零售，也就是黄金首饰等消费类需求和金条金币等投资类需求是总需求的最主要组成部分。在经历2014—2016年的下跌后，黄金零售市场正在逐渐回暖。2018年，中国黄金首饰消费量736.3吨、金条285.2吨、金币24吨，分别占总消费量的64%、24.8%、2.1%，同比增幅分别为5.7%、3.2%、7.7%。尽管总体需求仍然保持一定规模和增幅，但消费结构正在发生变化：一是需求结构从数量增长向质量提升转变，商品品质、设计和附加属性的溢价在上升，消费者倾向于以合理的价格获取更高的品质购买和持有体验。二是购买力从一线城市向二、三线城市转移，黄金零售市场面临消费潜力区域下沉的格局变化，呈现强者愈强、品牌凸显、创新加速的特点。这些新变化并非中国市场独有，很多国内外知名黄金珠宝品牌也在努力调整网络布局和产品定位，将消费重心从单一的重量、纯度向装饰、美感、体验延伸。在此过程中，密切各方合作、实现优势互补，是把握市场趋势的关键所在，商业银行基于其相对黄金零售企业的不同特点和定位，有成为市场"帕累托优化"的渠道提供者和资源整合者的可能。

第二，产融结合的重要支柱。狭义的黄金融资业务即黄金租赁及套保，起到为企业锁定成本、稳定收益、规避风险的作用，但随着"一带一路"倡议的深入实施，产融结合被赋予了更深刻的含义。黄金是"一带一路"的先导产业，这是由我国黄金市场的巨大需求和国内黄金资源禀赋的限制决定的，而"走出去"的产业发展战略必然要求更深层次的产融结合。经过多年努力，我国已经构建了最完整的黄金产业链，连续多年成为第一大产金国，但以不足全球4%的黄金储量负担14%的黄金产量的发展模式，使得国内黄金矿山的平均寿命、品位和规模出现下滑迹象，且黄金需求对外依存度仍达65%。同时，全球黄金矿企加速整合，2018年下半年以来发生巴里克收购兰德、纽蒙特收购加拿大黄金、巴里克与纽蒙特组建合资企业等大事件，体现了黄金巨头强烈的忧患意识和危机意识。因此，抓住"一带一路"倡议带来的新机遇，开展产能整合、扩张资源储备、提升黄金产量，已成为中国金企的必然选择，对我国黄金产业的持续健康发展具有深远意义。近年来，国内商业银行通过市场化债转股、海外投融资、全球化平台金融服务等措施，与黄金产业链实现更紧密的对接。以债转股为例，2016年，工行首单市场化债转股业务落地山东黄金，向山东黄金提供了总规模100亿元的债转股额度与200亿元的战略合作融资额度；2018年，中行、农行参与的中国黄金集团债转股项目，将市场化债转股与优质资产注入相结合，增资金额46亿元，中国黄金集团和上市公司中金黄金的负债率分别降低4个、11.57个百分点。以上项目均大幅降低了企业财务成本，显著优化了财务结构，促进了供给侧改革的提质增效。以海外投融资为例，2017年，工行作为并购顾问，助力山东黄金完成收购世界最大黄金企业巴里克黄金下属阿根廷贝拉德罗金矿50%股权，成功挺进南美；2018年，山东黄金H股上市，工行作为全球协调人与基石投资人，投资并持有山东黄金港股4600万股，有力增强了市场对上市公司的信心。更重要的是，金融资本与产业资本共同建设"软环境"。由于矿业投资尤其是海外投资周期长、风险高、不确定因素多，不仅是对企业技术、管理、风控能力的考验，更对项目所在地的政治、法律、文化环境的熟悉程度提出了高要求，目前，主要中资商业银行除拥有较完善的国内经营网络外，海外布局也取得了长足进步，对当地市场和政治经济金融环境有了较为深入的认识，初步具备了境内外联动、本外币一体的全球化经营优势，能够为海外业务提供属地政策法规的咨询建议、客户经营情况和财务情况等信息，从而为企业的投融资决策提供更多的决策参考，尽可能将跨境业务风险最小化。

第二，黄金市场的建设力量。中国黄金市场在17年中走过了发达国家数十年乃至上百年的历程。国内商业银行始终以"促进多层次资本市场健康发展"为己任，从外延和内涵两个维度，深度介入黄金市场基础设施建设。一方面，紧紧跟随上金所等市场不断丰富交易品种、优化交易规则的发展步伐，共同推进服务于实体经济的、有助于防范系统性风险的黄金市场建设，实现从单一的竞价交易到竞价、询价与定价业务齐头并进。竞价交易标的包括黄金、白银和铂金在内的三大类16个品种；询价交易标的包括即期、远期、掉期和期权；定价业务以"上海金"为主体，填补了全球黄金市场缺乏权威公正的人民币黄金价格的空白。当前，黄金市场总体呈现从现货交易向现货和衍生品交易转变、从激发黄金金融属性向商品属性和金融属性转变、从国内市场向国内国际两个市场并重转变的特征。另一方面，将上金所国际化战略与自身境内外发展路径相结合，积极加强境内外联动，助力黄金国际板、黄金沪港通、"上海金"等业务发展，尤其是将"上海金"作为黄金融资的计价依据，助推"上海金"成为国内黄金生产企业交易结算的基准，并逐步提升其在国内、亚太及全球黄金市场的影响力。同时，深度融入上海自贸区建设和粤港澳大湾区建设，通过建设离岸保税黄金交割库，发挥其大宗商品市场核心基础设施作用，形成辐射港澳、东南亚和南亚的效应，积极参与相关国家与地区（特别是离岸人民币清算行所在地区）的黄金市场交易，传导国内黄金需求和价格，推动人民币国际化进程。

对商业银行黄金业务未来发展的几点思考

黄金兼具商品和金融属性，但多年来市场机制、交易品种、业务结构的设置更侧重于发挥其商品属性，而金融属性相对较弱。因此，进一步加强黄金金融属性的场景建设、进一步挖掘黄金金融属性的应用，可能成为商业银行黄金业务从量变到质变升华的关键。

第一，对黄金市场建设的思考。我国黄金市场已形成机构投资者和个人投资者广泛参与、基础产品和衍生产品日益丰富、场内市场和场外市场协同发展、境内主板市场和国际板市场齐头并进的局面，充分体现了"后发优势"。尽管如此，相对中国黄金行业肩负的使命，相对中国第一大产金国、消费国和进口国的地位，金融属性的产品尤其是具有风险管理功能的衍生品仍然缺乏，黄金投资渠道仍然偏窄，对国际大宗商品定价的影响力还有所不足，与国际主要黄金市场如伦敦、纽约相比仍有一定差距。因此，在向国际一流的大宗商品交易市场迈进的过程中，商业银行和交易市场仍应本着"国际视野、本土智慧"，深入推进金融供给侧改革，通过持续提升资源配置质量和效率，来吸引更多的合格投资者进入，激活市场。一是提高市场流动性。充分的交易活动有助于形成市场流动性，充分的流动性则将形成市场价格和供需状况，使市场参与方有了公平、透明的价格参照物，同时有利于黄金生产加工批发零售等实体企业在市场上平衡或对冲自身风险。为此，一方面可顺应国家"减税降费"政策，适时探索进一步降低交易成本（手续费率）的可能性，提升交易活跃度，另一方面可加快推进信息系统基础设施建设，提高市场透明度、降低摩擦成本，包括推出更全面、更及时的行情信息发布系统，以及加强与境内外黄金现货市场、期货市场、外汇远期、掉期市场的联系，探索开展信息互通、标准互认、库存互信等工作在国内落地或先行先试。二是推动国际化进程。逐步建设全球互联的交易体系、仓储交割体系，实现"一点接入、全市场交易"。在具体模式上，可本着"先行半步"的原则开展适度前瞻的交易系统建设，探索全球各主要贵金属市场交易品种的互相挂牌，以及国内黄金交割库和境外主要大宗商品市场交割库的互通。三是加大协同创新力度。商业银行作为我国黄金市场的重要一极，可与交易所一起，以完善市场功能为目标，丰富投资和避险产品，包括黄金证券化产品和风险管理工具，为产业链企业、机构投资者、规模化的资金提供便利的市场通道和有效的避险手段。

第二，对黄金银行的思考。黄金银行的深层次逻辑是经营黄金的类货币属性，即一方面以各类黄金产品和服务作为获客和留客的手段，另一方面把黄金当作货币或资金，形成黄金资产负债体系。具体而言，就是在商业银行经营框架下，比照传统资产业务、负债业务、同业类开展黄金业务经营，涉及黄金租赁、黄金储蓄（积存）、黄金拆借和做市交易等。2009年，中国工商银行成立了国内首家贵金属业务专营持牌机构——贵金属业务部；2014年，平安银行提出"黄金银行"的概念和品牌；2016年，民生银行正式推出黄金银行品牌。2018年末，中国人民银行发布互联网黄金、黄金积存、黄金资管等3个新规，与银保监会的相关监管制度相衔接，为商业银行黄金业务的发展建立了相对清晰的监管框架；尤其是"类储蓄"概念的明晰，对黄金账户、黄金资产负债平台的设置，乃至对构建黄金银行体系起到基石作用。从实践来看，尽管黄金银行有利于商业银行在传统业务之外建立新型获客和经营优势，但因经营标的独特（实物黄金具有双重属性，与商业银行传统经营标的完全不同）、产品线纵深相对较浅、客户群体相对较小，整体业务空间无法与经营货币的业务相提并论，因此专业化、集中化经营管理模式对发挥业务合力、拓展新兴市场的作用优于分散化模式。以工行为代表的商业银行对黄金银行的深入探索，除更有效地整合现有黄金业务外，更有利于形成一个相对独立的"资产、负债、中间业务"的经营管理体系，以创新为导向，充分发掘、发挥黄金的经营价值，通过为客户部门"贴金"、为基层经营"赋能"，更好地服务于整体经营目标。

第三，对黄金产业链企业金融服务的思考。受国际金价连续多年低迷和产金成本居高不下的双重压力，黄金产业链企业尤其是矿业企业无不努力"绞干毛巾的最后一滴水"，降本增效、产能整合、兼并收购成为业内普遍采取的"过冬"措施，也决定了商业银行服务黄金产业链实体企业的基本原则。一是提升财务效率。商业银行可加强与境内外交易市场、金融机构的联动，试点预付款融资（以未来开采的黄金为抵质押物）、供应链融资等有利于降低财务成本、加快资金周转、规避价格风险的金融产品。二是提升资本效率。大部分中资金企的海外收购是现金交易，这是成本最高、资产负债表最难承受的交易模式，其根本原因是没有与被收购对象在同一地上市，因而无法通过换股、发新股等方式收购；目前，国内商业银行的国际化布局已初具规模，具有本土化的资金和管理优势、海外金融牌照和网络优势，可通过更为紧密的内外联动，为企业提供更高的资本运作效率。

第四，对"百姓金"金融服务的思考。国内商业银行针对个人客户的黄金业务主要是黄金零售和代理上金所交易，经营模式相对简单，其中，黄金零售业务直接介入传统黄金零售经营领域，容易形成直接的竞争与冲突关系。鉴于黄金零售行业重资产、低周转、多品类、小批量、高滞销风险的经营特征，"护城河"效应明显，与商业银行的基本经营理念、长期经营逻辑是不相符的。未来商业银行"百姓金"的发展方向，可能更应趋向做黄金零售市场供需的桥梁、做B端到C端的平台。一是适应"消费者主权时代"特点，一端联合生产、设计、加工端的头部企业的专业资源，另一端导入商业银行个人客户尤其是黄金客群，充分发挥自身枢纽作用，压缩中间环节、提高反应速度，更好地实现供需端的对接，使经营行为进一步贴近市场神经末梢。二是尽管消费强度发生地域转移，但线下渠道仍然是黄金销售主导力量和线上的业务基础，借助商业银行不可取代的信用、遍布全国的经营网络、几乎全覆盖的客户群体，与黄金零售商共同探索以"贵金属旗舰店"为骨干，建立包括贵金属投资、收藏、消费、回购、专业服务功能在内的金融微生态圈，将是"双赢"的选择。三是加快与互联网金融头部企业的线上业务合作，将银行的客户优势与合作方的流量优势结合起来，打造结合社交、黄金投资、黄金首饰、传统文化、纪念礼品、游戏IP等功能在内的黄金平台。四是从"经营黄金的类货币属性和投资价值"这个业务逻辑出发，研究商业银行黄金账户和黄金积存产品的标准化,以流动性带动收益性,给民众带来实实在在的实惠,有效盘活沉淀在民间的、极其分散的1万多吨黄金,打造黄金资产吸纳、运用、管理、保值增值的闭环。总之,商业银行通过经营渠道和模式创新,有利于将好的产品、服务更顺畅地抵达广大消费者,把"蛋糕"做大。

  国内商业银行从建立黄金市场的第一天起,就是黄金市场坚定的参与者、建设者和见证者。未来商业银行的"黄金之路",必将在深入贯彻习近平总书记"强化金融服务功能,满足经济社会发展和人民群众需要"重要精神的基础上,将"打造共建、共享、共生、共荣的黄金生态圈"这一主题,体现到对新发展理念和高质量发展要求的贯彻落实上,体现到为黄金市场提供更高质量、更有效率的金融服务上,体现到满足广大人民群众对黄金消费升级的需求上,携手共创中国黄金市场更加美好的明天。

从世界舞台边缘走到中央

世界黄金协会中国区董事总经理　王立新

放眼中华人民共和国成立以来的70年，许多行业都经历了从无到有、从有到强"破天荒"式的大变化，黄金行业更是如此。相比其他行业，黄金行业因为黄金的特殊属性，长时间处于管制的阶段，开放比较晚，整个行业从无到有、由小到大，从世界黄金舞台的边缘走到中央，是近些年的事情了。

过去很长一段时间，我国黄金产量小、技术水平低、发展速度慢、市场未开放，在国际上的知名度或关注度很小。1994年上半年，随着中国实施改革开放政策和近年来消费者对黄金饰品的稳定需求，世界黄金协会才将中国列为重点开发市场，并将北亚区总部由香港迁往了北京。1995年2月，我加入世界黄金协会，担任中国北方区经理。很幸运，我一入黄金行业就赶上了黄金市场开放的时代发展浪潮，并在中国黄金市场化发展过程中有所作为，为之贡献自己的一分力量。

当时，世界黄金协会很快与中国人民银行、黄金管理局等行业管理机构及业界机构建立了密切的合作关系，帮助国内黄金行业了解国际黄金市场，积极推动变革中的中国黄金市场开放。其中，为了让中国黄金政策制定者更多地了解其他国家放开黄金市场的经验和做法，世界黄金协会邀请并帮助中国人民银行等监管机构官员出席国际黄金会议和访问其他国家黄金市场，为中国人民银行等监管机构举办了大量的专题讲座、交流会及研讨会，提供有关市场开放的研究报告、资料等。

从1996年到1998年，世界黄金协会还多次组织国内黄金业代表团去国外黄金矿山、市场学习交流，参加黄金珠宝展览，并与北京黄金经济发展研究中心、中国黄金报社深入合作，通过媒体介绍国外黄金行业先进经验，让业界了解国外黄金行业的最新发展趋势。同时，我们还投入大量的精力研究中国黄金市场，揭开黄金市场表面缠绕的层层面纱，找出问题的本质和根源。

1999年，世界黄金协会邀请著名经济学家、时任中国经济改革研究基金会国民经济研究中心主任的樊纲教授牵头作了第一份关于黄金市场是否可以开放的研究报告。这份主要呈献给中国人民银行的研究报告，核心建议是打破整个黄金市场现有流通体系，形成中国黄金市场开放"三部曲"：第一，建立现货黄金交易所，打破统收统配黄金管理体系，形成市场化流通体系；第二，充分挖掘黄金所有属性，取消黄金零售许可证，允许黄金作为投资产品进入金融渠道销售；第三，跟随人民币可兑换的步骤，逐步开放黄金进出口业务，将中国黄金市场与国际黄金市场逐步融合。

这份报告通过当年黄金经济论坛发布后，反响很大，大家对市场开放的热情高涨，形成了"现有黄金管理机制不适应未来发展、市场应该开放"的共识。紧接着第二年（2000年），世界黄金协会又邀请时任国务院发展研究中心产业政策部主任的刘世锦牵头，作了市场如何开放的研究报告——《新时期中国黄金市场开放：相关政策研究和建议》。这份报告是在1999年的《中国黄金管理体制改革与市场开放——基本思路与方案设想》报告基础上向操作层面的延伸与继续。它根据中国的特殊国情及改革进程，综合国外黄金市场改革开放经验，将如何进一步推进中国黄金改革进程及如何建立未来黄金市场的理想架构，细化为开放黄金市场所要解决的主要问题、黄金市场体系构成、黄金交易所组建运作、商业银行黄金业务、黄金税收政策选择、黄金市场监管6方面的技术性问题，并逐一展开分析和研究。

两份研究报告和连续两年的黄金经济论坛在中国黄金市场开放向纵深层次推进的过程中起到了重要推动作用。一个开放的、充满生机与活力的黄金市场不久后出现了。2002年10月30日上海黄金交易所正式开业，标志着中国黄金市场改革开放的正式开始。

2001年至2002年为上海黄金交易所筹备期，我把大部分工作精力放在开放市场上，包括支持上海黄金交易所努力争取黄金增值税等有利于行业可持续发展的政策。2002年，我们又与上海黄金交易所密切合作，在上海黄金交易所正式开展交易业务后，设立了上海黄金交易所国际顾问委员会。随着市场开放，世界黄金协会也由此进入了大力推广黄金市场业务的阶段。

在黄金首饰推广方面，我们引入K-gold 18K金新产品类别、18K金概念、囍福系列、结婚文化系列及精品黄金观念——"唯有金"纯金精品，引导黄金产业向产品设计能力、服务水平及综合价值提高方向发展，加快国内黄金饰品的升级换代。除了推出标杆性的产品品牌和引进创新类别，世界黄金协会还大力开展市场培训工作，通过组团出国考察、举办培训班及媒体推广等活动，改变过去社会对黄金饰品"傻大黑粗"的观念认识，引导形成符合时代发展的金饰潮流。

同时，全力开展黄金投资产品的推广和市场开拓工作：一是引导商业银行进入黄金投资市场，与工行合作推出积存金业务，丰富了商业银行黄金产品；二是引入真正意义上的实物黄金投资产品。2006年世界黄金协会与中国黄金集团合作推出投资金条，改变了过去市场上只有销售工艺黄金、无法回购黄金的难题，恢复黄金的投资价值。三是从2010年开始与上海黄金交易所、上海证券交易所合作研究国内黄金交易所交易基金（ETF）产品，大力发掘黄金的金融属性，进一步拓展黄金金融市场。

回想2000年以后的这十几年，时间过得飞快、转瞬即逝，伴随着新市场机制的出现，各种新事物不断出现，新理念、新思想、新产品的推广速度特别快，也正赶上全球黄金大牛市，金价持续走高，人人冲劲十足，市场蓬勃发展。我国黄金市场规模呈现爆发式增长态势，黄金产量、消费量、加工量、现货交易量很快就超越其他国家，成为世界第一。与此同时，国际黄金市场对中国的关注度和重视程度也有了很大的提高。2015年，我再次回到世界黄金协会任职时，开始担任了世界黄金协会执行委员会成员及中国区董事总经理职务。鉴于中国在全球黄金行业中的重要性与日俱增，2018年世界黄金协会在董事会下特别设立中国委员会，中国黄金集团董事长宋鑫先生被任命为中国委员会的首任主席，山东黄金集团也作为第二家中国会员加入世界黄金协会，其董事长陈玉民先生也加入了协会董事会。

2018年9月24日，在美国科罗拉多温泉城举办的世界黄金协会庆祝中国委员会成立酒会上，宋鑫、陈玉民作为中国成员代表先后登台，用英语清晰而流畅地发表了演讲。讲完后，会场上清脆的相机快门声、热烈的掌声随之而来。

这一幕给我留下了深刻的印象，也让我为他们感到骄傲和自豪，我禁不住感叹：这体现了我国黄金企业新一代领导人的国际化视野及黄金产业开放发展的进步。

另外，还有一段经历，让我感触颇深。2012年初加入经易金业任董事长和总经理到2014年底离开的3年管理经历，丰富我个人工作阅历的同时，也让我在看待黄金市场问题时有了更多元化的角度，对黄金产业发展有了更深刻的认识。面对近年来黄金行业面临的新形势、新挑战，协会果断展开新形势下黄金消费市场调研工作，为推动黄金产业及市场转型提供了一手的信息资料，同时推动黄金产业针对"千禧一代"的消费习惯变化调整产品设计、加工、销售策略，加快了金饰行业转型步伐。

我国黄金市场开放了16年后，取得了现货黄金市场规模第一、期货黄金市场规模第二的国际地位，成就了世界第三大黄金交易市场。当前新的阶段，为了给行业国际化发展搭建交流平台，世界黄金协会联手中国黄金协会连续组织召开3届中国国际黄金大会，会议规模越来越大，国际影响力也越来越强。同时，面对中国市场化、国际化发展逐渐迈入国际黄金市场的"无人区"，越来越多的从业者为新发展阶段感到迷茫和无措，世界黄金协会又联袂国务院发展研究中心金融研究所在2018年7月推出了第三份研究报告——《中国黄金市场未来发展方向建议报告》。为了确保黄金行业在未来3年至5年甚至更长时间的平稳发展，这份报告开始启发人们思考，并给出了一些切实可行的建议。

当前，世界黄金协会更侧重于深化黄金投资领域，扩大黄金投资者范围，吸引长期机构投资者进入黄金投资市场。我们参与制定"负责任黄金"的全球标准、黄金矿山成本计算标准及进行伊斯兰法投资黄金标准的修订等，同时大力支持开展财经记者黄金知识培训等活动，希望更多的金融机构参与黄金市场中。

走过70年漫漫长路，我国的黄金行业从无到有，从有到强。特别是改革开放以来，行业以"几十年太短，只争朝夕"的精神和干劲取得了令人瞩目的成就，站在了新的历史方位。40年来的发展，也得益于监管机构与时俱进，根据市场变化及时调整、改革，顺应和推动了黄金市场的快速发展。新的历史征程下，改革不停步，创新不止步。相信唯有坚持改革开放，黄金行业才能继续发展，实现更大的进步。伴随着改革开放，中国黄金行业成就了全球多个"第一"，充分体现了中国黄金市场的特色。未来在接过全球黄金市场的领军旗帜、提高自身领导力的过程中，中国黄金行业也要摆正心态，既不要自卑，也不要自傲，充分认识自身不足，更多地取长补短，构建自己在国际市场竞争中的真正"独门利器"，才能在未来的发展中行稳致远，取得更大的进步。

为"中国梦"贡献黄金力量

——党的十八大以来中国黄金行业发展纪实

中国黄金报社　马春红　张正虹　贺轶群

70年沧桑巨变，70年栉风沐雨。伴随中华人民共和国成长起来的黄金行业从一穷二白起家，到如今走在世界前列，凝结了数以万计"黄金人"的心血，汇聚了撼天动地的磅礴力量。

党的十八大以来，我国黄金行业更是步入发展快车道，在地质勘查、矿山开采、选冶、深加工、批发零售、交易市场、黄金珠宝等全产业链条上发展迅速。

尤其党的十八大后，黄金矿业正以更加开放的视野和主动的姿态融入全球化的发展中，成为"一带一路"建设的先行者。

黄金矿业：从高产量到高质量

党的十八大以后，我国的黄金矿业迈上了发展"快车道"，黄金矿企深入学习贯彻习近平新时代中国特色社会主义思想，贯彻落实新发展观念，抓住"一带一路"建设等历史机遇，逐渐实现转型升级，迎来高质量发展新时代。

1. 调结构，打造产业升级版。党的十八大以来，黄金矿业在资源整合和企业兼并重组上着力，发挥大型黄金集团优势，在重点矿区实施资源整合、企业改组、技术改造，淘汰落后产能，建成大基地，培育大集团，大型矿业企业主导行业发展的格局初步形成。

据了解，目前黄金矿山企业数量从2012年的726家减少到500家左右。2018年数据显示，中国黄金、山东黄金、紫金矿业、山东招金等12家大型黄金企业集团黄金产量占全国产量（含进口料）的比重由52.42%提高至55.08%，矿产金产量占全国的比重由40.65%提高至44.55%。这就是调结构带来的产业集群效应。

除了兼并重组，推动管理创新也是调结构的一个重要方向。

这方面，作为行业内唯一一家央企，中国黄金集团一直对管理创新有着热切追求。2013年开始，其紧密围绕"创造最具价值并受人尊敬的世界一流黄金产业集团"的愿景目标，推行精细化管理，以成本领先为核心，从"优化五率、降低五费"，到"全过程成本管控"，再到"全过程成本管控＋科技进步""全过程成本管控＋改革创新"，实现了黄金资源储量、精炼金产量、黄金投资产品市场占有率、黄金选冶技术水平、上海黄金交易所综合类会员实物黄金交易量5项指标国内行业第一。

无独有偶，山东黄金引入内部竞争机制，将降本增效与员工增收、企业增利结合起来，构建了企业内部市场化管理模式，调动了员工积极性，劳动生产率大大提升。紫金矿业建立了国际化管理平台，利用大数据分析，实现企业运营管理的实时智能监控分析，挖掘发现管理盲点，并提供有效解决方案。招金集团强化内部管理，在成本核算、资金周转率、能耗、劳动生产率等指标管理方面狠下功夫，克金成本一直保持行业领先水平。

可以说，管理创新促进了黄金矿企的高质量发展和行业转型升级迈上新台阶。

调结构的另外一个实招是实施"以金为主，多金属并举"战略。目前，紫金矿业、中国黄金铜产量在全国已位列第一梯队。根据中国黄金协会数据，2017年行业全年共生产白银3436.75吨、铜129.48万吨、铅56.38万吨、锌69.57万吨、硫394.78万吨，分别占全国白银产量的15.24%、全国铜产量的14.56%、全国铅产量的11.95%、全国锌产量的11.18%。

2. 促创新，以科技引领发展。习近平总书记指出，科技是国之利器，国家赖之以强，企业赖之以赢，人民生活赖之以好。科技创新对黄金矿企来说，尤为重要。历史经验表明，科技创新总是能够深刻改变企业发展格局。

党的十八大以来，黄金矿业行业搭建起产、学、研、用一体化的技术创新合作平台，在地采选冶等各个方面都取得了长足进展。

通过几年努力，黄金矿企在地质方面的深部找矿及成矿规律的研究取得实质性突破，老矿山周边和深部找矿也不断取得重大进展。例如山东西岭金矿区的"中国岩金勘查第一深钻"，终孔深度4006.17米，填补了我国超深部勘查的空白，为西岭超大型金矿的成功发现提供了支持。

在采矿方面，安全高效、高回采率和无轨化金矿采矿技术研究取得可喜成果，采场生产能力显著提高，损失、贫化指标大幅降低。例如，三山岛金矿"海底大型金属矿床高效开采与安全保障关键技术"获得了2012年度国家科技进步二等奖，三山岛金矿也成为全球首座安全高效开采海底金属资源的矿山。

在选冶方面，中国黄金集团自主研发了具有世界先进水平的生物氧化和原矿焙烧技术，紫金矿业攻克了热压氧化技术，这三大预处理提金工艺将过去无法利用的3000多吨"呆矿"变成了可利用的矿石。

在两化融合方面，内蒙古乌山、湖北三鑫、三山岛金矿、大尹格庄金矿、夏甸金矿积极推动"数字矿山"建设，逐步实现了生产、经营决策、安全环保管理和设备控制的信息化，构建了从工作面、采区、选厂和尾矿库等的实时监管数据链，极大地提高了资源利用率、生产效率和安全环保工作水平。

例如，三山岛金矿的VR（虚拟现实）系统，让新进员工对井下巷道结构的感触更加真实立体，从而对井下危险因素的防护也更清晰，节约培训成本的同时提升了安全水平。

3. 抓安全环保，建生态文明。安全生产，重如泰山，关乎社会大众权利、福祉，关乎经济社会发展大局，更关乎人民生命财产安全。党的十八大以来，党和国家高度重视安全生产，把安全生产作为民生大事，纳入全面建成小康社会的重要内容之中。

根据自身特点，黄金矿企也在全面提升安全保障能力上下了一番苦功夫。在重大灾害防治上，重点防范透水、中毒窒息、坍塌和尾矿库溃坝等事故。在本质安全创建上，加强安全生产"三基"工作，建设矿山井下安全避险"六大系统"。在职业危害防治上，以防范尘肺病为重点，加强劳动保护设施建设，全面提升职业健康保障水平。

对黄金矿企来说，谈论安全，就离不开环保。近些年，在习近平生态文明思想指引下，按照建设环境友好型社会的要求，黄金矿企强化矿区环境保护，从被动治理转向污染防治与生态恢复并重，不断加大环保治理投资，有针对性地采取了一系列先进环保手段和措施。

因为环保做得好，西藏甲玛项目就被誉为"固边富民，绿色发展"的典范。据了解，甲玛矿区处于西藏海拔4000米以上的高原（最高处达5300米），为减少对绿色植被的破坏，减少扬尘污染，中国黄金改变了投产伊始的地表运输方式，而代之以地下运输，先后投入2亿多元用于地下平硐运输、尾矿处理、循环

中国黄金集团甲玛公益林工程打造"固边富民,绿色发展"的典范

用水工艺、复垦绿化工程,建成了"矿在森林下、人在花丛中"的现代化矿山。

同时,为适应更高的环保要求,黄金矿业行业在多个方向开展无氰药剂前瞻性研究。比如,中国黄金自主研发的CG505新型环保浸金药剂在排山楼等4个金矿成功实现了工业应用,产生的尾液可达到国家工业废水排放标准,为下一步实现"无毒"提金奠定了基础。

近几年,部分处于自然保护区内的矿山进行有序退出,一些技术装备落后的矿山减产或关停整改。虽然这导致了产金量的下降,但这也是黄金矿企积极响应国家生态文明建设的有力表现。

4. 当"一带一路"先行者。有数据显示:"一带一路"区域的黄金资源总量达到2.76万吨,占全球总储量的47%;黄金年产量接近2000吨,占全球的36%;沿线国家的黄金消费达到全球的80%;全球三十大金矿有7个在"一带一路"上;全球的十大黄金交易市场有6个处在"一带一路"上。

"一带一路"可以说是一条"黄金之路",发展潜力巨大。而我国黄金矿企抓住了这个历史机遇,尤其党的十八大以来,加大"一带一路"掘金力度更是稳步推进。据了解,从2011年至今,我国黄金企业累计海外投资40亿美元左右，获取黄金资源量超过 800 吨。

紫金矿业在"一带一路"开拓上属于佼佼者。近些年，其所属的巴布亚新几内亚波格拉金矿、吉尔吉斯斯坦左岸金矿、澳大利亚诺顿金矿和塔吉克斯坦泽拉夫尚有限责任公司等项目相继投产，为紫金矿业海外金矿资源的获取增添了极大助力。目前，紫金矿业境外保有的资源储量价值已超过其在国内保有的黄金资源储量。

作为国家经济发展重要支柱，参与"一带一路"沿线各领域的投资项目和工程，讲好中国故事，传播好中国声音，向世界展示真实、立体、全面的中国，是中央企业的责任之一。

为此，作为黄金行业唯一一家央企，中国黄金积极践行"一带一路"倡议，在海外资源开发合作上取得了丰硕成果。其所属的索瑞米项目作为刚果（布）第一座集采、选、冶于一体的现代化矿山，仅用 16 个月建成，生产出了刚果（布）国家的第一块铜板。2018 年 9 月签署的克鲁奇金矿项目，是我国黄金行业第一个进入俄罗斯战略资源的大型金矿开发项目，通过合理布局海外并购，增加金资源储量 142 吨。

纵览黄金矿企的发展脉络，在这条"黄金之路"上开拓，已然成为风潮。山东黄金出资 9.6 亿美元收购巴里克黄金公司所属的阿根廷贝拉德罗金矿项目 50% 的权益，招金集团在厄瓜多尔收购了金铜矿项目，赤峰黄金 2.75 亿美元收购老挝 Sepon 露天铜金矿……

众多的海外投资开发活动，让我国黄金矿企的国际范儿越来越浓。2018 年 9 月，世界黄金协会建立中国委员会就是中国黄金矿企国际影响力提升的一个证明。

黄金市场：从跟随者到引领者

2002 年 10 月 30 日，黄浦江畔的锣声宣告了黄金市场的开放，我国黄金市场告别长达半个世纪的严格管制之后，迎来市场化发展新起点。

2002 年至 2011 年间，我国黄金市场走上了全产业链协同发展的快车道，市场黄金品种日益丰富和完善，一批大型黄金集团应运而生，黄金产量和黄金消费量快速增长，2007 年，我国黄金产量首次超过连续 109 年位居世界产金之冠的南非，成为全球第一大黄金生产国。

党的十八大以来，我国经济发展逐步进入新常态，世界经济复苏乏力，国际黄金价格在2011年9月连续刷新高位后逐步走低，每盎司1920美元的历史最高纪录至今未曾打破。面对国内外经济形势的深刻变化，黄金行业在以习近平同志为核心的党中央坚强领导下，以创新、协调、绿色、开放、共享的发展理念为引领，砥砺奋进，黄金行业全产业链改变了以往粗放型的数量扩张模式，转型为集约型、质量型的稳中求进模式，从高速增长阶段转向高质量发展新阶段，并且实现了一系列历史性突破，书写了新时代的动人篇章。中国黄金市场也进入了属于自己的黄金时代，从跟随者成长为领军者，走出了一条具有中国特色的"黄金之路"。

1. 借创新开放之机展示中国力量。历史证明，黄金转移路径的共同点在于，它被增长最快、工业化进程迅速且有力量的国家所吸引。金本位时期的英国、"二战"时期的美国等，都是在综合实力强大时期，实现了黄金的大量流入。

从我国来看，尤其是党的十八大以来，尽管国内外经济形势复杂多变，我国改革开放和经济建设仍取得了重大成就，发展质量和效益不断提升，经济保持中、高速增长，供给侧结构性改革深入推进，经济结构不断优化，新兴产业蓬勃发展，黄金行业的发展活力和创新活力也明显增强。因此，受中国市场开放的吸引，"西金东移"的趋势也更加凸显。

据世界黄金协会2013年的统计数据显示，"西金东移"早已发生。2013年，大中华区占世界黄金市场份额的22%，比北美和欧洲要多得多。而在2013年之前的10年，美国和欧洲的市场份额还比中国大很多，这个转变是在将近10年间发生的，这是我国黄金市场高速发展的10年。从我国黄金进口的数据分析，虽然黄金东流的趋势早已出现，但2013年起有加速迹象。

2013年，我国黄金进口数据出现了惊人的变化，我国黄金进口增长了197.98%，达到1506.5吨，成为全球最大的黄金进口国。两倍的增幅为中华人民共和国成立以来前所未有，如此惊人的增长体现了人民币金价存在溢价，向中国输入黄金有利可图，更体现了我国作为全球为数不多的能保持经济中高速增长的国家极具吸引力，正是其创新开放的特色发展吸引了黄金路径的转移，从而使我国成为境外黄金流入地。

我国主要的黄金进口方式包括两种：一是境外进口加工原料在境内生产成品金，二是境外进口成品金锭。仅从瑞士出口到中国内地的黄金交易量来看，据瑞士海关的报告显示：2012年仅有29.3吨，2013年就达到了249.9吨，仅一年就增长了 8 倍；2016 年更是达到创纪录的 442.2 吨，将近翻一番；2017 年，虽然有小幅回落，仍达到 316.7 吨；2018 年达到 432 吨，离最高纪录仅差 10 吨左右。

大量黄金的流入反映了我国黄金需求的迅猛增长，需要靠大量进口黄金以平衡供需缺口，2013 年，我国黄金消费量首次突破千吨大关，达到 1176.4 吨，超过印度成为世界第一大黄金消费国。这一纪录一直保持到现在。据中国黄金协会最新统计数据显示，2018 年，全国黄金实际消费量 1151.43 吨，连续 6 年保持全球第一位。中国因素成为影响世界供需版图的最大力量。

在创造上千吨最大黄金消费量的同时，我国黄金市场也创造了"抄底"黄金的最强买手——"中国大妈"，并为牛津词典贡献了新的中文衍生词"Chinese Dama"。2013 年 4 月，国际金价断崖式下跌，数以十万计的"中国大妈"冲进黄金店铺抢购黄金制品，"中国大妈"抢金潮有效阻击了华尔街大鳄做空黄金市场，强劲的购买力导致国际金价创下了当年最大单日涨幅。虽然"中国大妈"的购金行为被诟病为冲动消费，但每当黄金消费旺季来临，金店柜台前总是少不了"大妈"们的身影。由此形成的黄金市场的另一个中国特色是黄金逐渐由官方储备转移到百姓手中，"旧时王谢库中金，移到寻常百姓家"，也更好地体现了国家"藏金于民"的思想。

不仅民间储藏不断增长，官方黄金储备量也在不断增加。2015 年 7 月 17 日，中国人民银行宣布采用国际货币基金组织的数据公布特殊标准 SDDS，定期发布我国央行黄金储备数据，扩大我国官方储备信息的透明度。按照央行公布的数据看，我国官方黄金储备几乎实现了连续 16 个月增持，并在暂停了一年多以后，于 2018 年 12 月恢复增持黄金储备。截至 2019 年 5 月初，官方黄金储备量达到 1900 吨，实现连续 5 个月增持。央行表示，"藏金于民"的情况一直在发生，未来会继续统筹考虑我国民间投资需求与国际储备资产配置需要。黄金储备一直是我国国际储备多元化构成的一个重要内容，央行将从长期和战略的角度出发，根据需要动态调整国际储备组合配置，保障国际储备资产的安全、流动和保值增值。"官储"与"民藏"双管齐下，正体现了我国黄金战略顶层设计的中国特色。

2. 在世界舞台中央发出中国声音。在黄金生产和消费方面，中国均成为全球第一，然而，在全球话语权方面的不足却日益凸显。中国在全球黄金定价体系中的地位远远落后于黄金供求大国和黄金交易大国的地位。

2015 年 6 月 16 日，国际黄金市场迎来历史性一刻，运行了近百年的伦敦定价机制首次出现了中国人的面孔，中国银行成为亚洲首家可直接参与洲际交易所（ICE）伦敦金定价的银行，标志着中国迈出了国际黄金市场增强话语权的第一步。

自此，中国黄金市场走向国际的脚步不断加快，以境内主体身份加入伦敦金银市场协会的银行越来越多。中国建设银行、中国工商银行、交通银行、平安银行、民生银行加入伦敦金银市场协会，中国黄金市场的国际化发展进程不断加快，进一步提升了中国在全球贵金属市场的影响力。

不只"走出去"，还要"引进来"，中国黄金市场的国际化发展不断向纵深推进。为使人民币黄金价格由区域性向国际性转变，吸引更多参与者到上海黄金交易所平台交易，上海黄金交易所于2014年9月18日在上海自贸区启动黄金国际板。黄金国际板是上海自贸区推出的首个国际化金融类资产交易平台，它实现了中国黄金市场境内、境外的互联互通，有助于人民币国际化进程，助力上海成为继纽约和伦敦之后的全球三大黄金交易中心之一。2018年，国际板成交黄金0.65万吨，金额达1.76万亿元，截至目前，已发展国际会员及客户151家。

正如罗杰斯在中国国际黄金大会上所说，19世纪是英国的世纪，20世纪是美国的世纪，21世纪无疑将是中国的世纪，中国是颗冉冉升起的新星，中国将会改变世界。2015年9月22日，世界黄金协会与中国黄金集团公司正式宣布，中国黄金集团公司成为世界黄金协会的董事会成员，成为该协会董事会成员中唯一的中国企业。2018年9月24日，世界黄金协会在美国科罗拉多州科罗拉多斯普林斯举行年度会议，决定建立中国委员会。中国黄金集团公司党委书记、董事长宋鑫被任命为世界黄金协会中国委员会首任主席。宋鑫在会议上的英语演讲给与会者留下深刻印象，由此，中国不但在黄金交易定价权中占据了主动，在国际组织中的发言权也更加举足轻重。

3. 为全球市场建设贡献中国标准。2016年4月19日，是我国黄金市场具有重要历史意义的一天。上海黄金交易所发布了全球首个以人民币计价的黄金基准价格——"上海金"。由"元/克"替代"美元/盎司"的基准定价，是全球黄金市场的深刻变革，它意味着"西金东移"正朝着"西价东移"转变，意味着"上海金""伦敦金""纽约金"三足鼎立格局形成。中国为全球黄金市场提供了可信赖的、公开透明、权威公允的价格机制，为全球市场建设贡献了中国标准。

截至2019年3月，3年来"上海金"的总交易量为3569.72吨。3年来，"上海金"定价交易运行有序，市场影响力扩大，市场主体更加开放多元，参与者结构日益丰富。"上海金"定盘价对于纽约、伦敦等各个国际黄金市场的价格影响力逐年递增。2017年4月，时任世界黄金协会首席执行官施安霖在参加全球黄金市场高峰论坛时指出，中国即将迈入崭新的发展阶段，接过全球黄金市场的领军旗帜，并把握由此带来的所有机遇和责任。基于这一领导地位，中国将帮助全球黄金市场来确定未来结构与组成。

十几年的砥砺奋进，正是我国黄金市场从高速增长向高质量增长发展的缩影。十几年来，我国黄金市场体系建设不断向纵深推进，为成为领军者打下了坚实的基础。

2013年5月31日起，上海黄金交易所增加周五夜间交易时段，市场期盼已久的夜盘交易终于上市运行。2013年7月5日21时，上海期货交易所黄金试点连续交易准时正式上线，市场成交量井喷。2015年7月10日，上海黄金交易所与香港金银业贸易场合作推出的"黄金沪港通"正式开通，标志着我国内地和香港黄金市场的双向开放，以引入境外结算银行的创新清算安排，实现境内外黄金市场的互联互通。2016年1月12日，银行间黄金询价市场做市业务启动。

2017年2月7日，《黄金行业"十三五"发展规划》发布，要求大力发展黄金市场，建立多层次黄金市场体系，争取在较短时间内，使我国黄金市场成为全球黄金市场的重要一极。2018年9月12日，熊猫普制金币在上海黄金交易所正式挂牌，打通了我国黄金市场与金币市场的产品通道。2018年10月16日，上海期货交易所招募黄金品种做市商，迈出了期货市场做市商制度的重要一步。

2018年12月14日，中国人民银行办公厅发布《关于黄金资产管理业务有关事项的通知》《金融机构互联网黄金业务管理暂行办法》《黄金积存业务管理暂行办法》3个文件，分别对黄金资产管理业务、互联网黄金业务、黄金积存业务的开展进行了规定，进一步加大黄金市场监管力度，切实防范市场风险。一系列制度建设、体系建设打下了坚实的基础，为创新提供了保障。

党的十八大以来，创新已日益成为黄金市场发展的重要增长点。2018年上海黄金交易所推出竞价交易大边保证金业务，探索建立客户保证金集中监控体系；继续加大黄金ETF产品创新力度，上海黄金交易所与上海证券交易所签署"上海金ETF"合作备忘录，推动"上海金ETF"的上市工作；与芝加哥商业交易所集团、伦敦金银市场协会等国际市场展开深入合作；上海黄金交易所自主研发交易系统，完善交易制度。上海期货交易所大力推进黄金期货国际化进程，加快推动贵金属指数期货和期权衍生品研发，不断丰富产品供给。商业银行以金融服务实体经济为原则，不断优化黄金租赁、黄金质押贷款等融资创新模式，优化金融服务，加强从实物黄金到账户黄金的产品创新，并积极参加国内外市场，提高做市报价能力，参与黄金行业全产业链延伸发展，满足多方面的投资与消费需求。

随着"一带一路"倡议的推进，我国黄金市场积极与"一带一路"沿线贵金属市场广泛对接，全面推进了与俄罗斯、印度、阿拉伯联合酋长国、土耳其、马来西亚、泰国、缅甸等"一带一路"沿线国家和地区黄金市场的合作。上海黄金交易所与迪拜黄金和商品交易所续约"上海金"授权合作协议，不断推进"上海金"应用场景的扩大。中国正高举领军者旗帜，规划新的全球黄金发展蓝图。

世界黄金协会新任首席执行官泰达维在接受《中国黄金报》记者采访时表示，中国黄金市场可作为范例向全球推广，中国黄金市场建设的透明度和系统化是全球市场的楷模。

从"统购统配"到市场开放，我国黄金市场的道路、理论、制度、文化无不凝聚着中国智慧，体现着中国特色。

未来3年是我国"十三五"规划实施的重要时期，也是我国黄金市场实现从高速发展向高质量发展转型的重要战略机遇期，中国已经从跟随者成长为领军者，中国黄金市场改革进入"无人区"，未来没有经验可以借鉴，只有自我创新与实践，把握由此带来的所有机遇和责任，为全球黄金市场树立中国标杆。

黄金珠宝：从商品化到金融化

党的十八大以来，中国黄金珠宝行业发展迅速，变化显著。一方面，珠宝市场的体量逐渐扩大，产业集聚日趋明显，伴随着中国人均国内生产总值（GDP）的不断增长并突破4000美元，我国迈入"中等收入"国家行列，象征美好生活品质的珠宝首饰类产品消费潜力巨大，尤其是婚庆需求目前占珠宝首饰零售额已超过40%，这个比例还在不断扩大，珠宝行业的发展前景，可谓是充满商机。

另一方面，经过30多年的持续快速增长，近年来我国经济增长速度开始放缓，2012年经济增速下降至7.8%，自1980年以来首次跌破8%，预示着我国经济增长进入了新常态。2018年中国GDP增长率为6.6%，延续总体平稳、稳中向好的发展态势。在新常态下，黄金珠宝行业传统的线下模式面临的产品同质化、行业产业链较长、终端扩张资金瓶颈等问题日益突出，成为制约产业转型升级的主要因素。

路在脚下，经历了发展瓶颈期以后，珠宝行业格局如何重新洗牌，在消费升级推动下，驶向新一轮产业升级的快车道，这已成为摆在"珠宝人"案头的一道迫在眉睫的难题。

1. 新消费，带动生产变革。经济新常态下，大众消费从模仿型、排浪式阶段，逐渐进入个性化、多样化阶段，珠宝市场也从最初的卖方市场逐渐转变成如今的买方市场。从前，不管什么样的货品摆进柜台，都不愁销路。如今，即使行走在三四线城市的街头，都可以发现几十种珠宝品牌，商店柜台的售货员人数超过了进店的顾客，货品更加琳琅满目。珠宝销售中面对的，是越来越"挑剔"的消费者。消费者不仅品味"挑剔"，而且变得越来越懂行了。随着高等教育与移动互联网的普及，信息触手可及，消费者眼界更为开阔，更追求独立和自我，更为成熟和精明，同时也高度渴望更优质生活。

如今，"千禧一代"正成长为珠宝消费的主力军。他们更加慷慨、更愿意花超过预算的钱去购买和追逐高阶的产品、更丰富的购物体验、更健康的生活方式、更高的生活质量和幸福感。

在全新消费形势的带动下，珠宝行业的市场、产品、营销手法也必须顺应潮流，华丽升级。新生代消费者的崭新消费观念正在颠覆传统的需求和消费习惯，也对产业结构升级提出了更高的要求，"新消费"正在倒逼珠宝生产、设计与零售方式的变革。

新技术、新工艺不断涌现，检测标准日趋完善。珠宝生产工艺与技术的革新，既是满足消费需求之举，又是供给侧改革的重要内容。近年来，科学技术的发展不断赋能传统珠宝行业，3D打印技术、智能首饰等新业态的出现，使珠宝行业逐渐走向"提质增量"的良性发展模式。在一些行业龙头企业的倡导和带动下，越来越多的珠宝企业、相关机构加大了创新研发力度，不断推出新技术、新工艺和新标准，助力行业转型升级。

首先，是仪器设备、技术手段的进步。例如，国家珠宝玉石质量监督检验中心（NGTC）经过辛苦努力，成功研制出合成钻石筛查"GV5000宽频诱导发光测试仪"，该仪器对散钻（未镶嵌）和镶嵌首饰的主石与配镶钻石都可以进行筛查鉴定，一举填补国际相关领域的空白，并获得国家发明专利。梦金园则着力研发"金光谱与化学标准样品"，其具有良好的均匀性和稳定性，定值数据准确可靠，为直读光谱等仪器的校准提供了砝码，该标准样品的出现结束了国内外贵金属光谱测试仪器无标准样品的尴尬局面，填补了国内外该类标准样品的空白。

其次，是生产工艺的变革，"独门绝技"的研发使企业在激烈的市场竞争中为自身发展赢得了更多可能性。例如，为满足市场对黄金纯度的需求，招金银楼先后研发了"足金999.9‰（标称金含量999.9‰）""梦幻硬金（标称金含量999‰）""五九臻金（标称金含量999.99‰）"系列产品，并推出"五九臻金"婚庆套装等系列，消费者认可度良好。百泰集团则力推金饰工艺革新，推出新型工艺"七彩金""花丝金""幻彩金""玲珑金"等深受市场欢迎的新工艺，成为黄金珠宝首饰行业内突破性的技术革新代表。

珠宝工艺不断革新，推动行业高质量转型升级

最后，黄金珠宝行业的健康发展，离不开标准、质检的保驾护航，近年来，各大检测机构、珠宝企业、科研院校在完善行业标准方面精益求精，不断取得新进展。例如，仅在2018年，国家珠宝玉石质量监督检验中心（NGTC）宣布实施的国家标准就有11项之多；国土资源部珠宝玉石首饰管理中心深圳珠宝研究所也曾联合周大福珠宝金行（深圳）有限公司共同制定钻石花式切工及质量评价标准，根据市场上常见的椭圆形、梨形、马眼形、心形、公主方形、长方形、祖母绿形等切工的彩色与无色钻石，从琢型及切割比例两方面对异形切工的钻石进行质量评价。

设计成为滋润珠宝行业生长的源头活水。消费需求的升级和审美品位的变化直接引发产品设计领域从理念到技术的变革，使得设计也成为黄金珠宝产业发展的核心竞争力。越来越多的珠宝企业更加意识到品牌的力量，并将关注点更多地投入设计领域，不断强化其产品在文化创意方面的市场竞争力，以及在国际市场上的话语权。

TTF高级定制珠宝每年定期举办的生肖设计大赛，已经广为业内熟知，取得了良好的影响力；老庙黄金、金伯利、潮宏基等品牌企业通过以购买产品设计版权或作品成品等方式与国际、国内知名首饰设计师、工艺美术大师进行全面合作，真正让原创的、令人耳目一新的设计成为产业链条中最核心的部分。对此，有国际知名品牌设计师曾表示，中国的珠宝设计进步明显，品牌的原创性正在发生质的变化。

行业开启珠宝新零售模式的探索。过去20年，市场处于供不应求的状态，消费者更注重产品价格便宜与否，而那个时代的营销方式以坐商为主，商家主要通过大而豪华的店面、大量的产品、优异位置及优质服务几个方面赚取客流量，并采取促销（传统地推＋折扣）的策略吸引更多的顾客。近年来，"90后"甚至"00后"群体逐渐成为珠宝消费的主力军，他们则更加注重产品品质的好坏，商家通过行商的方式进行营销，同时有必要通过对互联网和大数据的分析吸引客流，用价值营销的策略把产品完美植入消费者心中，以新零售模式赚取更大流量，已经成为大势所趋。

珠宝新零售目前还处于探索阶段，是未来趋势。新零售与传统销售模式，并非此消彼长的取代关系，而是有机的互补。东方瑞璐·品牌创新平台董事长陈汉义也指出："电子商务永远无法全面替代地面零售，正确的做法是把线上的营销推广和线下的服务体验要有机地整合起来，发挥出1＋1＞2的效能，在最大限度收集流量之后，把转化率提升到新的高度，把服务和体验推向极致。"

2. "互联网＋"、金融化成珠宝产业发展新趋势。2015年，我国提出要进行供给侧结构性改革，供给侧结构性改革的核心在生产力上，而产业是生产力的核心，因此产业转型、升级、创新已成为经济社会发展的重要领域，也将成为黄金珠宝行业新一轮发展的内在动能。

当下，我国正在进行第三次消费结构升级转型，这次消费升级不仅驱动着相关产业的增长，也给公众的消费观念带来巨大的影响。波士顿咨询携手阿里研究院发布的报告预测，到2021年，中国消费增长量将达到1.8万亿美元，消费升级正给珠宝业带来新的发展机遇。

珠宝行业要想成功搭上消费升级的顺风车，还有很多内功要修，必须从粗放式增长转变为需求调整带来的结构性变革，使品质化、品牌化真正成为新时期的主题，深度实施产业结构调整。

业内专家指出，产业结构调整可以从以下三个路径考虑：一是总体上遵循传统的由劳动密集型、资本密集型向技术密集型产业演变的产业间的高级化路径；二是从全球价值链的劳动密集型的价值环节向价值链前端的技术和资本密集的高附加值环节攀升；三是从低端的加工型制造环节向价值链后端的服务与管理密集型的高附加值环节的攀升。

在"互联网＋"时代，黄金珠宝产业链须依托大数据，建立有效信用机制，才能实现互联网黄金生态的协同发展。

"互联网＋"为传统制造业转型升级找到了新突破点。我国制造业的比较优势如今正在发生深刻的变化，经济增长的动力将由过去主要依靠要素驱动和投资驱动逐渐转向创新驱动，经济结构由重工业和低端产业为主向高端制造业和生产性服务业为主转变。只有抓住要领，跟上整体产业的结构优化调整，按照经济大趋势运行，搭上改变的先机，中国的黄金珠宝行业才能得到更加完善的发展。

另外，金融化也是当今黄金珠宝产业链发展所呈现的显著特征。从宏观的角度上看，黄金珠宝企业在产业链中，分别利用自身优势，促进供应链金融的发展，为全产业链提供金融支持、物流、保险等相关产业配套服务，为整体的供应链提高转化效率。在黄金投资分析师中流传着这样的话："黄金是抵抗通货膨胀的最佳保值产品之一"，正因为黄金珠宝具有一定的金融属性，让众多消费者在国内外经济形势日趋复杂的背景下，选择价值相对稳定的黄金珠宝投资作为个人资产保值的重要途径。

黄金珠宝金融化，还应利用金融为产业服务，产业是根本，金融是工具。这也是众多黄金珠宝金融化的互联网平台孕育而生的必然结果，没有产业，金融本身也不会存在。在产业金融不断进化的当下，产业与金融通过一定的关系相互连接贯通，实现产业与金融的相融合，产业和金融资本相互转化。

总之，党的十八大以来，在全球经济形势、资本格局和商业模式发生深刻变化的背景下，我国黄金珠宝行业也逐步摆脱了野蛮生长的状态，进入转型发展新阶段，进一步做好结构调整、科技创新、品牌建设、文化传承、人才培育等工作，在推动创业与创新、促进经济结构调整和产业升级等方面发挥更加重要的作用。

黄金政策演变：护航经济　助力改革

北京市雨仁律师事务所矿法研究中心主任　申　升

黄金是不可或缺的战略储备资源。对于一个国家而言，黄金超越了一般资产，代表一种更基本、更具终极意义的信用保障，已经成为衡量一个国家综合国力的必备要素。中华人民共和国成立之初，我国黄金工业从零起步，发展历程可谓曲折。1975年王震主持黄金工作后，我国黄金工业发展才进入持续快速发展期。其中一个重要原因是国家采取了一系列有利于行业发展的政策。这些政策对中国黄金行业的发展具有举足轻重的作用。特别是在中国黄金行业从计划经济体制全面向社会主义市场经济体制转轨的过程中，一系列行业政策的出台，助推行业从封闭运行体制逐步向开放的、与国际接轨的运行体制平稳转变。

黄金生产：从限制到逐步放开

中华人民共和国成立初期，国家十分重视矿产资源的法制建设，实行以国有经济为主导的，包括合作经济、个体经济、国家资本主义经济和私人资本主义并存的新民主主义经济制度。党对资本主义工商业实行的是利用、限制、改造政策。这种经济政策的制定，对过渡时期的矿业发展起了很大的促进作用。

为了规范矿产资源的开发利用，政务院（1949年至1954年）于1951年4月18日颁布了《中华人民共和国矿产暂行条例》，继续奉行民国时的矿业法原则，鼓励私人开矿。1953年，中央人民政府地质部颁布了《关于在勘探工作中临时占用农村土地及砍伐农民林木的赔偿办法》。1954年，国家以宪法形式明确规定："矿藏属国家所有。"这些规定都促进了当时矿业的发展，推进了矿业法制建设进程，同时也为向社会主义过渡奠定了物质基础。1965年，《矿产资源保护试行条例》（以下简称《条例》）颁布。此《条例》刚出台，我国就进入了"文革"时期，矿业管理陷入瘫痪状态。

1957年9月4日，国务院签发了《关于大力组织群众生产黄金的指示》（以下简称《指示》）。《指示》明确规定，各省、自治区必须把黄金生产作为一项重要的生产事业来领导，按期完成黄金生产任务。并且，除了规定提高黄金收购价格外，还规定取消黄金生产5%的课税。这是中华人民共和国黄金工业的一项重大决策，也是中国历史上第一个关于黄金工业的政策法规。这一具有浓厚中国特色的重要《指示》颁布后，极大地调动了黄金工业广大职工和地方政府发展黄金生产的积极性，强有力地推动了黄金工业的发展。

1975年，王震主持黄金工作之后，我国黄金工业步入持续快速发展时期。特别是改革开放后，黄金工业为当时的经济建设立下了汗马功劳，成为不可或缺的国民经济来源。1985年，在改革开放实施了7个年头之后，黄金成为国务院直接领导和管理的事业。国家对黄金生产的支持力度随之不断加大。1986年，国务院出台了《关于加快发展黄金生产的决定》，并提出一系列发展政策。如采取"群众采、定点收、集中选、国家炼"的黄金生产模式，大力推进黄金生产基地建设，并首次提出在黄金生产的同时要搞好环境保护、防止环境污染。1990年，国务院黄金工作领导小组成立，对黄金生产进行全面谋划和实施具体领导，黄金生产成为国家战略。

1986年，我国出台了规范管理矿产资源的单行法律《中华人民共和国矿产资源法》（以下简称《矿产资源法》）。随着党的十四大召开，社会主义市场经济体制确立，《矿产资源法》的局限性也很快显现出来。于是，我国于1996年对《矿产资源法》作了重要修改和完善。

在此基础上，为了进一步规范矿产资源市场的发展，国务院于1998年连续颁布了《矿产资源勘查区块登记管理办法》《矿产资源开采登记管理办法》和《探矿权采矿权转让管理办法》3个行政法规。同时颁布了《矿产资源法实施细则》等配套法规。

2000年，国家经济贸易委员会制定了办理《开采黄金矿产批准书》的有关规定（国经贸黄金〔2000〕161号），明确规定申请开采黄金矿产应当进行资质认定，须办理《开采黄金矿产批准书》。

为加强对开采黄金矿产的管理，切实执行《矿产资源法》和《矿产资源开采登记管理办法》的有关规定，国家发展和改革委员会于2003年12月17日发布了《办理开采黄金矿产批准书管理规定》，自2004年1月1日起实施。

2007年之后，国家工信部增加了对黄金矿业权项目的前置审批环节，要求开采黄金矿申请人在通过工信部的《开采黄金矿产批准书》审批后，才能在国土资源部门办理采矿许可证，以强化对黄金矿产开采的控制。

开采黄金矿产必须经国务院行业主管部门批准的制度实施期间，其审批结果的表现形式，随着国务院行业主管部门机构及其职能的变迁，经历了从最初办理《开办黄金矿山批准证书》，到办理《黄金矿产准采证》，到现在办理《开采黄金矿产批准书》的变化。

2016年2月23日，在《国务院关于取消13项国务院部门行政许可事项的决定》（国发〔2016〕10号）中，明确取消了"开采黄金矿产资质认定"事项。这标志着持续近30年的开采黄金矿产必须经国务院行业主管部门审批制度的终结。这是中国经济体制改革转变政府职能、减少行政审批的具体体现。

黄金开采：从"群采"到保护性矿种

在1988年之前，群众采金一直是国家大力提倡的方式。在"国家、集体、个人一起上"和"大矿大开、小矿小开、有水快流"方针下，群众采金人数和产量均直线上升。由此带来的弊端一时间到了难以驾驭的地步——社会秩序被扰乱，不法分子混迹其中，环境污染和资源破坏日益严重。1986年的《矿产资源法》确立了国家实行保护性开采的特定矿种法律制度。鉴于黄金对国民经济发展具有重要意义，1988年10月30日，《国务院关于对黄金矿产实行保护性开采的通知》（国发〔1988〕75号）颁布，将黄金矿产列为实行保护性开采的特定矿种，实行有计划的开采。未经国家黄金管理局批准，任何单位和个人不得开采。这是国家在用法律手段保证黄金正常的开采秩序。

黄金开采从无序到有序，并向法制化过渡，这是黄金工业发展史上一项重大举措。这为加强资源管理、科学保护资源、维护特定矿种矿产品全球市场供需平衡和稳定发挥了积极作用。

1996年重新颁布的《矿产资源法》，进一步肯定了保护性开采的特定矿种的法律地位，从而使保护性开采的特定矿种管理逐步走上了法制化轨道。

1998年，国家组建国土资源部，将有关部委矿产资源管理职能划归国土资源部。为了明确职责，根据中央机构编制委员会办公室下发《关于解释重要矿产资源管理有关问题的复函》（中编办函〔1999〕107号）精神，国务院有关主管部门和单位对包括黄金在内的保护性开采特定矿种管理职能，转变为从矿产资源开采规划和行业准入的角度、对开采国家实行保护性开采特定矿种的资质认定。

2009年11月，国土资源部发布《关于印发〈保护性开采的特定矿种勘查开采管理暂行办法〉的通知》（国土资发〔2009〕165号），要求对金等保护性开采特定矿种的勘查、开采实行统一规划、总量控制、合理开发、综合利用，按照规划对保护性开采的特定矿种实行开采总量控制管理。这一制度的设计是基于当时的矿产资源供需形势，以及当时的经济管理体制，为我国经济社会发展作出了重要贡献。

2016年2月23日，《国务院关于取消13项国务院部门行政许可事项的决定》（国发〔2016〕10号）发布，工信部取消开采黄金矿产资质认定，废除了《国务院关于对黄金矿产实行保护性开采的通知》，黄金退出保护性开采管理。

黄金市场：从"统购统配"到有序放开

国民经济恢复期，我国对黄金采取严格的控制政策，取消了民间金银买卖，禁止黄金自由流通和交易。1950年4月，中国人民银行制定《金银管理办法（草案）》，将黄金作为重要战略资源，严格控制其开采，且产品必须全部卖给国家，由国家定价，不得用于流通和私下买卖。同时，国家根据需要对黄金进行定价。当时，为了稳定物价，国家采取了低价冻结黄金价格的政策。

1977年10月，中国人民银行颁布了《金银管理办法（试行）》，为我国黄金管理提供了准则，从法律上明确了中国人民银行作为国家管理金银的主管机关，具体负责"统一管理、统购统配"。"统购统配"管理体制在特定时期对于稳定金融物价、支持黄金生产发展、保证国家经济建设所需黄金供应等方面起到了积极作用。但随着市场经济的发展，这种管理体制的弊端越来越明显。

1983年6月，国务院发布《中华人民共和国金银管理条例》。同年12月，中国人民银行公布《中华人民共和国金银管理条例实施细则》。1984年1月，中国人民银行和海关总署共同制定《金银进出国境的管理办法》。这3个规定进一步从法律上明确了在改革开放初期国家对黄金的内外管理。特别是针对金银制品的经营、外资企业的金银进出口和金银走私等方面作了严格规定，表明国家将继续对黄金实行严格管理的态度。

其中，《中华人民共和国金银管理条例》是国家管理黄金的根本法规，是国

《中华人民共和国金银管理条例》　　《中华人民共和国金银管理条例实施细则》

家首次对改革开放后的黄金行业进行管理的规范。其基本内容是黄金必须由中国人民银行统收专管，统一定价，任何人、任何单位不准私自贩运、倒卖黄金，禁止金银自由流通。其目的主要是增加国家黄金储备，稳定金融秩序，抑制通货膨胀。这一高度集中的管理体制在相当长的一段时间内，对国家的发展起到了极其重要的作用。

随着改革开放的逐步深入和中国黄金行业不断向市场化、国际化方向发展，国家采取了一系列逐步开放黄金市场的新举措。从黄金收藏、零售市场建立到黄金管理法律、法规的颁布，无不体现了国家黄金政策开始放松，黄金市场化改革开始稳步推进。

1993年，国务院在《关于调整黄金经济政策的问题的复函》（国办函〔1993〕63号）中强调，在保持对黄金"统购统配"体制的同时，进行黄金价格机制改革，确定金价并轨，国内人民币金价随国际美元金价变化而变化。

1993年9月，根据国办函〔1993〕63号文件精神，中国人民银行发布了《中国人民银行关于调整黄金经济政策问题的通知》（以下简称《通知》）。《通知》将1983年《金银管理条例》规定的固定定价改为浮动定价，确定了中国黄金市场化改革方向。

我国黄金工业在这一历史时期所面对的最大变化是发展环境由计划经济向市

场经济转变，黄金由管制向开放转变。虽然在1993年黄金市场化改革开启时，国家依然保持着对黄金的管制，但并没有阻碍我国黄金工业的改革与开放。在全面市场化的大潮中，黄金工业爆炸式发展，迅速成为我国工业的重要组成部分。

2000年，我国将建立黄金交易市场列入国民经济和社会发展"十五"规划（2001年至2005年）纲要。2001年4月，时任中国人民银行行长的戴相龙宣布取消黄金"统购统配"计划管理体制，在上海组建黄金交易所。

为推进黄金管理体制改革，规范黄金制品零售市场经营秩序，促进黄金制品零售市场健康发展，推进黄金市场发展，2001年10月31日，中国人民银行、国家经贸委、国家工商行政管理总局、国家税务总局下发《关于规范黄金制品零售市场有关问题的通知》，改革黄金制品零售管理审批制，取消黄金制品零售业务许可证管理制度，实行核准制。2002年10月30日，上海黄金交易所正式开业运行，标志着我国黄金市场交易正式取代"统购统配"管理体制，市场化改革不断走向深入。

2003年2月27日，国务院决定取消黄金收购许可证，黄金制品生产、加工、批发业务审批，黄金供应审批和黄金制品零售业务核准等审批项目。这意味着黄金下游行业在国内市场的全面开放，更多企业可以参与黄金市场的流通竞争机制中。这为黄金市场的活跃打通了关键一环。

长期以来，关于黄金的法规只有1983年国务院颁布的《金银管理条例》、1994年国务院颁布的《关于取缔自发黄金市场加强黄金产品管理的通知》，以及2001年中国人民银行颁布的《关于规范黄金制品零售市场有关问题的通知》等文件。但这几部条例均制定于以黄金零售市场为基础的环境下，主要针对的是黄金走私、"统购统配"管理和黄金制品购销，并没有涉及黄金投资交易。

业界一直对针对黄金市场的新法规出台抱有期待，直至2010年7月，中国人民银行等六部委联合下发的《关于促进黄金市场发展的若干意见》中指出，要进一步完善黄金市场法律法规和相关政策支持体系，促进黄金市场规范建设，并首次明确提出要推动出台《黄金市场管理条例》。

自2003年以来，贵金属业务相关外汇政策逐渐完善。2003年和2007年，国家外汇管理局（外汇局）分别发布了《关于商业银行办理黄金进出口收付汇及核销业务有关问题的通知》（汇发〔2003〕93号）和《关于银行黄金业务汇率敞口外汇管理有关问题的通知》（汇发〔2007〕42号）。

考虑到个人黄金投资业务开放可能造成黄金市场供给缺口，中国人民银行于

2003年3月全面下放了黄金进出口权。由中国工商银行、中国银行、中国农业银行和中国建设银行四大国有商业银行担当黄金进出口代理行。

黄金期货的上市谱写了中国黄金市场新的篇章。2007年9月11日，经国务院同意，中国证监会《关于同意上海期货交易所上市黄金期货合约的批复》（证监期货字〔2007〕158号）批准上海期货交易所上市黄金期货。

从2002年10月30日上海黄金交易所开业，到2008年1月9日上海期货交易所黄金期货品种的推出，我国黄金市场形成了现货市场与期货市场共同发展的局面，迈入快速发展时期。市场参与者不断充实，交易规模不断扩大，交易方式日益丰富，政策法规逐渐健全，对外开放不断深化，国际影响力逐渐显现。

2011年11月，国务院颁布了《关于清理整顿各类交易场所切实防范金融风险的决定》，要求防范各类交易场所违法交易活动蕴藏的风险。随后，2011年12月，中国人民银行、公安部等五部委联合发布了《关于加强黄金交易所或从事黄金交易平台管理的通知》（银发〔2011〕301号），明确指出上海黄金交易所和上海期货交易所是经国务院批准开展黄金交易的交易所，任何地方、机构或个人均不得设立黄金交易平台。

到了2012年5月，国家发展和改革委员会等八部委下发了《关于加快培育国际合作和竞争新优势的指导意见》，提出推进金融改革创新，研究推动境外机构参与上海黄金交易所交易。对于这些相关政策的颁布，业界普遍认为，在凸显国家对整顿黄金市场秩序、提升黄金市场在金融市场的地位等决心的同时，为《黄金市场管理条例》这一最终纲领性法规的制定和推出发出了信号。

2012年，为规范贵金属业务外汇管理，便利商业银行为客户提供贵金属投资服务，国家外汇管理局发布了《关于银行贵金属业务汇率敞口外汇管理有关问题的通知》（汇发〔2012〕8号），有利于商业银行更加便利地参与境内外多个市场，有效实现跨市场联动，极大地推动了国内黄金市场的开放程度。

中国人民银行黄金市场调研组针对"促进中国黄金市场发展"这一课题展开实地调研时指出：中国人民银行将协调有关部门加快推出新的黄金管理办法；将探索选择一些优秀综合类会员单位设立黄金经纪公司，增强黄金市场的活跃度；未来进一步开放黄金进出口权；从政策层面支持大型黄金企业或商业银行开展黄金回购业务。

关于互联网黄金监管，2018年5月8日，中国人民银行金融市场司印发《关于征求对互联网黄金业务暂行管理办法意见的函》，对市场上争议较多的互联网黄金业务拟定了 16 条管理办法，旨在加强对黄金市场的监督管理，防范黄金市场风险。

黄金储备在维护金融安全、稳定经济发展、保持币值稳定、提高国家的清偿能力，以进一步提高国家的资信度方面发挥着重要的作用。目前，我国规制黄金储备的主要是《金银管理条例》，从适用性上看，随着黄金储备的发展，《金银管理条例》存在着不可避免的制度欠缺，需要完善黄金储备制度，对黄金储备量、黄金储备动态性管理、官方储备与民间储备的发展等这些日益突出的问题作出规制，实行动态化管理实现增值保值，为黄金市场投资者提供可以预期的政策保障。

结语

政策是国家为实现某一战略目标而采取的措施，也是当时具体客观环境的产物。伴随依法治国的时代强音，中国黄金行业的发展离不开黄金政策法制的建设和完善。随着社会主义市场经济体制改革的不断深入，对黄金管理政策进行调整已势在必行。中国黄金业应当遵照"绿水青山就是金山银山"的理念，积极践行创新、协调、绿色、开放、共享新发展理念，加强科技创新，不断提高发展质量，努力实现建设现代化。

科技创新让黄金大显身手

中国黄金报社　裴　虹

2013年12月15日,由中国自主研制的"嫦娥三号"带着巡视器与着陆器登上了月球。当"玉兔号"巡视器拍下着陆器的照片时,着陆器那金光闪闪的身影便深深地印在了人们的脑海中。

将黄金带上月球的"嫦娥三号"其实并没有将"黄金甲"穿在着陆器身上,而是用在了内部元器件上。深藏于我们脚下的黄金,带着太阳光的热量飞向了外太空。在科技腾飞的今天,古老的黄金大显身手,担当起"大国之材"的重任。

而黄金本身,从被发现到被应用,从一块矿石到一枚金饰,无不蕴含着科技的力量。如今,在黄金全产业链覆盖的各个领域中,无论是"采金人",还是"打金匠",其向前发展、向高质量发展,所依托的正是"无所不能"的科技。

跳出金饰销售"怪圈"

1982年,国内市场恢复出售黄金饰品,一时间,首批开放销售的城市引发了抢购黄金饰品的潮流。也正是从那时起,国人购金就仿佛陷入了"怪圈"——先看成色,再看重量,至于款式、工艺与服装的搭配统统不重要。之所以形成"怪圈",一是因为当时的社会风尚、思想观念使得人们将金银更多地看作保值物品,更看重其"硬通货"属性,在审美上没有要求,二是因为受限于当时的生活水平,在刚刚解决温饱问题的基础上,人们尚无余力为金银制品的设计、工艺等附加值埋单。同时,在"统购统配"的计划经济时期,市场上所提供的金银制品匮乏且单一,令身陷"怪圈"的购金者无力挣扎。

1992年是中国经济发展的重大转折点,从计划经济到市场经济的改革逐步渗透到各行各业。而仍然执行"指令性计划"的黄金生产,以及仍然执行"统购统配"政策的黄金销售，被逼到了绝境中。

在中国市场逐步开放、经济快速发展的大背景下，国人眼界的开阔、审美水平的提升令黄金销售趋冷。在钻石饰品、铂金饰品进入中国市场后，略显"笨重"的黄金饰品被贴上了"土"的标签。"一颗永流传"的钻石和"时尚轻盈"的铂金，一度占据了首饰市场的主流。1998年，中国铂金首饰消费只占全球消费总量的1%，仅6年之后，这一数字飙升至52%，中国成为全世界铂金首饰消费的第一大国。"白色"首饰的风靡将黄金首饰柜台挤到了角落里。

这场"黄白大战"的败落令金饰设计者、生产者和销售者开始反思——中国的黄金开采史源远流长，并创造出了丰富多彩的黄金文化，人们对于金饰的喜爱与追求也是有传统、有故事的，为何轻而易举地被"外来"的"白色"首饰挤到了市场舞台的边缘。在冷静思考分析过后，用工艺技术改变市场地位在黄金饰品界掀起波澜。

于是，消费者在金饰柜台更多地看到"瘦身"了的金饰。"瘦身"后的金饰在设计上有了更大的余地，轻盈时尚也成了黄金首饰的形容词；"瘦身"后的金饰不再追求成色，白色、玫瑰色的K金饰品俘获了一大批年轻消费者的芳心，在深圳的黄金首饰生产加工企业中，甚至有了专门生产K金饰品的企业。

支撑黄金饰品"瘦身"的，是行业在工艺技术上的不断创新。2006年，全球首创的3D硬金技术横空出世，突破了黄金首饰的工艺传统，引领了黄金首饰新时尚。成功研发了这项技术的是深圳市凯恩特珠宝首饰有限公司的董事长叶向洲。凭借"打金匠"起家的他，在珠宝行业摸爬滚打了20多年后，将"工匠精神"发挥得淋漓尽致，用技术创新将黄金首饰的动人之处呈现在消费者眼前，植入消费者心前。在谈到当初涉足3D硬金领域的初衷时，叶向洲说："黄金首饰变轻可以帮助消费者摆脱花大钱买分量陈旧观念，让人们更加注重设计感，而硬金材质则为这种设计感提供了发挥的空间。"3D硬金销售在2016年达到巅峰，在洞察到市场即将出现饱和时，叶向洲将技术创新的触角伸向了另一个领域——3D 18K技术。

在以供给侧结构性改革为经济工作中心的大背景下，黄金首饰领域的从业者正以弘扬"工匠精神"为己任，以技术创新为引领，不断推进黄金产业链下游行业的转型升级。叶向洲正是这群技术改革者中的一员。正是有了这些孜孜以求的"打金匠"，我国黄金消费在2013年一举成为全球第一大国，并已连续6年保持这一桂冠。2018年，我国黄金实际消费量达1151.43吨，与2017年同期相比增长 5.73%。其中，黄金首饰消费 736.29 吨，同比增长 5.71%。

黄金首饰生产加工领域的技术创新对于广大消费者来说肉眼可见，能够亲身感受，而黄金产业链中上游领域的技术创新虽然走的是"小众路线"，但也从未停下脚步。

一场与"难选冶"的博弈

年处理金精粉 20 多万吨和 150 万吨之间，差的不是七八座黄金冶炼厂，而是河南中原黄金冶炼厂有限责任公司一项达到世界先进水平的工艺——平富氧底吹+旋浮吹炼金铜冶炼工艺。这项工艺创造性地将底吹炉与闪速炉结合在一起，不仅令中原冶炼厂成为全球唯一，还开创了有色金属冶炼行业设备大型化的先河，实现了一次革命性的集合创新。

凭借着"年处理 150 万吨精矿铜金底吹熔炼旋浮吹炼技术装备开发与应用"项目，中原冶炼厂荣获了 2018 年度中国有色金属工业科学技术奖一等奖。这是我国黄金冶炼行业首次获得该奖项一等奖。中原冶炼厂党委书记、董事长彭国敏对此的评价是："该项目解决了现有传统黄金冶炼企业规模小、环保压力大、金属回收率低等问题，实现了黄金冶炼大规模生产，是黄金冶炼行业的重大技术变革，为黄金冶炼和铜冶炼的产业技术升级提供了新途径。"

在产业起步发展与技术升级的道路上，我国黄金选冶领域遇到的最大难题莫过于"难选冶"。目前，国内现已探明的黄金储量有 30% 属于难选冶矿。这是一块很大的资源，也正是一代代科技人员极力要用技术将其"盘活"的资源。

中华人民共和国成立之初，我国的黄金选冶技术非常落后。大多数黄金矿山利用碾子或捣矿锤等简单落后的工具进行碎矿，采用单一的混汞、拉溜或渗滤氰化等简单的工艺方法进行提金。生产效率和金回收率很低，约有三分之一的金在矿石加工处理后随尾矿流失。

三年困难时期之后，为了扭转黄金生产下滑的局面，国家出台了多项扶植措施，令黄金建设走出了低谷。正是那个时候，黄金的选冶技术有了突破。1965 年，五龙金矿选矿厂荣获中国黄金矿产公司授予的"大庆式"先进选矿厂称号。获得这项荣誉主要是因为五龙金矿"应用三段选别流程提高金的回收率"科研成果收到了很好的经济效益，金的回收率可以达到 85% 至 90%。

1975 年之后，我国黄金工业进入持续快速发展时期，黄金科研事业蓬勃发展。在氰化提金工艺全面、迅速推广的当时，其技术不断升级。1983年，黑龙江省乌拉嘎金矿局建成了中国第一座利用全泥氰化法提金工艺的500吨/日规模的选矿厂；1984年，在河南省灵湖金矿，中国第一座利用全泥氰化炭浆法提金工艺的选矿厂拔地而起；1984年，河北省张家口金矿和陕西省潼关金矿分别建成了处理规模为450吨/日和250吨/日的利用全泥氰化炭浆法提金工艺的选矿厂，并引进了美国的关键生产设备。这使得中国的炭浆法提金技术有了新的发展，炭浆法提金工艺和设备也达到世界先进水平。

但令人遗憾的是，传统的氰化法提金工艺无法回收利用高砷、高硫、微细粒浸染型难处理金矿资源。而当时，中国已探明的此类"难选冶"黄金资源有1000多吨。黄金企业对此束手无策。若是使用传统氰化法提金工艺，结果就是回收率过低，浪费大量黄金资源。

1995年，为合理有效开发难处理黄金资源，生物氧化提金技术被冶金工业部黄金管理局列为全国黄金行业"九五"重点技术攻关项目。经过艰苦攻关，这项技术取得了重大突破。中国与南非、澳大利亚、美国、加拿大等成为世界上拥有该项技术的少数国家之一。2003年7月19日，辽宁天利金业有限责任公司生物氧化提金厂举行投产庆典仪式。这家由我国自行研制、自行设计、自行建设，具有完全独立自主知识产权，日处理100吨难处理金精矿的现代化生物氧化提金企业的成立，将长春黄金研究院的研究成果实现了工业化应用。在此之前，作为中国唯一专门从事黄金基础理论研究和工程技术开发的国家级科研机构，长春黄金研究院从20世纪90年代开始，从野外采集菌种进行实验室驯化。经过近10年的努力才培养出了能够进行生物氧化的菌种。

几乎同一时间，与辽东大地上这座精美的冶炼企业遥相呼应的，是由中国黄金集团科技有限公司与兴仁县黄金公司共同出资组建的贵州金兴黄金矿业有限责任公司。同样是依托长春黄金研究院提供的原矿焙烧技术，中国黄金集团有限公司在我国西南山区建起了沸腾焙烧炉，专门处理当地的"难选冶"矿石。在这座高30米、直径9米、日处理矿石量可达1000吨的沸腾焙烧炉建成之前，兴仁县金矿石的提金效率低于10%。而现在，提金效率已经提高到80%以上，每个月可多创造1600万元以上的价值。

原矿焙烧和生物氧化技术的不断突破，使中国占已探明黄金储量1/3的"难选冶"矿资源得以开发利用，仅生物氧化一项创造的价值接近2000亿元人民币。这一成绩背后，是中国黄金产业脚踏实地、不断创新的结果。

地层深处　静待花开

2017年11月，山东黄金集团旗下的两座矿山焦家金矿和玲珑金矿，累计黄金产量双双突破百吨，创造了我国黄金行业的纪录。然而，谁都不曾想到，玲珑金矿这座为中华人民共和国成立提供了重要财政支持、具有百年历史的老矿，矿藏资源并不丰厚。其矿脉分散，矿石品位只有2克/吨。在这样十分不理想的开采条件下，玲珑金矿创下这样骄人的纪录，依靠的是科技创新的力量。

玲珑金矿属于石英脉型的矿体，就是薄矿脉。平常开采的厚度在1.1米至1.2米之间。国外的许多黄金矿业公司因为技术和成本等原因，放弃了对这种极薄矿脉的开采。但玲珑金矿却用一种新技术带给中国乃至世界黄金开采界新的面貌。这种技术名为"浅孔留矿"的技术方法，简单地讲就是沿着矿脉精准开采，其他不含金的矿石铺在脚下。凭借着这项技术，玲珑金矿取得了月掘进10公里、年产黄金4吨的骄人业绩。在此之前，玲珑金矿的黄金年产量在2吨左右。

"浅孔留矿"技术的应用，不仅为玲珑金矿带来了产量上的突破，还为薄矿体开采的世界性难题带来了突破。这是中国采金人为世界黄金产业进步作出的卓越贡献。

70年来，从砂金到岩金、从地面到井下、从人工到机械，我国黄金开采正向着"绿色"目标不断迈进。对于如何实现绿色开采，中国工程院院士蔡美峰谈到了4方面的技术变革。一是有别于传统钻爆法的连续破岩切割采矿方法，包括四项技术：机械连续切割掘进采矿技术、高压水射流破岩掘进与采矿技术、激光破岩掘进与采矿技术、等离子破岩掘进与采矿技术。二是深井支护技术变革，具有普遍应用前景的技术方案是利用矿山固体废料的充填工艺方法。三是采选一体化技术，将选矿厂建在井下，直接向地面输送精矿。选矿产生的废石与尾矿留在井下用于采空区充填，实现原地利用，且不需要在地面建选矿厂和尾矿库。四是无废开采技术，包括三项基本要素，即资源回收率高、废料排放量小、地表不受破坏。

苍茫大地　何处有金山

在自然资源部官网发布的《2018年全国地质勘查成果通报》（以下简称《通

报》）显示，金矿占据了全国矿产勘查资金投入第一的位置，为15.54亿元。这是金矿连续第三年占全国矿产勘查资金投入的第一位。

高投入带来了高产出。根据初步统计，2018年全国新发现矿产地153个。其中，金矿有12处（大型1处、小型11处）。金矿完成阶段性勘查的矿产地有40处（预查2处、普查14处、详查18处、勘探6处）。《通报》还显示，2018年，金的新增资源量为97.44吨。

改革开放之初，我国黄金工业刚刚步入稳定发展时期。一句"让部队去找金子"，鼓舞着一支肩负着党和人民重托的"黄金部队"打响了一场寻金强国的"突击战"。当时，我国黄金平均年产量不足10吨，贫金的帽子重重压在国家头上。而在"黄金部队"踏梦出征的近40年间，我国累计探获黄金资源储量2365吨。在共和国的版图上，他们留下了富民强国的金色战果。

找矿，既是对体力与意志的挑战，又是智力与科技的比拼。"黄金部队"牢牢把握"科技是找矿支撑"的方向，逐步实现了从罗盘、地质锤和放大镜"老三件"到数码相机、摄像机、掌上电脑、录音笔和手持卫星定位仪等"新五件"探矿设备的发展。地理信息管理系统全部投入使用，结束了手工绘图的历史；高精度卫星定位系统配备到地质中队，使成矿预测时间显著缩短；海事卫星电话、北斗卫星定位仪、车载电台等设备的使用，对点遍全国、人撒九州的部队矿点实现了高效管理；卫星遥感解译、数字图像处理、高密度电法仪、全液压钻机等高科技装备和先进找矿手段的应用，实现了空中、地面和地下立体透视矿藏的突破，标志着我国正在快速进入数字化找矿时代。

身处数字化找矿时代，绿色勘查不仅是新时代的召唤，更是黄金找矿领域的升级需求。2019年5月16日，全国绿色勘查技术交流会在四川成都举行。在会上，许多嘉宾谈到技术创新是推进绿色勘查的不竭动力，也是绿色勘查上档次、提水平的有效手段。要想从源头上减少和避免矿产勘查对生态环境的扰动，必须依靠先进、绿色的勘查工艺、技术和方法。

在世界地学界，中国的勘查地球化学理论和技术领先世界同行，并在金矿化探方面作出了巨大贡献。在国家重点研发计划"深地资源勘查开采"重点专项的支持下，我国在深穿透地球化学探测领域理论创新、关键技术设备和示范应用方面取得突出进展，将深部资源地球化学探测能力由几百米深度拓展到2000米以下，有效提高了我国地球化学勘查技术能力，进一步确保了我国在该领域的国际领先地位。

而今，纳米金属微粒具有极强穿透能力和快速迁移能力的发现，进一步鼓励了研究者在早期地球化学理论的基础上进行更为深入的研究。目前需要解决的问题是，形成纳米金需要什么地质条件。虽然在野外、矿床和实验室都观测到这种纳米金，但这些金是如何形成的，需要对实验室的模拟合成进行验证。

黄金行业的技术进步，带来的不仅仅是黄金产量的提升，更是整个行业的高质量发展。"黄金人"的价值体现和人生追求也是在这一过程中实现的。

黄金科技工作者一代又一代传承着无畏艰难的钻研精神，将我国黄金行业一步步推向世界之巅。无论是为了培养"中国菌团"在野外细心采集菌种的科研人员，还是建成拥有自主知识产权的底吹熔炼炉的年轻技术团队，抑或是40年踏梦出征将一座座金矿"踩"在脚下的"黄金兵"，都是将黄金梦付诸实践的实干者，是为黄金这件大国重器注入无限科技含量的筑梦人。

见证黄金市场开放全过程

上海黄金交易所原副总经理　沈　刚

1984 年，我进入中国人民银行货币金银局，从事黄金"统购统配"及黄金储备管理工作，因此也就有幸参与了研究和筹建黄金市场的工作，主要是国外黄金市场研究、黄金市场方案撰写及政策协调等工作。当时，人们对黄金市场开放没有太多异议，但是对于怎么开放争论较多：有些人觉得黄金市场没有那么神秘，黄金跟萝卜白菜一样；有些人则认为黄金仍具有货币、金融等特殊性，不应该等同一般商品。对央行而言，当时的行长戴相龙和副行长史纪良对黄金的认识和黄金市场开放的路径、时机把握得比较准，主要把握了几大问题。

第一个问题：黄金体制走交易所市场，还是银行间柜台市场？

这是黄金市场改革开放走什么道路的问题。交易所市场和银行间柜台市场是国际上两种成熟的黄金市场体系：以美国芝加哥商品交易所（CME）为代表的交易所市场，产品以期货为主；以伦敦为代表的银行间场外交易（OTC）市场，商业银行不间断报价做市。中国黄金市场到底走哪条路，当时人们有分歧。央行考虑建立有形的交易所市场。

银行间 OTC 市场是一个分散的、市场化程度较高的场外市场，经过了 300 年的历史演变和市场培育，伦敦黄金市场才形成银行做市商报价的市场模式，而且监管非常严格。对于过去长期处于黄金管制的中国而言，除了中国银行做过国外黄金报价业务和工行做过黄金收购业务外，大部分商业银行没有开展过黄金业务，也没有担任黄金市场中介机构的经验和基础。这种情况下，如果采取分散的银行间 OTC 黄金市场，势必会增加培育市场的难度，也涉及政策协调、行业监管的问题，而组建有形的黄金市场，央行不论是从会员选择、组织架构，还是市场培育和监管上都是比较容易介入和管理的，所以最后选择了类似证券交易所和期货交易所模式的有形市场。

第二个问题：实行会员制，还是公司制？

2000年前后，除了香港金银业贸易场为会员制外，国际上大多数黄金交易所为公司制。我国黄金市场到底是实行会员制还是公司制，也是有争论和分歧的。领导们考虑到，黄金统收统配是过去央行的业务，现在放开到市场上，如果实行公司制，企业盈利性比较强，在盈利驱动下企业难以把控，而定义为非营利性的机构组织，则有利于初期市场的培育。

如果不实行公司制，能不能搞成中国人民银行的事业单位？行里也没有考虑这个建议。过去中国人民银行负责黄金统收统配的业务，现在市场开放了，交易所还是中国人民银行的事业单位，行政直接隶属中国人民银行，不符合开放市场的初衷和趋势，因此，中国人民银行坚持开放黄金市场，组建黄金交易所，并把其放下去。那时，中编委也没有事业编制指标，组建黄金交易所的方案征求了财政部、发展改革委、经贸委、海关总署、外经贸部、法制办等机构的意见，大家对交易所的机构性质没有太大争议，于是就实行了会员制。

第三个问题：组建黄金现货市场，还是衍生品期货市场？

国际上的交易所以期货产品为主，真正以现货为主的交易所比较少，如土耳其伊斯坦布尔交易所是做黄金现货交易。国际上大量的黄金现货交易是由黄金报价银行24小时不间断买卖报价完成交易的。当时国内市场对期货交易也有些争议，对于将要成立的交易所而言，马上推出期货和衍生品交易，是不利于行业和市场发展的，于是决定以现货为交易所的主要模式。当然，在报给国务院的市场改革方案中也提到未来要做中远期黄金业务，即先把黄金现货做起来，然后发展期货和衍生产品，最终形成一个独立、专门的黄金交易所。因为当时认为，我国既是产金国，又是消费国，有必要组建一个集现货、期货和衍生产品于一体的黄金交易所，这也有助于价格的形成。后来市场出现了新的变化，形成了黄金现货和黄金期货并存的市场格局。

在交易所筹建过程中，也曾考虑过是否要利用其他市场开办黄金交易，比如利用白银市场，上海期货交易所也提出利用其平台，还有人提出是不是依托外汇交易市场……选择很多。刚开始提的方案是依托外汇交易中心发展黄金交易，但到最后中国人民银行作出决策：依托外汇交易中心单独组建上海黄金交易所，组建过程中依托了外汇交易中心的资源力量和场地，其作为兄弟单位协助开发黄金交易系统。

同时，地点也面临多种选择，当时北京、上海、天津、广州、深圳等多地都提出组建黄金交易所，各自有不同的特点：北京作为政策聚集地，金融机构比较密集；深圳作为黄金加工集散地，黄金实物量需求大。但是最后决定放到上海，主要考虑上海作为国际金融中心，期货、证券、外汇交易市场比较集中。

上海黄金交易所建成了现货标准化的电子化交易平台，为全球首创。经过持续发展，这些年来上海黄金交易所黄金交易占据我国现货黄金市场的主导地位。不论是黄金现货，还是黄金T+D，上海黄金交易所的产品为现货需求投资机构和国内产、用金企业提供了重要的黄金买卖和投资避险的平台，满足了各方面市场需要，推动了国内黄金市场化发展。

第四个问题：商业银行的角色如何定位？

黄金市场的开放和培育，很难单纯依靠产、用金企业，需要引进商业银行等市场专业机构参与，帮助市场实现供需匹配，平抑和稳定黄金市场价格。在组建黄金市场时，特别考虑了商业银行的作用。商业银行不仅要成为市场的组成部分，还要承担平抑市场供求关系、黄金进出口等一系列任务及社会责任。

过去在黄金管制时期，央行承担了很多市场中介机构的责任。为此，黄金市场开放时，央行特别向对外经贸部提出给商业银行黄金进出口牌照，因为我国市场是个供应短缺的市场，市场缺口在1000吨左右。如果没有商业银行参与，那么进出口责任就由央行承担，这不符合央行的定位。为了让商业银行更快、更好地进入黄金市场，央行批了商业银行柜台、清算、交割、进出口等多个业务牌照。如今，国内商业银行黄金业务做大做强，已经登上了国际市场的舞台，这也是黄金市场开放的结果。

此外，还有黄金税收问题。黄金作为特殊产品，在国际上实行特殊税制，以伦敦为代表的黄金市场采取了不同于一般商品的税制管理方式，但这在国内却有一些争议：大豆高粱都可以征税，为什么黄金不征税？在政策协调过程中，财政部和国家税务总局支持国内采用国际黄金增值税的特殊税制的办法，同意将央行即征即退的增值税政策平移到上海黄金交易所，并在国内采取一系列黄金特殊优惠税收政策，促进了国内黄金生产和消费行业持续快速的发展，为上海黄金交易所现货黄金市场发展壮大起到了关键作用。

第五个问题：央行的角色如何定位——监管、调控、组织三位一体？

中华人民共和国成立以来，我国对黄金实行特殊的统收统配政策，这在特殊时期在稳定国家经济金融、增加国家储备、保证外汇来源、支持黄金生产等方面发挥了积极作用。但是到了20世纪90年代，全球对黄金进行管制的国家越来越少,我国成了为数不多的黄金管制国家。那时,黄金统收统配更多的是用计划经济手段管理,不太适应市场形势变化,尽管黄金报价频率越来越高,但仍不能跟上市场价格变化,央行为此承担许多损失。对央行而言,到了2000年货币政策管理和金融监管压力加大,取消黄金统收统配政策,开放黄金市场,可以集中精力强化宏观调控、货币政策管理和金融监管职能,也顺应了国际国内市场形势和产业发展趋势,同时,国家外汇形势明显好转,通过黄金换汇的迫切性减弱,开放黄金市场的时机已经具备。

不过,黄金具有货币、金融、商品等多重属性,又可以发挥抵抗风险、防范突发事件、改善国际收支状况等作用,因此对黄金管理体制的改革应非常慎重,必须有组织、有步骤地进行,必须与金融政策、外汇政策相互协调、有效兼容。

因此,在筹建交易所和开放黄金市场的过程中,央行主要承担了黄金市场监管、市场调控、市场组织三项职能。市场调控和市场组织在市场建设初期保证了市场的正常运转,后来随着黄金市场的顺利起步、发展逐步退出,央行作为市场的监管部门主要承担黄金市场的监管职责,维护黄金市场规范和健康发展。

2002年10月30日,我国黄金市场开放的重要标志——上海黄金交易所开业。因为一直从事黄金市场开放的方案调研、起草、组织、协调工作,我也就顺理成章地调入上海黄金交易所工作。当时,业界和市场对交易所还存在一些担忧。上海黄金交易所经过培育和市场推进,在各方面的支持和会员的共同努力下,不断地成长起来。交易所始终将顺应市场发展、满足市场需要、强化规范和自律、坚持服务为导向,作为其发展的根本。

随着后来放开个人交易,开通夜市,增设递延产品,增加白银、铂金等产品,增加询价、租借业务,设立国际板和"上海金"业务,上海黄金交易所黄金交易规模稳步增长,走上了稳健快速的发展快车道,成为全球最大的现货黄金交易所,国际影响力不断拓展,成为国际上一致公认的黄金市场开放最成功的案例。

中国黄金珠宝市场的发展历程

北京黄金经济发展研究中心　张伟超　王昕晨

逐渐成为世界第一大黄金消费国

对于中华人民共和国的黄金珠宝首饰业而言，20世纪80年代是一个分水岭，也是起步和发展的重要里程碑。此前的时间里，我国的黄金珠宝首饰业基本处于停滞状态。

随着中华人民共和国的成立，国家对工商业进行了彻底的社会主义改造，使原有的分散的珠宝首饰加工坊变成了工艺美术工厂。这些工艺美术工厂在当时的政治和经济形势下，把珠宝首饰加工仅仅作为工艺品中很小的一个品种来发展。

而黄金则作为国家特殊产品，被严格管控起来。从1949年开始，为了维护人民币的法定地位，稳定金融和物价，国家对黄金进行严格管制，统一价格。此后，我国形成了黄金的国家"统购统配"体制，并且逐步强化。在20世纪80年代初之前，普通消费者在市场上基本上看不到黄金首饰。

随着改革开放的推进和工业的发展，老百姓财富也因国民经济的发展而增加，对于黄金珠宝首饰的需求也随之增加。到了1982年，珠宝首饰的恢复和发展有了空间，于是，我国的珠宝首饰行业得到了一定的恢复性发展。这一年，在黄金依旧严格管制的政策条件下，我国恢复了黄金首饰的市场供应，但黄金投放量只有1.5吨左右，因此只确定了7家为黄金首饰生产定点厂。

但是，由于当时我国生活水平有限，珠宝行业的发展还是比较缓慢的。在20世纪80年代中期，我国经济出现了通货膨胀。为了抑制通货膨胀，加快货币回流，国务院于1985年一次性向市场投放了100吨黄金用于黄金首饰生产。不仅如此，国家开始认识到珠宝首饰业对社会经济发展的特殊作用，珠宝首饰得以从工艺美术产品中分离出来，成为一个独立的商品部类。这对我国珠宝首饰行业发展具有极其重要的历史意义。此后，珠宝行业开始发展起来。

20世纪80年代初，全国金银珠宝企业只有38家，每年产值不足8000万元，其中60%还是出口加工。恢复黄金首饰供应这一变化给这些黄金首饰加工厂带来了发展机遇。当时，黄金供应严重满足不了国民黄金首饰需求，黄金供给量决定了黄金首饰业的发展。由此，当时甚至出现了一些黄金走私和地下交易的市场现象。

1990年至2000年，中国珠宝首饰业才开始真正地进入了快速发展阶段，这黄金的十年，中国的珠宝首饰行业发生了翻天覆地的变化。1990年，黄金首饰生产企业由1980年的10家增加到了96家，创造的工业总产值增长了20.8倍，达到了人民币17亿元。到20世纪90年代末，黄金首饰生产企业由1991年的106家增加到500多家，其中相当一部分是从香港前往内地的首饰企业。

作为改革开放的前沿，深圳首先迎来了黄金首饰业的发展。首饰制造业曾是香港20世纪80年代的十大支柱产业之一，受内地改革开放的吸引，20世纪90年代，香港首饰业掀起了内迁潮，与香港毗邻的深圳，因地理优势成为港商内迁的首选。深圳很快成为中国首饰加工中心，成为黄金首饰企业集群。20世纪90年代，黄金首饰市场有了数量级的增长，由20世纪80年代末的两位数上升至三位数，需求量超过了每年的矿产金数量，我国成为全球重要的黄金首饰需求国。

21世纪随着黄金管制的放开，我国黄金首饰业进入了一个新的发展周期，首饰需求持续增长，2012年需求量达到了502吨，是2001年代2.7倍，成为仅次于印度的第二大首饰需求国。2013年以来，金价断崖式下跌，国内迎来"大妈抢金"潮，黄金首饰需求量在2015达到了近年来的最大值753吨。此外，金条投资和工业用金也持续增长，特别是实物黄金投资需求增加，推动我国黄金消费量大幅增加。2015年，超过印度黄金消费量，中国以1176.4吨的黄金消费量成为世界第一大黄金消费国。

中国黄金珠宝首饰业真正走向了壮大。20世纪90年代以来，以企业数量剧增为特征的规模化发展阶段，发展到21世纪以塑造企业形象为特征的品牌化发展阶段。我国珠宝首饰业遇到了前所未有的发展机遇，由于产业发展环境的不断改善，我国珠宝首饰业保持了健康、持续、稳定发展的良好态势。

2013年4月12日，国际金价开始进入下滑通道，暴跌行情引发"抢金潮"

快速发展得益于改革开放

得益于改革开放，我国珠宝行业的大发展起步较晚、发展较快、潜力较大。21世纪初以来，中国珠宝首饰产业以高于15%的年增长率快速发展，年珠宝销售总额超过1600亿元，世界为之瞩目。发展为中国珠宝企业带来了更多的实惠，也为世界珠宝企业带来了更多的机遇。目前，中国的珠宝产业可以说进入一个全面发展的新阶段，产业集群化形成了各具特色的珠宝产业基地，品牌建设培育了众多"中国珠宝行业驰名品牌"和"中国名牌"产品企业，产品设计蕴含了更多的中国元素并出现了拥有自己知识产权的专利产品。"中国工"代表钻石切磨的优工和好工，珠宝镶嵌的精湛工艺和规模化凸显世界珠宝制造的大国地位。年出口60多亿美元的珠宝产品，标志着中国珠宝企业更多地融入了国际市场，不断富裕起来的13亿多人口，吸引着世界更多的珠宝企业将到中国寻求发展。

改革开放以来，中国经济一直处于持续、快速的发展时期，中国经济的发展，惠及了广大的城乡居民，令其消费能力和欲望显著增强。这些为中国黄金珠宝市场的繁荣和产业发展提供了坚实的物质基础。

同时，国家政策不断调整，珠宝产业发展环境良好。我国政府为鼓励和发展珠宝玉石首饰行业，先后出台了不少有利的政策措施。关税总水平不断降低，已从2001年12月15.3%下调到2006年的10%左右。上海钻石交易所、上海黄金交易所先后运行；黄金、白银等贵金属及其制品市场全面开放；钻石进口环节增值税大幅降低，消费税税率有望进一步调整。中国珠宝玉石首饰行业协会将更加积极开展调研工作，反映企业诉求，推动铂金、钯金等贵金属进口等有关政策的改善，使之更有利于珠宝产业持续、健康、稳定地发展。

为了培育和规范珠宝玉石首饰市场，国家已经相继制定了一系列标准和规定，如《珠宝玉石名称》《珠宝玉石鉴定》《钻石分级》《珍珠分级》及《金银饰品标识管理规定》《首饰贵金属纯度的规定及命名方法》等。各省市也制定有多项办法、标准等。这些为规范市场和参与国际竞争奠定了良好的基础。

产业规模跃居世界前列

自20世纪80年代中期现代意义上的中国珠宝产业开始起步以来，中国珠宝产业出现了突飞猛进的发展。特别是2001年以来，中国珠宝产业以超过15%的年增长率快速增长，出口增幅更是连续几年超过20%。我国一些重要的珠宝产品的消费都居世界前列。我国是世界上最大的玉石、翡翠加工及消费国，珍珠年产量占世界珍珠年总产量的95%以上。铂金消费居世界第一，黄金消费居世界第一，我国还是亚洲最大的钻石消费国之一及全球第五大钻石消费市场。此外，白银首饰的年消费量在600吨左右，红蓝宝石、钯、水晶、仿首饰等材质产品在中国市场也大受欢迎、方兴未艾。中国正成为世界最重要的珠宝消费市场之一。

珠宝产业集群化发展现已成为中国珠宝产业提高综合竞争力、促进区域珠宝特色产业链的延伸与升级的重要方向。目前，中国19个珠宝玉石首饰特色产地，特色鲜明，优势突出，无论是珍珠养殖、玉石雕刻还是首饰加工等，都给所在的城市增添了魅力，也为珠宝产业的繁荣带来了生机。深圳罗湖、广州番禺等珠宝特色产业基地，主要是贵金属首饰镶嵌加工、钻石切磨以及配套产品集聚地区，形成了一些骨干龙头企业和众多中小企业。同时，在当地政府的大力支持下，物流服务、信息服务、技术服务等配套支撑体系不断得以完善。内蒙古赤峰、辽宁阜新、辽宁岫岩、浙江青田、福州晋安、山东昌乐、江苏东海依托特色的资源优势，发展玉石雕刻加工产业，成为当地农民就业、致富的重要渠道。河南镇平、广东四会、广东平洲虽然没有玉石资源，但在当地政府的支持下，也形成了规模巨大、享誉国内外的玉石雕刻加工和贸易基地。云南瑞丽、云南腾冲、福建莆田依托良好的珠宝文化氛围，充分结合旅游资源优势，形成了特色鲜明的珠宝旅游特色产业基地。浙江诸暨、苏州相城是淡水珍珠产业崛起和发展推动者，珍珠文化底蕴深厚，珍珠养殖技术成熟，珍珠贸易活跃。在浙江诸暨、苏州相城政府的大力扶持下，珍珠产业不断升级，珍珠文化不断丰富，中国珍珠的整体理念在国内外珍珠爱好者的心中不断提升。广西梧州在政府的大力扶持下，拥有了一批人工宝石切磨加工队伍，10万人的就业大军走上不断富裕的道路，全世界每人每年将至少拥有一颗来自梧州的人工宝石，可以说，人工宝石已经成为城市闪亮的名片。

随着产业的发展，中国珠宝业也完成了从数量扩张、粗放经营向注重质量、打造品牌的转变，品牌建设取得了显著的成效，已涌现一批优秀的品牌，成为行业发展的中坚力量。一大批企业成长为中国珠宝首饰业驰名品牌，61个企业产品获得了中国产品质量的最高荣誉——"中国名牌产品"称号。这些产品涵盖了黄金、珍珠、流行饰品、贵金属镶嵌饰品、翡翠以及一些著名的零售企业品牌。这些产品包括"爱得康""同心""安盛华""老凤祥""佳丽""阮仕""昆百大"等。品牌的建设不仅大大地提升了产品在消费者心目中的信任度，也有力地增强了企业之间合作的诚信度。

在产业发展及竞争加剧的推动下，中国珠宝产品也从曾经固守传统观念、轻视设计创造的阶段转向了创新工艺理念、设计精品迭出的时代。我国的珠宝首饰设计及制造水平稳步提高。一批优秀的首饰设计师脱颖而出，频频在国际及国内各种大赛中获奖。他们将珠宝首饰的国际时尚元素与中国的民族文化特色有机地结合起来，设计出了许多令人耳目一新的佳作。

一大批熟练的产业工人也在珠宝业的发展中成长起来。中国人特有的细腻及灵巧的动手能力，再加上多种渠道、多个层次的培训及实践，中国珠宝业工人的加工制造能力正日益提高和成熟。钻石"中国工"则是其中最典型的体现。

产业发展趋势

我国现有19个珠宝首饰特色产业基地，集群化优势开始显现。这种优势的产生是因为许多相关企业在地域上处于同一地区，在原材料和半成品、配件、设备制造与维修、技术创新、人才培养等方面相互配合，从而降低了交易成本，提高了整体效率。并且，这种产业的集聚，不仅大大地提升了当地珠宝产业的综合竞争实力，也为当地的珠宝产业带来了更多的机会。国外一些珠宝企业或及相关的企业，纷纷到这些地区进行考察、寻求合作，也充分地彰显了产业集聚化的优势。

国际上一些珠宝品牌在发展道路上的成功经验，已经有力地证明了品牌的价值。我国珠宝市场上不断出现的一些珠宝品牌在终端博弈中的竞争优势，也说明了品牌的重要性。中国珠宝产业在规模化向品牌化的转变中，品牌建设就成为企业发展的重中之重。当前，已有一批优秀的企业以自己超前的意识和不断的努力，率先获取"中国名牌"产品荣誉称号。相信在未来，会有更多的企业注重并加强品牌建设，创造出更多的珠宝行业的中国名牌甚至世界名牌。

珠宝的稀有、珍贵的物质属性依然受到人们的重视，但珠宝的设计、工艺等文化属性也越来越被重视，甚至对于追求时尚的人来说，珠宝视觉和触觉的美感更是他们追求的目标。今天，拥有、佩戴珠宝更多地被视为一种文化、一种时尚、一种生活态度。珠宝以其丰富、独特的文化内涵越来越多地满足着人们的精神需要。因此，珠宝在设计和制造中更加强调新意和精湛，在买与卖中更加强调文化内涵的传播。

中国珠宝玉石首饰业的发展，必须也必将融入国际化的进程，这既是全球经济一体化发展的需要，也是我们要成为珠宝强国的需要。近几年来，中国珠宝首饰的出口一直呈快速增长态势。同时，国外优秀的产品也越来越多地进入中国市场。中国的珍珠、玉石、人造宝石等强力挺进国际市场，巴西的水晶、波罗的海沿岸国家的琥珀、俄罗斯的白玉、泰国的有色宝石、意大利的金饰、法属波利尼西亚的珍珠等也纷纷进入中国市场。中国的消费者在国内就可以买到他们梦想的世界顶级珠宝品牌。未来，珠宝产品贸易的国际化趋势将会更加加强，中国的珠宝产业既将遭遇激烈的国际竞争，也面临着巨大的发展商机。

中国凭借精湛的加工工艺和丰富的劳动力资源，成为世界珠宝业的加工厂。中国有数百个珠宝加工厂，每天都在为来自世界各国的订单而忙碌着，不仅为港、澳、台等文化趋同的市场加工，还为欧美等西方发达国家加工。例如，中国钻石资源较少，但中国凭借自己廉价的劳动力和优良的"中国工"，大力发展钻石加工贸易，成为世界第二大钻石加工国。现在，中国年加工钻石超过300万克拉，产值超过10亿美元。

自20世纪90年代起，中国已连续多年位居发展中国家吸收外商直接投资首位。来自中国台湾、中国香港、美国、欧洲的一些国家和地区的珠宝商在中国内地纷纷投资建厂。这些外商投资企业为中国珠宝业带来了先进的管理经验、灵活的经营机制和国际化的流行趋势。另外，中国国内企业积极主动地与国外品牌合作，成为国外著名品牌的合作伙伴，实现了合作者的双赢。

中国巨大的市场潜力和不断成熟的市场运作机制，使得汇丰银行等金融机构也加快了与珠宝行业企业的合作。在钻石、黄金和白银等珠宝资源的开发上、在珠宝玉石首饰产品的生产上、在珠宝终端零售市场的营销上，国际上的一些投资机构也正在积极寻求与中国珠宝行业更加广泛的合作。

第二章 金色版图

建成大基地，培育大集团，大型矿业企业主导行业发展的格局初步形成。

山东：第一大产金省的规模化之路

山东省黄金工业局行业管理办公室主任、
山东省黄金协会秘书长　　　　　　　　李明双

山东省黄金工业局行业管理办公室副主任　吕金庆

泰山巍巍，见证民族复兴的壮阔历程；黄河奔流，唱响新时代的奋斗之歌。中华人民共和国成立70年来，山东黄金行业在国家的大力支持下，一路栉风沐雨，快速发展壮大，从1975年起连续44年保持全国产金第一的纪录，是目前国内唯一一个黄金产量过百吨的省份。作为我国重要的黄金生产基地，山东省在黄金矿山建设、生产技术、科学研究、企业改革等方面为中华人民共和国黄金事业的发展提供了宝贵经验，作出了突出贡献。

金业报国，步履铿锵

黄金作为国家的重要的战略资源，在中华人民共和国的各个时期都扮演着重要角色，发挥着重要的作用。据不完全统计，1949—2018年，山东省黄金行业累计生产矿产金达1521吨，为中华人民共和国的建设发展和国家经济安全提供了强有力支持。

早在抗日战争和解放战争期间，山东省招远、沂南等地群众在中国共产党的带领下，千方百计生产和筹措黄金，转送延安等解放区，为民族独立和祖国的解放事业作出了重要贡献。20世纪50年代初，刚刚走出战争阴霾的中华人民共和国百业待兴。然而，由于西方各国对我国实行经济封锁，与我国基本无贸易往来，黄金作为硬通货的作用没有得到发挥，全省黄金生产处于最低潮。

随着国民经济和对外贸易发展，国家对黄金的需求量猛增，黄金工业发展也引起了党和国家的高度重视。1957年8月，山东省在济南召开了中华人民共和国成立以来的第一次黄金工作会议；同年9月，国务院发布了《关于大力组织群众生产黄金的指示》，山东烟台、临沂等地区掀起了采金热。国家在经济极其困难的情况下，拨出专款支持山东的黄金生产，到1960年，全省恢复和新建了建华、新华、胜华、铜井、金场等9座金矿，新增采选能力200吨/日。

1962年7月，招远建华、胜华两座金矿合并组建成国营招远金矿，为山东国营金矿的发展奠定了基础。1965年，国家投资2200余万元在玲珑地区兴建500吨/日采选系统，这是中华人民共和国成立以来，首次给予黄金工业如此大的投资，为山东黄金工业的恢复和发展注入了活力。据统计，1949—1974年，山东省共生产矿产金19.8吨，为国家经济建设提供了有力支持。

从1975年开始，山东省黄金生产进入快速发展时期。时任国务院副总理王震先后两次视察山东，对黄金生产进行大宣传、大动员，并制定了一些发展黄金生产的政策，掀起了黄金生产建设高潮。新城金矿主斜井开拓工程于1976年4月竣工，并采出了第一批矿石；焦家金矿于1978年底主体工程基本建成；蚕庄金矿、七宝山金矿、望儿山金矿等地方矿山也先后开工建设。以国营金矿为骨干、带动群众广泛采金的局面在全省初步形成。1975年，全省矿产金产量达到3.21吨，跃居全国第一位，之后一直保持全国第一产金大省的地位。1976年，全省金矿石采选能力达到1370吨/日，黄金产量达到3.968吨。1977年，黄金产量达到4.685吨。

从1980年到1987年，国家以拨款、开发基金、黄金专项贷款和行业内自筹等形式，先后投入基建资金63900万元，兴建了全国处理能力最大、装备现代化的三山岛金矿，完成了110千伏黄金专用输变电工程，焦家金矿、新城金矿二期扩建工程先后动工，同时兴建了一批地方矿山和招远黄金冶炼厂。1987年，全省黄金产量较1980年翻了一番，涌现出招远、乳山、牟平、栖霞、平度、五莲等8个年产金万两县，其中招远县年产金达16万两，为全国各县（市）之首。在当年召开的全国黄金工作会议上，全省有18个单位被授予"先进单位"称号，蚕庄金矿还被列为小金矿机械化模式的样板，在全国进行推广。

一路披荆斩棘，一路风雨兼程。经过改革开放四十几年的快速发展，山东省黄金产业规模、黄金产量、经济效益实现几何式增长。2018年，全省规模以上黄金企业达到32家，山东黄金集团、招金集团主营业务收入分别达到825亿元、522亿元，分别实现利润23亿元、12亿元；全省黄金行业矿产金产量达到81.299吨，比1975年增长了25倍，其中山东黄金集团矿产金产量达到47.761吨，占全省产量的58.75%；山东黄金集团所属焦家金矿与玲珑金矿累计黄金产量均超过100吨，"双百吨"矿山刷新中国黄金矿业发展纪录。

科技兴金，匠心凝聚

中华人民共和国成立之前，山东的黄金采选技术十分落后，采掘作业靠人工凿岩、人工装运，手摇辘轳锤打钎；选矿以石磨磨矿、人工淘洗的方法为主，生产效率极低。中华人民共和国成立初期，全省黄金矿山仍沿用落后的生产器具及简单的生产工艺，但随着国家对黄金工业的重视和支持力度加大，山东省的黄金企业投入大量人力、物力和财力，并与科研部门和高等院校密切合作，大力开展科技攻关，科技水平突飞猛进，在地质勘探、采选工艺、技术改造、冶炼加工等方面，取得可喜成果，各项技术经济指标位于行业前列。

20世纪60年代，招远金矿灵山100吨/日和玲珑500吨/日采选系统先后建成投产，采掘以风动凿岩机为主要工具，选矿应用了较先进的机械设备，在全国率先实现了黄金矿山的采选机械化。1965年，招远金矿将矿石的氰化浸出过程由间歇机械搅拌改为连续机械搅拌，金的浸出率与渗滤氰化相比提高了近20%，这一工艺技术在东北、华北各矿山进行了推广，提高了矿山经济效益。

20世纪70年代，"焦家式金矿"类型在全国第二次金矿地质工作经验交流会上得到确立，对全国及全省金矿勘查发挥了重要的推进作用。进入20世纪80年代，焦家、新城、玲珑等金矿先后采用多种工艺结构的胶结充填法，引进了双臂凿岩台车、多绳摩擦轮提升机、铲运机及坑内载重卡车等先进设备，生产效率极大提高。同时，对选矿工艺不断进行优化改进，1985年，全省选矿平均回收率由1980年的89.5%提高到91.54%，新城金矿达到95.27%，进入世界先进行列。1986—2005年，全省黄金行业共获得省部级以上科技成果奖97项，其中，国家科技进步奖二等奖（含）以上奖项4项，为全国黄金工业发展作出了积极贡献。

近年来，全省黄金行业先后建成了国家级企业技术中心、院士工作站、博士后工作站、重点实验室、智库等创新平台，在深部找矿、智能化采矿、深井开采、难处理金矿石选冶、环保提金等前沿技术领域实现重大突破。区域内先后探获海域、西岭和纱岭等多座世界级特大金矿，西岭金矿区的"中国岩金勘查第一深钻"（见图1），终孔深度4006.17米，成为业界标志性成果（2010年11月9日，山东黄金"中国岩金勘查第一深钻"开工典礼在山东省莱州市举行。该钻于2013年5月29日终孔，孔深4006.17米。该钻开创了国内固体矿产勘查小口径芯部钻探的先河，在岩金勘查领域具有划时代意义，对于胶西北地区乃至全国深部成矿预测研究具有重大理论和现实意义)。山东黄金集团以三山岛金矿为试点,以数字化、智能化为核心,全面启动"国际一流示范矿山"建设工作,计划打造中国矿业行业的名片和全球矿业领域的标杆性矿山。招金集团率先引进世界先进的第四代空冷技术,建成了国内首个非煤矿山大型深井集中式制冷降温系统,填补了中国金属矿山深部制冷系统建设的空白。恒邦集团"氧气底吹熔炼造锍捕金处理复杂金精矿技术开发与应用"成果被认定为世界首创。

"中国岩金勘查第一深钻"开工典礼

改革潮涌，奋楫争先

从计划经济到市场经济，从党委领导下的厂长负责制到企业治理结构逐步完善，山东黄金行业在发展过程中，不断深化改革，坚持向改革要动力，强身健体，彰显了无限活力。

中华人民共和国成立后，山东省黄金企业管理体制逐步健全和完善，先后建立完善了党委领导下的厂长负责制、职工代表大会等制度，企业职工民主管理得到加强。1978年以来，行业以改革为动力，以提高经济效益为中心，建立健全岗位责任制和各项管理制度，加强了各项专业基础工作，并在企业内部先后推行了劳动用工制度、干部制度、分配制度、核算制度等一系列改革措施；试行了干部聘任制、任期目标责任制和民主评议干部等制度；以两金工资含量包干为主要内容，先后推行了计时工资加奖励、联产计酬、计件工资、浮动工资等企业内部分配形式，并建立了相应的经济责任制。通过不断改革，增强了企业发展活力和凝聚力，提高了全省黄金行业自我完善、自我发展的整体功能，管理水平得到明显提高。在20世纪80年代开展的企业管理升级活动中，全省共有10个黄金企业跨入省级先进企业行列，7个单位先后被评为国家二级企业。

市场经济大潮涌起后，黄金企业逐步走向市场，接受全新挑战。山东省黄金行业通过产权制度改革和企业改制，组建成立公司制企业45家。其中，1996—2003年，先后组建了山东黄金集团、山东招金集团等大型企业集团8家，形成了国有经济成分、集体经济成分并存，独资企业、合资企业、股份制企业同在的产业结构，资产结构得到优化，经济运行质量大幅提升。同时，省内重点黄金企业主动进军资本市场。2003年8月，山东黄金A股在上海证券交易所挂牌交易；2006年12月，招金矿业在香港联交所主板上市；2008年5月，恒邦股份A股在深圳证券交易所挂牌交易；2015年，山东黄金集团改建为山东省属国有资本投资公司，2018年9月山东黄金H股在香港联交所主板上市。

改革路上永不停步。面对深化改革的新挑战，全省黄金企业以敢想、敢试、敢闯的魄力，不断深化供给侧结构性改革，建立完善现代企业制度，规范企业法人治理结构，清理退出低效无效企业，剥离企业办社会职能。混合所有制改革、股权多元化和经理层任期制、契约化管理等制度扎实推进。例如，山东黄金集团借所属上市公司重大资产重组之机，率先启动了员工持股计划，成为山东第一批

"混改"的探路者；2018年山东黄金集团被国务院国资委纳入国企改革"双百企业"名单，深化改革全面提速。

转型升级，释放活力

从中华人民共和国成立一直到20世纪80年代中期，山东黄金工业主要以单一矿山开采，分散、独立开发为主，粗放式的矿业管理导致资源利用程度不高，对自然环境也造成了破坏。1982年6月，山东省出台《黄金矿产资源开采管理暂行实施办法》，要求所有县、社办矿山办理《开采许可证》，并严禁私人采矿，对黄金开采秩序进行规范。

从1986年开始，山东省进一步加强矿产资源管理力度，严格整顿开采秩序，规范开采行为。1987年，山东省政府对黄金矿产勘探实行统一登记制度；对黄金矿业开发，在进行采矿登记的基础上实行采矿许可证制度。1989年2月，山东省政府下发《关于对黄金矿产实行保护性开采的通知》，有计划并积极稳妥地开展黄金矿产开采清理整顿工作，并重新调整黄金产业发展方向，改变过去"大矿大开、小矿放开、有水快流"的产业政策导向，要求全省黄金行业以经济效益为中心，加强宏观调控，适度规模经营，主办国营大矿，以大矿为基地，利用优势进行辐射，全省黄金行业"规模开发、集约经营"的发展方针逐步得到实施。之后，山东省黄金矿产资源通过整合、划拨、重组、收购等形式，逐步培育出山东黄金集团、招金集团、中矿集团、恒邦集团等大型黄金生产骨干企业。2018年，山东黄金集团、招金集团、中矿集团矿产金产量分别占到全省产量的58.75%、26.61%、5.46%，大型黄金企业主导黄金产量的格局已经形成。

面对新时代的新要求，山东省黄金行业以转型升级为主线，加快"走出去"步伐，推动绿色矿山建设和新旧动能转换重大工程，坚定不移地走上高质量发展之路。山东黄金集团的省内矿山朝着规模化、大型化、数字化、生态化的万吨大矿方向快速迈进，在胶东地区打造世界级黄金生产基地、国内最大和最先进的黄金精炼基地；省外在内蒙古、河南、海南、甘肃、青海等地已建立多个矿业生产基地；海外成功并购世界最大黄金企业巴里克黄金公司旗下阿根廷贝拉德罗金矿50%股权，并被吸收为世界黄金协会会员。招金集团在国内已构建起甘肃、新疆两大埠外产业基地；海外在"一带一路"沿线国家紧密布局。

绿色是新时代发展最厚重的底色。山东省黄金行业以莱州招远绿色矿业发展示范区建设为重点，按照绿色矿山建设标准，不断增加安全环保专项资金投入，加快矿山改造升级，三山岛金矿、新城金矿、夏甸金矿、金翅岭金矿、牟金矿业等14家矿山被授予"国家级绿色矿山试点单位"称号。山东黄金集团的"山东黄金、生态矿业"、招金集团的"把矿山当生态景区来建设，把企业当星级宾馆来管理"已成为业内标杆。同时，以三山岛金矿"国际一流示范矿山建设"项目为代表的新旧动能重大转换工程正有序推进；招金集团牵头的"山东省固废资源循环利用创新中心"被确定为第二批山东省制造业创新中心试点。

经过多年发展，山东黄金工业已形成了集勘探、开采、选冶及产品深加工等于一体的完整的产业链，并建立了与之相配套的科技研发、工程设计、设备制造、人员培训等支撑体系。依托招远莱州国家级黄金资源基地，全省黄金行业全力打造的全球领先黄金生产与冶炼基地、黄金矿产资源综合利用示范基地、贵金属新材料研发中心及产业化基地、绿色矿业发展示范区等已初见规模，产业规模化、集约化开发水平将得到进一步提升。

承齐鲁儒雅之风，与世界共赢。如今，山东省黄金行业正以推进新旧动能转换重大工程为契机，以打造具有全球竞争力的世界一流企业为目标，阔步走向改革发展新征程！

河南：连续35年保持全国第二大产金省位置

河南省黄金协会会长 刘 伟

河南省地下资源丰富，黄金是其优势矿产之一，黄金资源既有脉金又有砂金，脉金主要分布在豫西的小秦岭、崤山、熊耳山区和豫南的伏牛山、桐柏山、大别山区，砂金主要分布在伊河、洛河和丹江、老灌河、淇河水域。

峥嵘岁月，时光荏苒，70年来，河南"黄金人"战天斗地、艰苦创业、砥砺奋进、勇创佳绩，为河南省国民经济发展和社会主义现代化建设作出了重大贡献。

迅速发展新时期

民国年间，由于连年战争，河南采金业逐渐凋敝、停滞。到中华人民共和国成立之前，仅有个别民采砂金矿点。中华人民共和国成立后，河南黄金工业随着经济状况的不断进展，迅速步入了大规模工业化开采的新时期。

1964年，河南、陕西两省地质局在小秦岭开展大规模的找矿与勘探，发现含金石英脉1100多条，先后对其中的30多条进行了详细的地质勘查，提供了一批可供开采利用的大型金矿床。

1965年，中国黄金矿产公司获悉小秦岭地区黄金勘查成果后，于当年11月和次年5月两次派调查组到现场进行建矿调查，决定对小秦岭地区的黄金资源进行大规模开发。1966年8月，中国黄金矿产公司决定成立秦岭金矿。

1974年，河南省第一座大型国营金矿——秦岭金矿金洞岔矿区250吨/日规模的采矿、选矿和辅助工程全面完工，1975年，圆满完成试生产任务，当年产金7025两。

秦岭金矿金洞岔矿区建成投产后，小秦岭地区国营金矿的发展很快出现了生产、建设齐头并进的局面。同时，河南地区国营金矿和乡镇集体采金犹如雨后春笋，发展更为迅速。

1975年9月13日，国务院副总理王震得知嵩县群众有采金历史的时候，立即致信嵩县县委负责同志，希望县委组织群众采取"县、社联营方法，大力发展黄金生产"。10月15日，河南省冶金局在嵩县召开全省黄金生产现场会，会议具体研究、制定了发展河南地方黄金生产的政策、规划和措施。

1976年，河南地方采金热潮开始出现。嵩县、淅川的砂金生产开始复苏。嵩县祁雨沟，灵宝枪马、灵湖，桐柏银洞坡等脉金矿山也采取社（乡）队（村）联营或县社（乡）联营的方式，先后动工兴建。

冶炼厂生产黄金也在这一年开始出现，1976年，当时河南省有济源黄金冶炼厂、洛阳铜加工厂、信阳冶炼厂等。其中，洛阳铜加工厂、信阳冶炼厂为有色金属冶炼副产金。

为了适应地方黄金生产发展形势的需要，经中共河南省委批准，河南省黄金公司于1977年正式成立，对地方黄金生产实行统一领导和管理。

河南省黄金公司成立后，认真贯彻执行国家发展黄金生产的一系列扶持、鼓励的优惠政策，对地方金矿的建设采取了由小到大、由土到洋、探矿先行、探建结合和联营办矿等具体政策和措施，从而使全省地方金矿迅速崛起。

改革开放实现大发展、大繁荣

河南的黄金开采虽然中华人民共和国成立初期就已经出现，但是从中华人民共和国成立初期到1976年，河南只有灵宝县和嵩县两个产金县，黄金矿山企业少而凌乱，多以县办和社办为主。

1978年后，改革开放的春风吹遍了祖国大江南北，也为河南的黄金产业带来了生机和活力，河南的黄金产业才真正进入了大发展、大繁荣时期。

1. 四大发展特色。一是黄金产业规模化。规模上的变化主要表现在三个方面：第一，产金区域不断扩大。1978年以前，河南省只有灵宝和嵩县两个产金县。1979年后，在改革开放政策鼓励下，各地加大了勘查找矿力度，产金区域不断扩大，到1988年，河南产金区域已发展到豫西豫南的三门峡、洛阳、南阳、信阳等地市十多个县区，其中，灵宝多年保持全国第二大产金县（市）称号，嵩县、洛宁、桐柏等县也都是"吨金县"。第二，黄金企业数量大幅增加。1978年以前，河南只有一家国营金矿以及灵宝和嵩县几家县办、社办黄金企业，且规模较小。1978年以后，在改革开放春风吹拂下，河南黄金企业遍地开花，迅速发展到近百家黄金企业。其中，中央直属、地方国有黄金矿山迅速发展到40余家，乡镇金矿30余家，黄金冶炼企业近10家，黄金建筑安装企业2家，并有配套的学校、医院及后勤体系。进入市场经济阶段后，经过重组兼并，目前仍有40余家黄金企业。第三，黄金产量持续增长。1978年，全省黄金产量31213两，改革开放给河南黄金带来跨越式发展，到1984年，河南省黄金产量达到119586两，一跃而成为全国排名第二的产金大省，实现了河南黄金飞跃性的发展变化。此后，河南黄金产量持续连年增长，到2018年黄金产量达110.69吨。连续35年保持全国第二大产金省的位置。

二是产业链条完整化。经过中华人民共和国70年的发展，特别是改革开放40多年的发展，河南黄金工业已从当初单纯的开采发展成为地勘探矿、基建、机械安装、开采、选冶、销售、教育、黄金首饰设计与加工、黄金消费市场、黄金投资理财等各个环节相配套的工业体系，形成了上下游贯通的完整的产业链条。在这个体系中，有一大批"吨金矿""万两矿"等规模矿山，有亚洲最大的黄金冶炼企业中原黄金冶炼厂，有河南省最早上市的黄金企业豫光金铅公司，有省内唯一的黄金应用型技术学校三门峡黄金工业学校，还有一批省内黄金企业自有的包括投资金条及黄金首饰在内的黄金品牌。

三是投资主体多元化。改革开放40多年来，伴随着国家经济体制改革进程，黄金工业也经历了由计划经济向市场经济转变的过程。特别是黄金行业市场化开放后，以资本为纽带，组建了几大黄金集团，向集团化、集约化发展，改变了原有的小而散、条块分割的状况。目前，在河南省内，除中国黄金集团、灵宝黄金集团、灵宝金源之外，国内的大型黄金集团紫金矿业、招金集团、山东黄金集团也都相继进入河南投资矿权，参控股黄金矿山，抢占资源，形成了投资主体多元化的充分竞争局面，搅动了黄金投资热潮，促进了河南黄金产业的发展。

四是黄金消费普及化。改革开放的成果不断惠及人民，极大提升了人民的生活水平和消费能力。黄金生产带动了黄金消费，河南省不仅是全国产金大省，更是黄金消费大省。据不完全统计，目前，河南省年黄金消费量为100吨左右，位于全国前列。作为人口第一大省，河南省黄金消费总量虽大，但人均消费量还有很大潜力，未来黄金消费量持续增长前景可期。

嵩县金牛东湾选厂全景

2. 三大重要节点。相比国内老牌产金大省山东、黑龙江、吉林、辽宁、河北等，河南黄金工业起步较晚。1976年，秦岭金矿正式生产，标志着河南黄金工业化生产开始起步，到改革开放之初的1978年，河南黄金工业只有秦岭金矿一座国营矿山，祁雨沟、枪马、银洞坡三座地方金矿。在河南黄金工业的发展历程中，有三个重要的发展节点。

一是20世纪80年代。在中央提出的"大矿大开，小矿放开""有水快流"的方针鼓舞下，河南黄金得以迅速发展。除国营矿山加快发展外，地方矿山不断建设投产，并且生产能力、选矿规模不断扩大，形成了一波黄金大发展的热潮。河南黄金的产金区域、矿山数量、产量规模基本上在20世纪80年代就已经初步定型，为河南黄金的持续发展打下坚实的基础。

1980年，河南省矿产金达到37333两；1984年达到119586两，跃居全国第二位，成为我国主要产金省；1985年，突破15万两大关，达到150479两。从1975年到1985年，10年间全省累计生产矿产金60.47万两，平均每年递增35.6%。

这一时期，河南省实行中央办矿和地方办矿并举，既建国营矿又建联营矿，既建大矿又建中小矿，充分调动各方面积极性，这成为发动大家办黄金的有效途径；实行探矿先行、探建结合的办法弥补地质工作不足；实行边建设、边生产，由小到大、由土到洋，逐步发展提高的方针，这是节省资金、提高效益的正确道路，是一条符合河南、具有中国特色的发展河南黄金工业的道路。

这一时期，河南省黄金采选冶的技术力量和技术水平均有较大增强和提高。在矿山生产技术方面，成功推广应用了导爆管一次点火技术、震动放矿技术、锚杆与喷锚支护技术、合质金的金银分离技术等。

特别是1981年以后对低品位氧化矿石的利用，广泛应用了堆浸提金工艺和氰化碳浆法提金新工艺，扩大了资源利用率，对倾斜薄矿脉的回采集成创新了留矿全面法。全省有15项黄金生产技术获得河南黄金科技进步成果奖，其中，全泥氰化炭浆提金工艺获得全国黄金科技成果一等奖、国家科技进步三等奖。

二是在2000年前后。河南省以黄金市场化改革为契机，逐步走出计划经济窠臼，在市场经济的大潮中经受洗礼，以崭新的面貌砥砺前行。按照现代企业制度的要求，以市场为导向，以资本为纽带，战略性改组，优化资源配置，坚持规模经营和扩大开放，推进企业的联合、重组，在资源及产金集中区组建大集团，集中开发，规模经营，实现黄金工业增长方式的根本转变。

三是2008年前后。在新一轮金价上涨过程中，伴随着金价持续上涨，省内、省外各大黄金集团相继强势介入，在河南区域攻城略地，展开了一场抢占资源的经济战，大量的资本投入使河南黄金新增探矿储量有了较大增长，出现了一批以龙头矿山为依托的黄金基地。河南黄金工业由此进入新一轮发展时期。

3. 三大突出贡献。在河南经济总量中，黄金工业虽然总体份额不大，但作为一个特殊行业，黄金行业为河南经济发展作出了突出贡献。

一是在改革开放之初，黄金作为国际硬通货为河南省增加外汇储备发挥了重要作用。据统计，仅在1985年，全省黄金行业为国家增加外汇6500万美元，按照留成比例，河南省获得外汇留成818万美元，约占全省外汇储备的1/10。

此时的黄金产业已经成为振兴河南经济的一个优势产业，灵宝、嵩县、栾川、桐柏等县的黄金工业已经成为拳头工业，为河南省扩大对外开放，起到了经济加速器的作用。

二是在黄金产业形成规模后，对所在地经济发展起到了支柱作用。在省内主要产金市县，黄金工业极大地带动了当地经济发展，成为地方支柱产业。同时，黄金矿山地处豫西、豫南山区，对贫困地区脱贫致富发挥了积极作用。

三是在黄金市场化以来,河南省黄金投资和黄金消费持续增长,目前已是全国黄金消费大省,黄金投资和消费成为拉动经济、带动消费升级的引擎之一。

经过70年的持续发展,到2018年,河南黄金产量达110.69吨,黄金工业年产值达807亿元,年利润总额突破15亿元,已连续35年保持全国第二大产金省的位置。中华人民共和国成立70年来,河南黄金已累计产金1400多吨。

70年来,河南黄金人用艰苦奋斗书写河南黄金行业取得的辉煌成就,展现河南黄金人精神风貌,河南黄金工业也为中国经济社会的发展作出了不可磨灭的贡献。继往开来,河南黄金人将以"不忘初心、牢记使命、奋进新时代"的饱满热情,继续奋斗,为新时代河南黄金产业的大发展作出新的贡献,为实现中华民族伟大复兴的中国梦砥砺前行。

贵州：从粗放发展到走在黄金行业高质量发展前列

贵州省黄金协会会长　高　荣

中华人民共和国成立 70 年来，贵州黄金工业从手工淘金到规模化开发，从只能处理氧化矿，到集世界最先进的三大难选冶金矿处理工艺于一身，从粗放式开采到国际化矿山，在这 70 年里，贵州完成了华丽的逆袭，在中国黄金工业的发展中起着举足轻重的作用，可以说，贵州就是黄金工业的发展的缩影。

从无到有，黄金资源实现千吨突破

虽然贵州金矿的发现与采淘历史悠久，但是直到 1977 年底，全省探明储量不足 1 吨，仍然属于金矿资源贫乏的省区。

1978 年 3 月，贵州省地质局黄金地质工作座谈会在开阳县羊场坝召开。从这次会议开始，贵州金矿找矿工作的重心从黔东南转移到了黔西南，从找传统石英脉型金矿转移到寻找新类型金矿上来。

在这一思路指导下，仅仅几年之内，贵州陆续发现了板其、丫他、苗龙、戈塘、紫木凼、水银洞、烂泥沟等微细粒浸染型金矿，使贵州金矿探明储量猛增，步入了全国黄金资源基地的行列。

2011 年，省级整装勘查—黔西南金矿整装勘查和国家级整装勘查—贞丰—普安金矿整装勘查开始实施。整装勘查一改过去的弊端，使贵州金矿找矿进入快车道。到 2013 年，贵州金矿累计探明储量 619 吨，其中水银洞金矿最大，有 333 吨，烂泥沟金矿次之，130 多吨。贵州省黄金资源的远景储量超过 1000 吨，在全国处于前列。

贵州锦丰矿业有限公司矿区

从落后到先进，三大工艺齐聚贵州

中华人民共和国成立以来，贵州黄金工业开始飞速发展，但是主要通过"淘金"方式获取可见金，对于肉眼看不见的微细粒金，并没有行之有效的办法。直到 1983 年，地矿局 112 地质大队才通过浸泡法用活性炭从氰化溶液中提取游离金，并在马弗炉中炼出了贵州第一炉金，生产出贵州第一块金锭。

1986 年 11 月 5 日，105 地质大队在地质局领导支持下，与兴仁县、黔西南州协商开办金矿，"兴仁县黄金联合开发公司"正式成立。兴仁县黄金联合开发公司开始开发紫木凼金矿，并进行氰化提金工业试验。1987 年春节前生产出第一批载金炭 500 公斤，生产黄金 1850 克，这是贵州省第一批工业生产出的黄金产品，从此开启了微细粒浸染型金矿采冶的先河，结束了贵州难以用工业手段生产黄金的历史。

氰化提金工艺虽然简单易行，但是对于卡林型金矿却束手无策。随着紫木凼金矿的氧化矿逐步开采完毕，以及水银洞金矿和烂泥沟金矿的发现，如何处理这类金矿成为贵州黄金工业向前发展的关键。

2001年，紫金矿业集团与贵州省地矿局、贞丰县合作成立贵州紫金矿业有限公司，并迅速成立贵州难处理金矿选冶项目研究组，自2001年5月开始，分阶段实施了项目可行性研究、项目实施方案设计、实验室及扩大连续试验研究、工业试验，并在规定的时间内完成或提前完成了阶段工作任务。

2003年7月25日，贵州紫金成功生产出第一块难选冶黄金，纯度99.99%，达到国标一号金标准。

加温常压预氧化工艺进行卡林型金矿选冶取得成功，宣告了贵州迈出了工业开发微细粒难处理原生金矿的历史性步伐，促进了经济社会的发展，对全国黄金工业的发展作出了贡献。2017年，贵州紫金在原有工艺的基础上自主研发了加压预氧化项目，成功攻克长期被西方发达国家垄断的加压预氧化技术，具有"安全、清洁、节能、高效"等技术特点，与原有工艺相比，黄金回收率从77%提高到92%，产品收益率从65%提高到90%，处理时间从72小时缩短至50分钟。

而紫木凼金矿在氧化矿逐渐枯竭后，兴仁县黄金联合开发公司对于剩余的低品位、难采、难选、难冶的原生矿只能望矿兴叹。经过一番努力，兴仁县与中国黄金总公司对紫木凼金矿进行改制，成立贵州金兴黄金矿业有限责任公司。

能不能攻克原生矿选冶技术的难关，是金兴公司立足之基、生存之本、发展之要。经过一年多的努力，长春黄金研究院于2004年2月提出了两套关于紫木凼原生矿提金工艺流程，即"浮选—生物氧化—氰化提金工艺"和"原生矿焙烧—氰化提金工艺"，金兴公司最终选择了后者。

2006年12月22日，兴仁紫木凼金矿原生矿沸腾焙烧氰化提金工艺试产成功，生产出第一块金锭。2008年4月18日，焙烧提金系统的日处理能力达到了1000吨，实现了这项新技术工业化生产的历史性突破，填补了国内该项技术成功应用的空白。

烂泥沟金矿则选择了与水银洞金矿和紫木凼金矿完全不同的处理工艺。2001年，黔西南州政府通过中外合作的方式，引进澳大利亚澳华黄金有限公司，成立贵州锦丰矿业有限公司，并从南非金田公司引进细菌氧化工艺，使金综合回收率由不足30%提高到超过85%。

由此，世界上最先进的三大难选冶金矿处理工艺，在贵州、在黔西南州全部聚齐，充分体现了我国黄金工业在这70年时间里，工艺技术不断开拓进取，引领我国黄金工业不断创新发展。

从散乱到规模化，黄金开发星月同辉

中华人民共和国成立后的一段时间，随着淘金热的兴起以及国家不断鼓励农村发展，越来越多的产金区农民通过集资的方式，购买机械设备进行淘金。到了 1987 年，部分重点产区已开始使用空气压缩机、打砂机、球磨机，实现机械化生产。但是，从总体来看，仍然以个体户开采为主。

规模化开发的转机定格在 1992 年。这一年，117 地质大队经过 10 年对戈塘矿点的普查、详查，并相继进行了上免浪块段勘探和科花矿段、白石坡矿段及戈塘矿段的普查，至 1992 年底完成了上述矿段的野外地质勘查工作。经省储委审查批准，共探明二龙口矿段总储量 22.48 吨，科花矿段 5.352 吨。戈塘金矿成为贵州第一座大型金矿床。

随后，贵州黄金工业的规模逐步扩大。1997 年，老万场金矿生产黄金 10500 两，成为贵州省第一个生产万两黄金的金矿企业。而贵州紫金矿业、锦丰公司、金兴公司的机械化、规模化开发，让贵州黄金工业的开发规模更上新台阶。

1978 年以前，贵州最高年产量不足万两，而现在产量不再以两级、公斤级计算，每年产量约 10 吨。从 1986 年贵州黄金进入工业化生产后，一路攀升，2008 年共生产黄金 10.6 吨，首次突破 10 吨大关。到 2018 年底，贵州生产黄金累计超过 100 吨，为国家经济社会发展作出了重要贡献。

由混乱到规范，生产管理渐成体系

1996 年，贵州省设立了黄金管理局，既是作为企业的黄金公司，又受省政府委托，行使全省黄金工业管理职能。

省黄金局成立后，积极争取国家黄金地质勘探基金、黄金生产开发基金、基本建设经营性基金，到 2000 年，争取的三项基金和各项投入相加，投入总资金达到 1.9 亿元，直接推动了贵州黄金产业的发展。

2000 年进行新一轮机构改革，不再保留贵州省黄金公司加挂的贵州省黄金管理局牌子，黄金行业管理职能及人员划入省经贸委，内设黄金管理局，并组建省黄金集团公司。

黄金局确定了"抓大联小，东西并进，力争实现三个突破"的战略发展思路。抓大联小，主要是抓好沟（烂泥沟）塘（戈塘）洞（水银洞）凼（紫木凼）四大金矿，联合小矿；东西并进，指的是黔西南和黔东南并重；三个突破，就是"扩大对外开放实现突破、难选冶原生矿开发实现突破、融资开发实现突破"。

随着水银洞、烂泥沟和紫木凼的开发，贵州省黄金工业开始规范化发展

投资体制的创新使扩大对外开放实现突破，探矿增储成果丰硕。包括境外资金在内，累计引入外来资金1.28亿元进行风险勘探，共新增储量超过160吨。同时，科技创新成为黄金工业发展的新动力，贵州黄金生产由非规模矿山生产为主转变为以规模矿山生产为主。

这样的转变让贵州黄金工业快速发展，也引起了全省甚至全国同行业的关注。一些国外公司以及省外公司开始在贵州办矿；省内的地勘部门把探矿和采矿紧密结合，成立矿业公司；民营投资如雨后春笋遍地崛起，小矿山不断涌现。2004年，全省颁发《开采黄金矿产批准书》的矿山就有142个。

随着产业发展达到了一定的规模，企业数量增加，在这种情况下，十分需要有一个社会组织能够联合行业内企业，制订行业规划和行业标准，规范和协调企业行为，依法维护本行业的权益，加强企业与政府、与社会各界的联系。2004年12月28日，经贵州省经贸委批准和民政厅核准注册登记，贵州省黄金学会正式变更为贵州省黄金协会。

该黄金协会成立后，开始加强黄金行业的宣传报道，出版《贵州黄金》简报，建设贵州黄金网站；定期做好黄金产业的勘探，开发规划，统计收集、分析发表行业有关生产、经营、市场分析等信息；参加贵州省工业十大产业振兴规划的调研和编制；深入会员单位调查研究协调和解决相关问题；组织会员单位出省考察和技术交流；举办全省黄金行业业务培训班。其中最富有创意的是举办了两届中国西部黄金工业创新发展高层论坛，促进了贵州和西部黄金工业的发展。

产业发展开启高质量新时代

进入21世纪，贵州黄金工业的发展质量出现了巨大的进步。这种进步至少

有三个重要标志。一是粗放的原始工艺逐渐为先进的现代工艺所代替，加温常压预氧化、沸腾焙烧、细菌氧化工艺先后在紫金矿业、金兴矿业、锦丰矿业开始应用，开辟了工业化、精细化、现代化的道路，为大规模开采难选冶微细粒金矿提供了可能。二是大中型现代化矿山开始出现。兴仁县和中国黄金集团联合成立了金兴公司；贞丰县和紫金矿业联合成立了贵州紫金矿业，引进澳华公司组建了锦丰矿业公司；贵州紫金矿业年产黄金2吨左右，锦丰矿业年产黄金4吨左右，告别了千百年来以两计算黄金，迎来了以吨计算的新时代。三是创造了村企交叉任职、四方共创和谐矿区的经验，出现了吃干榨净资源、致力保护生态环境、企业和社区共同繁荣的良好典型。

企业发展的外部条件也发生了巨大的变化。一是党政机关退出了办企业；二是随着人民生活水平的提高，对良好的生活工作环境、良好的生态环境也有了更高、更严的要求，既要金山银山，又要绿水青山；三是国际国内的黄金市场逐渐接轨，金价在曲折中不断上涨。

在这样的形势下，贵州黄金矿山企业也逐渐重视安全环保，重视和谐矿区建设，重视科技创新，重视以人为本，不断提升发展质量，贵州省黄金工业由此拉开了高质量发展的序幕。

中华人民共和国成立70年，是我国黄金工业由小到大、由弱到强的70年，也是贵州黄金工业快速发展的70年。如今的贵州，不仅代表着我国黄金工业的先进工艺技术，也代表着我国黄金工业的国际化水平。透过贵州看中国，我国黄金工业的发展有着无限的可能、无限的光明以及无限的未来。

安徽：形成龙头为引领、骨干为支撑的黄金产业发展新格局

安徽省黄金管理局分党组书记、局长 蒋光华

安徽襟江带淮、承东启西、物产丰饶，自古以来就是我国金属矿产资源生产大省。黄金也是安徽省优势矿种之一，产金历史最早可以追溯到宋元时期。中华人民共和国成立70年来，特别是改革开放以来，安徽黄金工业实现从无到有、由弱变强，已形成以龙头为引领、骨干为支撑的黄金采、选、冶和资源综合利用为一体的完整产业链体系。

中华人民共和国成立后至改革开放以前，安徽黄金工业几乎是空白，由于种种原因，黄金勘查、开发起步晚，副产黄金生产始于1970年，矿产黄金生产始于1982年。

为适应黄金工业发展的需要，安徽省人民政府于1984年批准成立安徽省黄金公司，承担全省金银生产的管理职能。省黄金公司成立后，即着手对全省的黄金资源进行调查研究，结合资源状况，制定了"土洋并举、先土后洋、由小到大、逐步发展"的办矿方针，有力地促进了安徽省黄金工业的发展。1985年，编制了安徽省第一个黄金五年规划（"七五"规划）。从此，黄金工业逐步迈入规范化发展之路。

"七五"至"九五"时期：黄金工业快速发展阶段

"七五"至"九五"时期，安徽黄金工业进入快速发展时期，突出表现在：金矿地质勘查取得突出成果，提交了一批可供生产建设的黄金矿山地质储量；加大黄金矿山基本建设和技术改造的投入，建成了一批有固定生产能力的骨干矿山；黄金科技进步取得重大突破，黄金产量保持高速增长。同时，黄金行业管理

机构得到进一步理顺,行业管理职能得到进一步加强。

1. 地质勘查成果突出。资源是黄金工业的基础,从"七五"开始,省内地矿、冶金、化工和核工业部等所属近20家地质大队相继开展地质找金工作。至"九五"末,先后提交各类地质报告20多份,累计提交金矿储量91吨,有力地促进了安徽省黄金生产的发展。地矿321队承担的安徽省唯一一个"八五"黄金储量承包项目,实际提交储量3.2吨;冶金812队提交了铜陵县黄狮涝金矿勘探(中间)报告,储量13.4吨,成为安徽省当期最大的独立金矿。为此,该队在全国第二次黄金工作会议上获得表彰。

2. 项目建设成效显著。"七五"到"九五"期间,黄金矿山完成固定资产投资2.18亿元,建成投产铜陵市新桥金银矿、戴家冲金矿、鸡冠山金矿、铜陵县桃园金矿、铜陵市黄金选冶厂、凤阳县毛山金矿、铜陵县黄狮涝金矿、铜陵县朝山金矿等一批机械化矿山,到"九五"末的2000年,全省11座重点矿山形成采选规模3770吨/日,设计黄金生产能力达2612公斤。安徽省首座中型规模矿山铜陵县黄狮涝金矿投产,改写了安徽仅有小型黄金矿山的历史;"安徽黄金第一村"铜陵县朝山村村办朝山金矿建成投产,该矿连续几十年保持行业经济效益最佳,成为带动一方致富的典型。同时,随着铜陵有色公司第二冶炼厂阳极泥处理系统的建成投产,全省形成副产、矿产黄金并驾齐驱的发展局面。

3. 黄金产量高速增长。1986年,国务院出台《关于加快发展黄金生产的决定》,安徽省人民政府于1987年3月主持召开全省第一次黄金工作会议,印发《安徽省人民政府关于加快发展黄金生产的通知》,极大地推动了安徽黄金工业的发展,全行业认真贯彻国家和省关于发展黄金生产的方针,积极采取措施,大力开发黄金资源,黄金产量迅猛增长。在狠抓骨干矿山基本建设、尽快形成生产能力的同时,根据安徽省黄金资源点多面广、储量小、勘查投入不足、资源不清状况,结合地表氧化矿易采易选的特点,坚持"两条腿走路"的方针,大力发展乡镇、集体办矿,非固定生产能力的群采小矿山黄金产量占全省的23%。

"七五"至"九五"期间,累计生产黄金46.52吨。其中,矿产黄金年均递增21.06%,高于全国的10.6%,黄金产量在全国的位次由"六五"末的第23位,上升到"九五"末的第12位。

4. 科技进步取得突破。全行业始终坚持"科技兴金"战略,结合解决生产建设中的技术难题,广泛开展科研攻关、小改小革活动,通过推广新技术,改善工艺条件,采选技术指标有了明显提高。铜陵新桥金银矿针对高银、高泥量铁帽金（银）矿难选矿石，经与长春黄金研究所试验研究，大胆探索应用湿式半自磨破磨，高效絮凝剂进行氰化矿浆固液分离工艺，从而使高银、高泥量的铁帽金矿床开发利用成为现实，该项目被国家黄金局评为"七五"科技进步二等奖。霍山东溪金矿与吉林黄金研究所等合作开展的矿浆树脂提金工艺试验研究获得成功，成为国内首家应用树脂提金的矿山，该项成果获全国黄金行业"七五"科技成果二等奖。黄狮涝金矿下向胶结充填采矿方法试验研究成功地解决了在破碎带内采矿的难题，获得全国黄金行业"八五"科技成果三等奖。

"十五"至今：逐步迈向高质量发展

到21世纪，安徽黄金工业在追求发展速度同时，逐渐转变发展观念，改变发展思路，把追求可持续发展放到首位，推进产业结构调整、转变发展方式，稳增长、补短板、增效益、强供给、促升级、激活力，不断提升发展质量，实现安徽黄金工业转型升级和高质量发展。

1. 激发活力，实现产金跨越。2002年10月，上海黄金交易所正式开业，黄金工业由长期"统购统配"的计划经济模式向市场经济模式转变，黄金价格全面与国际接轨，市场活力被极大地激发，安徽黄金行业大力实施"三增一攻"工程，加大资金投入和对外招商引资，推进行业项目建设，稳定黄金生产，实现从黄金小省向黄金大省迈进。十几年间，全省累计探矿新增金资源储量380多吨；累计完成固定资产投资90亿元，相继建成了铜陵天马山矿业、铜陵华金矿业、安徽佰金矿业、安徽紫金矿业、铜陵冠华矿业等一批大中型黄金矿山和池州冠华黄金冶炼厂，铜陵有色稀贵金属分公司阳极泥处理及黄山科宇再生资源股份有限公司工业三废提金等资源综合利用项目，以及年产伴生金近1吨的安徽铜冠（庐江）沙溪铜金矿采选建设工程。这些项目改变了安徽省传统黄金生产方式，冶炼企业成为安徽省黄金工业的中坚力量，行业增添了巨大新鲜动力，安徽黄金生产跨入新的历史阶段。

2001年，黄金总产量6.07吨，其中矿产金超过3吨；2007年，全省黄金总产量破10吨大关，2008年，成品金产量也破10吨大关，跃居全国第7。2010年，生产黄金16.24吨，其中矿产金6.08吨，首次超过5吨；铜陵有色集团成为安徽省首个超10吨的副产金企业，全省大中型黄金企业的产金量已占到全省总量的80%以上。2013年全省产金突破20吨，其中成品金产量16吨，破15吨大关，铜陵华金成为省内首个产量超1吨的黄金矿山。此后连续多年产金超过20吨，保持在全国产金10名以内。2018年，在全国黄金产量持续下行的趋势下，全省黄金生产保持稳定，总产量21.23吨，规模以上企业实现工业总产值117.8亿元，产量位居全国第八。

2. 转变观念，迈向转型升级。党的十八以后，安徽黄金工业积极顺应新时代发展要求，贯彻落实新发展理念，积极践行"绿水青山就是金山银山"思想，以"十三五"发展规划和《关于推进安徽省黄金行业转型升级的实施意见》为引领，以《安徽省金矿采选行业准入条件》和《安徽省铁矿等十四个矿种采选行业准入标准》（含金矿在内）为规范，以"产能产量持续增长、资源储量有效增加、规模结构不断优化、技术水平明显提高、安全环保全面提升、绿色矿山加速创建"为目标，大力实施转型升级工程，推进高质量发展，黄金工业呈现新的发展格局。

3. 发展基础逐渐夯实。安徽黄金扎实推进供给侧结构性改革，加速企业横向并购建立区域集团，淘汰落后产能54万吨矿石/年，为优势企业发展腾出空间，产业集中度进一步提高。实施精细化管理，开展降本增效活动，生产成本持续降低，效益稳步提升，全省黄金综合成本费用克服物价、劳动力成本上升等因素影响，基本稳定在190元/克以内，竞争力进一步增强。行业加强与资源管理部门、地勘单位沟通联系，推动制订全省金矿地质勘查专项规划、多次邀请院士专家举办找矿研讨会等，加快金矿地质勘查工作，资源基础不断夯实。皖南宣城、皖中庐江、皖东北五河等地找金取得重大突破，其中，宣城茶亭铜金矿普查已探明金资源量达248吨（含低品位），五河县省级金矿整装勘查区远景资源量有望达到特大型，庐江县探明伴生金资源量已突破90吨。经过几十年开采，全省金矿保有资源储量从108吨到现今480多吨（不含宣城茶亭），十几座岩金矿山保有资源储量达中型以上规模。

4. 产业布局日趋合理。黄金工业空间布局不断优化，"一带两翼"格局基本形成。2013—2018年，全省累计生产黄金128.93吨，其中，"一带"——皖江黄金产业基地产金111吨，产量占全省产金总量的86.1%，仍为安徽省黄金主产区；"两翼"——皖东北黄金生产基地、皖南黄金资源后备基地分别产金8.98吨、8.94吨，占全省产金总量的6.97%、6.93%，黄山、蚌埠、池州先后跨入吨金市行列。同时，皖东北、皖南地区找金不断取得突破，两翼基础进一步夯实。骨干支撑作用更加突出，全省已基本形成以铜陵有色、安徽光太、安徽冠华、安徽金九、铜陵华金等五大企业集团为支撑的发展态势,2018年,5家企业集团共生产黄金17.77吨,占全省总量的83%以上。随着2019年铜陵有色金冠阳极泥资源综合利用项目建成投产,全省即将形成1家15吨级副产金企业、1家5吨级黄金冶炼企业和4家1吨级黄金生产企业(集团)格局。

5. 绿色发展成效显著。绿色发展是企业生存发展的唯一有效途径,近年来,安徽省黄金企业大力推进清洁生产,加大矿(厂)区环境治理和生态环境保护力度,提升资源利用水平,建设绿色生态企业,打造和谐黄金新家园。一是积极开展国家及地方绿色矿山创建。截至2018年底,全省在生产的岩金及共伴生企业中,先后有8家企业列入"国家级绿色矿山试点单位",其中5家通过省自然资源厅核查,已上报自然资源部申请列入"全国绿色矿山名录库";有13家矿山列入所在地市级绿色矿山试点单位,其中5家通过验收挂牌。三是合理开发利用低品位资源。安徽佰金和铜陵冠华,采用大规模堆浸技术,对堆浸尾渣无害化处理后复垦复绿,实现矿山平均品位仅1克/吨左右的20多吨金矿资源高效利用,创造出良好的经济、社会和环境效益。

6. 创新能力持续提升。全行业加快推进产学研用深度合作,积极开展黄金生产技术示范基地建设,大力推广新技术、新工艺、新设备应用,全省已初步建立以企业为主体、市场为导向、产学研用相结合的技术创新体系,创新脚步不断加快。铜陵有色稀贵金属分公司通过科技创新,产能提升50%以上,能耗降低25%,科研成果转化率达到90%以上,完成重大科研课题50余项,获得专利授权14项,形成了一批具有完全自主知识产权的核心技术。省内建成9家黄金行业技术示范基地,推广应用低品位金矿富集、尾矿资源二次利用、金多金属资源综合利用等一批安徽省本土优势技术和创新成果,取得良好经济效益。自2011年以来,安徽省黄金矿山选矿综合回收率由69%提高至77%,低品位金矿选矿回收率达70%,黄金矿山固体废弃物和水资源再利用率分别由80%和92%左右提高到85%和95%以上,万元GDP能耗累计下降20%以上。

中华人民共和国成立70年来,安徽黄金工业逐步发展壮大,年采选规模从1983年不到1万吨,到今天年采矿规模227万吨、选冶处理能力284万吨、年黄金生产能力超过30吨。全省黄金矿山生产规模达到大型有5座、中型2座,还有3座现代化的稀贵金属(黄金)冶炼厂(2019年建成投产1座),企业生产机械化、自动化和信息化程度不断提高,安全环保设施与监测监控能力、绿色发展水平全面提升,正在朝着高质量发展方向迈进。

烟台：中国产金第一市的新跨越

烟台市黄金管理局副局长　朱战胜

烟台市黄金开采历史非常悠久。从古坑洞发现的遗物推测，上古时期就有采金活动了。据最早的历史记载，在隋朝就有了官府组织的采金活动，到现在已有1600多年的历史。之后官府的采金活动一直都有记载。近代以来，特别是1861年烟台对外通商开埠后，外国侵略者就开始了掠夺烟台市黄金资源的历史。英、德、美、日等国相继在烟台市多地开采黄金。1936年，日本在玲珑金矿建起了150吨/日的机械化选矿厂，大大加快了掠夺黄金的速度，占领招远的6年多时间里，日军共疯狂掠夺黄金54.8万两。面对日本的强盗行径，在党的领导下，招远人民与日寇进行艰苦卓绝的斗争，为抗日战争筹集了大量黄金，仅1939年至1945年就累计向延安运送黄金13万两，为夺取抗日战争胜利作出了巨大贡献。

中华人民共和国成立以来黄金发展的几个关键时期

中华人民共和国成立以后，烟台市的黄金生产经历了一个由衰到盛的发展历程。中华人民共和国成立初期，国家对黄金在国民经济发展中的地位认识不足，加之国家进行经济恢复和建设，招远玲珑、胜华、利华等骨干金矿和许多小矿纷纷停产，黄金生产基本处于停顿状态。直到1957年国务院颁布了《关于大力组织群众生产黄金的指示》，烟台市及产金县均成立了矿冶生产管理机构，掀起了中华人民共和国成立后第一次黄金生产热潮。当年产金245公斤，第二年446公斤，第三年翻倍达671公斤。1962年7月，招远县建华、胜华金矿合并组建了国营招远金矿。

1964年，在周总理的倡导下，冶金部成立了中国黄金矿产公司，黄金生产才开始恢复。1965年5月，中国黄金矿产公司在招远县召开的全国黄金民采会议上，推广了招远县采金经验，对全国黄金生产的发展产生了积极的影响。

1975年，国务院王震副总理主抓黄金生产，6月、8月王震视察烟台，要求："在胶东半岛上，要把工农业搞好，还要开发地下资源，特别是要把黄金生产搞上去，要向生产的深度和广度进军，把矿金、脉金、砂金生产搞起来，大打开发矿山之仗，地质勘探工作要跟上去，要发动群众找矿，边采边探，要统一规划，加强领导，贯彻两条腿走路的方针。"王震的指示引起了烟台市各级领导的高度重视，从上到下加强了各级黄金生产的管理机构，烟台迎来了第二波黄金产业的快速发展。黄金矿山数量大幅增加，选厂数量由1974年以前的4座增加到1985年的39座；黄金产量稳步增长，到1985年黄金产量达到8528公斤，是1974年的5.6倍，占全国黄金产量的21.82%；矿山规模由25吨/日、50吨/日到1500吨/日，生产能力由1974年以前的700吨/日达到1985年的4533吨/日。

1985年以后，随着国家黄金产业政策的变化，烟台市黄金产业发展走上快车道。"七五""八五"期间，国家、省、市（县）实行黄金矿山投入产出承包经营政策，极大地调动了黄金矿山的积极性，黄金矿山进入新一轮扩建和新建高潮，10年间全市生产矿山达到39座，采选能力6900吨/日。黄金产量大幅增长，年均增长17.56%，"七五"时期年均增长更是达到32%。黄金产量由1985年的8528公斤增加到1995年的23150公斤，增长171%，占全国黄金产量的21.36%。

1996—2005年，是黄金产业经济体制改革较快和创新成果较多的时期，也是黄金走向市场的关键时期。1994年，牟平县黄金冶炼厂率先进行股份制改造，更名为牟平县东方冶炼股份有限公司，2003年更名为山东东方冶炼股份有限公司，2003年组建成立烟台恒邦集团，标志着烟台市黄金企业改制的开始。同时，招远市以国有企业为主，组建招金集团公司和山东中矿集团有限公司。2001年，以上海黄金交易所成立，黄金市场走向开放。这一时期，逐渐形成山东黄金矿业股份有限公司（莱州）、招金集团有限公司、山东中矿集团有限公司、恒邦集团有限公司等四个骨干矿山企业，全市黄金矿山生产规模达到2.7万吨/日，黄金产量达到38879公斤，年均增长5.32%，占全国黄金产量的17.35%。

2006年以后，市骨干黄金企业相继步入了并购和"走出去"对外开发的发展时期，这一时期也是非金产业大发展的时期。招金集团以上市公司为媒介，实施黄金生产"埠内一半，埠外一半"战略，对内实施整合和改扩建，大幅提高生产能力，对外坚决实施"走出去"发展战略，在全国陆续并购30多处矿产，埠外产量稳步提高，至2015年基本实现"黄金产量埠外一半"的战略。山东黄金集团整合莱州市、蓬莱市黄金资源，恒邦集团整合栖霞市黄金资源，中矿集团整合并购了招远姜家窑金矿，黄金产量大幅增加，逐渐形成山东黄金矿业股份公司、招金集团、中矿集团、恒邦集团等四大黄金骨干生产企业，黄金产量占烟台市的85%以上，冶炼加工产量占烟台市的95%以上。同时，非金产业开始快速发展。中矿集团实施"地下一半，地上一半"战略，向房地产、黄金文化旅游、绿色农业等产业发展，投资数十亿元，陆续建成以黄金博物馆、淘金小镇为代表的文化旅游项目，构筑了以旅游业和现代服务业为主打的非金产业体系，促进了企业多元发展、持续发展。招金集团、恒邦集团、招远河西矿业集团、蓬莱黄金集团等企业积极发展非金产业，涉及铜铅锌有色矿产、房地产、机械制造、铸造、建材、化工、食品加工及酿酒、发电、电子软件、新材料、农业果蔬及冷藏、金融业、汽车零售与维修等产业，非金产业主营业务收入占比达到全市黄金产业的1/4，形成了以金为主、多种经营、多产业、多产品的发展格局。至"十二五"末，全市黄金生产矿山32座，生产能力达到采选7.5万吨/日，黄金产量达到65040公斤，2006年至2015年，黄金产量年均增长5.28%。

工艺技术创新推动黄金产业发展

70年来，烟台市黄金产业以科技为先导，在黄金地质、采矿、探矿、冶炼等领域，持续创新，取得了许多技术突破，获得数百项科技成果。有许多技术突破，推动了我国黄金产业的发展。如招远金矿搅拌、浸出间断倾析氰化提金工艺投产，为国内首次应用（1963年）。招远金矿搅拌氰化二段过滤逆流倾析工艺投产，为国内首次应用（1966年）。招远金矿用跳汰机代替混汞板提取粗颗粒金取得成功，为国内黄金矿山首次应用（1967年）。招远金矿氰化中采用三层浓密机实现三段逆流倾析洗涤工艺，为国内首创（1970年）。焦家金矿研制成功我国第一套具有球形底立式砂仓的充填系统（1979年）。招远金矿酸化法污水处理工艺建成投产（1981年）。招远金矿锌粉置换工艺投产（1981年）。1996年，中矿集团（北截金矿）经历三年，总投资600万元，金泥湿法冶炼技术终于研发成功，标志着黄金提炼由火法转为湿法冶炼，被誉为"黄金冶炼史上的第二次革命"。中国第一家专业黄金冶炼厂——招远黄金冶炼厂（1986年）的投产，标志着难处理金矿技术的突破。2001年，烟台市黄金冶炼厂完全靠国内技术，建成我国第一座金精矿生物氧化预处理厂，标志着我国对含砷难处理金矿湿法技术取得突破。2002年，招金集团《招远金矿集中区地质与找矿》项目获得国家科技进步二等奖，10年探获近百吨金金属资源量。2004年，恒邦集团引进瑞典波立登两段焙烧工艺技术处理含砷金精矿取得成功，标志着难选冶矿处理技术火法工艺取得突破。2005年，招金金翅岭金矿含砷难处理金银精矿的催化氧化酸浸湿法冶金新工艺体系及工业开发获得国家技术发明二等奖。

1990年，以"多碎少磨"为理念的"蚕庄模式"在全国推广应用，20世纪90年代末期夏甸金矿实现"零库存"管理，2001年山东国大黄金"复杂含金矿物无废料提取多种元素新工艺体系研究与应用"获国家科技进步二等奖。2011年，中矿集团"黄金矿山循环经济及生态工业系统技术集成"项目获"2013年国际矿业大会最佳创新奖"。2013年，山东招金集团有限公司"面向数字化采矿的软件关键技术及应用"获得国家科技进步二等奖。2017年，恒邦集团"底吹熔炼—熔炼还原—富氧挥发连续冶炼新技术和产业化应用"获国家科技进步二等奖。2018年焦家金矿全流程智能化选矿应用技术研究。这些工艺技术的开发及推广应用，极大地推进了黄金产业整体生产管理和技术经济指标的提高。

完善的黄金全产业链助推黄金产业发展

改革开放以后，随着黄金产业的快速发展，烟台市黄金产业全产业链体系快速健全。

1. 矿山设备制造。1975年成立的山东烟台黄金机械厂、1986年成立的山东招远市黄金机械厂，为烟台市和全国黄金企业生产装备提供了标准和非标设备，并由此催生出200多家矿山设备制造企业，产品已经走出国门，远销欧洲、东南亚、俄罗斯、非洲、美洲等世界各地，已形成矿山设备生产聚集地，产值超过百亿元。

2. 矿山设计。1975年烟台黄金设计研究院成立伊始，便承担新城金矿的设计。研究院成立40多年，不仅为黄金矿山设计作出了积极贡献，而且培养了一大批工程设计研究人才，催生了20多家矿山设计公司，承接项目不包括黄金矿山，也包括有色、黑色、非金属产业，不仅仅服务国内矿山，也逐渐走向世界。

3. 地质探矿。山东省地矿局第三、第六地质队，冶金第三地质勘查队，武警黄金十支队，核工业部地质队等10多家专业地质队驻烟台市开展地质勘探工作。

4. 黄金深加工。成立于1997年的山东招远金丝厂，2002年与德国贺利氏集团合作成立山东省鲁鑫贵金属有限公司，主要生产金丝等电子材料，占国内市场的份额达60%以上；2002成立的烟台招金励福贵金属有限公司，主要生产金盐、银盐等电子材料，产品市场占有率达60%。2018年纳米黄金新材料研发技术取得突破，正在实施产业化，将大大拓展黄金的工业应用领域，并成为烟台市黄金产业新旧动能转换的突破口。

5. 黄金文化旅游。2007年以来，围绕"中国金都"这一品牌，打造"中国黄金第一游"，烟台陆续建成招远市黄金珠宝首饰城黄金博物馆、淘金小镇、招远市架旗山游乐园等黄金旅游设施。招远黄金珠宝首饰城，先后获得"国家3A级旅游景区""山东省旅游休闲购物十佳品牌"等称号；黄金博物馆景区被誉为"中国黄金第一游"，获得国家"国土资源科普教育基地"和"2011来山东不可不去的100个旅游景点""山东省旅游服务名牌"等荣誉称号。淘金小镇成功入选"中国旅游产业十大影响力文旅小镇"，为"中国金都"品牌锦上添彩。拍摄的《金黄血红》《金都1943》等电影，《信仰的力量》《13万两抗日黄金揭秘》等纪录片，以及32集电视连续剧《大金脉》，大大提升了"中国金都"的影响力。

山东中矿集团有限公司淘金小镇

6. 教育培训。1985年成立的山东省烟台黄金技工学校（黄金培训中心）、2015年招金集团成立的烟台黄金职业学院为黄金企业培养了大批技术管理人才。2017年，中矿集团启动了"非煤矿山职业安全实操培训基地"建设项目，是全国首家面向金属非金属矿山，以职业技能实操培训考核为特色的培训基地。

烟台市黄金产业经过40多年的快速发展，已形成集地、探、采、选、冶、黄金深加工及黄金矿山设备制造、矿山设计、教育培训等于一身的门类齐全的产业体系。全市15个县市区中，9个县市区拥有黄金生产矿山。黄县是中华人民共和国成立后第一个黄金万两县。招远市被授予"中国金都"称号。黄金资源保有量达3650吨，约占全国的28%。其中，招远市、莱州市占90%以上。黄金产量连续43年居于全国地级市第一名。中华人民共和国成立以来到2018年，烟台市共生产黄金近1285吨，占全国的15%。最高年份占1/4强。全市拥有规模以上矿山企业32家、选矿厂50多座、氰化冶炼厂12个、黄金精炼厂（车间）5个，实际采矿、选矿综合生产规模达到6.7万吨/日、8.2万吨/日。黄金年产量60多吨，招远市、莱州市占90%以上。对外加工黄金产量110多吨，四大骨干矿山占97%。黄金总产量（矿产金＋对外冶炼加工金）占全国的40%左右。年黄金精炼近300吨。

全市黄金生产矿山全部实现了机械化生产。大尹各庄金矿、三山岛金矿选矿厂实现了智能化工厂生产，走在全国前列。大部分矿山实现了井下智能控制、可视化控制。80%以上的生产矿山达到绿色矿山要求。

全市黄金深加工80吨左右，其中，投资金条21吨、金盐40.62吨（含金27.62吨）、金丝12.5吨、首饰9吨，形成了山东鲁鑫、招金励福、招金银楼、山金股份精炼、招金金银精炼等骨干企业。

黄金产业销售收入1700多亿元，形成了山东黄金（烟台区域内销售收入577亿元）、山东招金集团（销售收入520亿元）、中矿集团（销售收入208亿元）、恒邦集团（销售收入234亿元）4家黄金骨干企业，销售收入占全市黄金产业的83%。

中国黄金：坚定信念跟党走的砥砺奋进之路

中国黄金集团有限公司

70年劈波斩浪，70年风雨兼程。70年来，在中国共产党的正确领导下，在中国人民及海内外华人同胞的共同努力下，中华人民共和国取得了举世瞩目的成就，中华民族实现了从站起来、富起来到强起来的伟大飞跃。尤其是党的十八大以来，中华儿女正式踏上了实现中华民族复兴梦想的伟大征程，昂首迈入新时代。

中国黄金集团有限公司（以下简称"中国黄金"）的诞生与成长几乎是与中华人民共和国同步的。

1949年，中华人民共和国成立后，中国黄金主要以国家黄金管理机构的形式出现，其间使用过很多名字，也几经变革。1979年9月，正式成立中国黄金总公司；2003年1月，经国务院批复同意组建中国黄金集团公司；2017年底，又由全民所有制企业改制成为公司制企业。

历经70年的砥砺奋进，作为我国黄金行业的龙头企业，中国黄金坚定跟党走的决心和信心，投身于伟大实践，逐步发展成为集地质勘探、矿山开采、选矿冶炼、产品精炼、加工销售、科研开发、工程设计和建设于一体的大型黄金产业集团。

1949—1979年：在朝阳中孕育黄金梦

中华人民共和国成立初期，我国十分重视黄金工业的发展。

1949年11月1日，中央人民政府重工业部成立，陈云任部长，主管全国的黄金生产。1959年9月20日，冶金部在有色金属生产技术司内增设"黄金处"（实际称"贵金属处"），这是"黄金"两个字第一次出现在中华人民共和国的政府部门的名字中。

1965年1月30日，冶金部决定将吉林有色金属工业管理局改为"冶金部黄金公司"，1965年2月11日，改为"冶金工业部黄金专业公司"，1965年3月25日，冶金部又将其改为"中国黄金矿产公司"。

中国黄金矿产公司是第一个体现黄金矿产专业化管理理念的国家黄金管理机构，该公司负责全国黄金的生产、建设工作，其主要任务是："按照党和国家的方针、政策和国家建设的需要，全面完成国家计划，并对所属生产和事业单位实行统一的经营管理，为国家生产更多黄金。"中国黄金矿产公司成立后，提出了"大、中、小并举，以大为主""岩金与砂金并举"等方针，并采取"三边"（即"边勘探、边建设、边生产"）和"三结合"（即地质、设计和建设部门密切结合）的方法，狠抓黄金矿山的基本建设，于1967年建成五龙金矿、金厂峪金矿和招远金矿等中国第一批大型黄金矿山，同时，还兴建了内蒙古红花沟金矿和河北省张家口金矿等一批中、小型黄金矿山，推动黄金工业有了一个较大的发展，在中国黄金史上，具有开创性和奠基性的历史意义。

1975年1月，改革开放总设计师邓小平开始主持国务院工作。同年，王震在分管的黄金生产领域开始了"垦荒"行动。他带领有关部门推出了群众采金、实物奖售、价外补贴、黄金专项贷款、黄金生产开发基金和黄金地质勘查基金，以及在全国成立黄金管理机构等一系列鼓励扶植政策。

这些富含市场化"因子"的措施实行了13年，全国黄金产量空前增加。与此同时，1976年冶金工业部黄金管理局成立后，全国黄金生产的组织建设也进入了快车道。3年后，9个省（区）成立了黄金生产管理机构，我国独立的黄金工业体系建设开始纳入国家的总体规划之中。

1979—2002年：在改革开放中茁壮成长

在经济政策与管理体制双重变革的背景下，1979年，中国黄金总公司成立，与中国人民解放军基建工程兵黄金指挥部、冶金工业部黄金管理局合署办公，管理全国的黄金地质勘探、生产建设、科研设计等，黄金行业的生产能力获得大幅提升。这种"军政企合一、统收专营"的模式，在特定的历史时期，发挥了集中力量办大事的优势，为行业的发展奠定了坚实基础。而自带的"改革开放"基因，则赋予了中国黄金快速发展的潜力。

中国黄金的快速发展为改革开放助力加油。20世纪70年代，为解决人民群众的吃穿需求，党和国家领导人决定引进总投资200亿元人民币的化肥和化纤设备。以当时的汇率计算，投资额超过了80亿美元，这让国家面临巨大的外汇支付压力。在这种情况下，国家把解决难题的希望聚焦于黄金生产。

1975年后，我国外汇黄金储备迅速增长。1979年，中国黄金总公司成立后，全国黄金企业的生产步伐进一步加快，当年国家黄金储备折合美元达到78.41亿元，比上一年整整翻了一番。到20世纪80年代，我国黄金外汇储备已可以满足支付进口设备所需。1988年，国家黄金管理局成立，中国黄金总公司与其合署办公。此时的中国黄金总公司将全部精力倾注于全国黄金行业布局、重大项目建设和技术规范制定等方面，行业生产能力大大增强，着重落实了四项任务：一是增加我国黄金储备，二是为国家多创外汇，三是改变产金地区经济落后的现状，四是满足工业生产和人民生活的需要。

"七五"计划时期，国家自有外汇年均达50多亿美元，而黄金出口创汇就高达约30亿美元。到1993年，也是改革开放以来的第15年，黄金产量达到了90.964吨，是1978年的4.6倍。在历史进程中，中国黄金率先参与党在新的时代条件下带领人民进行的新的伟大革命，主动将增储创汇的重任扛在了肩上，为改革开放助力加油。

中国黄金在改革开放的新局面中应运而生。由于黄金产品的特殊性，在国家优惠政策多年扶持下的中国黄金工业，长时间保有鲜明的计划经济特征。市场化的滞后和观念的陈旧，束缚着黄金人的手脚，改革的阵痛冲击着黄金人的发展思路。随着改革开放的日益深入，黄金行业市场化也逐渐提上日程。为此，中国黄金总公司配合中国人民银行和国家有关部委，积极推动黄金行业市场化。

2001年，中国人民银行启动周报价制度，实行挂牌收购、配售黄金；黄金制品零售管理由审批制改为核准制；上海黄金交易所模拟运行。黄金人日益感受到管理体制改革带来的变化。2002年10月30日，上海黄金交易所正式开业，黄金企业从计划管理体制进入自主经营的市场经济体制。

2003年1月，经国务院批复同意，中国黄金集团公司正式成立。同年，黄金工业行业管理职能并入国家发展和改革委员会。这是中国黄金真正成为市场主体的重大转折点。此时，距离改革开放国策的实施，过去了整整25年。带着疑惑与留恋、向往与求索，中国黄金人迈开坚定的脚步，跨入21世纪，去开创中国黄金工业灿烂光辉的明天。

2003—2013 年：步入发展壮大的"快车道"

走入市场经济的第一个 10 年，特别是随着改革开放进入完善社会主义市场经济体制的新阶段，中国黄金转变观念，创新机制，努力从行业管理者转变为参与市场竞争的搏击者，走上了大刀阔斧的改革发展之路。在这 10 年中，中国登顶成为世界最大黄金生产国、世界第一黄金消费国，中国黄金功标青史。

在资源占有和项目并购中实现快速发展。中国黄金集团公司成立之初，在投资办矿方面进行了有益的探索。2004 年，中国黄金与云南冶金集团总公司共同出资组建了云南黄金有限责任公司。这是全国第一个以产权为纽带，按《中华人民共和国公司法》组建的省级黄金公司。此后，中国黄金灵活运用开发基金和勘探基金，转为被并购企业股份的模式，陆续在湖南、贵州等地大力开展资源并购。

针对原有企业多、小、偏、散和产量低、成本高、竞争力弱的情况，2007 年，中国黄金陆续规划和建设了 20 个大型黄金和有色生产基地，初步确立了大基地辐射周边、区域化管理的企业布局。2007 年至 2012 年，中国黄金先后投资建设了乌山项目、甲玛一期项目，成就了"中国铜工业的新坐标""固边富民的示范典型"，资源并购和生产探矿累计投资超百亿元，黄金资源储量从 275 吨增加到 1758 吨，铜资源从 125 万吨增加到 1097 万吨，钼资源从 20 万吨增加到 207 万吨。

大项目、大基地有力支撑了中国黄金的快速发展。中国黄金在战略调整中也实现了产量增加、产业集成。在艰难的摸索起步阶段，中国黄金以逢山开路、遇水架桥的精神，一路爬坡过坎，取得了产量和利润的飞跃。

2002 年，中国黄金行业矿产金总量为 189.8 吨，中国黄金矿产金 20.20 吨，占比 10.64%，位居国内第一。2007 年，中国黄金确立了"以金为主、多金属开发并举"的发展战略，开创了低成本发展和产业多元化的路径，并发动全员在全国范围内抢占资源，为企业快速做大做强奠定了基础。

是年，中国以 270.491 吨的总产量，超越南非成为世界第一大产金国，其中，中国黄金矿产金 21.41 吨；2006 年，中国黄金利润过亿元的企业只有 1 户，到了 2012 年，创造亿元以上利润的企业跃升至 10 户，利润超过 5 亿元的企业 4 户，在当年的 6 家冶金中央企业中，中国黄金利润总额排名第二位。

打造下游领域优势，引领我国黄金消费升级，是中国黄金重要的战略目标之一。2005年,中国黄金所属上市公司中金黄金股份有限公司(以下简称"中金黄金")"极品黄金99999"系列产品首次亮相,以《天工开物》中的"中国古代火法炼金图"作为设计图案,彰显出深厚的传统文化底蕴。

2006年11月18日,中国黄金率先进入下游产业,注册成立了中金黄金投资有限公司,为黄金行业进入黄金珠宝首饰领域开疆拓土。经过多年持续发力,中金黄金目前已经形成了"黄金为民、藏金于民"的强大零售网络,正在逐步打造世界知名的黄金珠宝品牌。

在国企国资改革中开拓创新、奋楫者先。在千头万绪的各项工作中,中国黄金始终将改革作为重中之重。因为我们清醒地认识到,要走上改革开放的快车道,就必须大力推行现代企业制度,努力解决黄金企业投资主体单一、产权不清、经营机制不灵活的问题。

对此,中国黄金采取分类施策、因企制宜的办法。对黑龙江、广西等地的老企业,实施破产清算;对河南、黑龙江和吉林等省份的企业,进行改制和社会职能移交;对陕西的若干矿权进行重组整合。通过逐步开展公司制改制,完善法人治理结构,规范企业运营,形成科学的组织架构和经营机制。同时,按照现代企业制度组建新企业,严格按照《公司法》加以规范。

2003年8月,中国证券市场"中国黄金第一股"——中金黄金率先在上海证券交易所挂牌上市,为此后行业企业的顺利上市开辟了通道。彼时,中国黄金作为中金黄金第一大股东,是国务院批准进行国家授权投资的机构和国家控股公司的试点。中金黄金的成功上市,为中国黄金"由小到大"奠定了扎实的基础。

在精心运作国内资本市场的同时,中金黄金也积极谋划海外资源和平台。2010年,中金国际成立,并在中国香港主板成功上市,成为内地第一家在加拿大和中国香港主板两地同时上市的矿业公司。与此同时,中金黄金积极用好国家财政及产业政策,拓宽融资渠道,债务融资成本大幅下降,综合信用评级在2010年提升为AAA级,成为中国首家具有最高信用等级的黄金企业。

资本运作的"组合拳"频频发力,为中国黄金在资源占有、布局调整、科技创新等领域插上了腾飞的翅膀。这期间,中国黄金研发了拥有完全自主知识产权的生物氧化提金和原矿焙烧提金两项重大核心技术,在辽宁丹东和贵州黔西南州创建了两个国家级高新技术示范工程,填补了国内难处理黄金资源开发利用的技术空白。其中,生物氧化提金技术于2009年荣获国家科技进步二等奖。这是当时完全由黄金行业独立完成的科研项目所获的国家最高级别奖项。

为强化技术开发和创新的驱动力，2006年，中国黄金集团科技有限公司揭牌成立。同年，中国黄金技术中心成为国家认定企业技术中心。培育先进的技术体系和创新能力，加快技术优势向经济优势转化，是中国黄金当年改革破局的核心动力，也成为企业当前夯实高质量发展的重要根基。中国黄金在创先争优活动中形成的《树立新型资源开发观，在践行"黄金为民"中创先争优》的理论实践成果入选由中央创先争优活动领导小组、全国党的建设研究会编写的《全国创先争优理论研讨会论文集》。《科学发展创先进，奋战高原争优秀》《中国黄金集团在履行央企责任中创先争优》《建设生态项目，助推地方经济社会发展》《创新党群共建模式 践行为民服务理念》入选中央《深入开展创先争优活动简报》第1232期、第1552期、第2031期、第2257期。

2014年以来：以全新面貌做强做优做大

2013年，中国黄金既面临着国际金价出现断崖式下跌、安全环保标准提高、矿业行业竞争加剧、财税金融政策变化、央企整合重组的"五大挑战"，也面临经济效益滑坡、部分企业资源出现危机、关键人才不足、管理基础不牢、改革创新不足的"五大问题"。

2013年底，中国黄金组建了新一届领导班子。党的十八大以来，新一届领导班子带领广大干部职工系统深入学习贯彻习近平新时代中国特色社会主义思想，以习近平总书记关于国有企业改革发展的重要论述为遵循，以"扎根""铸魂"工程为抓手，引领企业高质量发展。紧密围绕"创造最具价值并受人尊敬的世界一流黄金产业集团"的愿景和"开发金山银山，保护绿水青山，践行新发展理念，推动高质量发展"的发展原则，紧抓"迎接挑战练内功"和"改革创新谋发展"两条主线，以坚持发展为中心，以深化改革为动力，以提质增效为核心，弘扬"精诚所至，金石为开"的精神，发挥"每天进步一点点""绳锯木断、水滴石穿"的韧劲，强身健体、干事创业、稳扎稳打、自我革新，实现了黄金资源储量、精炼金产量、黄金投资产品市场占有率、黄金选冶技术水平、上海黄金交易所综合类会员实物黄金交易量五项指标均列国内行业第一。

党的十八大以来，中国黄金改革向纵深挺进。在国务院国资委的领导下，中国黄金于2017年成立了董事会，并顺利完成了总部和子企业的公司制改制以及组织体系变革工作，建立健全了权责明确、规范运作的公司法人治理结构。

中国黄金集团内蒙古乌山二期项目的磨机

按照"完善治理、强化激励、突出主业、提高效率"的要求,中国黄金将深化混合所有制改革作为重要突破口,大力推进权属企业的体制机制改革工作。七大板块之一的中国黄金集团黄金珠宝股份有限公司(以下简称"中金珠宝")"混改"试点落地,通过引入战略投资者和产业投资者、实施员工持股计划等举措,引入资金22.5亿元,探索市场化运作模式,有效推动了国有资本做强、做优、做大。按照国务院国资委关于"处僵治困""压减""剥离企业办社会职能"等改革工作的要求,中国黄金坚持出实招、抓实效,31户"僵尸"、特困企业中,有22户基本达到了国务院国资委"处僵治困"主体完成标准;40户企业"压减"任务已全部完成。三项制度改革发挥积极作用,明确了管理人员能上能下、员工能进能出、收入能增能减的改革任务和目标,稳步推进了精简人员、压缩机构、优化收入分配制度、严格选用优秀人才的各项工作。

党的十八大以来,中国黄金发展努力实现转型突破。秉承依靠内涵增长向高质量发展、转型的理念,中国黄金上下一心,以锲而不舍的劲头和艰苦卓绝的努力,实现了资源质量、资产质量、安全质量、经营质量的全面变革。以地质科研为引领,21户企业想千方、设百计地实施矿业权拓展,确保新增远景资源量538吨,不断筑牢资源生命线。以稳中求进为根本,2017年矿产金产量突破1吨的企业达到15家,人均劳动生产总值同比提高7.82%,人均创利同比增长35.46%，实现了生产效益的逆势突围。以防范、化解重大风险尤其是金融风险为保障，持续降低融资成本，改善资产质量。截至2017年，"两金"存量减少90亿元，保障了资金链安全。以成本领先为核心，从"优化五率、降低五费"，到"全过程成本管控"，再到"全过程成本管控+科技进步""全过程成本管控+改革创新"，鼓足干劲做好降成本的"减法"、技术创新的"乘法"。2017年，克金成本、吨矿成本较预算下降6.9元、3.5元，5年累计增效14.42亿元，节约投资70多亿元。率先依托国家"一带一路"倡议，主动汇聚"一带一路"沿线重要资源，在海外尤其是俄罗斯、吉尔吉斯斯坦、刚果（布）等"一带一路"沿线国家及地区，搭建相关产业体系，打造黄金产业上、下游贯通的产业闭环，被评为"2018年度中国企业海外形象20强"。

党的十八大以来，中国黄金实现科技进步和人才培养全面提升。以科技创新为驱动，成功推出了行业氰渣污染控制技术规范等一批国内领先、世界先进的科技成果和标准规范，参与制定标准的数量占黄金行业标准总数的95%以上，建成了国家级研发平台4个、CNAS认证检验检测中心10个、省级研发平台15个、博士后工作站1个、劳模工作室45个，高新技术企业由2016年的11家猛增至34家。积极参与青藏高原重要矿产资源基地成矿系统深部探测技术与勘查增储示范、深部金属矿建井与提升关键技术等七项"十三五"国家重点研发计划重点专项项目，持续提升行业科研水平。聚焦金纳米催化材料和微纳米银粉材料等"卡脖子"技术，取得重要进展，有望打破国外垄断。涌现出了一批国家级科技人才：入选千人计划2人、万人计划1人、百千万工程1人、创新团队1个、全国青年科技拔尖人才1人、有色行业功勋人物1名，累计享受国务院特殊津贴专家14人。培育了一支站位高、视野宽、技术强的产业能手队伍："全国技术能手"5人、"中央企业技术能手"42人。

党的十八大以来，中国黄金党的建设全面加强。按照党中央和国务院国资委党委的部署要求，中国黄金着力在抓重点、补短板、提质量、强效果方面下功夫，推动党建质量全面提升。坚持加强党的领导，党建工作有关内容被纳入总部和子公司的章程，所属122家符合条件的企业全部建立党组织并基本实现"一肩挑"，确保党组织在公司治理结构中的法定地位。坚持夯实党建基础，落实了基层党组织全覆盖，实现了两个"百分之一"强党建，创造性地开展了全方位、多层次、有聚焦的培训学习。坚持发挥国有企业的独特优势，严格执行"三重一大"决策制度，充分发挥党委"把方向、管大局、保落实"的领导作用。坚持全面从严治党，充实纪检、巡视队伍力量，将内外部巡视、监督检查、党风廉政建设的整改成果运用到位。坚持提升党建工作水平，建立健全党建工作专项督查机制和科学规范的党建工作考核体系，用好指挥棒，既报经济账，又报党建账。坚持推动党建工作与中心工作深度融合，聚焦中央打好"三大攻坚战"的要求，牢记中央企业的社会责任，在精准扶贫工作中持续发力，久久为功，打造了"黄金"特色的大扶贫格局，定点帮扶的河南省新蔡县已成功实现脱贫摘帽。2018年7月19日，国务委员王勇在北京调研中央企业党的建设和反腐倡廉工作，并在中国黄金集团总部主持召开了座谈会。中国黄金集团党委书记、董事长宋鑫等8家企业主要负责同志在座谈会上作交流发言。

新时代为实现伟大梦想向前迈进

2013年底，黄金价格由涨转跌，在全球企业求"生存"之际，作为我国黄金行业唯一的中央企业，中国黄金在支撑人民币国际化、维护国家金融安全的维度，进行了更多更深的思考和探索。特别是党的十九大以来，习近平总书记发出了培育具有全球竞争力的世界一流企业的动员令，中国黄金坚决响应，登高望远，重整行装再出发。

瞄准世界一流企业的前沿领域加快升级，扩大行业影响力。牵头成立了黄金产业技术创新战略联盟并担任理事长单位，加入了中国矿业科学协同创新联盟、中国矿产资源与材料应用创新联盟，并分别担任副理事长单位。

圆满完成了国家黄金领域的科技攻关任务，拥有自主知识产权的生物氧化提金技术持续处于全球领先水平，使我国西南地区近3000吨难选冶的黄金资源得以开发利用。

培育了一批可借鉴、可复制、可推广的数字化矿山建设成果，所属湖北三鑫、西藏华泰龙、贵州锦丰、内蒙古乌山等11家企业列入国家级两化融合管理体系贯标示范企业，"两化"融合水平雄居行业前沿。

严守"既开发金山银山，又保护绿水青山"的环保底线，打造了31家"国家级绿色矿山试点单位"，占国内行业入围企业总数的40%，一改过去矿业"污染和落后"的现象，蜕变为绿色环保的新型现代化矿山。

正是由于在生产经营质量、技术工艺攻关、生态环境治理等领域锲而不舍地向前走，中国黄金实现了"打铁还需自身硬"。2015年9月，中国黄金由世界黄金协会普通会员擢升为董事会成员。2016年4月,作为行业龙头企业和国内最大的金锭生产商,中国黄金成为首批"上海金"集中定价和提供参考价成员单位。2018年9月,世界黄金协会决定建立中国委员会,中国黄金党委书记、董事长宋鑫同志当选委员会首任主席。这意味着,中国黄金将更加深度地参与新型全球化黄金市场的构建,也能够为推动中国黄金市场国际化作出更大的贡献。

山东黄金集团：为实现中国梦凝聚"山金"力量

山东黄金集团有限公司

伴随着中华人民共和国前进的脚步，山东黄金集团走过了20多年的发展历程。20多年矢志奋进，山东黄金集团始终与时代同步、携梦想前行，实现了更高质量、更有效率、更可持续的发展。

2017年以来，山东黄金集团稳居中国第一产金企业，位列全球黄金企业第12位，2018年成为世界黄金协会正式会员，曾获得"全国五一劳动奖状""中华慈善奖""国家科技进步二等奖"等多个荣誉。所属上市企业——山东黄金矿业股份有限公司实现上海、香港两地上市布局，曾获得"金牛中国上市公司百强第二名""中国十佳金牌上市公司"等荣誉，股票一度跃居沪深两市第一价位。

落实新发展理念，推动全面转型升级

山东黄金集团始终坚持党的领导，在时代发展大潮中不断迎风破浪、奋楫争先。"十三五"以来，集团围绕"争做国际一流，勇闯世界前十"的战略目标，加快传统矿业新旧动能转换步伐，积极探索更加有利于矿业振兴、实现高质量发展的新途径、新模式。秉持"资源为先，效益为上，创新为本"的经营理念，集团设计施工了"中国岩金勘查第一深钻"，孔深达到4006.17米，开创了我国金属矿产深部探矿工作的先河，填补了我国深部黄金勘查的空白。2017年3月28日，集团成功探获世界级金矿床—西岭金矿床，已备案金金属量382.58吨，预计勘探结束后，可提交金资源量550吨以上，成为国内有记载以来黄金史上最大的单体金矿床。2018年，山东黄金又探获了百吨级特大金矿南吕-欣木金矿，目前保有黄金资源量超过1700吨。

集团将资源优势转化为发展优势，着力在胶东地区打造世界级黄金生产基地、国内最大和最先进的黄金精炼基地，形成以智能智慧为支撑、以本质安全为核心、以绿色生态为底色的"万吨"产业集群。集团坚持世界眼光、国际标准，以该地区三山岛金矿为试点，正式启动了"国际一流示范矿山"建设工程，旨在建设具有山东黄金生态矿业文化特色和引领国际矿业发展方向的生态型、智能型、效益型的国际一流示范矿山。目前，建设项目已经全面展开，安全高效、人文和谐、绿色环保、智能智慧四大类项目同步推进。

山东黄金参加 2019 年中国国际矿业大会

落实新发展理念，加快新旧动能转换，充分释放了企业发展活力。集团黄金产量规模和质量效益迅速提升，所属焦家金矿与玲珑金矿累计产金均超过 100 吨，"双百吨"矿山刷新中国黄金矿业发展纪录。在做优做大黄金业务的同时，集团还致力于有色金属业务做优做强、产业链金融业务做优做稳、地产业务做优做精、资源业务做优做多，实现全面转型升级，不断拓展发展空间。

建设生态矿业，履行社会责任

集团坚持"用心守护绿水青山，用爱造福地球家园"绿色发展理念，开拓

"绿水青山就是金山银山"的绿色发展之路，积极致力于生态矿业建设，严格履行节能减排、防止污染、节约资源的义务，扎实推进环境保护工作。其中，在山东莱州黄金海岸投入巨资建立山东黄金尾矿生态治理项目实验区，将闭库的尾矿库成功打造成集休闲、旅游度假于一体的海滨旅游度假区，带动了当地旅游业发展。所辖归来庄矿业投资1.5亿元将废石山及露天采场成功打造成了美丽的矿山公园，被授予"国家级矿山公园"和国家级"工业旅游示范点"，取得了良好的环境效益和社会效益。

目前，山东黄金所属的三山岛金矿、新城金矿、红岭矿业等11家矿山被授予"国家级绿色矿山"称号，另外6家矿山企业绿色矿山建设通过自然资源部门验收，3家冶炼企业进入工信部门"绿色工厂名录"，所属3家地质勘查公司全部实现绿色勘查，到2020年所属矿山全部达到国家级绿色矿山标准。2018年，新城金矿顺利通过自然资源部组织的首批绿色矿山第三方抽查评估，达到5星级标准，在国内同行业中具有引领和示范作用。山东黄金绿色矿山建设走在了全国非煤矿山行业前列，"山东黄金，生态矿业"已成为靓丽的企业名片。

建设生态矿业离不开科技创新的有力支撑。集团目前拥有国家认定企业技术中心、博士后科研工作站、山东省院士工作站、山东省海底深部生态采金工程技术研究中心、山东省工程实验室等五个省级和国家级研发平台，设立了五个专业研发机构，支撑了由传统矿业向现代绿色生态矿业的转型升级。"十三五"以来，山东黄金荣获省部级以上科研奖励66项，部分研究成果达到世界先进水平，牵头承担了国家重点研发计划项目"深部金属矿绿色开采关键技术研发与示范"。

集团在建设生态矿业的同时，积极承担社会责任，"让尽可能多的个人和尽可能大的范围因山东黄金集团的存在而受益"。建立与社区定期沟通交流机制，努力将自身资源与社区共享，积极开展社区共建，以自身发展回馈社区。在全国新农村建设、农灌工程、校舍修缮、农村基础建设等方面给予财力、物力上的扶持和帮助。在全国各地尤其是西部偏远省份和少数民族欠发达地区，广泛吸纳当地人员就业，较好地拉动了当地经济发展和人民生活水平的提高。此外，为偏远矿山驻地群众用水、用电提供方便，整修道路，抗雪救灾，草原灭火，帮助他们解决生产、生活实际困难，受到了当地群众的高度赞誉。

瞄准全球市场，加速产融结合

山东黄金集团瞄准全球矿业市场，借助"一带一路"资源优势，不断加快国际化步伐，积极参与全球黄金资源配置，为实现矿产资源综合开发利用和可持续发展提供强劲支撑。目前，集团海外矿业资产已覆盖阿根廷、澳大利亚、加拿大等国家。

2008年12月，集团实施"走出去"对外开发战略，以赤峰市作为第一站，与赤峰市政府签订了"战略合作框架协议"，同年正式进入赤峰柴矿公司，播撒下了对外开发的第一颗种子。此后，在对外开发战略的指引下，集团一步一个脚印，先后在省外投资设立了15家企业，形成了集矿业勘探、开采、选矿、冶炼、贸易等于一体的完整的发展格局，并凭借在生态矿业、探矿增储、科技研发、企业文化、社会责任等方面的优势，获得了当地政府、社会、行业和员工的高度认可。与此同时，集团坚持国际化发展方向，积极搭建海外业务平台。2017年，与世界领先的黄金企业巴理克黄金公司牵手合作，成功并购阿根廷最大、南美第二大金矿——贝拉德罗金矿50%股权，品牌影响力和国际知名度都得到大幅提升。

集团不仅在资源上积极实施"走出去"战略，也积极对接资本市场平台，从战略的高度推进产业链金融业务发展，加快产融结合步伐。突出黄金产业链特色，发挥产融创新和低成本融资优势，在北京、上海、深圳、天津、香港等区域，建立起服务全产业链的金融战略平台，打造全国黄金矿产行业首家交易中心，引领行业产融结合新方向。开展了工商银行首单市场化债转股项目，获得各银行债转股额度460亿元，成为山东省内债转股落地资金最多企业，整体授信额度突破1600亿元。同时，山东黄金还与摩根士丹利、花旗银行、蒙特利尔银行、洛希尔银行、瑞银国际等全球著名金融机构开展合作，在国际化道路上稳步前行。

面对复杂严峻的国际金融形势，山东黄金把资本运作作为战略支撑，以"全体股东受益、企业效益提升"为目标，全面推动上市公司做大做强，通过重大资产重组、业绩路演等措施，增强资本运作能力。A股上市以来，山东黄金市值较2003年上市之初扩大近17倍，利润和资产规模较2003年底上涨30倍。2018年9月28日，山东黄金在香港联合交易所主板成功挂牌上市，实现"A+H"两地上市，每股H股发售价14.7港元，募集资金总额共55亿港元。上市以来，山东黄金H股股价走势强劲，在同期香港恒生指数走势相对疲态的情况下，一度较发行价上涨达到52%，成为H股黄金板块的龙头股票。H股的上市，进一步打通了山东黄金国际化资本运作平台，加快了向"争做国际一流，勇闯世界前十"战略目标迈进的步伐。

传承红色基因，坚定文化自信

山东黄金所辖玲珑金矿是我国采金历史最悠久的主力矿山，中华人民共和国成立后，黄金产量23年居全国第一，为中国黄金行业输送了大批人才，被称作"中国黄金矿山行业的黄埔军校"。抗战时期，玲珑金矿在党的领导下与日寇进行艰苦卓绝的斗争，仅1939年至1945年就累计向延安运送黄金13万两，为夺取抗日战争胜利作出了巨大贡献。

山东黄金将"红色基因"作为宝贵的精神财富和文化资源，围绕"十三万两黄金送延安"的红色历史，深入挖掘，总结提炼，并传承独特的红色革命党建文化，建成了行业内首个集红色革命教育、爱国主义教育、党建工作学习、特色党建品牌展示、党风廉政警示等于一体的综合性教育基地。自2018年9月建成后，已累计接待省内外各行业的参观者1.4万余人次。

在不断传承和弘扬"红色基因"党建文化的同时，山东黄金牢固树立"抓发展就要抓党建，抓党建就是抓发展"和"抓好党建是最大政绩"的理念，把党建工作融入改革发展全过程。在纵深推进"两学一做"学习教育常态化制度化，扎实开展"不忘初心，牢记使命"主题教育、"大学习、大调研、大改进"活动，将党的领导融入公司治理各环节等工作的基础上，深入推进标准化党支部建设，积极打造过硬党支部，玲珑九曲矿区党支部、黄金物业党支部被评为省属企业首批过硬党支部示范点；旗帜鲜明地传播党的声音，创办刊物《山金党建》，为集团党的建设营造良好氛围；积极打造优质、特色载体平台，推动提升党建工作契合度与吸引力，涌现出"凝心聚力创国际一流矿山""七心工程""采金掘巷·安全至上""党驻我心·情驻山水"等近百个特色鲜明、内涵丰富、职工认可的党建品牌。山东黄金通过党建引领，真正把"把方向、管大局、保落实"的要求落到了实处。

"传承红色基因，牢记初心使命"的党建理念已成为独具山东黄金特色企业文化的一项重要内容，融入了企业发展的各个环节。山东黄金把企业文化建设作为核心竞争力的重要组成部分，让企业文化成为员工的思想共识和行为自觉，做到用科学的战略引导人、用优秀的文化凝聚人、用正确的导向激励人。

牢记初心使命,继续逐梦前行

历史的航程波澜壮阔,时代的大潮奔腾不息。20多年来,山东黄金集团栉风沐雨、春华秋实、筚路蓝缕、艰苦奋斗,以生态化、智能化、国际化为重点,持续加快产业转型升级步伐,走出了一条绿色高效、可持续发展之路。

立足新起点,山东黄金对标世界领先企业,坚持全球视野、开放思维、国际范式,围绕"争做国际一流,勇闯世界前十"的战略目标,努力打造"一流的优质资产、一流的运营效率、一流的项目开发、一流的人才文化",向着具有全球竞争力的国际一流黄金矿业企业阔步前行。

招金集团：主动融入全球黄金行业发展大潮

山东招金集团有限公司　宋　健

70年风雷激荡，70年沧海桑田。

70年来，黄金行业与中华人民共和国同行，休戚与共，风雨同舟，攻坚克难，不懈跋涉，从小到大，由弱变强，留下闪光足迹，走出一路辉煌。我国已连续12年成为世界第一大黄金生产国，成为世界黄金第一大消费国和进口国，黄金现货场内交易量世界第一，期货交易量位居全球前列。

70年来，黄金行业与中华人民共和国同行，机制体制不断完善，科技能力不断强化，队伍建设不断壮大，工作有效性不断提高。中国黄金行业从生产、加工到流通，形成了一个前景巨大的产业市场，构建起上海黄金交易所黄金业务、商业银行黄金业务和上海期货交易所黄金期货业务共同发展的市场格局。

特别是改革开放40年来，中国发生了举世瞩目的巨大变化，走过了其他国家几百年的发展历程，缔造了令人钦佩的"东方奇迹"。在改革开放中孕育成长的招金集团，见证了中华人民共和国繁荣发展之路，在发展中壮大，随中华人民共和国一路同行。

1. 在改革开放中跨越发展。招金集团创建于1974年，原为招远县黄金矿山局；2001年，招远市政府对招金集团实施授权经营，山东招金集团有限公司成立，标志着招金集团正式以企业主体的身份，接受市场的洗礼。2002年，中国黄金市场开放，招金集团成为上海黄金交易所首批综合类会员单位和首批可提供标准金锭的合格精炼企业，开启了发展之路。2003年，中国黄金工业开始起步，国内大型黄金企业开始相继踏入资本市场；2004年，招金矿业联合上海复星等四家公司共同发起设立招金矿业股份有限公司，开启了资本上市之路。2006年，招金矿业在香港成功上市，募集资金超过25亿港元，成为山东省首次公开发行上市募集资金最多的公司之一。2018年，招金集团已发展成为一家集聚"黄金

首批国家绿色矿山——招金矿业股份有限公司金翅岭金矿

矿业、黄金交易及深加工业、高新技术产业、金融业、地产产业、教育文化旅游产业"六大板块的大型综合性集团公司,拥有总资产485亿元,职工1.5万人,连续15年入选"中国企业500强"和"中国500最具价值品牌",品牌价值达到416.39亿元。

2. 在资源并购中开放发展。上市吹响了全行业对外开发的号角,国内各大黄金巨头纷纷开始跑马圈地,抢占资源。2004年,"招金"成立托里县招金北疆矿业有限公司,在广袤的新疆大地上播下了第一粒种子。此后,"招金"高举"哪里有黄金,哪里就有招金"的大旗,沿着古丝绸之路,建成了山东、甘肃、新疆三大产金基地,在全国范围内遍布34家矿山。沿着海上丝绸之路,在南美、马达加斯加等地插上旗帜,迈出了"世界招金"的第一步。目前,招金集团采选规模为2.4万吨/日,氰冶规模为5000吨/日。2018年,实现矿产金产量22吨,其中埠外10吨;保有黄金储量超过1300吨,其中埠外储量接近800吨,基本实现了"埠内一半、埠外一半"的战略构想。"招金"已由一个地方性的国有企业发展成一个产业遍布全国的大型黄金矿业集团,几代招金人建设中国招金、世界招金的梦想正在变为现实。

3. 在科技攻关中创新发展。40 年来，全国黄金矿业科技大发展，科技创新成为黄金行业最重要的核心竞争力。招金集团依托院士工作站、企业博士后工作站、国家级企业技术中心、国家级黄金资源综合利用示范基地等平台，一大批科研难题获得突破。湿法冶金技术获得国家发明专利，被誉为黄金冶炼史上的第二次革命；"招远金矿集中区地质与找矿""复杂含金矿物无废料提取多元素新工艺体系研究与应用""面向数字化采矿的软件关键技术及应用"3 项技术获得国家科技进步二等奖，"含砷难处理金银精矿催化氧化酸浸湿法冶金新工艺"获得国家科技发明二等奖。"十二五"期间，公司年均科技创新投入在 1 亿元以上，获得省级以上科技成果 107 项，获得国家发明专利 525 项，取得软件著作权 36 项，各类科研创新平台 35 个，开发新产品 1120 个，研发新技术、新工艺 122 项，参与制定国家标准和行业标准 13 项，有 14 个项目获得了国家和省立项支持，科技对企业发展的贡献率达到了 55% 以上。

4. 在完善产业链条中转型发展。40 年来，中国黄金市场实现了勘探、采选、冶炼、深加工、交易等全产业链式发展。招金集团乘着黄金市场开放的东风，在下游精炼、深加工、投资交易等领域不断发力，形成了黄金行业内最完善的产业链条。特别是深加工业及交易板块，是招金集团重点产业和优势产业。目前，深加工板块已在金银精炼、首饰加工、终端销售、工业用金用银等多个领域取得长足发展。公司年精炼标准黄金 150 吨以上，精炼提纯度达到了 99.999%；年首饰加工能力 50 吨，黄金制品 100 吨，白银制品 200 吨；金盐、银盐年生产能力分别为 30 吨、200 吨，金盐市场占有率达 60% 以上。交易板块培育了招金投资和招金期货两大交易平台，招金投资公司交易规模连续多年位列交易所前三，长期雄踞综合类会员榜首位置，连续 15 年被上海黄金交易所评定为优秀会员单位。招金期货公司在上海期货交易所黄金持仓和交易量名列前茅。

回顾不平凡的发展历程，审视改革发展的基本逻辑和宝贵经验，几多感慨，几多光荣。

第一，黄金行业必须与祖国同呼吸、共命运。旧中国积贫积弱，民不聊生，没有中华人民共和国，就没有中华人民共和国的黄金行业；没有祖国的强大，就没有黄金行业的发展兴旺，黄金行业必须以国家利益为最高利益，以筑牢国家金融安全屏障、增加人民币含金量、为人民币国际化"增信"为己任，坚持以习近平新时代中国特色社会主义思想为指引，坚持党的领导，进一步提高政治站位，树牢"四个意识"，坚定"四个自信"，践行"两个维护"，以"钉钉子"

精神狠抓落实，才能推动国有企业改革发展滚滚向前。

第二，黄金行业必须践行绿色发展观。中华人民共和国成立70年来，特别是改革开放40年来，我们国家取得了举世瞩目的巨大成绩，但在发展的道路上也面临挑战，特别是资源不足、污染加重、经济增长方式滞后，实现可持续发展压力很大、困难很多。党的十八大以来，习近平总书记多次对生态文明建设作出重要指示，并明确指出"绝不能以牺牲生态环境为代价换取经济的一时发展"。这是发展理念和方式的深刻转变，将引领我国迈向绿色崛起之路。我们黄金行业要按照习近平总书记"绿水青山就是金山银山"的要求，牢固树立安全发展、绿色发展的理念，勇担社会责任，当好生态环境的守护者。

第三，黄金行业必须以科技为支撑。在中华人民共和国的成长发展过程中，我们探索了许多符合人类社会发展规律的真理。科学技术是第一生产力，对黄金行业来说尤为重要，科技已成为破解行业难题的尖锋利刃。多年来，招金集团大力实施"科技兴招金"战略，坚持不懈地抓科技能力的提升，坚持不懈地抓创新工作室建设，坚持不懈地抓科研攻关，坚持不懈地抓科技人才队伍建设，科技实力不断壮大，在找矿、选矿、装备、环保等不同环节开展了科技创新和技术改造，取得了多项重大突破，大大提高了黄金行业经济增长的"含金量"。事实证明，科技实力不仅是提升核心竞争力和综合实力的重要支撑，也是实现稳步、健康、快速发展的重要支撑。只有不断夯实科技基础，不断增强科技实力，才能不断提高发展质量和发展水平。

第四，黄金行业要始终坚持紧紧依靠职工群众，关心爱护职工群众，共享发展成果。习近平总书记说："历史是人民书写的，一切成就归功于人民。"实践证明，能吃苦、善战斗、敢冲锋、勇奉献的职工队伍是招金集团战胜一切艰难险阻的根本依靠和基础；"务实、创新、诚信、奉献"的招金精神，是招金集团不断前进发展的力量源泉。招金集团的发展史是由职工书写的，一切成绩也应该归功于广大职工，并始终铭记——建设发展好企业，归根结底就是要让职工生活有保障、精神有寄托、发展有希望、干事有平台、成长有空间！

昨日的辉煌，是今天的起点。在新的历史征程中，招金集团干部职工意志更加坚定，士气更加高昂，精神更加饱满，以更加开放的视野和主动的姿态融入全球黄金行业的发展大潮，为建设具有国际竞争力的世界一流矿业投资公司不懈奋斗！

云南黄金：实现打造国内一流现代化企业的"云金梦"

云南黄金矿业集团股份有限公司　杨大钊

在中国的西南，有一片神奇的土地，人们称之为"彩云之南"。云南的历史文化悠久、自然风光绚丽、矿产资源极为丰富，被誉为"有色金属王国"，云南黄金矿业集团股份有限公司就坐落在这片神奇的土地上。

传承地矿，筑梦云金

云南黄金集团成立于2001年8月，是一家以金、银、铜、铅锌为主，珠宝玉器为辅，集勘查、开采、选冶、加工、贸易、建设于一体的现代化矿业集团。其前身可以追溯到中华人民共和国成立初期云南省地质局的成立。

1956年，国家地质矿产部组建了云南省地质局。到1964年，为支援三线建设，先后有湖南、广东、浙江、江苏、福建、江西等省的地质队伍开赴云南参加会战，扎根云南，把云南省地质局发展壮大，后来云南省地质局更名为云南省地矿局。老一代地矿人凭借着双脚，丈量着云南的每一座大山，依靠着毅力，在艰苦的岁月里奋斗不止。为国家找矿，成了第一代地矿人最崇高的使命。

2001年，为探寻地质队伍的生存发展之路，整合全局优良资产，云南省地矿局设立了全国地矿系统第一家资源型公司，即云南地矿资源股份有限公司，注册资本4.65亿元。为突出黄金主业，引领云南省黄金产业发展，2009年更名为云南黄金矿业集团股份有限公司，现已成为西南地区最大的黄金生产龙头企业，在全国黄金行业综合排名第五。新的历史时期，艰苦奋斗的精神始终在每一个"云金人"的身上传承。

滇金本色，辉煌云金

云南黄金集团主营业务为黄金和有色金属资源的勘查、开采、选冶、加工、贸易等，黄金资源储备占云南省的三分之一，黄金产量占云南省的一半以上，位列中国黄金行业查明资源储量五大企业、中国黄金行业矿产金十大企业和中国黄金行业销售收入十大企业，是上海黄金交易所综合类优秀会员。

云南黄金集团拥有固体矿产勘查甲级资质和分析测试甲级资质等专业资质，拥有丰富的各类地质成果资料和国内一流的地质找矿评价的技术手段和方法，掌握 GIS、GPS、RS 的数字化信息技术以及 TEM、MS 等勘查找矿新技术，拥有一支技术精湛、装备精良的地质勘查及管理技术队伍。截至 2017 年底，已累计探获 333 类以上资源储量黄金 384 吨、白银 6975 吨、铜 128 万吨、铅加锌 315 万吨、铁矿石 15439 万吨。

云南黄金集团承担的多个勘查项目获得国家和省、部级奖励。其中，集团参与的"西南三江铜金多金属成矿系统与勘查评价项目"荣获国家科技进步一等奖、国土资源部科技进步一等奖；2006 年，云南黄金集团荣获国土资源部"全国地质勘查行业先进集体"称号；2011 年，云南黄金集团所属的云南鹤庆北衙金多金属矿（四期）详查项目，获得全国"十大地质找矿成果奖"；2015 年，云南鹤庆北衙金多金属矿（五期）详查项目，获得全国"十大地质找矿成果奖"；2018 年，云南黄金集团主导完成的"三江特提斯复合造山成矿作用与找矿突破项目"荣获国家科学技术进步二等奖。

目前，云南黄金集团旗下"滇金"品牌已经成为中国黄金行业知名品牌。滇金，得天独厚，历史悠久。滇王墓出土的西汉云封二年汉武帝赐给滇王的金印文物，充分显示了黄金无比高贵的地位。滇金品质纯正，久负盛名。"一色正黄"的滇金，受到了世界各地首饰工匠的青睐。云南黄金贵金属提纯精炼技术已列入"国家火炬计划"，具备国标 1 号金和 2 号金生产能力。2005 年 4 月，公司获得上海黄金交易所颁发的《可提供标准金锭企业认证证书》，以自行申请注册的"滇金"品牌，向市场提供标准金锭。2008 年，公司生产的"滇金"被认定为上海期货交易所履约交割金锭之一。

云南黄金集团自成立以来取得了优异的成绩，先后获得"全国五一劳动奖状""全国工人先锋号""全国模范地勘单位""全国黄金行业先进集体""全国

云南黄金集团工作人员正在进行黄金浇铸

模范职工之家"等100余项省部级以上荣誉称号。北衙公司磁选班长王冬林当选党的十九大代表、共青团十八届中央委员。截至2018年底，云南黄金集团累计生产黄金90.26吨、白银213.15吨、铜2785.2吨。目前，云南黄金集团已形成年生产黄金近10吨、银40吨、铁精矿85万吨的规模，实现年营业收入超百亿元，利税5亿元。

绿色发展，美丽云金

开发一座矿山，造福一方百姓；闭坑一座矿山，还一片绿水青山。这是云南黄金集团对人民和环境许下的庄严承诺。集团自成立以来，为国家作贡献，上缴利税超过30亿元；为社会谋和谐，累计出资2亿多元支持公益事业；为改善矿区人居环境，出巨资对北衙片区居民实施整体搬迁安置。

党的十九大以来，国家提出坚持人与自然和谐共生的理念。建设生态文明是中华民族永续发展的千年大计，必须树立和践行"绿水青山就是金山银山"的理念，坚持节约资源和保护环境的基本国策，像对待生命一样对待生态环境。云南黄金集团积极落实党的十九大精神，以资源利用集约化、开采方式科学化、管理模式规范化、生产工艺环保化、安全生产标准化、企地关系和谐化为基本要求，加快矿山转型升级步伐，坚定不移走绿色发展之路。

70年来，中国已经迈入新的阶段，14亿人民在实现中华民族伟大复兴中国梦的感召下，迸发出极大的热情和力量，正在努力实现中华民族的全面崛起。云南黄金集团将始终高举习近平新时代中国特色社会主义思想伟大旗帜，坚持党对国有企业的领导不动摇。积极适应矿业勘查开发新形势，转变生产经营理念，深入推进集团体制机制改革，狠抓生产经营管理，完善管理体系建设，深入谋划新时代集团的发展思路、发展战略、发展举措，找准发展定位，牢牢把握集团的区位优势、发展格局，主动融入和服务国家对外开放、"一带一路"、"长江经济带"建设。坚定不移走生态优先、创新发展、协调发展、安全发展、绿色发展之路，拥抱新时代，践行新思想，实现新作为，绘制新蓝图，开创新基业，铸就云金梦。

赤峰黄金：几代奋斗者的"赤金"梦想

赤峰吉隆黄金矿业股份有限公司总经理 高 波

1949年中华人民共和国成立前夕，丹东五龙矿山的矿工们正沉浸在一片欢腾和喜庆之中。为迎接共和国的诞生，五龙矿山组织了一场"创新纪录"生产竞赛活动。活动得到了矿工们的热烈响应，凿岩工人们用碳素钢钎把日进尺推进到近一米。时间跨越到70年后，五龙矿业的"生产劳动竞赛"正在如火如荼地进行，矿工们摩拳擦掌，期待着大展身手、一举夺魁，而此时他们要挑战的日掘进米数比照70年前已经翻了两倍。70年来矿山生产技术的巨变，是经济社会实现的跨越发展和各行各业翻天覆地变化里的沧海一粟。赤峰黄金身处波澜壮阔的发展浪潮中，实现了从无到有、从有到大的跨越式发展。而70年都不曾改变的，是矿山人挥洒的汗水和拼搏的精神，是他们造就了赤峰黄金，他们是一代又一代的"赤峰黄金奋斗者"。

开拓——成如容易却艰辛

2005年，从事黄金矿山行业多年的赵美光带领团队来到了内蒙古赤峰市，注册成立了赤峰华泰矿业有限责任公司和赤峰吉隆矿业有限责任公司。运营初期，创始团队就不仅仅满足于企业的粗放式管理，在追求经济效益的同时，还不断探索寻求民营企业新的发展方向。经过与国内外相关专家学者及业内人士的多次调研论证，创始团队决定带领企业进入资本市场。2010年，公司聘请了具有丰富矿山行业管理经验的职业经理人，组建了经营团队，开始着手上市前的各项准备工作。

新的经营班子根据企业实际，周密策划，迅速行动，在生产布局、安全环保、内控制度建设、企业未来发展等方面做出了整体规划，使企业发展初具规模。为了尽快实现企业的上市目标，公司积极争取当地政府的支持与帮助，协助中介机构进行调查，严格按上市公司的标准规范运营。

从 2010 年 11 月开始筹划上市到 2012 年 7 月重组过会，在近两年的上市筹备工作中，赤峰黄金奋斗者们克服了种种困难，付出了大量艰辛的努力，终于使企业成功登陆国内 A 股主板市场，开启了企业发展的新航向。

建设——千淘万漉，向涛头而立

赤峰黄金成功上市后，一方面借助资本的优势快速前行，另一方面稳抓实业，积极拓展业务领域。自党的十七大提出"走生态良好的文明发展道路"以来，赤峰黄金经营团队就提出将"围绕金属产业、聚焦资源回收利用"作为拓展经营模式的发展思路并付诸实践。上市后短短几年时间内，公司经营模式就从单一的黄金采选，转变为黄金采选与资源综合回收利用业务"双轮驱动"的发展模式。产品也从金、银，发展到铋、钯、铑等 14 种稀贵和稀散金属。

顺应时代的发展思路和全力以赴的实践带来的是丰厚的回报。从 2012 年到 2018 年，赤峰黄金实现了净利润、税费、固定资产投资以及总资产的逐年递增。规模扩大的同时，公司也不忘苦练"内功"，从粗放式发展到集约化经营，再到精细化运作的管理模式，使经营越发规范。

为了做大做强企业，赤峰黄金于 2013 年至 2015 年分别收购了辽宁五龙黄金矿业有限责任公司、郴州雄风环保科技有限公司，控股安徽广源科技发展有限公司，注资成立赤金（天津）地质勘查技术有限公司，进一步扩大了企业的经营范围，延伸了产业链，拓宽了企业的发展空间。

随着经济全球化和社会信息化的快速发展，赤峰黄金奋斗者们将目光投向了海外。2017 年，借助国家"一带一路"倡议，公司多次出国考察寻找优质资源。2018 年，公司与五矿集团达成协议，拟收购位于老挝人民民主共和国的 Sepon 铜金矿（年处理量 300 万吨的金铜选冶厂，分别有铜和金两条生产线）。经过尽调、竞标、谈判与磋商等一系列工作，于 2008 年末在香港完成了交割，赤峰黄金向"努力打造国内先进、国际知名的黄金矿业上市公司"的目标又迈进了一步。

随着企业规模做大，赤峰黄金奋斗者们逐渐意识到企业要可持续发展，就必

赤峰吉隆黄金矿业股份有限公司以 2.75 亿美元的价格并购老挝 Sepon 铜金矿

须培养新的发展动能。经营团队在公司内开始大胆进行思维创新、科技创新、人才队伍创新及管理创新实践。2013 年至今，公司多次深入参与黄金行业科研课题的研究，公司拥有资源综合回收利用领域多项专利，相关技术人员及团队多次荣获国家级科技成果奖项。其中，黄金矿山企业新采用的"尾矿脱氰压滤工艺"为国内同行业选矿氰渣尾矿技术处理摸索出了新途径。同时，公司在生产一线开展各类技术创新和技术改革，在提高效率、控制成本方面效果明显。另外，公司不断完善人才队伍建设，积极担任社会职务、履行社会责任，不断加强企业文化建设，努力建立向有责任、有担当的生态文明型企业的目标迈进，为企业发展注入持久的精神动力。

发展——引长风破浪达九州

纵观历史，变革是每个时代发展的永恒主题。赤峰黄金作为一个民营企业，从 14 年前的创立，到上市后历经 7 年的快速成长，取得了辉煌的成就，为驻地政府缴纳了税赋，解决了劳动力就业，促进了当地经济和社会的协同发展。赤峰黄金始终秉承自己的发展战略，坚持"凝聚核心竞争力，打造民营企业的黄金品牌"的企业愿景，不忘初心和使命，在发展的路上不断探索。

近年来，受国际金价波动和国内安全、环保、税收、资源等诸多客观因素的影响，企业在发展的道路上遇到了前所未有的困难。面对生死存亡的大问题，企业该如何发展，怎样保证近万名员工的吃饭问题，怎样保证股东的权益，赤峰黄金奋斗者们在围绕上述问题努力寻求变革之路。

2018年9月，公司召开股东大会，选举成立公司第七届董事会，并在董事会上通过了实行联席办公会制度的决议，这意味着赤峰黄金未来的各项重大决策将在更加公正、民主、客观的程序中产生。

现在的赤峰黄金，无论是新一届董事会的新增阵容，还是联席办公会议制度的出台，都体现了赤峰黄金坚定改革、一往无前的发展决心。下一步，公司将逐渐完善组织重构、薪资重定、指标重核等改革思路，实施部门优化合并、管理人员竞聘上岗、量化指标考核等重要措施，以更简洁高效的管理手段、更精准节约的成本把控、更透明公平的用人程序和更科学严格的考核标准，真正把企业推向市场，力争用两到三年的时间，跻身国内大中型企业行列。

奋斗——让更多的人因赤峰黄金的发展而受益

70年的时间，从中华人民共和国成立到改革开放，再到党的十八大、十九大胜利召开，市场经济体制改革造就了中国的经济腾飞，民营经济也随着改革开放的步伐实现了从无到有、由弱到强，逐渐撑起了全球第二大经济实体的"半壁江山"。在当前国际经济形势复杂多变、国内产业发展调整和经济结构变化的大环境下，民营企业普遍遇到了一些问题，被业界形象地称为"三座大山"：市场的冰山、融资的高山、转型的火山。这些问题的产生，是国际经济环境变化和国内经济发展形势转变引发的，但更关键是企业自身的短板、企业发展的不均衡造成的。

在2018年11月召开的民营企业座谈会上，习近平总书记为解决民营企业当前困境提出了"六大措施"。他强调，要为民营经济营造更好的发展环境，着力解决民营经济在发展中遇到的融资难等实际问题。随后，多部门协同发力，加大对民企的支持力度，地方政府也密集出台相关政策，民营企业的困境逐渐趋向好转。

赤峰黄金作为国内13家重点黄金企业集团中的唯一的民营企业，面对发展的现实困境，面对着行业内大集团飞速发展带来的压力和内部正在经历改革的艰难现状，不依靠国家有关政策的帮扶，而是在"自身硬"上下功夫。赤峰黄金奋斗者们深刻地意识到，只有发展实业才是自身硬气的根本，只有依靠矿山的产量，腰杆子才能硬起来。作为民营企业，在挑战和压力面前，只有保持定力，增强信心，集中精力抓好矿山生产才是唯一的生存发展之道。抓好矿山产量不能只靠埋头苦干，更要有先进的经营能力、管理水平和现代企业制度来保驾护航。

2019年5月，赤峰黄金各级高管组成考察团，赴山东黄金集团、招金集团、紫金矿业集团考察调研，参观了三山岛金矿、夏甸金矿和紫金山金铜矿，考察了他们的井下巷道虚拟培训系统、电机车无人驾驶系统、选矿厂环保智能化管控系统，学习他们先进的企业管理、矿业运营、成本管控经验。下一步，赤峰黄金将在矿山生产自动化等方面全面推进，力争在两年内在重点区域创造一至两个赶超点。与此同时，还要充分发挥民营企业经营灵活等优势，广泛利用市场资源，进一步增强企业的创新能力和核心竞争力，逐步提高抵御风险和解决问题的能力，努力实现企业的高质量发展。赤峰黄金将继续带领一代又一代的"奋斗者"，在更高层次上再出发。

回顾中华人民共和国成立70年的光辉历程，是为了从历史中吸取经验。回顾赤峰黄金13年的发展历程，是为了鉴往知来，继续前行。70年沧桑巨变，黄金行业发展汇集江河，不断奔涌，赤峰黄金也顺应潮流，助力舟行。展望未来，赤峰黄金的奋斗者们将践行"赤峰黄金奋斗者誓词"，带着开放发展的坚定决心和坚强意志，众志成城、砥砺奋进，向引领潮头、指引航向而不断努力，谱写出属于民营黄金企业崭新的时代篇章。

湖南黄金：建设世界知名的黄金和有色金属矿业集团

湖南黄金集团有限公司　匡国友

2006年4月成立的湖南黄金集团，伴随共和国矫健的步伐，坚持"效益、资源、和谐"经营方针，砥砺发展，栉风沐雨，披荆斩棘，党建引领强根铸魂，资源先行效益优先，精细管理严控风险，创新驱动优化产业，安全环保坚持不懈，深化改革激发活力，弘扬"三创"提振精神，有力促推了集团资产规模、业务领域、经营效果的持续稳健发展。

改革，创新，增效……这些字眼伴随着湖南黄金集团一路走来。凤凰涅槃、脱胎换骨的变化，在湖南黄金集团不断上演，一个符合现代企业制度要求、竞争力不断增强的黄金产业集团正在茁壮成长。

资源先行，效益优先

集团领导认为："我们矿业企业的资源就是老百姓的'粮食'。没有粮食会饿肚子，我们没有资源就会关闭破产，资源是矿山企业核心竞争力的最重要因素。"

集团一直把资源列为头等大事来抓，前两个五年，集团资源的净增长都在10%以上。

集团坚持以资源为根本，积极拓展资源。加强老矿山的探矿增储，通过探矿增储，老矿山焕发了新生。集团加大资源的投入、拓展、收购、并购重组力度，先后兼并重组了隆回金杏、大万矿业、渣滓溪矿业、宝山矿业、甘肃加鑫、金水塘矿业等矿山，使资源储量获得了大幅增长。加快"走出去"步伐，在厄瓜多尔、墨西哥建立了矿山基地，拓展了澳大利亚、俄罗斯等国家矿产贸易市场。

2018年末，集团保有资源储量较2015年末净增长7.17%，累计净增26.69%，新增金属量金15.36吨、锑36911吨、钨4089吨、铅36850吨、锌35908吨。

集团始终坚持以效益为中心，采取"六个增效"措施，推进了规模增效、降本增效、创新增效。

集团黄金产量从2006年的4092公斤增长到2018年的37727公斤，增长821%；锑品产量从19935吨增长到31198吨，增长56%；钨品产量从1528标吨增长到2315标吨，增长51.5%，2011年后，新增了银铅锌产品。

集团销售收入从成立初的14.7亿元增长到2018年的128亿元，增长771%；资产总额从12.9亿元增长到110亿元，增长753%；净资产从6.1亿元增长到54.2亿元，增长789%；成立以来累计利税总额76.99亿元。2018年，集团再次荣登"2018湖南企业100强"榜单，位列第31位，较2017年前进了11位，充分彰显了企业的经济实力和良好发展势头。

精细管理，严控风险

精细化管理是企业永恒的课题。集团在2012年推进基础工作三年达标活动的基础上，2015年开展"增产增效、降本增效、提质增效、保安增效、创新增效、严管增效""六个增效"活动，2016年新增"全流程精细化成本管控"活动，2017年又增加了"瘦身减债健体""从严治厂"活动，学习同行业先进管理经验，对照每一个工艺寻找成本节点，一个一个节点地制定成本指标，加强成本管控。特别在近两年来，钢材、焦炭、化工等原材料成本大幅度上涨的情况下，使成本上涨能得到有效控制。

对标管理，提升技术经济指标。集团将开采、选矿、冶炼指标，从横向与同行业先进指标比较，从纵向与自身历史先进指标比较，做到每一年提升一点，促进技术经济指标的提高，工艺的提升有效拓展了原料领域，尤其是在金锑钨分离核心技术、高砷高硫难选冶黄金资源冶炼技术方面，提升了集团的核心竞争力。

集团积极推进内控体系建设和重大风险防控工作，派出专人对各子公司开展内控体系建设和风险管理培训，协助各子公司全面梳理制度、内控流程节点和风险点，为实现集团管理制度化、制度流程化、流程信息化，强化内部控制，防控经营活动风险奠定了良好基础。

创新驱动,优化产业

集团追求创新引领发展的步伐从未停歇。在延伸金锑钨产业链的基础上,2011 年以来,先后收购了郴州的宝山矿业、衡阳的金水塘矿业,拓展了铅锌银等有色金属开采,进驻稀土新材料产业,推进了产品创新。

推进黄金深加工。用矿山自己生产的黄金加工"9999"以上的黄金首饰,离矿井最近的饰品实体店"辰州金铺"销售火爆,推出的"辰州福1875"品牌正在探索品牌代理、特许加盟模式。2018 年 10 月,100 吨黄金精深加工、黄金进口加工贸易项目在长沙星沙经济开发区开工建设。该项目投产后,将填补湖南及中西部黄金深加工产业空白,整合省内黄金产品资源,并引进一批黄金、珠宝加工企业进驻,共同打造湖南黄金珠宝产业园,形成一个新的千亿产业集群。

集团子公司时代矿机研发的炮烟处理器、矿用电源装置、锚杆台车等一批具有自主知识产权的矿山装备已完成第一次工业试验后的优化改进,有望陆续投放市场。

全面推进机械化自动化。矿山井下作业引进扒渣机、凿岩台车、电动三轮车、煤巷掘进机等,机械化程度和劳动效率得到显著提升;大力推行选矿全自动化升级改造,朝着实现"无人工厂"目标不断前进;稳步推进风勘项目,积极

辰州冶炼厂

谋划非金属产业发展，明确了以碳酸钙、硅石矿、建筑砂石材料、宝玉石为非金属产业发展方向，筹划推进省内有色金属整合。

推进商业模式创新。积极围绕市场拓展商业模式，进军"互联网＋有色行业"，收购了一个交易所平台，控股南方稀贵金属交易所；成立风险投资公司，开展矿业权风险勘查，为集团资源扩张奠定了良好基础。

推进技术创新。发挥集团"省级企业技术中心""院士专家工作站""博士后科研流动站协作研发中心"的带头示范作用，积极推进集团和各子公司的技术创新工作，推进工艺流程变革，使流程更合理、成本更低、技术更优、指标更佳、效益更好。

从员工的合理化建议到技术人员的发明和科技成果，拥有专利138项。这些成果提升了采、选、冶工艺，进一步增强了集团应对复杂矿山的开采、选矿、冶炼能力。集团旗下6家子公司被评为"国家高新技术企业"。

在"一带一路"建设方面，通过在国外建立园区，稳妥、慎重地推进集团矿业在海外的发展。已启动建立墨西哥产业园工作，满足"一带一路"国家对矿业资源的需求，为湖南企业"走出去"作了有益探索；产品销售逐步走向加盟商、期货套保等商业模式，为减少运营风险、扩大规模、提高效益发挥了积极作用。

安全环保，坚持不懈

安全环保工作是企业发展的底线和红线。集团坚持"安全第一、生命至上""绿水青山就是金山银山"的安全环保理念，认真贯彻国家安全环保法规，以零工亡为目标，严格落实集团"严、细、实"管理要求，大力推进矿山"机械化、自动化、信息化、智能化"，组织开展"珍爱生命"三年行动，加强安全教育和培训，加强安全事故典型案例宣讲，进一步增强了职工的安全意识，提高了安全保障。

坚持企业与生态和谐发展，推进节能减排，科学治理"废气、废水、废渣"，确保"三废"达标排放，实现循环清洁生产，废气脱硫系统工艺国内领先；十年磨剑攻关，成功破解了砷无害化处理的世界性环保难题；多个矿山被国家认证为"绿色矿山"，并建成了辰州矿业、宝山矿业两个国家级矿山公园，做到既要金山银山，更要绿水青山。

弘扬"三创",提振精神

集团在改革发展的实践中,逐步培育形成了具有湖南黄金集团特色的"艰苦创业、求是创新、品质创优"的"三创"企业精神。集团及各子公司大力宣传弘扬、认真践行勤俭节约、艰苦奋斗的精神,实事求是、改革创新的精神,精细管理、争创一流的精神。

2016年9月,集团党委评比表彰了一批"三创之星"团队、"三创之星"个人,并决定三年开展一次"三创之星"先进团队、先进个人总结表彰活动,各子公司也开展了形式多样的"三创"之星竞赛活动。集团将"三创"精神融入丰富多彩的文艺体育等文化活动之中,既陶冶了职工情操,又提高了思想境界,进一步增强了职工队伍的凝聚力、执行力、战斗力,打造了具有湖南黄金特色的"三创"企业文化。

在企业持续、稳定、健康发展的同时,湖南黄金集团勇担社会责任,积极投身社会公益和慈善事业,赞助并积极组织"横渡湘江""爱地球·看我的'橘洲公益跑'"等活动;为地方架桥修路、抗洪赈灾、建校助学捐款等2000多万元;集团对对口扶贫的平江县石堰村实行产业帮扶、教育帮扶、交通帮扶、健康帮扶、住房保障帮扶等系列措施,使128户479名扶贫对象成功脱贫,2019年3月1日,湖南省政府印发了《关于同意平江县等4县脱贫摘帽的批复》。

新时代新目标,新征程新作为。湖南黄金集团2020年主营业务收入将达到240亿元,利润总额达到10亿元,与"十二五"末相比,实现产值翻两番;在"十三五"期间年均综合增长(产量、产值、利润)不低于15%,保有资源储量年平均净增长不低于10%;构建以金(银)、稀土为主的稀贵金属产业平台,以锑、钨、铅、锌、铜为主的有色金属产业平台,以方解石、砂石、宝玉石为主的非金属产业平台;着力打造资本运营中心、贸易中心、交易中心、创新中心,将集团建设成为世界知名的黄金和有色金属矿业集团。

灵宝金源：书写"金城"大地上绿水青山的壮美画卷

灵宝金源控股有限公司　李改改　马秀勤

作为中国"金城"的国有支柱企业，灵宝金源控股有限公司组建至今已走过十几个年头。党的十八大以来，乘着改革开放的东风，金源公司聚力成长，砥砺壮大，狠抓科学发展，力托社会责任，竭力创造财富，回报国家、反哺社会，在"金城"大地书写了一幅绿水青山与金山银山和谐共生的美丽画卷，竖起了一座闪光丰碑。

滚动发展，沧桑巨变

2004年5月，依托桐沟、灵湖、大湖3家国有黄金企业，灵宝金源公司正式组建成立。2011年9月，公司整体变更为股份有限公司。2013年12月，灵宝金源控股有限公司成立。经过三次股权变更和企业改制，特别是2011年优选引进战略合作伙伴14家，灵宝金源公司吸纳资金6.11亿元，为后续发展奠定了资金基础。

15年来，伴随着改革开放的强劲潮涌，灵宝金源公司以抓探矿增储、抓成本控制、抓管理增效、加强安全生产管理为核心，强力实施科技兴企、项目带动战略，不断发展壮大，形成了以黄金采、选、冶，精深加工，网上交易为主体，金、银、铜、钼、铅、硫、铁多矿种链式开发、综合回收的循环经济发展格局，赢得了"河南省百户重点企业""高新技术企业"和"黄金行业优势企业"等众多荣誉，留下了一串串坚实的足迹。

在科技创新的有力带动下，经过多年的整合、兼并、收购，金源公司矿权面积由60平方公里扩展到197.6平方公里，其中金矿采矿权面积100.8平方公里，保有金矿石量1920万吨、金金属量66.8吨，钼资源量2274万吨、金属量3万吨；硫铁矿权面积69平方公里，硫铁矿储量4581万吨，铜金属量9.4万吨。

资源布局、设备设施、企业面貌、生产工艺、生活条件均发生了有目共睹的巨大变化：由分散经营、重复投资的几个小企业发展到集约化经营、集团化发展；由平硐开采、原始人力、简单浮选，到如今员工近5000人，竖井生产、机械作业、综合回收，年产金量最高曾达到近5吨。依靠"资源整合"和"科技研发"两大引擎，迸发出了强劲的创新力，创下了多项全市乃至全省、全国"第一家"的佳绩。

2003年，灵宝金源公司成为灵宝市第一家上海黄金交易所综合类会员单位，并作为国内标准金锭、金条的指定供应商，成功推出了"灵宝金"品牌，黄金交易量和加工量连续多年位居全国前五位，实现了灵宝黄金产业链的完整化。2005年，公司向循环经济领域进发，创建硫铁化工新产业，打造了一条集采矿、制酸、化肥生产、发电于一体的硫铁化工循环经济产业链，成为全省循环经济试点单位。2011年，公司成立了全省唯一的集研发、生产、销售高精度压延铜箔于一体的高新技术企业——金源朝辉铜业公司，成为河南省第一家上马压延铜箔项目的企业。目前，国内首条100微米以下超薄软态箔生产线已建成，石墨烯用压延铜箔生产关键技术研究与应用被成功确认为河南省级科学技术成果，系列高品质压延铜箔产品被央视录入"中国影像志·河南灵宝篇"，借力央视镜头走向世界，广为人知。2018年12月，中央电视台首次在金源桐辉精炼分公司直播"金锭诞生记"，使金源公司"灵宝金"品牌国家标准金锭走进了观众视野。2019年4月，"秦岭"牌白银被上海华通铂银交易市场授予"2019年全国用户最喜爱的白银品牌"称号。

科技支撑，引擎发展

科学技术是第一生产力。多年以来，金源公司坚持实施科技兴企战略，培养了大批的地测采、选冶、化验等专业技术人才，拥有教授级高工3人、高级工程师15人、工程师107人、各类技术人员500余人。设立了博士后科研工作站、院士工作站、国家级企业技术中心、河南省多金属资源综合利用工程技术研究中心、金矿尾矿（渣）资源综合利用河南省工程实验室、河南省压延铜箔工程技术研究中心等科研平台和王安理全国劳模创新工作室、王军强"崤函大工匠"创新工作室。

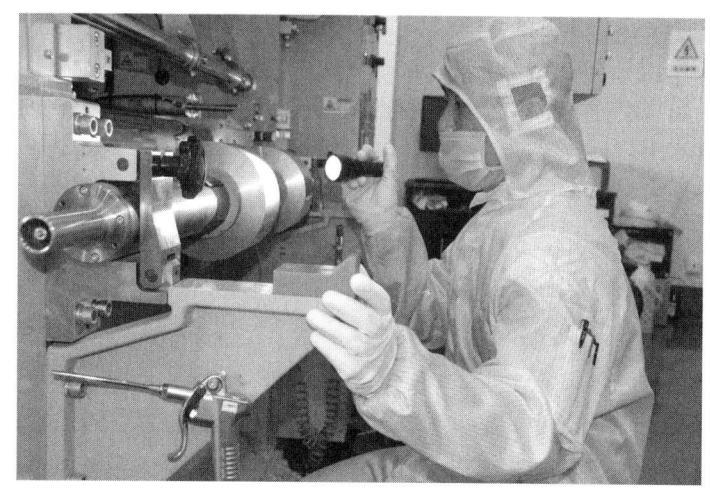

灵宝金源公司朝辉铜业公司剪切操作手观察铜箔表观质量

灵宝金源公司还先后与北京有色冶金设计研究院、中国地质科学院郑州矿产综合利用研究所、长春黄金研究院、中南大学、江西理工大学等科研院所合作，建成了产、学、研基地，取得了省级以上科技成果62项、发明专利47项、实用新型专利429项。自主研发的金矿、硫铁矿、多金属综合回收技术在行业内得到了推广应用，为公司科学发展、转型发展、绿色发展、持续发展提供了有力的科技支撑。

15年来，灵宝金源公司依托科技平台，积极申报国家扶持项目，先后实施了灵宝－卢氏矿产区资源综合利用示范基地，河南小秦岭金矿田整装勘查项目，低品位金矿石规模生产、矿井水利用项目，硫铁化工一期、二期多金属综合利用扩建项目，大湖矿区低品位金矿共伴生资源综合利用示范工程、压延铜箔一期工程等近20个项目，多个项目位列全省乃至行业前列，全力为金源公司"强筋壮骨"，大大促进了企业发展成为和谐矿业、绿色矿业、循环经济矿业的目标，为灵宝经济社会发展作出了重要贡献。

内部改革，激发活力

改革，向来没有一帆风顺的。而创新是企业的灵魂，是企业持续发展的保证。

2018年6月，灵宝金源公司新一届班子组建，经过审时度势、反复酝酿，班子成员树立了"团结、务实、创新、高效"的工作理念，明确了"改制—改革—走出去"三步走的发展战略，积极推进国有股权和体制机制改革，深化企业内部改革，争做灵宝改革领先者、排头兵，开启了全面深化内部改革的新篇章。

针对体制僵化、效能不高的实际，金源公司眼睛向内，深化改革，建立现代企业制度，实现公司化、规范化管理，积极打造管理"升级版"，短短半年时间，金源公司内部机制改革取得了显著成果：完善了公司董、监、高等法人治理结构，打出了机构合并、压缩管理层级、干部队伍"三化"及车辆改革、指标包干、成本倒推、工队招标等一套"组合拳"，围绕效益利润核心，实行一厂一策、一口一策的办法，落实授权管理，完善三级考核体系，新出台了员工薪酬管理办法和经营班子绩效目标考核实施方案，实行员工薪酬总额与主要生产经营指标完成情况"连挂浮动"，班子成员收入水平与公司效益及工作目标挂钩，最大限度体现了"绩效优先、兼顾公平"的原则；精简机关部室3个，简化了办事程序，提升了运行质效；推行车辆改革，精减了公务车辆和驾驶员，降低了车辆费用；人事改革快速推进，从高学历、高素质的职工中"直选"管理干部9人，实施了中层干部竞聘，300多名青年干部一路过关斩将脱颖而出，整装上岗，投入改革发展、振兴金源公司的新征程中，逐步实现了干部年轻化、知识化、专业化，增强了公司发展的生机和活力。

加大投入，绿色发展

近年来，灵宝金源公司践行"绿水青山就是金山银山"理念，对标规定要求，推行矿山规范化管理，狠抓隐患整改落实，创建绿色企业，全面推进资源及技术改革创新。与中南大学数字矿山中心合作，完成了绿色矿山、标准化矿山的整体设计及论证工作；实施了矿山安全环境整治、冶炼三防措施、氰化工艺优化项目、灵宝市无主废渣无害化处理处置等重大环保转型项目，正在积极推进双重预防机制安全标准化、绿色矿山示范矿井、一般固废堆场、废渣再利用等安全环保重点工程建设。与东方园林公司洽谈开展冶炼烘渣综合回收利用及无害化处理技术合作；与北京科技大学合作，研究深井热害防治方案，致力于解决深部开发高温问题。特别是引进长春黄金研究院逆流洗涤压滤综合回收先进技术实施的氰化工艺优化项目，使冶炼废渣达到了一般固废标准，可作为水泥、制砖等建材原料使用，有望从根本上解决红渣处理的历史性难题……

下一步，公司将在无氰提金技术、废渣尾矿充填采空区技术及矿山坑口废渣无害化处理等方面，继续引进新技术，尝试新研究，进一步夯实安全环保基础，扎实推进绿色矿山、标准化矿山建设，实现生产安全和环保达标。

"要深刻领会党的十九大报告中'做强做优做大国有资本'新理念的重要意义，清醒认识全面深化改革是国企唯一的出路。""越是在困难时期，越要坚定信心，因为信心比黄金更珍贵。"灵宝金源控股有限公司正以百倍信心，紧紧围绕"改制—改革—走出去"三步走战略，搏击风雨，劈波斩浪，砥砺前行，决心让灵宝金源这个金城骄子、矿业明珠再创辉煌，不断将金城灵宝的"金"字招牌擦得更亮，更好地彰显黄金国企的责任与担当，谱写担当作为的新篇章！

长春黄金研究院：黄金产业科研的前沿阵地

长春黄金研究院有限公司　李文扬

1958年，长春黄金研究院有限公司的前身——吉林省有色金属工业管理局试验所，在中华人民共和国工业的重镇长春成立。诞生伊始，承担科研攻关的责任与发展黄金产业的使命，便成为长春黄金研究院有限公司矢志不渝的目标。

60年来，60年砥砺前行，在中国黄金产业历次换代升级的征程上，长春黄金研究院有限公司提供了全面的技术支撑，她从无到有，从弱到强，她的发展与中华人民共和国的发展基本同步，她的成长历程就是中国黄金产业发展的缩影。

长春黄金研究院办公楼

经受考验，硕果累累

1992年，长春黄金研究所正式升格为长春黄金研究院。随着国家科研体制改革的进一步深化及事业费的减拨，研究院的运行开始从计划经济向市场经济全面转换。伴随国家管理体制改革深入推进，国家不再直接下达科研项目，同时，黄金价格持续低迷，研究院的发展进入低谷时期，可持续发展受到了严峻考验。阵痛之中，院领导及大部分科研人员并没有在困难中退缩，他们直面改革中的困难，广泛承揽横向科研课题，积极确立黄金科研难点及攻关方向，努力争取国家重大科研攻关项目的支持。

"九五"期间，研究院领导亲自牵头，经过近一年的研究与论证，确定了黄金系统"九五"科技攻关国家项目。国家"九五"科技攻关项目使研究院保留住了大批优秀人才，也使研究院得以渡过难关，其中，难选冶金精矿生物氧化技术获得突破，研究院在困境中创造了奇迹。具有完全自主知识产权的生物氧化提金技术处于国际领先水平，与国外同类工艺相比，核心技术上及主要技术指标大幅领先：工程菌种的氧化能力更强、氧化矿浆浓度高、氧化控制温度更宽、氧化反应器更节能、菌种耐砷能力强。依托该成果，研究院于2000年在烟台冶炼厂建成了一座50吨/日的生物氧化厂并一次性试车成功，这开创了中国生物氧化提金技术的先河。2001年，研究院设计并参与建设了我国黄金行业第一个"国家高技术产业化示范工程"——辽宁天利公司生物氧化提金厂。该成果还在江西、黑龙江、四川、贵州等地推广应用，使我国成为拥有生物氧化提金厂最多的国家。

具有完全自主知识产权的原矿焙烧技术，是国家"十五"重点科技攻关项目，可使难处理金矿石的回收率由30%以下提高到82%以上。该技术达到国际先进水平，其关键核心技术中一炉两段连续焙烧技术及装备、焙烧余热利用技术及装备、干式磨矿磨煤一体化技术方面处于国际领先水平。整体技术与国外相比，投资省、运行成本低、技术指标稳定。该成果荣获"2008年中国黄金协会科技进步特等奖"，通过该技术的工程化应用获得专利10项。依托该成果，建设了我国黄金行业第二项国家高技术产业化示范工程——贵州金兴原矿焙烧提金厂（1000吨/日），示范工程于2008年通过了国家发展改革委的工程验收，又一次了填补了中国黄金工业生产技术的空白。

这两项具有完全独立知识产权的专有技术的突破，使我国占已探明黄金储量1/3的难处理"呆矿"资源得以开发利用。仅采用生物氧化技术可使难处理矿石（已探明的1200吨以上）的60%以上近750吨资源得到开发利用，其价值近人民币2000亿元。

砥砺奋进，再创辉煌

"十一五"时期末，是中国黄金集团公司大变革、大发展的重要时期，也是研究院持续健康发展的关键时期。按照集团公司"以金为主，多金属并举"的发展思路，研究院在多金属综合利用技术方面取得了突破。2011年至2016年，研究院持续在乌山开展铜钼分离技术攻关，取得的技术成果分别获得2013年度、2014年度中国黄金协会科学技术奖特等奖。其中，开展的"大型斑岩高次生铜矿石铜钼分离工艺关键技术研究与应用"项目，实现了低品位高次生铜钼矿石铜钼分离技术的突破，该技术为我国在其他类似铜钼矿石类型铜钼分离工艺积累了经验，填补了国内外相关方面的技术空白，进一步充实了我国铜钼分离技术在国际上的领先优势，对我国的铜钼矿分离技术发展具有重要意义。

环保技术方面，针对黄金工业特征污染物开展综合治理达标排放技术和循环利用技术研究，针对黄金采选冶过程中产生的生态环境破坏开展生态修复技术研究，并形成了由源头消减、过程控制、循环利用、深度处理、风险防范、应急处置、清洁减排、生态修复等组成的环保综合核心技术体系，为黄金行业的绿色、持续发展提供了全方位的保驾护航。

2016年，面对新环保法律法规和标准对黄金行业发展的影响新情况，研究院在中国黄金协会组织下，与中国环境科学院联合承担并完成了《黄金行业氰渣污染控制技术规范》编制工作，该技术规范于2018年3月1日正式发布。该规范为国内外首个大宗危险废物污染控制专项管理规范、国内首个"黄金人"制定的国家环保标准，在中国黄金行业发展历程中具有里程碑式的意义。该规范的发布，减免了除处置费以外的环境税1000亿元，提高了行业资源综合利用率，为我国黄金行业建设绿色矿山、树立绿色发展理念和推进生态文明建设提供了强有力的技术支撑，确保了黄金行业可持续发展。

随着近几年来国家对安全环保的要求日益严格，无氰提金已经成为黄金行业的发展趋势。经过了"十二五"前期的艰苦攻关，近年来，研究院在新型环保提金工艺推广应用上取得了重大突破。2014年，成功研发CG505环保浸金药剂，可直接替代氰化钠实现金的高效浸出，对促进黄金行业清洁生产、减少污染物产生具有重要意义，能够推动中国非氰浸金技术领域向更高的标准和更环保的方向发展。目前，已在多家黄金矿山成功进行工业应用。2015年，CG505环保浸金技术获得国土资源部推广，入选《矿产资源节约与综合利用先进适用技术推广目录（第四批）》，代表了黄金行业在黄金矿产资源开发利用方面的先进水平。2016年12月，该技术通过中国黄金协会的科技成果鉴定，专家一致认为其整体上达到国际先进水平，其中"协同浸出—原位治理"技术达到国际领先水平。2017年3月，该技术荣获2016年度中国黄金协会科学技术奖一等奖。在新型环保浸出技术获得成功应用的基础上，研究院进一步对无氰、无毒浸出工艺开展了大量研究工作并取得了一定的成果，开发出了浸出性能优异的无氰浸出产品，成功迈过了产品开发由低氰向无氰突破的关键关卡，为下一步无氰浸出工艺的快速突破奠定了坚实基础。

2017年10月，研究院测试中心负责研制完成的《高纯金金成分标准物质》《纯银银成分标准物质》两个项目顺利通过鉴定，鉴定委员会一致认为达到国际领先水平。高纯金、纯银标准物质能够为贸易计价、冶金统计、工艺指标控制、方法论证以及仪器校准等提供可靠量值依据和溯源保障，这对于行业有序健康发展起着重要作用。

近年来，依托全国黄金标准化技术委员会秘书处，研究院积极推动实施黄金标准化战略，制定的国家标准和行业标准占全国黄金产业技术标准的90%以上。在黄金新材料、新工艺和新技术领域实施黄金新产业、新动能标准领航工程，研究院将持续以高标准助力黄金产业转型升级和高质量发展。研究院多年来一直致力于我国黄金行业标准体系建设，不断强化研究院科研平台建设，力争把研究院建设成为黄金科技创新中心、黄金行业科技信息大数据中心、技术支持服务中心和高层次科技人才的培养中心，持续引领行业技术及标准的创新发展。

为加大贵金属新材料的研发力度、拓宽中国黄金集团公司技术产品应用领域，在烟台黄金纳米催化剂项目的基础上，2017年12月，研究院成立了长春黄金研究院烟台贵金属材料研究所有限公司。研究院将以烟台分院为基础，建立贵金属材料研究应用基地，完成贵金属材料扩大试验研究工作，尽快转化科研成果，拓宽黄金应用领域，延长黄金产业链，为实现黄金催化剂产业化应用奠定坚实基础，全力推动中国黄金打开贵金属深加工领域市场。2018年，烟台贵金属所通过扩试和进一步研发，生产出的纳米黄金催化剂产品不仅达到烟台大学小型试验的技术指标，而且所有技术参数均得到了优化，大幅度降低了成本指标，为下一步产业化提供了可靠的技术支撑。

千淘万漉虽辛苦，吹尽黄沙始到金

几十年来，研究院始终以国内外黄金行业的重大技术需求为科研工作的发展方向，重点针对难采、难选冶、环保及与此相关的技术领域开展原始创新和集成创新，不断攻坚克难，为国内外1000多家企业和机构解决了技术难题，给企业带来了巨大的经济效益，同时也取得了一批国内外领先的科技成果，突破了制约黄金行业发展的技术瓶颈，展示了国家级科研机构的实力，使我国黄金行业的科研与开发的创新能力与国际领先水平保持同步。

建院至今，长春黄金研究院有限公司共完成课题2335项，其中，国家及地方重点攻关项目729项。取得各类科研成果530项，"七五"以来获得国家和省部级科技进步奖161项。拥有专利技术482项，其中发明专利74项，专利数量稳居行业第一。主持或参与制定标准113项，标准数占全国黄金行业标准的90%以上。真正实现了聚集人才领军优势、打造科技创新高地、强化科研支撑平台、助推产业繁荣发展。

凭借60年的深厚底蕴，承载中华民族矿冶技术的悠久历史，新时期科技工作者将继续为研究院书写出更加辉煌与绚丽的篇章，朝着"国际一流、国内领先的黄金工业科研机构"的战略目标科学迈进、阔步向前，为中国顺利完成从黄金大国向黄金强国的过渡乃至转变努力奋斗，为助力黄金产业实现维护国家经济安全、金融稳定的重要历史使命而贡献力量！

长春黄金设计院：黄金行业工程建设领域的排头兵

长春黄金设计院有限公司　丛学国

在中华人民共和国成立70周年、我国黄金行业发展如日中天之际，回顾黄金行业发展的光辉历程，我们不能不提及一个重要的名字——长春黄金设计院。始建于1958年的长春黄金设计院坐落在"北国春城"长春市南湖之滨，是一个具备多项行业甲级资质和国际质量管理三体系认证资格的国家甲级设计院。作为中国黄金和有色金属工业工程建设咨询设计行业的引领者，在工程咨询、工程设计、工程监理、工程承包、工程项目管理、工程造价等领域，为中国黄金行业的建立和跨越式发展作出了历史性贡献。设计院成长壮大的光辉历程证明，她是中华人民共和国黄金工业改革发展历史的重要亲历者、突出贡献者和有力见证者。

长春黄金设计院办公楼

在国家的呼唤中从容呱呱坠地

中华人民共和国成立不久,在全面建设社会主义的初期,广袤的祖国大地上热火朝天、百废待举。但工业基础十分薄弱是当时的残酷现实,黄金工业更是无从谈起。为了建设中华人民共和国,采购急需的进口技术设备、偿还外债等都需要大量外汇,而面对国家外汇资源捉襟见肘且短时间内难以改善的事实,党和国家领导人心急如焚,采取了包括行政手段等非常措施,制定了发展黄金工业、多产黄金,支援国家建设的战略和政策措施。

早在1957年9月,国务院就下发了《国务院关于大力组织群众生产黄金的指示》的文件,取消生产税收,提高黄金收购价格,国家预算支持新建黄金矿山,号召群众多产黄金,设立黄金生产专职机构或专人负责。黄金生产首次被提到国家重要的议事日程上来。

1958年5月,在党的八届二次会议上,党中央提出了建设社会主义的总路线,反映了广大人民群众迫切要求改变我国经济文化落后状况的普遍愿望。在全国冶金工业"大跃进"的历史背景下,根据冶金工业部批复,吉林省冶金设计院(长春黄金设计院的前身)在1958年9月成立,主要从事炼钢厂和冶金矿山设计工作。成立之初,主要承担了通化钢铁厂及其附属矿山的设计工作。

为了支援国家发展黄金生产的需要,1962年9月,冶金部明确了吉林省冶金设计院主要业务由冶金矿山设计转向黄金矿山设计。黄金要发展,规划必先行。仅1963年,设计院就组织完成了黑龙江、广西、内蒙古、山东四省区黄金建设规划工作,为中国重点产金地区的发展施划了宏伟蓝图。就这样,长春黄金设计院在祖国的声声呼唤中呱呱坠地。同时,注定了她必将担负起中华人民共和国黄金工业基本建设设计者的历史重任。近70年的历史事实证明:在中国黄金(有色金属)工业的发展史上,长春黄金设计院必然占有不可替代的一席之地,直白地说,她就是为了中华人民共和国黄金事业而诞生的。

在殷切期待中展露不俗头脚

1959年10月,时任国家副主席董必武与冶金部负责人谈黄金生产问题时指示:黄金,包括白银,不仅在工业上用量可观,更重要的是在国际市场上,黄金是自由的外汇,增加黄金是扩大积累、扩大进口的一个简捷便宜的办法。各地凡有条件生产黄金的都应积极安排生产。1964年6月,在中央工作会议全体会议上,毛泽东主席指出,董老提倡挖金子、银子是对的,要多挖金子、银子。

在毛泽东和中央领导的高度重视下,在冶金部的大力支持下,1964年,设计院全体干部职工战胜各种困难,主动创造条件,完成了广西东南金矿、吉林二道甸子金矿、吉林珲春金矿(采金船)的设计工作,创造了中华人民共和国黄金生产多个第一:其中,广西东南金矿是设计院承担的第一个黄金矿山整体设计项目,这一项目的成功设计结束了我国对黄金矿山建设没有正规设计的历史,创造了中华人民共和国黄金矿山正规建设的第一矿。吉林珲春金矿250升采金船的设计,成功创造了我国大中型砂金矿山船采的历史。至此,长春黄金设计院为祖国摆脱一穷二白的面貌,为中华人民共和国黄金行业的诞生和发展首战告捷,作出了巨大贡献。

鉴于国家黄金工业的发展需要和设计院在黄金行业作出的突出贡献,1965年,经时任国务院副总理薄一波批准,将吉林省冶金工业局改组为冶金部中国黄金矿产公司。将吉林省冶金设计院更名为长春黄金设计院,隶属于中国黄金矿产公司。这对于黄金设计院和整个行业来说就是一座历史里程碑,时代和历史赋予了长春黄金设计院光荣的使命。进入事业兴盛时期的设计院党员干部和全体工程技术人员发扬不怕吃苦、连续作战的优良作风,一口气完成了河北金厂峪金矿、辽宁五龙金矿、孟恩套里盖银铅矿、山东玲珑金矿(招远金矿前身)全国四大黄金(有色)矿山设计工作。其中,河北金厂峪金矿500吨/日建设项目是中国黄金矿产公司成立后建设的第一个大型黄金矿山项目。在山东玲珑金矿设计中,通过优化设计方案,为国家节约了投资467万元。项目采用了当时最新矿业技术:采矿设计了平巷相向施工、自动上下罐设施、水幕、风门、防尘井盖等新技术;选矿首用氰化提金技术,还采用碎矿集中联锁、矿仓指示器、浓密机自动排尾等自动化设备设施。这四个矿山都是当时国内建设规模最大的,为我国大型金矿正规设计和建设工作积累了十分宝贵的经验,也为日后设计院在中国黄金矿山设计市场中的霸主地位奠定了坚实的基础。

1972年3月,周恩来总理亲自嘱托王震副总理:"你要把金子抓一抓。"王震副总理在研究发展黄金生产问题动员会议上说:"周总理指示叫我参加一点外贸调查研究,多搞些现汇、外汇。我对金子有兴趣,要挖金子。"自此,中华人民共和国的历史上出现了由国务院总理委托、副总理亲自抓黄金生产的空前景象。他投入了大量精力,多次亲自到内蒙古、山东、吉林等地现场调研并主持召开会议，研究黄金生产问题，甚至在家里也在听取黄金生产现场调查工作组的工作汇报。在国家领导和相关部委的大力推动下，设计院积极响应国家号召和冶金部的工作安排，集结精兵强将，由7名技术人员成立了云南工作组和豫陕川工作组，他们带着经王震、姚依林和谷牧三位副总理批阅的冶金部和国家地质总局（75）冶色字第1532号文件（关于大力发展黄金、白银的报告）草稿立即开赴现场发动群众采金。出发前和回京后王震副总理都亲自接见了工作组成员，听取汇报，做出重要指示。国家领导人具体指导黄金生产、谋划发展黄金事业、关心体贴黄金科技工作者，对于设计院广大工程技术人员来说是极大的鞭策和鼓舞，这也是设计院决心为我国黄金事业倾注所有力量的动力源泉。1972年至1983年，设计院相继完成了河南秦岭金矿、文峪金矿、吉林小西南岔金铜矿、海沟金矿，黑龙江乌拉嘎金矿、陕西东桐峪金矿、湖南汨罗砂金矿、四川白水砂金矿等大型矿山设计工作。中央电视台在1984年河南秦岭金矿和1985年海沟金矿国家验收之时都做了空前规模的实况报道。正是这些项目和之前几个大项目的成功建设，奠定了中华人民共和国黄金工业体系的基本骨架和物质基础。设计院以实际行动和突出业绩在支持国家的黄金生产建设中发挥了历史性作用。设计院自己也由小变大、由弱变强，发生了天翻地覆的变化。多个典型工程项目的设计和建设，极大地推动了行业的技术进步和创新发展，也极大地促进了国家和地方的经济建设和人民生活的改善。

在工程实践中锻造丰满羽翼

随着我国黄金管理体制的多次变革，特别是中国黄金集团公司组建后，经过10多年的发展进步，我国黄金行业在世界黄金版图上的位置发生了巨大变化，连续12年成为世界第一产金大国、第一黄金消费大国。黄金科技快速发展，从行业跟随者一跃成为领跑者，真正成为世界黄金行业中的大国、强国。长春黄金设计院也引领了中国黄金的时代发展脚步，出色地完成了以内蒙古乌努格土山铜钼矿为代表的1200余座不同类型、不同规模的有色、黄金矿山和冶炼企业设计工作，项目遍布全国31个省区市及世界上20多个国家和地区，成为中国黄金走向世界的强有力推动者。

近年来，长春黄金设计院把握了黄金行业发展大势，在承接众多工程项目、为我国黄金行业大进步、大发展作出大贡献的同时，也培养、锻炼了一批行业领军人才、知名专家队伍和一大批爱党爱国、甘于奉献、经验丰富、年富力强、技术精湛、勇于担当的工程技术人才，成为建设行业智库、担当技术支撑的第一资源。

多年来，设计院积累掌握了多项世界领先技术并应用于多个示范工程之中：拥有生物氧化氰化提金技术，设计了辽宁天利生物氧化厂项目，开创了我国生物氧化提金技术产业化的先河。拥有原矿自结沸腾焙烧技术，设计了贵州金兴公司项目，为我国难处理金矿石的开发利用开辟了一条新路。这项技术处于国际领先地位，为我国已探明的千余吨难处理黄金资源的开发利用奠定了坚实基础。拥有特大型有色金属矿山露天开采技术，设计了青海德尔尼铜矿，为这片祖国西部高原插上了经济腾飞的翅膀。在高纬度高寒地区特大型乌山铜钼矿项目设计中，公司采用了"SABC"和尾矿膏体排放等八项行业创新技术建成的矿山，被誉为"中国铜工业的新坐标"。拥有高海拔地区矿山综合开发技术，在海拔超过5000米的高原，设计建设了甲玛铜多金属矿项目，掌握了多金属分离关键技术，项目建设被誉为"边疆民族地区振兴发展的典范"。拥有高寒地区大规模滴淋埋管堆浸技术，设计了内蒙古太平矿业项目，0.5克/吨的入选品位创造了突出业绩和丰厚利润，为我国已探明的大量低品位黄金资源经济利用起到了示范作用。拥有大型无轨自动化开采技术，设计了吉林白山板庙子金矿项目，树立了黄金矿山生产运营向高效、安全、智能化发展的典范。持续攻坚克难，研发深井开采综合技术，在国内黄金行业最深矿井1600米的山东纱岭项目中运用，将攻破我国深井提升、地热、地压等关键技术瓶颈。这些行业前沿技术，代表了我国黄金（有色）行业的最尖端科技水平，成为引领世界黄金行业持续发展的不竭动力。

此外，设计院还设计了辽宁排山楼金矿、吉林夹皮沟金矿、珲春紫金金铜矿、内蒙古珠拉金矿、白音诺尔铅锌矿、湖北三鑫铜矿、河南上宫金矿、银洞坡金矿、金源金矿、金渠金矿、雷门沟钼矿、河北金厂峪金矿、峪耳崖金矿、山东仓上金矿、牟平金矿、青海德尔尼铜矿、陕西太白金矿、东桐峪金矿等一大批黄金（有色）工业骨干矿山企业，为我国黄金产量连续12年保持世界第一贡献了智慧和力量。

作为中国黄金和有色金属工业工程建设咨询设计行业的引领者，设计院代表中国黄金行业编制了黄金工业工程建设规范、标准、定额20余套册，成为行业标准的制定者、推动者。

千淘万漉虽辛苦，吹尽黄沙始到金。我国黄金有色行业一项项行业标杆工程的建成投产，不仅彰显了公司强大的设计实力和市场竞争力，而且体现了我国几代黄金设计者自强不息的拼搏精神，为中国黄金工业和有色金属工业的大力发展奠定了坚实的基础，也为中国改革开放和社会主义现代化建设作出了重要贡献，也赢得了国务院、国家部委、行业协会的褒奖，近年来荣获了"国家科技进步奖"等各类重大奖项100余项。

在引领时代中坚定融入世界

时代在发展，技术在进步。经济全球化的趋势已经形成，设计院必须要走出去，掌握发达国家的工程设计技术、理念、标准和方法。积极响应国家"一带一路"倡议，服务于中国黄金集团有限公司"一带一路"建设项目的顺利实施，努力拓展海外市场，融入世界矿业发展和经济发展的大格局，提高在国际设计市场的知名度和话语权。

设计院在加拿大设立了中金矿业咨询公司，将国际先进的矿业技术、设计理念引入国内消化吸收，熟练掌握后用于国际工程咨询设计项目。设计院近年来先后同俄罗斯、加拿大、南非等20多个国家的公司建立长期技术交流与项目合作关系，顺利实施了中金香港索瑞米、吉尔吉斯库鲁、大湖等国外项目20余个，为开拓海外市场迈出了关键的一步，也为中国黄金集团公司走出去、中国黄金行业走出去积累了经验、树立了标杆。

回顾历史，展望未来，作为我国黄金行业工程建设领域的排头兵、领军者，长春黄金设计院有限公司一定会为中国黄金集团有限公司建设具有全球竞争力的世界一流黄金产业集团，为继续保持我国黄金行业在全球的领先地位，为维护国家经济安全、金融安全设计建设更多的项目、生产更多的黄金，为建设富强民主文明和谐美丽的社会主义现代化强国、实现中华民族伟大复兴的中国梦而不懈努力。

焦家金矿：走在全国黄金矿山前沿

山东黄金矿业（莱州）有限公司焦家金矿　潘春娟

当时间的车轮碾过 2018 年时，焦家金矿创下了这样的业绩：

年产黄金 7230 公斤；

全年实现利润 4.95 亿元；

荣获山东黄金集团"黄金产量最高奖、利润最高奖、安全环保奖、探矿增储奖、科技创新奖、工程建设奖、企业文化示范奖"七项大奖；荣获"山东省设备管理优秀单位""山东省两化融合优秀企业"……

让时间再回到 2009 年：

黄金产量 4305 公斤；

利润总额实现 3.43 亿元。

枯燥的数字背后，蕴藏的深厚底蕴几乎无法用语言尽述。弹指十年间，无论是黄金产量，还是利润总额，无论从哪个角度看，焦家金矿都已当之无愧地走在了全国黄金产金行业的前沿。

传承与实干——永恒的发展主题

这座 1975 年建矿、在中国黄金工业发展版图上占有重要一席、在中国黄金行业发展史上可圈可点的国家重点矿山，是胶东半岛的一颗璀璨明珠，历经 44 年的风风雨雨，越发绽放出熠熠光辉。

今年 81 岁，1975 年入矿的老军人李广成抚今追昔，想起建矿之初的情形依然感慨万分："那时候苦啊，搭地铺、睡猪圈，一个月挣 35 块钱工资，但是没有一个人有怨言。"

作为焦家金矿的"开拓者"之一，李广成对当时的情形仍旧记忆犹新："铁

焦家金矿焦家分矿

箢子、铁簸箕就是作业工具;凉开水、凉馒头就几口腌咸菜就是饱腹的佳肴;困了乏了就在矿山的猪圈里打地铺;苦了累了就吼几嗓子粗犷的号子醒脑提神。"矿山的开拓者们,以钢铁般的意志铸就了那段激情燃烧的岁月。

从1980年的日选矿处理能力500吨,到2006年的6000吨,再到2012年处理矿石量的8000吨/日,同时具备了日处理矿石1万吨的扩产潜力,这个山东黄金行业乃至全国矿业系统中智能化选矿的标杆工程,其经济效益和整体竞争力有力提升。

2013年11月,焦家金矿尾矿库"四库整合扩容"工程开工建设。2015年12月,通过专家组严格的评审验收,彻底解决"焦家金矿、新城金矿、天承矿业"三家矿山单位选矿排尾问题。2018年,焦家金矿"四库整合扩容工程"以坝体本质安全顺利通过了严格的中央环保督查。

2014年8月,新建每日1000吨生活污水处理厂正式投入使用,对焦家矿区及家属区生活污水进行处理,达到了生活污水"零排放"的目标。

2015年1月,焦家金矿万立方米蓄水池正式完工。年节约井下排水运行费用400余万元,树立了焦家金矿降本增效工作新的"里程碑"。

2016年开始，焦家金矿对6000吨/日采选改扩建项目的核心工程——新主竖井提升系统建设工程进行了全方位的提速增产优化改造，大幅增加提升量1400吨/日，焦家及望儿山两矿区已实现矿、毛石的集中运输与提升，承担起该矿总提升量的半壁江山。"分区开采、集中提升、集中选矿"生产格局已初步形成。

2017年1月1日，焦家金矿"黄金矿山尾砂综合利用研究"的子项目——尾矿压滤干排造地项目实现全面投产，对于减轻尾矿库压力、节约生产成本有着显著的成效，同时也为山东黄金集团实现无尾化矿山的长远发展目标奠定了坚实基础。

2017年10月，与玲珑金矿共同斩获了"双百吨"荣耀。

2018年6月，焦家运输大巷工程实现顺利贯通，创造了集团独头平巷月掘进243.9米的施工新纪录，成功打通井下高效运输的"高速路"，真正实现了"一矿三区"的大贯通、大整合。

2018年11月，焦家金矿尾矿压滤干排二期扩产工程正式进入施工阶段。扩产工程完成后，压滤系统总处理能力最高可达10000吨/日，能满足外排尾矿全部再利用的生产需求。

2019年3月，焦家金矿出台《带资源整合开发项目实施方案》。焦家带资源开发预可研项目是集团公司确定的新旧动能转换项目，也是焦家金矿实现生产重心转移的重大工程。该矿将充分发挥新旧动能转换工程统领矿山发展的"牛鼻子"作用，以新旧动能转换的巨大推力，推进该矿转型升级、做优做强步伐。

安全环保——永恒的责任担当

走进矿区，"不安全，毋生产""安全你我他，幸福千万家""爸爸，等你回来"一幅幅醒目的刊板、横幅悬挂于井口、车间、矿区并职工目之所及的各个地方。

将安全理念化有形于无形，是安全管理的至高境界，焦家金矿深谙此理。

因此，在黄金价格低迷、全矿上下都勒紧裤腰带过日子的那几年，在一滴水、一滴油、一度电、一张纸都要从细处算，从小处抠的情形下，焦家金矿每年的安全专项投入都在2000万元以上。该矿大力开展无轨设备安全运行专项治理、顶帮支护专项治理、安全生产百日攻坚治理等活动，在提升安全水平的同时，不断提高作业效率；深化违章记分考核和"井下流动红、蓝旗"考评办法，重拳出击违章违规现象，强化标准化整改力度；全面开展"两体系"建设，形成风险分级控制和设备设施风险分级控制清单，信息系统在线监控，达到标杆企业标准；大力推进"机械化换人、自动化减人"在各层面的应用，提高智能化普及力度，以实现"安全高效、提质创效"的目的。

这就是焦家金矿对于安全、对于生命的敬畏，也是积极践行山东黄金集团安全环保"双零"目标的最好诠释。

身负建设青山绿水的家国责任，焦家金矿在生态环保建设上更是成效显著：综合利用尾矿、废石建设加气混凝土砌块砖厂和石子厂，实现废弃物循环再利用；成功应用地热系统，实现了冬季清洁供暖和夏季节耗制冷；利用空压机余热回收技术加热井下水，满足员工的日常洗浴需求；"污水处理站""地下水中性处理"项目，使井下水达到饮用水标准；荣获"中国黄金行业社会责任大奖——最佳绿色环保奖"荣誉称号；尾矿压滤一期和二期工程共干排尾矿 269.9 万吨，节省尾矿库库容 245 万立方米，同时完成了部分地质灾害区域恢复治理，绿化复垦土地 200 余亩……

站在尾矿库坝顶，远处青山含黛，近处碧波荡漾，海天共一色，海鸟嬉戏飞，美景荡然于胸。焦家金矿用实际行动擦亮了"山东黄金，生态矿业"的靓丽品牌，在生态化建设的道路上，迈出铿锵有力的坚定步伐。

科技创新——永恒的发展源泉

任何事物的发展都不是一成不变的，发展中的焦家金矿也必须要经历从过去依赖资本扩张、资源消耗和劳动密集的粗放型的经营模式，向更加依赖与技术进步和管理创新集约型的模式转变，这是一次意义非凡的历史性转变。

于是，管理和技术上的创新首当其冲。

矿高管从规划企业发展战略的长远目标入手，审时度势、大刀阔斧地进行人事资源改革，鼓励满腹技术理论却缺乏实践支撑的大学生到基层锻炼，拓展人才发展空间，盘活人才资源配置，着力培养既有理论基础又有实践经验的复合型人才。打造人才成长的绿色通道，打破唯论文、唯职称、唯学历、唯奖项倾向的人才成长机制，以公开竞争的方式选拔生产车间领导，切实让"背着指标上岗、带着责任工作"的要求落在实处。

采取"请进来"和"走出去"的方式，开展技能技术培训，不断激发职工的创造力，营造你追我赶的竞争氛围。通过以师带徒，传承老技术，融合新科技，培养了一大批如"创新达人"尹春伟、"电焊神医"李永强、"维修高手"原宁波、"车工绝活"戴洪鹏等技术拔尖人才。

同时，积极运用7个创新工作室的平台效应，大力开展全员创新。仅2018年，完成矿内成果立项118项，评选矿内成果68项，采纳合理化建议56项，获得山东黄金集团成果奖励32项，中国黄金协会成果奖励4项，山东省科技进步奖1项，专利申请8项，其中发明专利1项。无轨设备创新工作室寺庄分室先后被授予"山东省冶金行业劳模和工匠人才创新工作室""山东省冶金总工会工人先锋号""山东黄金集团示范创新工作室""焦家金矿尹春伟创新工作室"等荣誉称号。

两化融合管理体系贯标顺利通过国家工信部评审，是集团内唯一一家贯标成功的企业。

积极对管缝式锚杆加工装置进行革新，使产能由8000件／月提升到2.3万件／月，生产质量和效率得到大幅提升。

通过邀请地质专家现场把脉，以新探矿理论指引探矿，实现新增储量39万吨。

"黄金矿山磨矿分级提质增效关键技术研究与应用""焦家金矿巷道支护标准化构建""尾矿处理再利用研究与实践"等创新项目分别获得中国黄金协会和集团科技大奖。

该矿在创新发展方面形成共识，在大众创新方面蔚然成风。

党建引路——永恒的政治支撑

创业难，守业更难，面对复杂多变的市场经济，如何将焦家金矿的优良传统发扬光大、实现企业的可持续发展，依然是目前迫切需要关注并解决的问题。

"坚持党的领导、加强党的建设，是国有企业的根和魂。"在该矿党建工作会议上，高管层话语掷地有声，"我们只有保持战战兢兢、如履薄冰的心态，才能成就一个企业大而不倒的传奇"。

秉持"政治导航，全面引领；政治站位，坚定信念；政治思维，决定发展"的工作理念，焦家金矿党委充分发挥党委管方向、把大局、保落实的主体和核心作用，紧紧围绕企业中心任务，以习近平新时代中国特色社会主义思想和党的十九大精神为主线,突出抓好完善组织体系建设、压实党建工作责任、提升组织机体活力、强化党员队伍素质能力、调动组织功能和发挥党员先锋作用等固"根"强"魂"系列工作。

一个时代有一个时代的主题,一代人有一代人的使命。从敢于有梦、勇于追梦到勤于圆梦,焦家金矿全体员工秉承习近平总书记"我将无我,不负人民"高尚情怀,在这美好的春天里,以"无我"姿态,勠力同心,矢志不渝,为企业,为国家,为民族,代代传承伟大的精神,持续奋斗这份伟大的事业!

三山岛金矿：开启"国际一流示范矿山"征程

山东黄金矿业（莱州）有限公司三山岛金矿　徐京民

新时代呼唤新作为，新作为展现新担当。近年来，山东黄金矿业（莱州）有限公司三山岛金矿凝心聚力谋发展，勇立潮头担重任，厚积薄发创未来，坚持以资源为核心，以效益为先导，以创新为驱动，实现新旧动能转换升级，持续提升高质量、效益和水平，共同打造"建设业内领先、国际一流的黄金矿山企业"的战略愿景，步入了新时代高质量发展的轨道。

发展中勇担责任，不负使命

国有企业始终是我国经济体制改革的重要环节。三山岛金矿是国家黄金工业"七五"期间重点建设项目，是中国100家大型有色金属矿采选企业之一。改革

三山岛金矿新立矿区全景航拍图

开放初期，矿山从1978年4月开始筹建，在创业发展中攻坚克难、上下求索，跨过了一段极不平凡的发展历程，走过了40年的风雨兼程。1991年，转入正式生产后，在开拓前进的道路上每迈出的坚实一步，都传承着创业精神，始终坚定了"追求卓越，创业进取"的山东黄金企业精神，踏上了一条走向光荣与梦想的掘金之路。

矿山自1978年筹建，1984年完成初步设计，于当年8月开始基本建设；1989年建成投产，1990年底采选生产能力1500吨/日，当时为国内生产规模最大、机械化程度最高的地下开采黄金矿山，一跃成为"中国黄金生产十大矿山"之一。2006年底，由原三山岛金矿与原仓上金矿整合后更名为山东黄金矿业（莱州）有限公司三山岛金矿。自1989年投产至今，累计生产黄金97.31吨，实现利税63.52亿元。

近年来，三山岛金矿井下采用主竖井、斜坡道联合开拓和脉外采准机械化盘区及宽进路式充填采矿方法，选矿采用三段一闭路破碎（高压辊磨机细碎）、一段磨矿分级、柱机联合浮选及海水选矿等工艺流程，金精矿统一冶炼。矿山在濒海采矿与防治水、进口设备国产化、选冶技术、数字化矿山、绿色环保等方面居国内黄金矿业领先地位。用于采矿、出矿、运输、提升、探矿、破碎等的设备，依托国外先进设备的应用，逐步开展国产化改造，向自主研发方向转型，从优秀到卓越，以创新得奋进，成为山东黄金永续发展的动力源泉。

经营管理中把握提升之策

"两本"管理赢在执行。以2007年为例，三山岛金矿以对标提升为突破口，把"对标"贯穿到工作的点、线、面，渗透到每一个具体细节，突破瓶颈，全力以赴提升管理水平，确保经营成果稳步增长。"人本管理"方面的举措有：矿山安全生产平稳运行，生产组织科学高效，各项指标屡创新高；生产规模不断扩大，集约化、规模化优势进一步确立；重点工程建设快速推进，跨越式发展后劲显著增强；内部管理改革稳健扎实，管理优势日益凸显；技术创新日新月异，可持续发展能力明显提升；职工生活质量有效改善，生活水平全面提高，矿山正处在"三个最好一个关键时期"——矿山整体发展情况处在历史最好时期，生产条件、生产形势处在历史最好时期，干部职工精神面貌和对矿山发展前景的信心处在历史最好时期。同时，矿山发展也处在最关键的时期，一个新的"大三山岛"正在崛起。山东黄金以争全国第一的大气魄和大手笔进行资源整合、人事制度改革，原三山岛金矿与原仓上金矿强强联合，一举摆脱了资源枯竭的困境，重现重大生机。

按照山东黄金集团管理模块的要求，三山岛金矿对组织架构进行科学设计，使管理部室由19个精简到10个；把辅助部门与生产车间进行了合并，有效减少了管理环节，实现了组织机构扁平化。在精简机构的基础上，进行了定岗定员和岗位竞聘，将作风硬、能力强的管理人员选拔到了重要工作岗位。矿山积极变革薪酬分配制度，杜绝"吃大锅饭"现象，一线作业岗位全面实行岗位津贴，加大效绩工资分配向一线岗位、工程技术岗位的倾斜力度，不仅营造了争先创优的意识氛围，而且挖掘出了职工蕴藏的巨大潜力。

成本管理方面主张"降低成本是真本事"。该矿勇于创新、敢于创新、善于创新，在全国黄金行业首次创造性地提出实现内部金属量交接的设想和方案，全面取消了辅助生产部门，建立了"以金属量交接为主线，以成本管理为中心"的内部市场化考核管理模式，使作业量与工资收入直接挂钩兑现，为实现矿山低成本运营奠定了坚实基础。在推行内部市场化管理模式的过程中，引入全面预算管理，强化目标责任体系。同时，积极倡导科技增效，挖潜降耗，对成本耗用的重点部位实施动态全过程监控。

在山东黄金集团考核的各项指标中，三山岛金矿一举勇夺黄金产量、吨矿成本、全员劳动生产率、利润总额、全年处理矿量五项第一名。

效益效能助勇猛直前再加速

黄金矿山企业竞争犹如一场赛跑，效率和效能决定奔跑速度。站在高质量发展新征程起跑线上，三山岛金矿立足实际，深挖内潜，以强化经营管理为重点，聚焦于矿井生产接续、精细化管理、降本提效，多点发力，齐头并进，跑出了经营管理效能"加速度"。

2016年，该矿认真贯彻山东省国资委和山东黄金集团公司《关于省管企业推行内部市场化经营的指导意见》，把内部市场化建设作为应对危机挑战、推动创新发展的重要举措。在推行实施内部市场化建设过程中，不断优化流程再造，构建内部市场化管理架构，按照"横向到边、纵向到底"的建设要求，拓展市场化结算范围，推动市场化运作延伸至每个节点、每个岗位，形成内部市场化建设强大合力。

在此基础上,三山岛金矿通过建立内部市场化管理体系,初步形成了市场主体层级清晰、基础支撑体系健全、制度体系完善、交易核算顺畅的运行机制,实现了机构精简、资源优化、降本提效、活力焕发,实现考核体系由"单一静态预算"向"静态和动态预算相结合"转变,管理模式由"管理者推动"向"市场机制驱动"转变,单位工资指标由"下拨总额"向"结算收入"转变,个人收入考核由"事后算账"向"即时结算"转变,职工理念由"单位发工资"向"自己挣工资"转变。

同时,矿山紧扣山东黄金集团系列会议部署要求,进一步加快构建层次明晰、交易顺畅、运行高效、全面覆盖的内部市场运行体系,进一步深化内部市场化改革,着力破解影响内部市场化的体制机制障碍,实现由"行政"向"经济手段式管理"、由"管理者推动"向"市场机制驱动"转变,形成"人叫人干人不干,机制调动一大片"的良好格局。

循环发展保持国家级"绿色矿山"

高效利用资源,精心呵护生态。2010 年,山东黄金就提出了"山东黄金,生态矿业"的发展理念,坚守"用心守护绿水青山,用爱造福地球家园"的初心不改,以最小的生态扰动量获取最大资源(价值)量的同时,三山岛金矿不断提高资源利用效率,改善美化矿区环境,打造和谐美丽矿山。

矿山经过多年来的不断探索、勇于实践,在资源开发和利用过程中,坚决贯彻绿色矿山建设规划中的"四效并举、统筹兼顾""循环经济发展理念""以人为本""科技进步"四大原则,把绿色矿山建设作为矿山建设发展的主要目标和重要任务,秉持"规模化、大型化、数字化、生态化、低碳化的万吨大矿"建矿理念,通过进一步升级改造信息化矿山调度中心,建设高度集成的中央集控系统,实现跨矿区的远程集中控制,统一调度、集中管理。陆续实施"有轨运输机车监控系统""矿区通风系统变频调速改造""充填自动化""井下微地震监视系统"和"选矿自动化""磨矿分级自动控制系统"等项目,全面提升三山岛金矿的数字化矿山水平。

既要金山银山,又要绿水青山。矿山坚持以科学发展观为指导,以绿色矿山建设为依托,加快矿山发展方式转型,成为全国 37 个首批"国家级绿色矿山试点单位"之一，绿色矿山建设成了矿山的一项重要工程和一种社会责任。

在规划期内，矿山以矿产资源综合开发利用工程的实施为主要手段，着力在资源规模化开发、产业结构布局调整、后续开发资源保障、生产方法工艺改良及资源综合利用等方面实现突破。

2017年，世界第一大黄金公司——巴里克黄金公司董事长桑顿对三山岛金矿给予极高的评价："堪称国际和谐生态矿山的标杆。"

精准定位助推国际一流示范矿山

三山岛金矿作为打造"国际一流示范矿山"建设的"领头羊"，坚持高标准规划，精准定位。一方面"高处做高"，在矿山主体区域和关键技术方面，比如"深井采矿与充填、远程控制"等，达到国际领先水平。另一方面"低处做实"，打造"国际一流示范矿山"，不仅要有高度，更要有实效，要从资源、管理、科技、人才等各个方面筑牢根基，提高在全球矿业领域的话语权和决定权。

打造"国际一流示范矿山"建设的"硬实力"和"软实力"为最终实现智能化经营决策奠定基础。在矿山"硬实力"方面，最直观的是资源储备、技术和装备水平，重点在信息化、自动化、智能化方面下功夫，通过三维可视化资源精准建模，实现从资源圈定、回采设计、作业计划，到生产过程管理、工程验收决算管理等全方位自动化；通过引进自动化、智能化设备、作业现场安全自动检测和远程控制，实现作业现场少人或无人化管理；通过智能通风、无人驾驶运输等系统建设，在降低能源消耗的同时，达到本质安全和提高效率效益的目的；三岛金矿通过大数据分析、云计算和综合信息管控平台建设，提高矿山的现代化管理水平，为最终实现智能化经营决策奠定基础。

在矿山"软实力"方面，最有代表性的是管理水平与企业文化，通过管理理念、管理制度和管理模式上建立与"国际一流示范矿山"相匹配的管理和文化，充分发挥企业文化的引领作用，以公正的环境、开放的胸怀，凝聚起发展的正能量，确保各项工作按照规划目标和方向去运行，致力于走出一条高效采矿、三维采矿技术、智能采矿系统、智能选矿建设、生产安全管理、生产协同管控、生态环保升级、和谐社区建设等"八大核心"共同推进的"国际一流示范矿山"发展之路。

从量的积累到质的飞跃，从点的突破到系统提升，三山岛金矿的管理增值与提质创效相辅相成，正成为助推其高质量发展的新动力源。发展争在朝夕，落实重在方寸。三山岛金矿将加满油、鼓足劲，凝聚共识，全面提速，不断开创各项工作的新局面，为山东黄金集团向着业内领先、国际一流的黄金矿业企业阔步前行，再立新功！

北衙金矿：从"小型铅矿"到全国第三大黄金矿山的华丽蜕变

云南鹤庆北衙矿业有限公司 杨炤锋

鹤庆北衙矿业有限公司前身为大理州属国营企业北衙铅矿，始建于1956年。至1977年间，北衙铅矿是一个以改造罪犯为功能的劳改企业，担负着改造和生产两大任务。1977年7月起，由劳改企业转变为小冶金工人厂矿企业。1998年，云南地勘局第三地质大队承担债务式兼并北衙铅矿，成立了大理州北衙矿业有限责任公司；2001年，企业改制为云南地矿资源股份有限公司北衙分公司；2009年7月，改制为鹤庆北衙矿业有限公司，是云南黄金矿业集团股份有限公司的法人独资企业。

在云南省地矿局的勘探开发下，北衙公司逐步发展成为一家集采矿、选矿、冶炼于一体的贵金属矿山生产企业。目前，北衙公司成为云南黄金集团旗下最大的黄金生产企业，在全国十大黄金矿山中排名第三。

实现重大找矿突破，变荒山为金山

北衙公司找矿突破是一个曲折的过程，经历了从20世纪50年代的铅锌铁矿到20世纪70年代发现金矿。

1982—1986年，武警黄金十三支队在北衙第一次开展金矿普查；

1987—1997年，西南有色局310队对笔架山、红泥塘、万硐山含金褐铁矿体及第三纪堆积"红土型"金矿开展普查；

1998年以后，云南地矿三大队、云南黄金集团连续勘查并多次提交勘查报告，实现找矿重大突破，使北衙金矿成为我国新增带最大的矽卡岩型金多金属矿床，也是我国西部最重要的黄金基地。

采矿技术不断提升，实现资源利用最大化

早期北衙矿区以铅锌矿的开采和冶炼为主，地表浅层挖掘与坑道掘进同时进行，通过不断探索与增储，资源利用转向金、银、铁等元素。采矿先辈朴实无华、坚韧顽强、无私奉献，发扬"三光荣"精神，迈出了北衙黄金开采的坚实的第一步，2005年3月8日正式启动万硐山采场露天剥离开采。随着勘探加深及资源增储，矿山规模向大型化、数字化、多元化迈进。

矿山立足长远，立志用科技提升生产综合效率，于2017年初建成矿山胶带废石输送系统并投入使用，揭开了运输方式改进的崭新篇章。

铁腕重拳抓安全环保，天蓝水绿环境变美

北衙公司高度重视安全环保工作，始终牢记"发展不能以牺牲人的生命为代价"的安全红线，全面落实企业安全生产主体责任，采取有力措施确保矿山环境安全和生产安全。生产经营规模稳定增长的同时，各项安全环保指标控制

较好，总体安全态势良好。先后被大理州人民政府评为"安全生产先进单位"，并获得全州职业健康管理"先进示范企业"、鹤庆县"平安企业"等多项荣誉称号。

北衙公司各生产单位择优组建了精干、高效的兼职安全管理队伍，不断夯实安全生产条件，大力推进矿区环境改善，及时消除安全环保隐患，有效降低矿区环保承载能力。

北衙公司持续进行安全环保技术创新。为攻关尾矿淋溶液的无害化课题，公司与长春黄金研究院合作，通过4年多的研究，完成了《炭浆尾液深度净化与综合利用工程化技术及装备研究》，并投资建成了尾矿淋溶液深度处理工程。项目于2015年通过了中国黄金协会组织的科学技术成果鉴定，被评为科学技术奖一等奖。

肩负国企责任，不忘反哺社会

北衙公司历来注重和支持参与地方公益事业的发展，积极为当地基础设施建设贡献力量，推崇慈善公益的理念，理念早已铭记在每一位员工心中。

公司合规统筹资金，形成了公司与员工上下联动、共同参与的良好局面；反

云南黄金集团鹤庆北衙矿业有限公司全景

哺社会，促进当地公益事业的不断发展和完善，已经成为公司企业文化的重要组成部分。2008年至今，北衙公司累计筹集资金5000余万元用于当地教育、农村道路建设、村镇活动基础设施建设、农田水利设施建设等公益事业，为当地经济发展作出突出贡献。

内蒙古太平：为低品位金矿床大规模
开发利用贡献中国方案

内蒙古太平矿业有限公司　杨锋锋　唐金铃

内蒙古太平矿业有限公司是由中国黄金集团有限公司所属的中国黄金国际资源有限公司控股的中外合作企业。中国黄金国际资源有限公司在加拿大多伦多证券交易所和香港联交所上市，是中国黄金集团有限公司拓展海外业务的窗口和平台。公司现有员工585人，年处理矿石量超1300万吨，平均品位0.6克/吨，年产黄金6吨以上。短短几年间，凭着先进的采选工艺、科学的发展理念和标准化的管理模式，公司成为一家集采、选、冶于一体的现代化黄金矿山企业，是国内最大的单体黄金堆浸矿山企业，开创了国内低品位金矿床大规模开发利用的先例，为世界严寒低品位黄金矿山大规模开发利用贡献了中国新方案。

自2008年被中国黄金收购到2018年这10年间，公司累计生产黄金47.45吨，实现产值127.55亿元，资产总额46.86亿元，人均年产金8.2公斤，始终保持在集团公司首位，位居国内前列。公司切实实现了国有资产保值增值，带动了地域经济发展，得到了社会各界的一致好评。自2013年以来，公司连续被评为"中国黄金生产十大矿山"和"中国黄金经济效益十佳矿山"。

公司党委将进一步动员广大干部员工解放思想、转变观念、与时俱进、勇于创新，实现公司快速、健康、可持续发展，提升中金国际的市场形象和行业地位，助力集团公司建设成为具有全球竞争力的世界一流黄金产业集团。

贡献低品位金矿床大规模开发利用新方案

公司的采选工艺为大规模露天开采和国际国内先进的堆浸工艺。堆浸场采用大型分层筑堆方式，进行埋管滴淋，既减少了水分蒸发，又保证了矿山在北方寒

内蒙古太平矿业办公区

冷地区全年候生产运营。该项技术获得"中国黄金协会科学技术进步奖一等奖",其应用实践也为世界严寒低品位黄金矿山大规模开发利用贡献了中国新方案。采用的贵液池覆盖技术及全密闭循环重复利用工艺填补了国内空白,有效地减少了水的蒸发和浪费,同时也实现了生产废水的零排放,成为矿山行业节约水资源和环境保护的典范。公司先进的黄金处理设备及破碎设备是国际标准的高效节能设备,有效地降低了生产成本、提高了生产效益。

为进一步增强企业实力、有效利用矿产资源,公司在一期生产的基础上,于2012年8月投资9.33亿元,历时仅一年就完成了二期技改扩建工程,年产金量由4吨增加到了6.8吨,增幅达70%,年处理矿量由660万吨增加到了1320万吨,增幅达100%,再建了一个太平矿业,标志着公司发展进入一个新的阶段。为不断提升企业综合竞争力和发展质量,公司不断深挖内潜,按集团公司要求,优化"五率",降低"五费",多措并举,深入推进全过程成本管控,6年累计实现降本增效2.26亿元,实现了企业持续、健康、和谐、稳定发展。

在生产过程中,公司始终坚持科技创新,向科技攻关要效益。大力倡导小改小革、技术创新,密切与科研院所交流合作,加大知识产权的研发与投入,公司累计获得授权专利15项,并被认定为国家级高新技术企业、自治区企业技术中心、自治区企业研发开发中心。

树一流安全环保理念，建创新型绿色矿山

公司始终把职业健康、安全环保工作放在生产经营的首位，坚持"安全第一、预防为主、综合治理、以人为本"的安全管理理念。公司通过加强安全培训，实行安全工作约谈机制，将施工队的安全管理全部纳入公司安全管理体制，实施安全生产正向激励机制，大力提倡"科技兴安"等各项措施，深入开展安全生产标准化工作，全力践行"零事故、零伤害"的承诺。公司以国际标准监测、运行和管理矿山，致力于创建国内一流、国际先进水平的绿色环保黄金矿山企业。公司通过加大"三废"治理工作力度，实现生产生活废水零排放，同时，深入开展绿化美化工作，为广大员工营造优美舒适的生产生活环境。

近年来，公司累计投入安全环保资金约60521.96万元、绿化资金约1837.83万元，完成绿化面积25万平方米，矿区绿化覆盖率达到85%以上，厂区处处充满生机和活力。公司对排土场进行了覆土植被，荒石之上现已绿草如茵，切实实现了土地资源的可持续利用。公司以实际行动积极践行"绿水青山就是金山银山"理念，被内蒙古自治区绿化委员会授予"全区绿化模范单位"荣誉称号，被原国土资源部评为"国家级绿色矿山试点单位"。

积极践行社会责任，共建企地和谐企业

作为在加拿大多伦多和中国香港两地上市的中央企业，公司一直秉承"建一座矿山，绿一片环境；富一方经济，扶一方百姓；促一方和谐，树一座丰碑"的宗旨，积极践行社会责任。

公司现有巴彦淖尔市人大代表一名、巴彦淖尔市乌拉特中旗人大代表一名、巴彦淖尔市乌拉特中旗政协委员一名。他们认真履职，收集社情民意，积极建言献策，先后围绕脱贫攻坚、生态环境保护、推动矿产资源开发等提出10余件代表建议和政协提案。同时，公司积极助力脱贫攻坚，配合当地政府累计解决就业235人，通过优先采购当地生活物资等方式努力提高农、牧民收入。

此外，公司始终坚守中央企业的社会责任，开展了大量的社会公益活动。

出资帮助周边农牧民建设自来水进户工程，为当地苏木捐款修建医院，为旗红十字会和慈善协会捐赠善款，多次组织博爱一日捐、金秋助学、扶贫济困活动，积极参加牧民祭敖包等民俗活动，主动参与当地抗旱防汛工作，从行动上坚定践行中央企业的政治、经济、社会责任。近年来，公司在捐款、帮扶、共建及基础设施建设等方面累计投入资金 1200 余万元，与驻地农、牧民建立了良好的企地关系，塑造了企业的良好形象，带动了地方经济又好又快发展。

2017 年，公司作为集团公司独立编写发布社会责任报告试点单位，单独编写、发布了公司历史上第一本社会责任报告，详细总结、展示了公司历年来履行社会责任的优秀案例，塑造了中国黄金在内蒙古区域的良好形象。

步入新时期，内蒙古太平矿业有限公司将继续深入贯彻落实党的十九大精神，以习近平新时代中国特色社会主义思想为引领，坚决贯彻落实五大发展理念，在各级党委政府的大力支持下，在中国黄金集团有限公司、中金香港、中金国际的有力领导下，科学合理地开发资源、利用资源、保护资源，把资源优势转换为经济优势、环保优势，全力为地方经济和谐发展、上市公司持续盈利，以及中国黄金集团有限公司建设具有全球竞争力的世界一流黄金产业集团作出新的更大贡献。

新城金矿：大力推动数字化矿山建设

山东黄金矿业股份有限公司新城金矿　于绍雷

山东黄金矿业股份有限公司新城金矿始建于 1975 年，地处美丽富饶的胶东半岛莱州湾畔，是一座具有采选综合生产能力的国家大型黄金矿山。40 多年来，新城金矿依托大自然赋予的神奇恩典，不断推进改革创新、扩产改造，经济效益连年上层次、步步跨台阶，业已成为全国黄金行业中的佼佼者。

岁月承载着历史的脚步，大地积淀了文明的精华。从抱钢钎、抡大锤，白手起家，到现代化机械开采作业，一座技术先进、装备精良、人文和谐的绿色生态矿山巍然屹立，一路披荆斩棘，一路高歌猛进。

深化改革创新，促进提升发展

面对资源储备、市场条件、成本制约等诸多影响因素，新城金矿历届领导班

新城金矿办公楼

子深谙改革创新是推动企业实现可持续发展的必然选择，对企业管理、降本增效、资源利用、技术创新、生态环保等方面实施全面优化，加快提高资源运营水平，不断增强内生性发展能力、市场竞争能力和抵御风险能力，全力推动矿山产业转型升级，实现可持续发展。

在强化基础管理方面，新城金矿在"基础管理达标"纵向专业梳理中，各专业对照自创的16条业务板块工作清单，进行了资料层面、执行层面、监管层面的自查自纠，同时，深入剖析、精准确定了各专业存在的短板和突出问题，制定了翔实的整改方案，确保整改有的放矢。

在内部市场管理方面，新城金矿历经了"顶层设计、体系建设、固化提升"3个阶段，建立了主体明晰、交易顺畅、考核严格、运行高效的内部市场化运营机制，形成了以"五全管理"为基础的"5+1"内部市场化中长期规划，构建了具有国有企业、黄金行业、新城金矿特色的"3710"内部市场化运营模式。

与此同时，新城金矿坚持"有交易就有市场，有市场就有价格"的原则，建立健全两级市场定额（价格）体系，并不断向班组、岗位延伸，累计测算一级市场定额八大类5803个，二级市场定额（单价）75769个，为做实、做细内部市场化工作提供了坚实保障。

追求双零目标，筑牢安全根基

多年来，新城金矿秉持安全环保"双零"这一安全环保理念，从"人机物法环"各方面促进安全本质化，实施安全闭环管理。一方面狠抓以采矿作业为龙头的生产现场、技术和设备管理，在井下实施锚杆+长锚索+笼形锚索+喷浆的联合支护方式，严格执行"全支护采矿"，先后完成采场标准化、提升系统标准化、有轨运输标准化建设，不断提升矿山本质安全水平。另一方面，新城金矿充分发挥科技人才优势和自主创新优势，积极推进井下安全标准化建设，斥资建成"安全避险六大系统"，建立健全安全生产应急系统，先后被认定为"山东省非煤矿山安全生产标准化二级企业""山东省安全生产应急管理示范点"。

工作中，新城金矿将"双重预防体系"作为全面推进矿山本质安全的重要载体，坚持常态化运行，形成"建设—运行—改进—完善"的良性机制。同时，新城金矿借鉴道路交通违章扣分的模式，实施安全违章记分考核制度。制定了101个操作岗位的作业标准，覆盖全矿所有操作岗位，每个标准对应制定了"岗位危险源辨识与防控卡"，对重点岗位制作了岗位作业标准化视频教程。每天对各单位的安全管理缺陷、现场安全隐患整改落实情况、各类安全考核的处罚情况、违章人员违章记分情况等进行"曝光"，让隐患无处藏身，使各单位的安全管理工作置于广大员工的监督下，既促进了各单位加强安全管理，及时全面整改安全隐患，也对员工杜绝各类习惯性违章行为起到了很好的警示教育作用，在全矿形成了"遵章守纪光荣，违章违纪可耻"的浓厚氛围，有力促进了各项安全制度落地。

实施科技兴金，建设数字矿山

秉承需求驱动、创新发展、管控一体的理念，近年来，新城金矿大力推动数字矿山建设，以安全生产自动化和管理经营信息化为主要内容，先后投资建设了管控中心、选矿自动化、排水自动化、人机定位综合管理系统等20余个数字矿山项目，有5个项目获得国家专利授权，被授予"中国专利山东明星企业"等殊荣。

同时，新城金矿大力实施"机械化换人、自动化减人"，提高工作效率，增强安全保障。

为加快科技创新、培育发展动能，新城金矿设立科学技术委员会，专门成立了科技信息部，总体负责全矿科技工作；设立地测采、选冶质检、机电自动化3个创新工作室；成立了多个核心技术攻关团队，深入开展技术创新和工艺改造。制定了科技创新管理办法、研发费准备金管理办法、员工创新平台（创新工作室）管理办法等制度，从组织结构、工作制度、目标规划、奖惩标准等多方面，规范了科技创新管理。同时，健全以创新质量和实际贡献为导向的考核评价机制。

新城金矿深入开展科技研究，"厚大破碎矿体全分段预裂挤压一次爆破强化开采技术研究""新城金矿深部采场回采参数及回采工艺技术研究""基于摄影测量的岩体分级机失稳控制与应用"等一批成果达到国内领先和国际先进水平，每年创造实际经济效益1亿元，被国家"863"计划项目组确定为"地下金属矿山智能开采技术"试验基地之一。

突出绿色环保，打造生态矿山

奉献金山银山，留下绿水青山。作为首批"国家级绿色矿山试点单位"，新城金矿先后投入专项资金，实施矿区绿化和环境改造，兴建了矿区大门、办公楼前喷泉工程、健身体育广场、绿荫停车场、生态路等亮点工程，总绿化面积达到8万平方米，绿化覆盖率达到98%以上，形成了"矿在园中、路在林中、人在绿中"的优美矿山环境。

作为"国家环境友好企业"，新城金矿坚持以科学绿色开采为指导，通过大力发展循环经济，生产废水和生活污水全部实现循环再利用，达到了"零排放"；改进采选工艺，不断提高资源利用率，被评为"全国矿产资源节约与综合利用先进适用技术推广应用示范矿山"；开发利用清洁能源，应用太阳能、地源热能技术照明、供暖；大力实施矿区绿化和环境改造，绿化覆盖率达到100%，打造出花园式矿山。2013年，新城金矿充分利用在矿产资源节约利用方面的技术优势和成果优势，成功获得中央财政矿产资源节约与综合利用"以奖代补"项目一等奖，获奖励资金1000万元。通过各种途径，有力促进了环境保护和节能减排工作，2018年5月顺利通过"国家级绿色矿山"核查。

弘扬党建文化，构筑和谐家园

多年来，新城金矿坚持以党建兴企，打造具有新城特色的党建品牌。

新城金矿坚持将党建融入生产经营，把"大学习、大调研、大改进"作为推动矿山"抢接续、保生产"工作落实的重大机遇，制定了实施方案和配档表，并由矿领导带队，分11个调研组赴各单位认真组织开展专题调研，明优势、找短板、察实情、寻实策，结合实际选准切入点和突破口，列出需要重点解决的问题清单和具体表现，制定改进方案，切实做到了在学习中对标、在调研中查摆、在改进中提升；围绕"发挥党支部战斗堡垒作用，凝聚攻坚冲刺的强大合力、发挥党员先锋模范作用，展现新时代新担当新作为的昂扬风采、坚持围绕中心服务大局，以优异的生产经营业绩体现党建工作成效"三个方面，开展了"打好收官战，党员做先锋"活动，激励广大党员在全面完成年度生产经营各项目标的冲刺过程中、立足岗位、建功立业，为实现"今年收好官、明年开好局"提供强力支撑。

一直以来，新城金矿把"饮水思源，回馈员工"作为矿山建设的重要内容，推动工作重心下移到生产一线，把党建思想政治工作与生产经营进行融合创新，寓于学习型组织建设、文体娱乐活动等一系列工作之中，把政治优势转化为发展优势，用春风化雨般的企业文化融智化行，构建起上下高度认同、自觉践行的文化体系。

在追求可持续、健康、长远发展的道路上，新城金矿坚持传统美德与时代精神相统一，驰而不息地营建"孝德文化"新风尚，筑厚道德土壤，培育文明之花，从党员干部的先锋垂范，到劳动模范的引领示范，矿山千余名员工无不承载着中华民族的传统美德，放飞梦想，扬帆起航。

玲珑金矿：赤诚本色撑起黄金

山东黄金矿业（玲珑）有限公司　秦良水　张明凯

它是我国采金历史最悠久的主力矿山，从宋代以来规模开采绵延至今；它是为中国革命立过大功的矿山，自 1938 年起，在中国共产党的领导下，克服重重困难"13 万两黄金送延安"；它是有着辉煌成就的矿山，中华人民共和国成立后其黄金产量连续 23 年居全国第一，重新组建以来累计黄金产量已突破 100 吨，刷新业内纪录；它是中国黄金矿业的摇篮，为中国黄金行业输送了大批的人才，被称作"中国黄金矿山行业的黄埔军校"。

它就是山东黄金矿业（玲珑）有限公司。

70 年里，玲珑金矿将"红色基因"作为宝贵的精神财富和文化资源，建立了中国黄金行业首个红色教育基地，通过与时俱进传承和发扬"红色基因"，持

玲珑金矿全景

续加强党建工作和企业文化建设，为70年不断推动高质量发展，提供了有力支撑和坚强保障。

火热年华里的"担当行者"

中华人民共和国成立后，玲珑金矿始终秉承着红色精神，奋力生产，苦心经营，用默默付出为刚刚诞生的中华人民共和国装扮"金色的华盖"。

在1962年，玲珑金矿重新组建之时，正是中国黄金行业刚刚起步的时刻，玲珑金矿承担了"中国黄金矿山龙头"的角色。

组建初期，这里条件极为艰苦，车间是草棚，井下抡大锤，土机磨碎矿，土拉流选金，运输设备全靠人拉肩扛。面对艰难险阻，玲珑金矿干部职工群策群力，组织精干力量成立地质队，积极学习最新钻探技术，探寻新的富矿脉及厚大矿体，采用分段片帮的方式进一步拓宽巷道规格，全面优化生产系统，积极转变采矿方法，逐步引进当时最先进的装岩机、电机车等先进设备，团结一致，苦干实干。同时，借助长春黄金研究所等"外脑"，积极开展深度合作，进行技术攻关。最终，经过5年的艰苦创业，玲珑金矿生产能力突破600吨/日、年产黄金2.69万两，成为当时全国最大的黄金矿山。

1975年6月，国务院副总理王震受周恩来总理的嘱托亲临玲珑金矿视察。这一年，玲珑金矿矿工手把钎杆人打锤，采用高强度掘进的方式，将所辖最大分矿的几个矿区在井下贯通相连，提高整体生产能力。"妇女儿童齐上阵"手工破碎矿石，提高选矿生产能力，"吃饭要人喊，休息要人劝"的场面随处可见。同时，集全员之力先后筹建所属焦家矿区和三山岛矿区，后成立焦家金矿和三山岛金矿，基本奠定山东黄金胶东金矿群的整体框架，受益至今。

玲珑金矿自1975年黄金产量突破历史最好水平后，连续23年黄金产量位居全国第一；1982年，在农村家庭联产承包责任制刚刚开始之际，玲珑金矿率先在全国黄金行业试行承包经营机制；1985年，当改革开放的大潮在黄金行业刚刚泛起涟漪之时，玲珑金矿首先走上了企业内部改革之路，自我破茧。

至1988年，玲珑金矿黄金产量率先突破100万两，居全国第一。26年里，"玲珑人"以"知其不可为而为之"的惊人勇气与毅力，完成了让所有人瞠目结舌的成就；26年里，"玲珑人"手刨脚踏，肩抗人推，老婆孩子齐上阵手工碎矿，硬是用脚量出来、用手刨出来一个"百万两"。26年里，玲珑金矿年利润曾占到全国黄金行业总利润的一半有余；26年里，玲珑金矿焦家矿区和三山岛矿区先后划出，分别成立焦家金矿和三山岛金矿，基本奠定山东黄金胶东世界级黄金生产集群；26年里，"玲珑模式"传遍大江南北，扬名国际，每年都有来自美国、加拿大等几十个国家的大型黄金企业和地质专家到玲珑"取经寻宝"。

历史还在继续，之后的"玲珑"成为"第一"的代名词，成为黄金行业的最高标杆！2006年，玲珑金矿黄金产量又突破200万两大关，再创"全国第一"，而这个100万两只用了18年。这18年里，玲珑金矿工业总产值、利税总额在黄金行业雄踞全国第一，第一批进入国家二级企业，第一个实行领导体制改革和深化企业内部改革；这18年里，玲珑金矿第一个实现并向全国推广了氰化提金机械化连续生产，第一个实现了世界黄金分析技术重大突破，在我国第一个应用活性炭吸附柱碘量法测定金……

而当有人认为辉煌的玲珑金矿即将成为明日黄花的时候，当有人认为玲珑金矿即将成为历史的时候，它却实现了凤凰涅槃、老树吐绿。至2017年，玲珑金矿连续突破了300万两和100吨大关，不仅成为国内有黄金产量公开记录矿山里第一个完成"百吨"的单体矿山，更在世界黄金企业中占据独特历史地位。这个历史时期，玲珑金矿黄金产量从2006年的5万余两飙升至2018年末的13万两。这12年是玲珑人艰苦卓绝的12年，也是承前启后的12年。12年里，原矿平均品位只有2克/吨多点，每天平均产金至少要达到11公斤，才有了第三个100万两和100吨。

玲珑金矿不仅仅在黄金生产和创新上追求卓越，更被誉为"中国黄金行业人才的摇篮"。据不完全统计，玲珑金矿自1938年起已累计向全国输送各类人才逾千人，分布在北京、山东、新疆、广东等全国20多个省份的各行各业。1962年重新组建以来，玲珑金矿依托内部培养，先后向上级机关和兄弟单位输送了500多名领导干部和科技骨干。而当下，玲珑金矿以"得一人才，比生产一吨黄金更珍贵"的理念，大力实施"以师带徒"等人才梯队培养机制，使一批批优秀人才在玲珑金矿脱颖而出。

永不服输的黄金探寻者

被誉为"亚洲第一大金矿田"的玲珑金矿田特点是"窄矿脉，薄矿体"，矿脉丰富，每条矿脉的储量却不大，每次探得的储量都只够维持两三年，资源接续最短的时候只有3个月。

自重新组建以来，资源接续危机的警报一直萦绕在"玲珑人"耳边。半个多世纪来，玲珑金矿一直遵循"追掘进，攻盲区"的原则，每月安排掘进机台几百部，朝着"一万米掘进，一万吨付产"的目标奋力攻坚，几乎年年打破掘进历史纪录。

利用全国危机矿山接替资源找矿项目的支持，"玲珑人"在175号脉群井下500多米的掘进迎头，打响了危机矿山找矿的第一钻！百余部钻机轰鸣声中带着锋利的钻头穿过坚硬的岩层，它向大自然宣布：拥有钢铁般意志的"玲珑人"不惧怕一切危机与困苦，这次也不例外。经过半年多艰苦卓绝的战斗，"玲珑人"在175号脉群、36号脉群深部地段发现特大深延型金矿床，累计探明C+D级矿石量1378.05万吨、金金属量161704.32公斤。"藏在闺中人未识"的两大黄金脉群，在科学的成矿理论和凝聚的"玲珑心"面前，掀开了金碧辉煌的神秘面纱，露出了金黄灿烂的容颜。

近几年，高速奔跑十几年的玲珑金矿进入"疲劳期"，上部存留资源消耗殆尽，深部探矿效果一直不明显，但"玲珑人"掘进找矿的轰鸣声没有停歇。2018年，该矿完成掘进指标已经达到15万米水平，年掘进量相当于山东黄金集团所属三山岛金矿和焦家金矿总量再加新城金矿半年的掘进量；在用巷道总里程达500多千米。如果将这些巷道连成一条直线，可直通山东黄金集团济南总部大楼。

2019年，玲珑金矿将中华人民共和国成立70周年的节点定位为自己的"探矿增储攻坚突破年"，按照"重点靶区重点探、探盲扫边全面探"的原则，加强分析研究，规划探矿靶区，增加探矿效果，加强对边角矿和空白区的探矿，增加资源储量，延长服务年限，与科研单位紧密合作，创新使用先进物化探方法，利用坑探、坑内钻探等形式，摸清矿体变化规律，探明地质资源现状，并力争探矿增储取得新突破。

争一流闯前十的开路先锋

立说立行是"玲珑人"的本色。2019年，玲珑金矿传承红色基因，牢记初心使命，以"0123456"为工作重点，秉持"产量是干出来的，工资是挣出来的，尊严是拼出来的"拼搏意识，坚持"以量保产"，通过制定有效激励政策，推行现场动态管理，开展劳动竞赛、工程会战等方式，提高生产效率；坚持"以质取胜"，从源头抓矿石质量管理、精益工程管理，严控矿石损失，提高出矿品位，优化选矿工艺流程，加强采出管理及残矿资源回收，不断提高生产能力；强化探矿增储，以掘进换资源；强化"我的岗位我做主，我的阵地我保住，我的家园我守候"理念，寸土不让，做好资源保护；推进"六竖三斜""无尾矿山"等项目建设，推进扩产提能……通过一系列举措建设"本质安全型、绿色生态型、创新智慧型、持续盈利型、美丽和谐型"的"五型矿山"，共建幸福美丽新玲珑。

中华人民共和国成立70周年，玲珑金矿受中国共产党的领导80年，在时间的年轮里，玲珑金矿从近乎原始的生产工艺出发，一步步建设幸福美丽新玲珑，以家国情怀担当，为党为国奉献金山银山，留下绿水青山，用实际行动矗立起"红色玲珑""金色玲珑""绿色玲珑"的丰碑！

夏甸金矿：在严格精细管理中低成本运营

招金矿业股份有限公司　董丽杰

70年斗转星移、沧海桑田。回望中华人民共和国成立以来的70年，我们看到的是一条中华民族从独立到富强的复兴之路，是中华儿女改天换地、创造人间奇迹的辉煌之路。

当黄金已经和中国梦、中华民族的伟大复兴紧密联系在一起的时候，当中国梦的希望之光已经点燃中华民族复兴激情的时候，招金矿业股份有限公司夏甸金矿肩负着黄金产业报国的梦想和使命，一代接着一代，以其卓越的智慧和胆量，锐意进取，追逐着黄金的光芒，在短短30多年间，把一座名不见经传的地方小集体矿山，逐步发展成为"中国十大黄金矿山""中国经济效益十佳矿山"之一，真正诠释了古人所说的那句："大道无形，以诚系之，故能驰骋拓土开疆而无往不胜！"历史是最好的教科书。回望夏甸金矿30多年的光辉历程，我们能从中看到无数"夏矿人"奋力奔跑、勇敢追梦的点点滴滴。

夏甸金矿办公大楼

发展助力:"草根矿山"的华丽蜕变

夏甸金矿始建于1981年,1984年正式投产。2004年4月,企业成功实现改制,成为招金矿业股份有限公司的一个分公司。2006年12月,招金矿业在香港H股上市。此后,夏甸金矿借力资本市场,乘势扩张发展,对原有生产规模进行了不间断的改造升级,企业采选规模实现了几何级数攀升。由最初一个名不见经传的小矿山步入全国十大黄金矿山企业行列。

夏甸金矿始终坚持以技改促升级发展,聚焦关键核心项目攻关、"四化"融合、群众性小改小革三大主攻方向,向技术创新要效益。比如,在提高工效、台效环节上,企业从技术创新上找出路,积极试验应用大断面一次成巷技术,单班进尺由原来的1.9自然米提升至3.1自然米,提高了掘进效率,有效地加快了开拓工程施工进度,提高了劳动生产率。以降本增效为切入点,大力开展技术创新竞赛和群众性小改小革比拼,年可创效上千万元。比如,通过开展选矿自动加药系统优化改造,药剂消耗明显减少,节省药剂采购成本25万元以上,回收率同比提高0.26%,年可创效280万元以上。通过开展超高硐室优化设计改造,工期缩短一半,作业效率提高50%,年可减少施工投入20万元以上。

在提高自主创新工作中,夏甸金矿确立了"机械化、自动化、信息化、智能化"四化融合推进战略。目前,井上、井下拥有铲运机、凿岩台车、中深孔台车、圆锥破碎机、大型浮选机等机械化设备370多台套;2018年,企业新增6套自动化、智能化新系统,系统效率同比提高68%,能耗同比降低23%,经济效益显著。同时,企业积极探索应用液压自动风门、冷缩电缆头、高炮水泥、微型动力机车、永磁电动机、超耐磨复合管道等"四新"技术,累计创效500万元以上。一系列技术改造项目的不间断实施,使企业不断得到改造升级,步入了跨越发展的快车道。

改革赋能:骨干矿山实力领跑"招金"

辉煌成就源自奋斗,美好未来呼唤奋斗。夏甸金矿取得的业绩不单是依靠优惠的黄金政策和丰富的矿山资源,更是因为他们自强不息、开拓进取、持续创新的改革精神。30多年来,他们始终坚持一流的战略定位,坚持把"成本领先、技术领先"写入企业发展战略蓝图，以细求精，以严求实，从企业自身各环节全面推进改革创新工作。

有道是"变之则通，通之则达，商者无域，胸怀天下"。夏甸金矿以"五优竞赛"为抓手，创变企业管理模式，在职工薪酬制度、制度建设、绩效考核、物流设备管理等方面大刀阔斧地进行改革，补齐了发展短板，把管理的难点干成了发展亮点。企业积极转变思想观念，适时提出"不只要黄金产量，更要低成本、有效益、有质量的黄金产量"。把单极的产量指标，加上了成本、效益、安全3个新维度，建立新的产量、成本、效益、安全"四位一体、综合考量、最佳匹配"的黄金生产新模式。同时，企业还坚持从职工呼声最高的薪酬待遇等热点问题入手，通过调整责任制，完善内部分配制度，调动全员积极性，做好了成本管理中"人的增量"。例如，企业针对上浮10%工资总额的薪酬规定，不搞大锅饭、平均分配，而是精准定位，把政策用在刀刃上，用在提产量、降成本核心工作上。企业先后通过推行浮动工资暂行规定、经济责任制承包、车间内部区域承包、"双轨制"薪酬激励制度等改革方案，充分调动了全矿干部职工争先创优的积极性，真正达到多劳多得、有效激励的目的。

面对黄金市场风云变幻、原材料价格大幅上涨等严峻形势，企业始终坚持精细化管理之路，苦练内功，打造低成本运营优势，以企业管理求效益。企业严把物资关，通过定期开展线上线下同步采购、物流管理技能竞赛、物资修复现场会、自制加工常态化、物资跟踪等方式，对物资进行全链条管理，每年可实现修旧利废额300万元以上，自主加工效益350万元以上，确保了物尽其用。在追求企业管理高效的同时，企业更加重视生产高效。在工程费用管控方面，通过持续优化项目设计、施工队工程"日报表"、严抓矿石质量管理、技术员"三八班"跟班作业常态化等方式，每年可实现工程管理效益300万元以上。在工程设计优化方面，通过优化调整，对井下排泥管路方案进行论证优化，确保管路运输距离最小化，直接节省管路800米，减少投入80余万元。在生产用电方面，企业严格执行峰谷分时用电制度，积极引进新型节能设备，年可节约电费350万元以上。通过严格精细管理，使生产成本大大降低，企业效益连年创新高。

2017年企业被授予"烟台市五一劳动奖章"，2018年，企业被山东省企业联合会评为"山东省管理创新优秀企业"，是山东省唯一一家入选的黄金生产企业。

稳定护航：在奋斗中不断前行

一个成功企业的背后，一定有一股强大的企业文化力量作支撑。

夏甸金矿自1981诞生之日起，"夏矿人"就孕育出了厚德仁义、诚善务实、正直无私的品德。也正是秉承了这种以"诚信"为基、"品德"为信的"道"之文化思想，才形成了夏甸金矿独具特色的"大道合行"企业文化。30余年来，夏甸金矿就是在这条大道上不断开拓、"合"行向前，因整合黄金矿山资源而诞生，凭融合广大员工心智而发展，靠集合各产业优势而卓越。

好的家风就是无声教诲。夏甸金矿把企业的"家风"建设作为一条主线。企业与员工们有共同的愿景，企业"家风"根植于员工内心深处的"魂"，形成了"政治上支持建家、精神上鼓励建家、思想上关心建家、物质上帮助建家"，全矿上下共同推进的良好局面，有效促进了企业的健康和谐发展。

企业文化建设和企业管理相辅相成、密不可分。管理需要文化推动，文化需要管理支撑。为进一步落实好民主管理，让职工当上"家"的主角，夏甸金矿严格落实民主管理制度，通过开展工作调研、设置意见箱、开通矿长直通车和召开各项工作交流会等方式，广泛听取员工建议和意见，了解职工所需、所想，掌握职工的思想脉搏，充分调动广大员工参与企业管理的积极性和主动性，使企业生产经营、重大决策和管理措施得到职工的理解和大力支持。企业也适时通过公开栏、信息网等多种形式，对企业重大决策、经营状况、干部提拔任用、工资福利等情况进行及时公开，形成了矿部、车间、班组"三级"厂务公开网络，真正让员工当上了企业的主人。

夏甸金矿以"构建文明矿区"为出发点，不失时机地提出了"谁砸了安全文明生产这块金字招牌，就砸掉谁的饭碗"的口号，得到了全矿上下的一致拥护。大家达成共识，要紧紧围绕"构建文明矿区"这一目标积极开展环境优美竞赛，以办公区域和作业现场作为角逐场，井上井下双管齐下，狠抓环境美化和形象塑造，彻底整治了"脏、乱、差"的局面。改善环境不仅仅是为了塑造企业形象，更重要的是陶冶员工情操，提升员工的精神品味，营造一种健康、文明、向上的内部环境，保证和谐矿区建设工作的整体推进。现在的夏甸金矿，在现场管理工作上处处有人管，事事有人问，有效地促进了各项工作顺利开展。

夏甸金矿多年来一直秉承黄金取之于社会、用之于民生的原则，认真肩负企业公民责任,坚持让员工和社会分享企业发展带来的福祉利益。一是持续建立完善工资增长机制,率先实施消灭最低工资标准,职工工资福利待遇以每年不低于5%速度递增。出台实施带薪年休假管理规定,每月休班增加2天,使职工休息权得到了更充分的保障。二是扎实开展送温暖活动,对困难员工及患病的家属子女,施以精神和物质帮助。积极发动广大员工踊跃参加招金"互助基金会",企业员工入会率连续多年超过80%,积极引导员工踊跃参与各类社会公益捐助活动,近年来,连续为多个西部山区捐赠衣物达800余件。三是企业每年拿出固定资金帮扶周边11个村庄修整道路、桥梁,安装自来水管路等,使新农村环境得到改善、居民生活水平得到提高,为建设和谐社区、繁荣地方经济作出了应有的贡献。

夏甸金矿坚持以文化聚合人心,以文化统领发展,依靠文化软实力系统整合企业各项优势资源的发展,谱写了一曲新时代全国黄金生产系统豪迈的长歌。

原国土资源部授予的首批"国家级绿色矿山试点单位"、中华全国总工会授予主矿区"工人先锋号"、中国黄金协会授予"中国黄金十大矿山""十一五期间全国黄金行业科技工作先进集体"、烟台市总工会授予"烟台市五一劳动奖章"、山东省企业家联合会授予的"山东省企业管理优秀单位"等荣誉,就是最好的奖赏。

上下同心开新局,击鼓催征再出发。夏甸金矿发展的巨大成就,是披荆斩棘、千辛万苦干出来的。创建世界一流黄金矿山、以黄金梦助力复兴梦,还得继续苦干、实干、创造性地干。夏甸金矿将继续秉承"务实、诚信、创新、奉献"的招金精神,以改革赋能、以发展助力,为稳定护航。

锦丰矿业：以国际化管理模式引领未来发展

中国黄金报社　许　勇

翻看中华人民共和国成立70周年以来的中国黄金发展史，贵州锦丰矿业有限公司（下称锦丰金矿）占据着重要的位置。这个我国最大的中外合作的黄金矿山，从1984年被发现到2019年过去了整整35年，如今的锦丰金矿已经成为中国黄金集团有限公司国际化示范矿山。在这35年里，锦丰金矿凭借着"有形"的黄金资源给我国黄金矿业的发展作出了突出贡献，同时还将依靠着"无形"国际化管理模式引领我国黄金产业未来的国际化发展。

贵州锦丰矿业有限公司矿区

贵州省首个特大型金矿

锦丰金矿的发现其实更像是一个机缘巧合。

1984年，贵州省地矿局物化探队开展1∶20万水系沉积物地球化学测量，在包括烂泥沟的31128平方千米范围内圈出了127个金异常,确定烂泥沟具有找矿前景。在这个基础上,区调大队四分队开展了望谟地区1∶5万区调工作,并以此圈出了14处金异常区(点),其中,烂泥沟金异常区范围较大,金含量梯度明显,又有已知砷矿点分布。

按照地质调查的规律,下一步要进行实地验证。然而,区调分队历经千辛万苦,却仍然没有找到烂泥沟砷矿点的具体位置。偶然中,区调分队发现了几个在挖雄黄矿的老乡,在攀谈中,竟找到了烂泥沟砷矿点的具体位置并做了采样,经分析含金较佳。

由此,117地质大队开始了烂泥沟金矿的普查工作。然而,经过8个月的勘查,却毫无头绪。山重水复疑无路,柳暗花明又一村。就在117地质大队备受挫折时,时任117地质大队队长的胡世伟突然在磺厂沟底发现了两个开雄黄的老洞和一个明显的断层滑动面,他由此判断烂泥沟金矿化探异常主要是这条近东西向延伸的断裂带形成的,并因此统一了思路,明确了找矿方向。

此时,尚未开发的烂泥沟还处于原始状态,除了原始森林,就是满山遍野的野草。117地质大队野外钻探机长姜黔说:"那时候只有一条羊肠小道,我们使用的是老式苏联钻机,近200公斤重,全靠人抬肩扛将钻机运到山上。"常年的风吹日晒,在姜黔黝黑的脸上刻下了道道"沟壑"。

在当时的中国,技术手段,装备落后,资金与物资都极为匮乏。117地质大队另一位野外钻探机长任学志感慨道:"那时候大半年待在山上,白天实地勘探,晚上就住在彩条塑料布搭的帐篷里,夏天时一阵大风能将帐篷吹翻,由于道路崎岖难行,经常半个多月吃不到肉,即使吃到了也是因长途运输而变质发臭的肉。"姜黔和任学志当时都在烂泥沟进行野外钻探工作,因此对当时野外勘查的艰辛印象格外深刻。

功夫不负有心人。1988年,普查分队经过一年多的普查评价,117地质大队得出了"该金矿从目前资料,矿化集中、品位高、厚度较大,已具大型金矿的地质条件,是一个较有希望的黄金产地"的重要结论。

1994年11月,贵州省矿产储量委员会审查批准报告及探明的储量60332公斤。1997年7月,为了加快烂泥沟金矿的勘探和开发,贵州省地矿局成立了烂泥沟金矿会战指挥部,对磺厂沟矿段外围9.3平方公里范围内进行详查与勘探,圈定D+E级储量14841公斤。到2004年9月,国土资源部审查批准的资源储量已经达到了74278公斤。烂泥沟成为贵州最先探明的特大型金矿。

我国最大的中外合作黄金矿业开发项目

烂泥沟金矿的发现,引起了地矿部和贵州省政府的高度重视,投资开发也就被提上了日程。时任贵州省省长吴亦侠多次主持召开有关会议,把烂泥沟金矿作为贵州最大的商业性勘探项目。但是,对当时的中国来说,开发烂泥沟金矿却并没有那么容易。

烂泥沟金矿属于典型的卡林型金矿,含碳、含汞、高砷及金呈微细嵌布,并被黄铁矿等硫化矿和脉石矿物包裹。锦丰金矿选矿厂副经理石岐表示,当时我国还没有相应的处理工艺,直接氰化金回收率只有20%左右,即使采取细磨的办法也达到不了有经济价值的回收率。

1991年,国家黄金管理局把烂泥沟金矿列为三个难选冶的金矿之一,邀请全国的黄金选冶专家专题研究开发微细粒难选冶金矿的有关问题。而实际上,在当时的中国,国外矿业公司还无法开发我国的黄金资源。

1988年,国家黄金管理局成立后,将金列入保护性开采特定矿种,实行国家计划性开采管理,禁止国外企业开采。直到1993年我国下发了《国务院办公厅关于调整黄金经济政策问题的复函》,才对引进外资开发黄金资源作出新规定,允许引进外资开发低品位、难选冶金矿资源的试点。

1994年,鉴于当时国内的黄金选冶技术水平和设备制造能力以及资金筹措困难,国家黄金管理局专门向国务院申请引进外资、国外先进的选冶技术和先进设备来开发难选冶金矿。1994年2月15日,时任冶金工业部副部长徐大铨专门给朱镕基副总理写信,汇报关于引进外资开发我国低品位、难选冶黄金资源的情况。2月20日,朱镕基批示:"同意",并抄送刘华秋同志。从此,引资开发低品位、难选冶金矿拉开了序幕,锦丰矿业也有幸登上了这班列车。

1999年6月,贵州省人民政府批准成立贵州省烂泥沟金矿有限责任公司。三个月之后,在厦门举行的第三届中国投资贸易洽谈会上,烂泥沟金矿公司与中国矿业有限公司(即后来的澳大利亚澳华黄金有限公司)签订了关于合作开发贵州烂泥沟金矿的意向性协议。

"在此之前有多家外国大型矿业公司有意向合作,像巴里克、纽蒙特、BHP等,都是因为金价的原因没有成功,后来之所以最终选择澳华公司,是因为它第一个以带资承包的方式在国内运作实体矿山的企业,也就是煎茶岭金矿。"锦丰金矿副总经理杜耀斌说。

2000年4月,中国黄金集团、贵州省地矿局、黔西南州政府和澳大利亚澳华黄金有限公司共同组建贵州锦丰矿业有限公司。烂泥沟金矿的历史翻开了新的一页。

2002年7月,我国黄金行业最大的中外合资公司——贵州锦丰矿业有限公司注册成立。

"澳华公司入主锦丰金矿后,采取EPCM模式,由承包商全权负责工程项目的设计和采购,并负责施工阶段的管理,按照国际化矿山的标准进行建设,一共投资了20多亿元。"杜耀斌表示,正是凭借着锦丰金矿,澳华公司于2002年12月在澳大利亚证券交易所正式上市。

锦丰金矿的成立,把贵州黄金工业推向了一个新高度。它不仅和117地质队合作进行补勘,使金矿储量在原有基础上增至130吨左右,成为全国鲜有的特大型矿山。同时,澳华公司从南非金田(Gold Fields)公司引进了世界上先进的生物氧化预处理工艺技术(BIOX),这项工艺技术在当时的中国尚属空白。锦丰金矿由此走上了发展的高速公路。

"2007年4月锦丰金矿竣工投产后,金综合回收率超过82%,达到世界先进水平,当年就生产了黄金1.44吨。"石岐说。

2008年锦丰金矿转入正常生产,处理矿石量120万吨,产黄金4252.5公斤,纳税4045万元,利润1.1亿元。

国际化示范矿山

就在国际金价不断上涨、锦丰金矿生产经营持续向好的形势下,2009年8月,澳华公司以18亿美元的价格,将包括锦丰金矿在内的所有在中国的矿山出售给加拿大埃尔拉多黄金公司。

这让当时锦丰金矿的所有人大感意外。"当时几乎没有人知道真相,澳华公司对外宣称只是和埃尔拉多合作开发锦丰金矿。"杜耀斌说。

而对于锦丰公司党委书记、董事长高荣来说,这一决定虽然是意料之外,但却在情理之中。"澳华公司的高层管理人员基本都是银行家出身,以金融资本运作作为主要盈利方式。入主锦丰金矿后,澳华公司聘请了一批专业人员,对锦丰金矿进行开发,其最终目的是通过资本市场来盈利。"高荣一针见血地道出了澳华公司出售锦丰金矿的根本原因。

杜耀斌表示，当时锦丰金矿的市场价值已经达到了最高点，于是澳华公司以溢价141%的股票价格，将锦丰金矿出售。在他看来，这是一次非常成功的资本运作。

而此时的埃尔拉多，在全球的资产中，有49%的资产位于中国。埃尔拉多由此实现了全球化矿业布局，最高峰时在全球矿业公司中排名前五，提升了其在资本市场中的价值。

据统计，2009年至2016年，埃尔拉多收购锦丰金矿的8年时间里，共生产黄金超过36吨，实现净利润约19.67亿元，共上缴税费约12.11亿元。

而澳华公司出售锦丰金矿的另一个原因，则是中国在政策上的调整。2002年，我国发布的《指导外商投资产业目录》中，"低品位、难选冶金矿的开采、选矿"还是鼓励类产业，而且在西部地区外商可以独资，并享受相关的税收减免等优惠政策，吸引更多外资参与西部大开发。而到了2007年，我国重新修订了《外商投资产业指导目录》，将贵金属（金、银、铂族）勘查、开采列入了限制外商投资类。

但是，在高荣看来，对于当时的中国黄金产业来说，引进外资更有利于我国黄金产业的发展。"引进外资的初衷，一方面是为了使我国'低品位、难选冶'黄金资源得到开发利用，满足社会经济发展的需要；另一方面是通过引进国际矿业的先进技术、管理理念和资金，为我国矿产资源行业借鉴国际先进经验树立一个有国际化水准的标杆、打造一个样板型的国际化矿山企业和培养一批具有国际化矿业管理经验的人才团队。"高荣说。

在技术管理体系上，锦丰金矿建立了较完整的国际化技术管理体系，实现了标准化、规范化、流程化、信息化；在资源勘探上，锦丰金矿注重勘探、规模开发，实现资源利用率的最大化；在安全环保上，锦丰金矿牢固树立"安全环保是天"的思想，始终遵循不安全绝不能生产的原则，同时在矿山设计、设备选购、工艺流程等方面，贯彻环保优先的原则，并推行完备的环境保护管理体制；在组织管理上，锦丰金矿实行相对扁平化的管理，实现决策快速灵活。

在构建和谐矿区、履行社会责任方面，锦丰金矿也始终走在前列。2012年，"四方共创"办公室成立，这是锦丰金矿联合当地政府、社区、科研单位及专家，构筑的以"党政主导、科研规划、企业扶持、社区参与"为基本框架的矿业社区合作发展模式。多年来，"四方共创"平台累计在黔西南州、贞丰县及矿区全境内投入资金 4100 余万元，2016 年被黔西南州总工会授予"工人先锋号"荣誉称号。

无论是澳华公司，还是埃尔拉多，在这 10 余年里，都使锦丰金矿从矿山合作开发的模式选择，到矿山设计、建设和运营管理，不仅满足中国国内的标准要求，同时也满足国际通行的标准要求，从而将锦丰金矿建成为"资源节约型、环境友好型、生态保护型、创新和谐型"的矿山企业。

而实际效果显而易见。自 2002 年成立至今，锦丰金矿 10 多年来从未发生任何重大环保事故，也未发生任何严重的安全健康事故，工亡事故为零，重大设备事故为零，百万工时误工事故率与可记录伤害事故率均低于国际同行业平均水平。2011 年 11 月，锦丰金矿成为首批 37 家"国家级绿色矿山试点单位"之一，2014 年 9 月通过验收正式成为首批"国家级绿色矿山单位"。

2016 年 9 月，中国黄金集团有限公司（以下简称中国黄金）通过境外收购方式，从埃尔拉多收购锦丰金矿 82% 的股权。锦丰金矿的发展从此进入了新纪元。

走进新时代，开启新纪元

中国黄金党委书记、董事长宋鑫在交割仪式上曾表示，收购锦丰金矿，是中国黄金集团公司积极实施"走出去"的具有里程碑意义的事件，书写了建设世界一流矿业公司的新篇章。

在当前中国黄金企业纷纷"走出去"的形势下，锦丰金矿成为中国黄金"走出去"的国际化示范基地和人才培养基地。为此，在收购锦丰金矿以后，中国黄金一方面保留了锦丰金矿的国际化管理模式，另一方面则融入了国内黄金企业的优势，取长补短，实现锦丰金矿的高质量发展。

"锦丰金矿过去没有党组织，员工思想涣散，在管理上相对粗放，运营成本高，浪费严重。"在高荣看来，中国黄金的党建工作和内控机制建设必须得到积极融合。

2016 年 9 月以来，锦丰金矿积极加强党建和内控机制建设，成立了公司党委，增设纪检监察部、审计部和各种专业委员会。通过着力加强员工的政治思想工作，以提高员工守规矩、接受监督的自觉性，调动其主观能动性和创造性。同时，建立完善了内控机制，为短时间内实现降本增效的目的提供了思想保证和组织保障。仅 2018 年，锦丰金矿就实施全过程成本管控项目 117 项，实际完成 81 项，节约成本和提高经济效益超过 3800 万元。

除了融入国企好的管理方式方法以外，进入新时代的锦丰金矿也在不断加强自身的安全环保水平和科技创新的投入。2018 年，锦丰金矿顺利成为国家级高新技术企业，为其高质量发展提供了强劲动力。

高质量发展是我国黄金企业的共同目标，在高荣看来，要实现高质量发展应具备先进的经营理念，提升运营质量和资产质量，拥有各专业及各层次管理人员、技术工人，以满足生产需要的人力资源。

因此，高荣表示，下一步锦丰金矿将以高质量发展为目标，继续加强探矿增储，提升安全环保水平，完善内控机制和精细化管理，加强科技创新，提升机械化、自动化、数字化水平，从而创建安全、绿色、以人为本、可持续发展的国际化示范矿山。

锦丰金矿被发现时就名扬四海，10 多年来始终顶着各式各样的光环：三大难选冶金矿之一、国内最大中外合资黄金矿山项目、国际化示范矿山……这些光环无不昭示着锦丰金矿在我国黄金产业发展过程中的重要地位和价值。随着我国进入新时代，在未来的发展中，锦丰金矿必将继续发挥其有形与无形价值，为我国黄金产业、为我国经济社会发展作出更大的贡献。

辰州矿业：百年老矿继续追梦前行

湖南辰州矿业有限责任公司　李新林

70年的风雨历程，70年的春华秋实，70年的砥砺奋进，伟大祖国带领全国人民创造了一个个奇迹，实现了一个个跨越，赢取了一个个辉煌，各族人民感受着祖国的强大和今天的幸福生活，都从内心深处赞美祖国、歌唱祖国。

"我爱我的祖国，我爱我的辰州！""作为矿山人，感受到祖国的繁荣富强，感受到辰州矿业的蒸蒸日上，我自豪！""我为自己是中国人而感到自豪，我为自己是辰州人而感到骄傲，祝愿我们的祖国、我们的家乡越来越好！"这是2019年3月，辰州矿业千名员工同唱《我和我的祖国》活动现场，员工发自内心的表白，充分表达了一线产业矿工深深的爱国、爱矿、爱家情怀。

辰州矿业全称是湖南辰州矿业有限责任公司，伴随着中华人民共和国70年阔步发展的伟大征程，这座1875年开采、1950年建矿的老矿山，沐浴中华人民共和国的阳光雨露，紧随国家发展给矿山带来的良好机遇，一路改革求变，一路创新发展，一路高奏凯歌。从建矿初的沅湘管理处，到湘西钨矿，再到湘西金矿的变更，现在的辰州矿业已发展成被誉为"镶嵌在翠山环抱中的金锑钨矿山明珠"，从一个隶属于原冶金工业部的传统国有矿山已发展成为一家享誉业内的上市公司，每年大量国内外商业伙伴和行业友人来寻访这个坐落在湘西小镇的神秘矿山，当友客们置身矿区，真正感受到"矿在林中，林在矿中"和秩序井然的繁忙生产场景时，纷纷为百年辰州的勃勃生机和熠熠生辉点赞。

70年建设，辰州生产规模不断扩大

翻开辰州矿史，中华人民共和国成立后，矿山1950年收归国有，当时属中南军政委员会重工业部有色金属管理总局湖南分局领导，矿山经历了恢复初建

湖南辰州矿业有限责任公司办公区外景

期、调整发展期、十年"文革"期、新转折时期。伴随国家黄金矿山扩建、改革开放等良好机遇期，矿山加大生产投入，扩大系统建设，进入20世纪80年代后，矿山生产规模、产品产量、经营效果明显提升。在2000年，矿山完成公司制改制，更名为辰州矿业，当年黄金产量实现过吨，湖南省政府还为此专门发来贺电。2018年，矿山从业人数达5000余人，产金突破35吨，并成为世界产锑龙头企业、全国产钨重要企业，总产值进入100亿元企业方阵，生产经营均实现翻几番的大幅增长。公司多年位列湖南省百强企业前五十位。

辰州矿业多年坚持"矿业为主、规模经营、深度延伸"的经营理念，1986年开启了以沃溪矿区为本部基地、"走出去"发展的大资源战略之路；1992年拉开了产品深度延伸的序幕；2000年辰州矿业完成改制后，更是加快了"走出去"的发展步伐。辰州人开拓创业的足迹遍布全国，先后有甘肃辰州、中南锑钨等16家子公司进入辰州序列，在产品延伸方面，新建了本部精炼厂、钨品厂、湿法冶炼厂等生产单位，公司还通过国际贸易的方式加强对国外优质资源的考察与收购。随着公司实力的不断增强，2007年，公司在深圳证券交易所挂牌上市，成为怀化首家上市公司、湖南首家黄金企业上市公司、国内首家单体矿山上市公司、国内黄金行业六家上市公司之一。公司上市后，实现了资本市场的直接融资，拓宽了融资渠道，为企业发展提供了有力的资金保障，先后投入 10 多亿元用于探矿增储、技改项目、安全环保等重点工程项目，集中资金办大事，加快推进矿山发展。

公司现有 7 家生产单位、18 家子公司，资源储量不断增加，每年资源储量净增长目标是 10%；技术不断更新，井下实现了从手工、半手工作业到机械化、自动化的升级，一批新型凿岩台车、耙渣机、铲运机等投入使用，井下安全避险六大系统建成，排水自动化等项目实施，提升了矿山信息化、自动化水平。地面选冶单位不断引进新工艺、新装备，确保了金锑钨核心分离技术的行业地位，推进锑、钨深度延伸技术不断完善升级，各项技术经济指标持续优化。规模不断扩大，已拥有 50 吨黄金提纯（另新建的 100 吨黄金精炼生产线计划 2019 年投产）、2.5 万吨精锑冶炼、3.2 万吨多品级氧化锑、3000 吨仲钨酸铵、2000 吨乙二醇锑、1000 吨塑料母粒等产品年生产、加工能力。主要生产"辰州"牌标准金锭、标准金条、精锑、氧化锑、高纯三氧化二锑、乙二醇锑、仲钨酸铵，"辰州福1875"金饰品等多种主要产品。

70 年改革，辰州现代管理机制更加完善

辰州矿业经历了 1950 年至 1951 年的军管制，1952 年底由军管制改为厂长负责制，1954 年实行一长制和区域管理制，1956 年由一长制改为党委领导下矿长分工负责制。到 2000 年，湘西金矿改制为湖南辰州矿业有限责任公司，建立了由董事会、监事会和经理层组成的法人治理结构，完善了现代企业制度。2006 年整体变更为湖南辰州矿业股份有限公司，2007 年完成挂牌上市，2015 年实现集团内重组。矿山长期坚持党委书记、矿长一肩挑，改制后坚持党委书记、董事长一肩挑，始终坚持党的领导，始终坚持依靠广大工人，始终坚持改革创新，在传承国有老矿山特色的基础上，很好地实现了"老三会"与"新三会"融合。

辰州矿业坚持机制创新，不断摸索实行内部经济责任制的管理模式，持续推进三项制度改革，不断激活内部管理一池春水。20 世纪 80 年代，矿山由传统用工向劳动合同制用工管理过渡，从计划经济用工模式向市场化用工模式转变，逐步改变"大锅饭""铁饭碗"思想，20 世纪 90 年代实行内部经济责任制，全矿的经济责任制经过 3 年的试运行和逐年完善已初具雏形，开始推广实施。2000 年改制后，每年都对内部经济责任制进行完善性调整，在坚持市场化的原则下，控

制工资总量，实行分类考核。

在员工工资分配上，先后实行了以"等级工资制""岗位技能工资制"为基数的计件工资制和工时定额工资等，通过每年的改革创新，逐步完善转化为现行的坚持"五大分配原则"，以管理、技术、操作三个职业通道体系为基准进行定岗定薪，强化日常绩效考核，实行以"岗薪工资+目标奖"和计件工资为主的分配方式。在持续推进企业发展的基础上，推行员工大福利政策，保证员工工资逐年增长，抓好员工班中餐管理，加大员工食堂、澡堂、公厕和矿区道路、停车场、亮化工程等公共设施建设的投入，建设花园式厂区，不断改善员工生产生活环境。

在选人用人上，建立和完善了干部能上能下、员工能进能出的现代企业管理制度。坚持不唯资历、不唯学历，营造只要优秀有能力就有机遇、有平台的良好氛围，独特的文化基因吸引了矿山建设所需的各类人才源源不断地齐聚金矿，以把矿山当恋人的爱矿情怀、以建设业内优秀矿企的强矿激情，扎根深山，激扬青春，默默耕耘，坚持不断地认同辰州、奉献辰州、创造辰州，践行着"担重任、展作为、创新业"的铮铮誓言。

70年开发，辰州绿水青山环境更加美丽

建矿初期，矿山人就深刻地认识到：矿山开发建设必须走绿色发展之路，当时就提出了坚决吸取"先污染、后治理"的教训，"环境污染的新债坚决不欠，加快对老污染源治理"和"绿化美化矿山，保护生态环境"等口号，设置了"三废"治理专门机构、配置专业人员，开展环保工作。公司环保专业部门认真执行公司环保工作规划，加大督促检查，保持长期坚持，做好有效开发资源和科学治理污染的大文章。积极开展清洁化循环生产，加强环境监测，从矿山开发的源头和全过程控制，实现节能减排减污。更重要的，是加大环保治理投入，矿山累计投入近4亿元，选用同时代最新的环保工艺和最先进的环保设备，对"三废"进行专项治理，现每年的环保投入和设施运行成本达5000余万元，环保治理取得了实效，废气、废水远低于国家标准排放，废渣实现无害化、资源化处理，变废为宝，在用尾矿库尾水清澈见底，引来成群野天鹅嬉戏玩耍。同时，还对停用的尾矿库及时进行安全处理和闭库复垦。

几代矿山人生于辰州、长于辰州、作于辰州，辰州就是自己的家园，保护好

辰州的环境就是保护好自己生存的空间，从20世纪60年代开始，矿山就在经营困难的情况下，安排专项资金，组织职工进行植树造林和种花种草等绿化活动，当时，在岗职工在工资收入很低的情况下，每人每年自觉交出5元绿化费。到2000年，矿山累计投入100余万元，职工出资30多万元，矿区绿化面积达1590多亩。2004年以来，公司团委把创建"共青林"作为品牌活动持续开展，每年公司高中管领导、各级管理技术人员和青年员工，自发参加团委组织的义务植树活动。到2019年，造"共青林"已近百亩，累计投入200余万元，共4000多人次参加，共植大小树苗10万余棵。几十年一直在坚持，目前，小树苗已长成枝叶茂盛的大树，成片树林郁郁葱葱，矿区森林覆盖率达到80%以上，整座矿山天蓝水净、绿树环绕、干净整洁，置身其中可真正感受到"矿在林中，林在矿中"，很好地践行了"绿水青山就是金山银山"的理念，是名副其实其实的"绿色矿山"。

70年发展，员工安居乐业生活更加幸福

70年的发展巨变，带给矿山的变化也是一年一个样、十年大变样。现在房子更宽了、信息更快了、交通更畅了、小车更多了、物资更丰了、形象更美了、自信更足了。员工收入年年增长，2018年公司人均年收入超过了8万元，生活消费水平不断提高，员工幸福指数持续攀升。

员工人均住房面积20世纪80年代只有8.69平方米，通过矿山逐年新建、改建、员工自筹共建、市场化房产开发等形式，大幅改善了居住条件，员工逐步搬进了花园式的现代化小区，户均面积达到100多平方米，人均面积达到了30至40平方米。如今，20世纪那些一家兄弟姐妹三四个人挤一张床或老大、老二睡楼板的故事，只停留在人们的回忆里了。

矿区虽远离大城市，但随着国家交通飞速发展，现在一条杭瑞高速紧邻矿区，高速出口离矿区不到十分钟路程。桃花源机场（湖南第三大机场）离公司也只有一小时的车程。公司员工私家小轿车越来越多，到2019年已达800余辆，还有各种三轮机动车、两轮摩托车，让员工的生活空间不断扩大、生活节奏不断加快。矿山紧跟信息化时代步伐，员工都在使用网络化、信息化、无纸化办公，做到环保、高效、经济、便捷。同时，家家户户都有线电视信号和互联网信号接入，真是足不出户，便知天下事。

国家开放、建设、发展的大环境，给矿山"走出去"创造了条件、提供了机遇。秉承艰苦创业的优良传统，几代辰州人传承接力、奋发图强，足迹遍及祖国大江南北，有的还走出了国门。资源考察人员是"先锋队"，基地建设者是"独立团"，先后投资的一个个矿山子公司，展现了辰州人开拓创业的精神，带去了辰州精神与文化，远的千里迢迢到新疆、甘肃、陕西、河北等省区，近的也是邻省或是省内，一批批员工交流轮岗，一批批骨干督导服务，几乎给每个辰州人都提供了走出去、见世面的机会。俗话说，"读万卷书不如行万里路"，正是这种走出去的大发展机遇，让辰州人饱览祖国大好河山，感受民族交流融合，广交天下朋友，增添了人生阅历与经历，正因为有了这些实践和感受，今天的辰州人谈资颇多、自信满满、穿着时尚、气质不凡，今天的辰州人下井能挖矿、上台能表演、展示着普通矿工的艺术人生，百年辰州"淳朴热情、吃苦耐劳、开放包容、革故鼎新"的企业文化得到升华。在推进矿山建设、创造物质文明的同时，坚定文化自信，不断丰富精神文化生活，矿山交替举办的员工运动会与员工艺术节，让矿山的企业文化更加丰富，员工们在各类文体活动中，增进友谊，展现才艺，分享着企业发展的丰硕成果，共享着祖国跨越式巨变带来的幸福红利。

今天的辰州矿业践行新思想、喜迎新时代、展现新作为，弘扬湖南黄金集团艰苦创业、求是创新、品质创优的"三创精神"，在做强主业的同时，持续推进产品深度延伸、拓展金文化旅游产业，共筑高质量发展的矿山新梦想、新蓝图。同时，积极履行社会责任，大力开展教育助学、产业扶贫，助力地方经济和社会事业发展。矿区绿树成荫、鸟语花香、四季美景、舒适宜人让不论是天天置身其中的上班族，还是莅临检查调研的领导嘉宾或是四方游客，都发自内心地为辰州的变化与荣誉点赞。辰州矿业的这些变化和成就是70年辉煌中矿业发展的一个缩影，每一步前进都是国家发展巨变带来的机遇，每一次成功都是国家发展巨变吹来的东风，带着对伟大祖国的感恩和对未来发展的憧憬，辰州矿业这个百年老矿将继续追梦前行。

湖北三鑫：建智慧矿山，促两化融合

湖北三鑫金铜股份有限公司　曹正方　柯年新　黎先燕

湖北三鑫金铜股份有限公司前身是大冶市金湖乡一家乡镇企业，1999年重组改制成为湖北三鑫金铜股份有限公司。公司注册资本2亿元，中金黄金股份有限公司占股51%，黄石市国有资产经营有限公司占股23.01%，湖北省鄂东南基础工程公司占股10.78%，大冶市冶金工业总公司占股10.21%，中国冶金地质总局中南局占股5%。公司经过1991年一期建设、1996年二期建设、2003年三期建设、2009年选矿技改工程建设、2016年深部开拓工程建设，日处理原矿量200吨增加至3000吨。

筚路蓝缕，玉汝于成。20年来，湖北三鑫金铜股份有限公司累计生产矿山金25.07吨、矿山铜21.45万吨，销售收入127.23亿元。公司先后获得"全国首批非煤矿山安全质量标准化一级企业（地下矿山）""国家级绿色矿山试点单位""全国矿产资源节约与综合利用先进单位""工信部'两化深度融合'示范企业""全国模范职工之家""中国社会责任示范基地""湖北省五一劳动奖状""中央企业先进单位""高新技术企业"等资质或荣誉，多次获得中国黄金"经济效益十佳矿山"称号。

在新的发展时期，湖北三鑫公司确定了"打造世界一流黄金矿山"的宏伟目标。公司党委坚持以习近平新时代中国特色社会主义思想为指导，以全面从严治党为主线，以政治建设为统领，充分发挥党委领导作用，带领1500多名"三鑫人"以永不懈怠的精神状态和一往无前的奋斗姿态，在新时代的新征程上奋勇前进。

创新驱动，花香满园

习近平总书记指出，科学技术是第一生产力，创新是引领发展的第一动力。

湖北三鑫金铜股份有限公司全景图

　　湖北三鑫公司坚持"创新驱动发展"的理念，不断完善科研制度、优化研发管理流程，成功通过了高新技术企业认定，成为湖北省首家矿山高新技术企业，每年享受减免40%企业所得税的科技红利。现公司已拥有专利23项（其中4项发明专利），软件著作权2项；分析测试中心获国家CNAS认可，金属矿绿色开采工程研究中心被湖北省科技厅认定为省级工程技术研究中心；与武汉理工大学开展了产学研技术创新中心合作，共同申报了"2018年黄石市科技创新创业团队"，启动了院士工作站的申报，构筑了产、学、研深度融合的技术创新体系。

　　2011年以来，公司累计投入1.4亿元大力实施科研攻关，成果斐然。

　　2018年8月28日，湖北三鑫公司—武汉理工大学产学研技术创新中心挂牌。2019年2月，公司工程技术研究中心被省科技厅认定为湖北省工程技术研究中心。湖北省金属矿绿色开采工程技术研究中心正式落户三鑫。

　　职工（劳模）创新工作室是三鑫工会围绕企业中心工作开展职工经济技术创新活动的一个积极有效的组织形式。2012年，湖北三鑫公司科技指导站成立。2019年，公司职工（劳模）创新工作室从首批命名的1个发展到今年的4个，累计立项103项，实现成果转化33项，创造经济效益1000余万元。"一种陶瓷过滤机的清理装置""一种用于金属矿开采的铲运机电缆固定装置"等17项获实用新型专利。其中，胡务堂职工创新工作室先后荣获中国黄金集团公司"职工创新工作室""湖北省示范性职工（劳模、工匠）创新工作室"称号。

　　2018年，湖北三鑫公司举办了历史上覆盖面最广的一次职工技能竞赛活动。这次的职工技能竞赛有520名选手参赛，覆盖23个岗位，聘请老师授课64场，考试 138 场，经过 100 多天紧张激烈的比拼，有 104 名职工受到表彰和奖励。公司推荐黄朝武、丁重朋参加第二届"黄石工匠"暨第十四届职工职业技能大赛，分别夺得工具钳工第一名、电子装配与调试第四名；推荐王宁参加集团公司第七届职业技能竞赛夺得磨矿班组长第四名，被授予"集团公司技术能手"称号。

为进一步降本增效、提高资源综合利用水平，公司大力推广应用新技术、新设备、新工艺，完成选矿、充填、压滤、通风等自动化改造，实现了无人值守。与此同时，职工合理化建议层出不穷，每年达 300 余条，职工参与率达到 82%。

固本强基，管理增效

湖北三鑫公司作为中国黄金集团有限公司首批基础管理达标优秀企业，在 8 项基础管理达标的基础上，深入开展了管理对标与提质增效工作，形成了自身的管理亮点与特色，树立了集团公司内部地下矿山管理标杆形象。

该公司一方面以"三体系"运行为主线，实现质量、环境、职业健康安全一体化管理，通过 PDCA 循环及 5W1H 等工作法的运用，将公司"三体系"建设与集团公司基础管理、精细化管理等相关管理工作进行有机融合，效果显著；另一方面，以内部经济责任制为主线，不断完善内控管理体系，在年度任务分解、生产技术经营指标控制分解、定额管理方面形成了自身完整的内控模式，通过不断更新完善体系指标、考核模式与方法，形成了有效严密的内控网络。

2018 年，对湖北三鑫公司企业管理部黄橙来说是难忘的一年。部门着手制订了《全面质量提升方案》取得了一定的成效。同时，通过修订完善《2018 年履职及基础管理考核细则》和狠抓各单位"一把手"工作计划与处置闭环管理能力，公司整体工作质量显著提升。

面对逐年上涨的生产成本压力，湖北三鑫公司始终按照"稳中求实，稳中求进，稳中求优，效益为先"的工作总基调，纵深推进优化"五率"、降低"五费"、降本增效等一系列工作的开展，逐渐形成了较为完整的成本定额体系、核算考核体系、领导责任体系，探索出"成本管控＋工艺优化、成本管控＋技术应用、成本管控＋管理创新"三大主攻方向，结合新材料、新设备的应用，使公司成本管控及优化"五率"、降低"五费"工作又向上迈了一个新台阶。公司累计实现管理创新成果 22 项，3 年实现降本增效 5000 万元。

湖北三鑫公司坚持把推进两化融合工作作为企业转型升级的重要支撑，投入了大量资金、人力、物力，在全国有色矿山行业中率先进行了两化融合推广，初步形成了两化融合创新管理体系，并成为集团公司首家被工信部评定的两化融合示范企业，也是湖北省首批通过评定的5家企业之一。

以企业管理信息化、矿山数字化、生产过程智能化、经营管理网络化为目标，公司建成了千兆光纤局域网，覆盖所有办公和工业场所，拥有防火墙、深信服AC、云服务器和磁盘柜、视频集中监控等设备，符合国内先进的数据中心的标准；井下建成千兆工业环网，覆盖两大矿区所有中段。主副井提升、选矿、排水、通风、充填、压滤、压风、生产水、尾矿库在线监测等远程自动控制系统先后投入应用。公司建成了现代化的调度指挥中心平台，通风自动化、排水自动化、视频监控、井下环境监测、地压监测系统实现集成。联合开发的企业真三维管控系统、安全生产综合管理信息系统、人力资源管理系统、生物识别系统、项目管理系统、OA办公自动化系统、设备管理软件、文件加密管理系统、视频管理平台、多媒体信息发布系统等应用成果，加快了企业两化融合进程，推动了公司发展的转型升级。

安全环保，绿色发展

作为矿山企业，安全生产是第一生命线。湖北三鑫公司始终遵循"安全第一、预防为主、综合治理"的工作方针，践行"隐患就是事故"的安全生产管理理念，不断完善安全管理体系，建立健全安全管理组织，压紧压实各级安全生产责任，全力推行安全生产标准化管理，努力提升矿山安全生产本质能力。

一是构建了严密的安全责任体系。公司以各级安全责任制为主线，不断加强安全"三基"建设，构筑了一张有力的安全防护网；《安全环保目标责任风险抵押考核管理办法》《安全生产奖惩标准》《经理层安全管理十项规定》等制度促进了安全责任的落实落地。

二是建立了有力的安全防御系统。公司制定了《突透水应急救援预案》《冒顶片帮应急救援预案》等26个应急救援预案；成立了自己的专业型矿山救护队，拥有30余台（套）先进救援器材，定期开展井下应急逃生、现场事故应急救援等应急演习演练；建设了尾矿库多功能在线监测系统、10多个北斗地表沉降监测网点，有效预防了重大地质灾害的发生。

三是形成了特色的安全管理理念。作为老旧矿山安全避险"六大系统"建设示范企业,近年来又实现了深部"六大系统"的延伸,积极推行隐患排查管理"3个15天"工作机制。公司建设了集团内首个人机教考分离系统;率先开展了风险管控、隐患排查治理双重机制建设项目。自主开发的公司安全标准化信息平台成功投入运行;井口挂牌验证和班组"151"班前会模式、安全信息化平台等多项安全管理经验受到省、市地方安全部门的关注和推广。

四是拥有了先进的安全文化。公司依靠党员安全示范岗、青安岗,利用专题讲座、外部委培、文艺汇演、全员规程大背诵等形式组织开展各类安全宣教活动,不断筑牢安全思想防线。公司选派的员工代表在2018年10月集团公司规程大背诵竞赛中,获得了信号工团体第一名的好成绩。

公司配合湖北省、黄石市两级安监局录制完成井下突透水应急救援宣传教育片,受到省、市安监部门的通报表扬;自行摄制《安标体系运行管理纪实片》面向全国推广交流,被国务院安全生产委员会办公室授予"2017年全国安全生产月活动先进单位"荣誉称号;出色地完成了多次省级以上安全生产创新管理工作现场会现场观摩考察任务。

湖北三鑫公司始终坚持"既要金山银山,更要绿水青山"的环保理念,扎实有序推进生态文明建设,顺利通过了ISO14001环境管理体系认证。公司大力开展矿山绿化建设,投入资金1095万元,完成绿化面积29900平方米,种植各类植株2800余棵,复垦面积5000平方米,花园式矿山初步建成,被国土资源部授予"国家级绿色矿山试点单位"称号。2017年,公司干式尾矿库投产,成为湖北省首个实现尾矿干排的矿山;在湖北黄石地区率先建成矿山污水处理厂,井下废水处理后用于生产用水,多余部分达标排放,选矿废水100%循环利用,为开发绿色矿业奠定了坚实基础,走出了一条立志掘金报国、践行绿色发展之路。

新时代呼唤新担当,新目标催生新作为。湖北三鑫公司秉承"诚信崇德、品质如金"企业精神,坚持创业以诚信为先,兴业以品质为要,立业以崇德为本。20年来,强党建引领、抓资源占有,做深部开拓,促管理提升,建智慧矿山,促两化融合,谋科技创新,进一步推动了企业全面高质量发展,建设成为一家资产总额超16亿元,年处理矿石量100万吨,年产矿山金1.4吨、矿山铜1.3万吨,盈利能力和抗风险能力较强的跨省经营的现代化大型黄金企业。

贵州紫金：以技术进步成就高质量发展

中国黄金报社　许　勇

提起贵州紫金矿业股份有限公司（下称"贵州紫金"），对贵州黄金行业来说，可谓鼎鼎大名，几乎无人不知、无人不晓。它不仅是贵州第一个通过成矿预测发现的特大型金矿，也是贵州第一个实现卡林型金矿高效开发利用的企业。由贵州紫金自主研发的难选冶金矿处理工艺，让我国黄金行业选冶工艺达到世界先进水平，对于推动我国黄金产业的发展意义重大。

十几年来，贵州紫金秉承"科技创造紫金、科技再造紫金"的创新理念和"金山银山，就是绿水青山"的安全环保理念，坚持科技创新和技术升级，使企业始终保持了高质量发展。

贵州紫金水银洞金矿

传奇的发现之旅

几百年前,水银洞金矿留下了许多传奇故事;30多年前,水银洞金矿的发现同样富有传奇色彩,只不过显得更精彩、更真实、更科学。

20世纪80年代初,贵州省地矿局105地质队开展灰家堡背斜汞矿调查时于雄黄岩一带发现了含金矿化信息,立即组织普查分队开展地表普查。灰家堡背斜是一条大致东西向的短轴背斜,东起贞丰县者相,西至兴仁县大山,分为东、西两部分。紫木凼、太平洞等位于西段,岩上、水银洞、雄黄岩、赵家坪、普子垄、皂凡山等位于东段。

1981年,105地质队在灰家堡背斜东段发现了雄黄岩金矿点,其后陆续发现了多个金矿点。从1985年到1993年,105地质队断断续续在区内开展普查找矿工作,但收效甚微,仅于雄黄岩矿段获得D级金资源量262公斤。

东方不亮西方亮,正在东段苦无成果的时候,西段传来了好消息。1986年12月,已经查明紫木凼金矿黄金储量32354公斤(不含表外储量);1991年,在兴仁县太平洞金矿钻探结果证实,太平洞也是一个大型矿床。

紫木凼金矿和太平洞金矿的发现,让105地质队意识到这是一个全新的成矿类型。通过区域地质调查,区内地质学研究水平大大提高,在构造地质学方面取得了新的认识。以紫木凼为代表的金矿床,分为构造-热液和表生富集两个成矿期,紫木凼金矿床除地表断裂型矿外,深部依然存在着层状矿体,呈"两层楼"产出模式。

1994年,105队成立了以刘远辉为组长的成矿预测组,承担"贵州省西南部灰家堡背斜金(铊)大比例尺成矿预测项目"的工作。刘远辉和他的团队根据区域地、物、化、遥综合信息研究,参考紫木凼金矿床勘探建立的两层楼模式,对灰家堡背斜作1∶5万找矿预测,认为水银洞矿区断裂带下盘龙潭组地层中有成矿可能。

1995年,105队随即开展确定的A1靶区即贞丰岩上的找矿勘查,通过地质测量与研究等工作后,施工5个钻孔,孔孔见楼下矿,最终获得金资源储量55650公斤,从而证实与发现了岩上金矿区的存在。因附近有水银洞汞矿,最终命名为水银洞金矿。

1995年底,加拿大丹斯通国际矿业有限公司与105地质队签订《灰家堡背斜金矿合作合同》，共同对水银洞金矿进行风险勘查。从1996年到1998年，三年进行了三期勘查，进一步查明了水银洞金矿的矿体形态、赋存特征，圈算了预测远景储量50吨，证实了成矿预测的正确性。

水银洞金矿的发现使水银洞金矿成为中国第一个Ⅰ勘探类型的卡林型特大型金矿床，填补了我国无第Ⅰ勘探类型金矿的空白，丰富了世界"卡林型"金矿的资料。应用两层楼模式对已知金矿点或异常点进行评价，并通过对其地层、构造及物、化、遥等相关信息的分析，筛选有利的成矿靶区，确定找矿评价的矿体类型，进而发现有价值的金矿床，为贵州黄金资源勘探走出了一条新路。

2001年，贵州省地勘局引进福建紫金矿业股份有限公司合作勘查与开发水银洞金矿。105地质队受贵州紫金公司委托，成立水银洞金矿项目组开展详查地质工作。2002年12月，提交了《贵州省贞丰县水银洞金矿（中间）勘探地质报告》，获得平均品位10.95克/吨、均厚1.97米，资源储量54.62吨，潜在经济价值55.91亿元。

首创难选冶金矿处理工艺

加拿大丹斯通公司虽然对水银洞金矿进行风险勘探，但是却因亚洲金融危机、金价下跌及技术原因卷旗收兵，退出了联合体。这对于既缺资金又少技术的贵州来说，无疑是个不小的打击。

2001年，紫金矿业集团股份有限公司看中了水银洞丰富的金矿资源，三方一拍即合，由紫金矿业集团、贵州地矿局、贞丰县政府三方投资为主，成立了贵州紫金矿业股份有限公司，对水银洞难选冶原生金矿进行补充勘查和开发。

105地质队通过补充勘查，详细查明了水银洞金矿的矿石物质组成、矿石工业类型、有益有害成分、金赋存状态，并将勘探与矿山设计紧密结合，探矿巷道最终成为矿山开拓巷道和采准切割巷道，将探矿的附产矿石立即投入工业化试验，使勘探与生产实现了零时间接触，争取了投资回报的最高实效，为矿山开发提供了坚实的资源保障。

与勘探同步进行的，是卡林型金矿处理技术的攻关。2001年，筹备委员会组成了贵州难处理金矿选冶项目研究组。从2001年5月开始，项目研究组分阶段实施了中温常压化学预氧化项目可行性研究、项目实施方案设计、实验室及扩大连续试验研究、工业试验，并在规定的时间内完成或提前完成了阶段工作任务。

工业试验取得了令人惊喜的成功，金实际回收率 68.70%，尾渣品位 3.37 克/吨，预氧化库存 126.30 公斤，金浸出率能稳定在 90% 以上，砷直接以无害的砷酸铁形式浸出渣，整个工艺流程无有害气体和废渣排放，流程中的溶液可封闭循环使用，无废水排放，投资少，操作成本低，技术具有显著创新性。

在贵州紫金总经理助理兼选冶厂厂长卢松看来，难选冶金矿处理工艺之所以能够顺利攻关，是因为紫金矿业集团创造性地提出并实施了科技免责制。"任何一个科研人员，自己可以提出项目和研究方案，经专家评议认可后即可立项研究。即使研究失败，提出项目的人员和研究人员也不需要承担任何责任。"卢松表示，这对于风险大、前期投入大的科研工作来说，无疑是春风雨露。在这样的理念和制度下，水银洞金矿处理工艺才迅速得以攻克。

2003 年 6 月，贵州紫金研发了具有国内先进水平的"加温常压化学预氧化处理"湿法提金工艺。该技术为国际首创应用于规模工业化生产，成功解决了"卡林型"难选冶金矿这一国际难题，填补了我国含砷含炭微细粒原生矿开采技术上的空白，获得了国家技术专利，为水银洞金矿的开发利用提供了强大的技术支持，宣告了贵州迈出了工业开发微细粒难处理原生矿的历史性步伐，促进了经济社会的发展，对全国黄金工业的发展作出了贡献。

2003 年 7 月 25 日，贵州紫金成功生产出我国第一块难选冶黄金，纯度 99.99%，达到国标一号金标准。此后，贵州紫金不断进行技改扩能，一路高歌，取得了令人瞩目的成绩。

2006 年 6 月，贵州紫金与昆明理工大学开展"高粘度微细粒氰化浸金渣选矿综合利用和产业化示范研究"，采用浮选的技术路线回收尾矿中的金，从而减少有用矿物的流失，变废为宝，提高资源综合利用率。该工艺的成功运用，使尾矿品位从 2008 年的 1.07 克/吨降低至目前的 0.6 克/吨左右，年可回收黄金 200 公斤，年净创效益上千万元。该项目获中国有色金属工业科学技术奖二等奖、福建省政府科技进步二等奖。目前，公司的选冶综合回收率达 95% 以上，比同行业的 85% 高出 10% 个百分点；资源综合回收率达 89.32%，比同行业的 75% 高出 14% 左右。

2009 年 6 月，贵州紫金选矿厂与厦门紫金矿冶技术公司达成协议，双方着力对预氧化工艺进行优化、创新，取得突破性进展。在保证原有金浸出率的基础上，采用廉价药剂石灰和碳酸钠替代片碱。该工艺年可节约成本 600 万—1000 万元，大大降低了预氧化工艺高昂的成本。

技术的不断进步，给贵州紫金带来巨大的经济效益。贵州紫金建矿至今，累计生产黄金60吨，实现工业产值142亿元，获得利润27亿元，上缴税费12亿元。

企业发展的同时，贵州紫金也在积极履行社会责任。贵州紫金历年来累计投入数亿元资金，完成了各类安全环保基础设施建设，并不断开发研究加压预氧化、尾砂充填采矿新工艺，运用自动化控制设备、在线监测监控功能等新技术，采取双重预防机制、标准化建设等最新的管理方法和理念，努力提升本质安全水平，提高资源综合利用率，降低污染物排放量和能源消耗。被评为"国家级绿色矿山""金属非金属矿山安全生产标准化三级企业""贵州省安全生产先进集体"等称号。

同时，贵州紫金始终坚持村企共建。贵州紫金每年提供就业岗位约3000个，带动第二、第三产业就业人数5000余人，带动经济发展1.2亿元；并出资支持水银洞村及地方相关部门发展，自建矿至今，累计捐赠善款、帮扶款1.8亿元。

技术升级再造贵州紫金

"科技创造紫金、科技成就紫金"，这是紫金矿业集团得以成功的基础，也是贵州紫金始终坚持的理念。从贵州紫金成立开始，就不断推进企业全面创新，加强工艺优化创新，努力节约资源，不断提升发展质量。对中温常压预氧化工艺的改造升级，早已在贵州紫金的规划内。

黔西南州金矿属于难选难冶类型，黄金被硫、砷等杂质包裹，通过传统工艺基本不能开发利用，必须打破包裹黄金的"壳"，才能提取出黄金。国内已逐步实现了工业化生产的焙烧氧化法、细菌氧化法，但加压预氧化技术在国内黄金行业是一片空白。

"实际上，加压预氧化工艺国外已有运用，不过都运用在有色金属冶炼上。2012年我参与了巴布亚新几内亚投产的一个镍矿，2015年又参与了浙江省投产的一个硫化钴铜氧化矿，这两个矿采用的都是加压氧化工艺。"卢松表示，"随着我们逐步掌握加压氧化系统，这才逐步形成了卡林型金矿的高温高压氧化工艺。"

由于国内没有可供中试连续试验的平台，缺乏由实验室转向工业化的关键数据,无法为工程设计提供依据,加之该工艺存在高温、高压、强腐蚀、强磨蚀介质等工业化应用难点,国内装备制造业水平达不到核心设备技术要求。因此,仅在美国等极少数发达国家有成功运用的先例。

紫金矿业集团大胆决策,立志要在短时间内攻克西方垄断技术壁垒,形成具有自主知识产权的黄金加压预氧化技术,从2012年开始,成立了"低品位难处理黄金资源综合利用国家重点实验室",利用企业国家重点实验室的技术平台对含砷炭质难处理金矿的加压预氧化关键技术进行技术攻关。在完成实验室小型试验后,由企业出资1000余万元建成了国内首套加压预氧化连续试验系统,并在该试验系统上完成中试试验,积累了丰富的经验和翔实的数据,自主开发出针对含砷炭质金矿的加压预氧化提金工艺。

2014年,随着原矿中硫含量逐年增加、金品位逐年降低,原有的中温常压预氧化工艺已经不适合当时的原矿性质,贵州紫金只能进行简单浮选,然后出售金精矿。"当时金精矿计价系数很低,从资源角度来看,使用常压预氧化工艺已经没有什么经济效益,我们可以说是被迫加快了研发加压预氧化技术的进度。"卢松说。

贵州紫金公司领导表示,从企业发展角度来看,中温常压预氧化工艺业不符合企业当时发展的需求,存在着系统所需人员多、劳动强度高、作业效率低等弊端。

2015年,贵州紫金启动加压预氧化技改工程,开展了大量的调研,并对核心装备进行了大量设计优化,为将"加压预氧化"难选冶金矿处理技术工业化打下了坚实基础。2016年7月1日完成建设,相较于国外同类项目2—3年的建设周期,极大地缩短了建设时间。

建成的加压预氧化项目具有"安全、清洁、节能、高效"等优点。与原有工艺比较,加压预氧化工艺的黄金回收率从77%提高到92%,产品收益率从65%提高到90%,处理时间从72小时缩短至50分钟。该工艺使得原来不能利用的约50吨高砷高硫高碳金资源产生新的经济价值,新增经济效益约100亿元。该项目不仅填补了我国技术领域的空白,而且改变了国内黄金工业生产的被动局面,带动行业技术水平的快速提升,对我国目前难处理黄金资源高效开发和综合利用具有重大意义。

"该技术完全符合国家对于绿色矿山建设的各项要求,这套系统成功以后,我们矿也在考虑在其他企业进行推广。目前山东黄金、中国黄金等企业都来考察过,相信不久就会推广开来。"卢松说。

目前,贵州紫金保有黄金储量165吨,远景储量超过200吨,企业的发展拥有一个光明的未来。对于未来发展,贵州紫金公司领导表示,贵州紫金的发展目标是年处理金矿石100万吨、年产黄金5吨,实现产值20亿元,上缴税费5千万元。

为此,贵州紫金将以贵州发展战略为契机,继续做强做大现有产业,加强地质勘查投入力度,在3—5年内拟投入20亿元,实行新建项目和升级改造并行,重点新建加压预氧化二期项目、贞丰长田镇簸箕田1金矿和簸箕田2金矿项目,改造小屯镇水银洞金矿采矿项目,推进新恒基公司、福能紫金公司项目开发。

"经过2年至3年时间,贵州紫金将进入一个更高质量的发展阶段,为贵州经济和社会发展作出更大贡献。"贵州紫金公司领导说。

哈图金矿：不毛之地上崛起的现代化大型黄金企业

西部黄金克拉玛依哈图金矿有限责任公司　赵金萍

在祖国版图最西北的角落、准噶尔盆地的西缘，戈壁与石丘连绵交错，风沙和严寒肆虐横行，几百里植物罕见、荒无人烟。这片浩瀚的土地，并不是适合人类生存居住的地方。但是，就是这里的哈图山山麓的一块不毛之地，却成为几代"有色人"为国奉献一生的"战场"。他们用自己的青春、血汗甚至生命谱写出哈图金矿（以下简称哈图）跌宕起伏、动人心魄的传奇故事，让一个现代化大型黄金企业，像一颗熠熠生辉的星星一样，闪耀在祖国边陲。

哈图金矿外景

峥嵘岁月，风雨沧桑

哈图的黄金开采历史源远流长，早在清代的《新疆概况》中就对哈图有过这样的记载："塔城哈图山，矿脉极富，不亚漠河。"但是，哈图金矿所在地气候之恶劣、环境之艰苦远在萨尔托海铬矿之上。矿区不但地势较高，还正处于闻名遐迩的新疆塔城老风口的漏斗型山脉缺口处，动辄就刮起10级以上的大风，尤其是到了冬季，凛冽的寒风经常裹挟着暴雪扫荡矿区。当时，没有房，没有路，甚至取水之地都很远。开拓者们住在条件简陋的地窝子里，生产、生活条件异常艰苦。1983年10月，历经2年零5个月建设的哈图金矿100吨/日选厂正式投产。"哈图人"常年与风雪严寒斗、与艰苦寂寞斗，就如同沙漠上的一株株昂首挺立的红柳，坚韧坚强，他们在为国家献上金灿灿、沉甸甸的黄金的同时，也把青春和热血挥洒在了这片贫瘠的戈壁。随着哈图齐Ⅰ两个矿区的投产，采矿井深从80米、160米向下延伸到400米；随着选矿厂一期、二期的扩建，日选矿能力从100吨到200吨再到700吨，哈图金矿的生产规模越来越大、产量越来越高，向国家上缴了大量利税。1986年，哈图金矿黄金产量首次突破万两大关，1990年更是达到了2万两，荣获国家黄金局颁发的"两万两杯"，其产量曾一度达到了新疆黄金总产量的3/4，哈图金矿的发展实现了阶段性的辉煌。

涅槃重生，再踏征程

2003年，在新疆有色集团公司的支持和帮助下，重组为新疆有色集团金铬矿业有限责任公司的哈图金矿，积极利用国家相关政策，陆续争取到自治区国土资源厅资源补偿费项目，使探矿增储有了雄厚的资金保证。处在举步维艰的困境中的"哈图人"燃起了新的希望，经过破产关闭阵痛的他们重新站了起来，拉开了哈图第二轮找矿的序幕。

此时的哈图金矿，确立了资源控制和科技创新两大战略。哈图金矿深刻认识到资源是企业生存和发展的生命线，开展了"就矿找矿，深部找矿"两条腿走路的资源控制模式。在保证现有生产矿量的同时，采用坑内钻和地表钻相结合的探矿方式，使探矿增储工作取得了突破性进展。同时，与专业院校和地勘单位合作，开展了多种形式的资源勘探开发合作项目。巨大的地质勘探投入没有白费，不久便陆续给人带来发现新资源的惊喜。

在着力地质探矿的同时,哈图金矿很快建立并完善了企业科技创新激励机制,在提高生产效率和加强工艺管理水平等方面加大力度。为加快资源转化速度、实现企业规模化生产,企业不失时机地进行了大规模的扩建与改建,尽力淘汰陈旧工艺。"十一五"期间,哈图金矿先后实施了L27-8竖井开拓、500吨/日选矿厂技改、80吨/日综合冶炼、50吨/日焙烧、长距离引水工程、双回路供电线路、100吨/日生物氧化工程、深部接续1000米竖井等一大批技改项目和工程,用于工程建设的投资累计达到1.79亿元,企业的规模、产能逐步得到大幅度的提升。在采矿工艺流程方面,将留矿采矿法改为充填采矿法,使哈图金矿的矿石回采率提高到90%以上,达到国内领先水平。新建600米竖井提升系统选用先进的井塔摩擦式提升机,不但提高了矿石提升能力,而且为日后扩大选矿规模打下了良好基础。在选矿流程中淘汰了落后的混汞提金工艺,采用了重选工艺,既保障了员工的人身健康也保护了自然环境;进口的先进重选设备尼尔森选矿机的应用,使重选回收率达到了45%以上。100吨/日生物氧化提金工艺既解决了高砷、高硫金精矿的复杂难选问题,也使浮选金精矿的氰化回收率达到了95%以上,有力地提升了企业的综合竞争力。2009年,哈图金矿的资源保有量从最初的几十公斤提高到20吨以上,采、选矿规模从200吨/日提高到700吨/日,哈图金矿黄金产量从2003年的200多公斤到首次突破吨金,成为自治区第二座吨金黄金矿山,2010年更是上升为第一位,成为新疆最大的黄金矿山!

上市契机,跨越腾飞

2010年前后,券商机构到哈图金矿调研。哈图为了利用资本市场的资金进一步做大做强,开始谋划上市。新疆有色集团金铬矿业有限责任公司正式更名为西部黄金有限责任公司,后历经5年成功上市,华丽转身为股份制公司。该公司包含新疆有色集团原下属企业哈图金矿、阿希金矿、哈密金矿和一些其他分支机构。哈图金矿由此成为西部黄金股份有限公司的主力骨干企业,成为股份公司最主要的黄金资源储备基地、生产基地、人才基地、科研和新技术应用基地。

新的起点,新的责任,哈图金矿开始放眼长远,着力打造"智慧型矿山"和"绿色矿山"。在扩大外延方面,继续加大发展力度不动摇。2011年3月,哈图千米竖井掘砌到底,竖井井深达1039米,为新疆有色系统最深竖井。6月,哈图新选矿厂开工剪彩,新选厂成为西北地区规模最大的黄金选矿厂之一。2012年2月,历时一年半建设完工的全尾砂胶结充填站经和投资300多万元建筑面积达1073平方米的新建化验室正式投入使用。2013年3月,一项国家"863"项目(大型生物氧化反应器的设备改进研究)入驻哈图金矿。2015年4月,哈图金矿齐I深部采矿项目、安全避险"六大系统"通过验收。同年6月,哈图金矿新建选矿厂、精炼厂和35千伏总降变电所3项扩大生产规模的配套工程通过竣工验收,企业采、选、冶、动力四大扩大生产规模的工程全部投产。

在深挖内涵方面,哈图金矿既注重提高生产的综合控制管理水平以向智慧化矿山靠拢,又不断健全、强化对人的管理。目前的一线车间,广泛采用电气自动化操作系统,将大部分电器设备、生产过程都纳入精细化控制范围。采矿井下更换了老旧的信号系统,安装了提升电子监控联动闭锁装置和电视监控;选矿数十台分级泵、压气机、跳汰机全部经历过加装变频器等系统节能技术改造;辅助部门供电、输配电系统采用了高效节能变压器,以新型节能环保锅炉替代高耗低效锅炉。企业也在积极推进把工业互联网和大数据技术运用到管理和生产过程中去,力争将现有的安全监测监控、人员定位、矿井通信、矿井提升设备自动监控、管理办公信息平台、矿山监控中心等平台系统全面地联网整合成一个平台,信息共享优化利用,以提升企业自动化、信息化和智能化水平,打造智慧型矿山管理系统。企业为了激励员工敬业爱岗、发挥出最大潜能,除了制定科学合理的规章制度并严格考核兑现奖惩以外,还注重搭建"舞台"激发员工的责任感和创新意识,形成创新氛围。小至千百条只有一两句话的对流程的合理化建议,大至每年获得国家及行业协会年度大奖的众多科创项目,这些起源于企业员工内部的思想和经验的结晶,都为哈图金矿增添了极大的经济效益。对于企业成长中某些已经处于发展瓶颈的问题,则大胆借鉴吸收外来经验。2018年,为提高员工总体安全素质、打造坚如磐石的安全体系,哈图金矿毅然斥资引进"金川五阶段安全文化管控集成模式",聘请国内高水平安全管理专家团队在哈图金矿全方位开展特色安全文化建设。一系列耳目一新的措施,彻底改变了人们的安全观念,企业实现了"零重伤""零工亡"目标。各方面持续不断的发力让哈图金矿的经营状况越来越好,仅2018年与2017年相比,处理矿量增加超过1/3,黄金总产量提高约10%,选冶回收率提高近0.4个百分点,黄金每克综合成本下降约5%。

绿色人文，和谐共存

与自然、与员工、与社会和谐共存是哈图金矿的一大理念，社会效益被放到了同经济效益一样重要的地位，为此，哈图付出了不懈的努力。

企业发展绝不能以牺牲自然环境为代价。哈图金矿在合理购置和科学利用机械设备、降低能源消耗与损失、杜绝污染源头以及加强回收再利用等方面下足功夫。2018年，哈图金矿顺利通过了自治区"绿色矿山"的评审验收，企业绿色矿山建设开花结果。

哈图金矿致力于创建以人为本的"和谐矿区"，让员工不但有健康、安全的工作环境，也有舒适、自在的生活环境。为全面改善职工的工作条件和生活环境，近年来哈图先后投入巨资和大量人力，用于美化、绿化厂区及家园。矿区无土，就从几十公里之外运来，在戈壁乱石之中刨坑换土、覆土，植树种草，利用无害化的生产生活废水灌溉，仅2018年就种植红柳等树木16万株。在楼房生活区修路树灯，安装室外健身器材，美化环境、提供便利。

达则兼济天下。哈图金矿始终铭记着企业对社会的责任，常年坚持做好助力和谐社会的"解危济困"的工作。小如向当地县小学捐赠20台电脑，大如2010年当地遭受罕见雪灾，企业向县政府捐赠100万元、向乡里重灾户每户捐款1000元，急如帮助牧民扑救家庭、牧场突发大火，险如深夜十级以上特大暴风雪中寻找走失的牧民、畜群，暖如定期巡诊周边牧区、为群众免费送医送药……桩桩件件，不胜枚举。哈图金矿数十年如一日无微不至地为矿区周边的牧区送去关怀与希望，受到民众和当地政府的广泛赞扬。

斗转星移，沧海桑田，50多年弹指一挥间。今天的哈图金矿，已经成长壮大为日采选能力1500吨、年产金1.5吨、产值数亿的实力黄金矿山。她宛如一棵参天大树，"根深千米、纳石吐金"。一群群怀着"只有荒凉的戈壁，没有荒凉的人生"信念的拼搏者，生生不息，为她无私奉献在这片亘古荒原。我们有理由相信，哈图金矿这棵"大树"一定会以更加生机勃勃、枝繁叶茂的美好姿态走向未来。

夹皮沟金矿：中国第一金矿的历史担当

中国黄金集团夹皮沟矿业有限公司　吴　尚　刘　芳

中国黄金集团夹皮沟矿业有限公司，原名夹皮沟金矿，位于吉林省桦甸市夹皮沟镇，地处长白山北麓、松花江上游，是全国采金历史极为悠久的矿山，也是人民政权接管的第一座机械化有色金属矿山。久远的采金历史、传奇的发展历程，不仅积淀了厚重的黄金文化，更凝结着厚重的民族奋斗精神。

作为当代采金人，不仅有责任和义务传承这座古老而神奇矿山的"老矿情怀"，更承载着把历代采金人的奋斗精神贯穿到实现中华民族伟大复兴中国梦中去的历史责任。

夹皮沟一线作业人员井下庆中秋

红色基因，为国采金

作为我国久负盛名的金矿，夹皮沟金矿一直以来备受外国侵略者觊觎。但是，夹皮沟金矿始终不忘初心、坚持抗争，为国家抗战胜利及中华人民共和国的成立作出了重要贡献。

抗日战争时期，朝鲜领导人金日成，"抗联"著名的抗日将领杨靖宇、魏拯民、周保中、王晓忠等都曾在夹皮沟金矿区战斗、生活过，矿区人民大力支援"抗联"抗日，涌现出了张忠、陈德寿兄弟等可歌可泣的模范人物。

1945年10月，东北民主联军第十九旅万毅部队解放了夹皮沟金矿，古老的矿山回到了人民的怀抱，成为第一座在中国共产党领导下的机械化有色金属矿山。1945—1949年所生产的黄金，多经绥芬河运至苏联，用于换取武器和辎重装备，为东北战场、辽沈战役乃至全国解放战争的胜利作出了重要贡献。1950年，为支援中国人民志愿军赴朝作战，矿山开展了"多产一斤铜，打败美国兵，多产一两金，打败侵略军"的运动。

1948年至1949年，夹皮沟金矿担负起为全国有色金属事业培养干部、专业技术人员的重任，先后举办了采矿、选矿、机械、地质、测量等技术培训班，为中国有色金属事业和黄金事业输送了第一批管理和技术骨干，有力推进了我国黄金工业的发展。

励精图治，艰苦奋斗

中华人民共和国成立初期，夹皮沟金矿一直是全国重点黄金生产矿山，两次达到过产金高峰，产金量位居全国之首，为稳定全国经济和支持成立初期国家的各项建设作出了突出贡献。

1950年至1958年为第一个产金高峰期，夹皮沟金矿共产金14029公斤，平均年产量1558公斤，占全国产金量26.63%，其中，自1952年至1958年，连续七年产量全国第一；1970年至1980年为第二个产金高峰，产量从786.04公斤，上升到1612.87公斤，工业总产值从1202.7万元上升到2504.2万元，共产金13032公斤，占全国产金量9.43%。

在此期间的找矿探矿和大规模专项工程建设中，矿山的大部分资金都来自于群众集资，减轻了国家的负担。这种"团结、进取、求实、奉献"的企业精神，把几代人建设矿山的美好行为更加具体化，人们从夹矿精神中汲取建设矿山的力量，朝着规模经营实现北方"金谷"的目标迈进。

1952年，夹皮沟金矿首创湿式凿岩，并推广到全国有色金属矿山，使矽肺的发病率由11%降到3.5%。创始人那宝钥出席全国第一届先进集体、先进生产者代表会议，受到毛主席和其他领导人的亲切接见。

20世纪80年代，矿山生产、生活进入改革期，夹皮沟金矿不等不靠、自力更生。直至2004年，推行矿长负责制，引进外部科研力量进行地质综合研究，实行"探矿先行、采掘并举"。经营机制和指导思想的重要变化使公司打破了黄金企业多年的封闭经营模式，形成"以金为主，多种经营"发展矿山经济的战略。

夹皮沟黄金矿业有限公司曾获得"一九九二年中国五百家最大工业企业及行业五十家评价"、有色金属矿采选业50家最大经营规模工业企业第37位和国家大型二档企业等多项荣誉。

自此，矿山靠内部挖潜取得了巨大成效，灵活的机制给矿山带来了新的生机和活力。

重整行装，砥砺前行

2005年12月8日，中国黄金集团公司以2.6亿元的价格整体受让夹皮沟金矿产权，夹皮沟金矿由省控股企业变为中央直属企业。2006年9月，夹皮沟金矿因采金历史之久、开采深度之最、累计产金之多、占有面积之广、输出人才之多，被中国黄金协会命名为"中国黄金第一矿"。

步入21世纪以来，夹皮沟金矿始终以科技兴企为己任，不断向现代化企业迈进。2003年，建成东北地区最大的黄金精炼厂，可年冶炼黄金30吨。2005年，通过中国方圆标志委员会质量体系和上海黄金交易所产品资质认证。2007年至2010年4年间，夹皮沟金矿累计产金超过6吨，在助力中国黄金集团公司完成战略任务中起到了至关重要的作用。2008年，自行设计的二道沟矿深井通风改造项目顺利竣工，深井生产的作业环境得到了极大的改善，为黄金矿山深井开采技术积累了经验，2018年7月，二道沟矿竖井下掘已成功穿越1500米，是亚洲黄金矿山之最。2017年12月，尾矿脱氰工艺改造顺利完成，实现了达标排放。一系列新产品、新工艺、新设备的应用,为夹皮沟金矿可持续健康发展奠定了坚实的基础。

党的十九大以来,承古开新,夹皮沟"黄金人"在黄金事业的最前沿,在千尺井下克服60摄氏度的温差,诠释着新一代"黄金人"的忠诚担当;继往开来,夹皮沟"黄金人"将在白山黑水间,继续传承奋斗精神,为实现中华民族的伟大复兴不懈奋斗。

第三章

东方力量

西金东移,西价东渐,我国黄金市场迅猛发展,成为全球黄金市场的重要一极。

我国黄金市场：擎起全球黄金的领军旗帜

北京黄金经济发展研究中心　张伟超

黄金的特殊性和战略价值，注定了中华人民共和国长期管制黄金的历史现实。即使在经济体制改革推进之后，基于外汇储备和金融安全需要，我国依然维持黄金管制体制，实行"统购统配"管制。

改革开放后，国民经济快速发展，我国外贸形势得到明显改善，创汇能力逐步提高，外汇储备也迅速扩大，1982年首次突破百亿美元大关，外汇极度紧缺的问题得以缓解。同时，百姓的收入不断提高，民间购金需求持续高涨。

为此，我国向民众开放了一直处于关闭状态的黄金首饰市场。为了进一步强化黄金管制体制，1982年，国务院颁布了《中华人民共和国金银管理条例》（以下简称《金银管理条例》），规定不论是矿产金、副产金，还是回收金，甚至从废料中提取的黄金也必须交售给中国人民银行，然后由其按计划配售。

黄金首饰市场成为当时民众合法获得黄金的唯一途径。但是在黄金管制的情况下，我国黄金供给指标难以满足黄金首饰需求的增长。同时，国内金价与国际金价存在较大差异，黄金私卖的现象一直客观存在。

香港黄金市场早在1974年就已经开放，香港金银贸易场永远名誉会长冯志坚当时作为香港宝生银行的雇员，正在开发更多适合东方人的黄金产品。他们从瑞士等西方国家进口黄金，然后在澳门精炼加工东方人喜欢的金条产品，再由香港销售给各地的消费者，其中，很重要的市场就在内地。

1992年，中国共产党的十四大确立了建设社会主义市场经济体制的改革目标，进一步解放了人们的市场化发展思想，此时黄金生产企业的发展环境已经逐步发生了重大变化，市场机制日益增强。但是，严格的黄金管制使企业发展出现"一头开放、一头卡死"的生存状态，即生产资料的市场化和产品统购统销的计划管理，使得黄金企业发展的矛盾日益尖锐。

尽管《金银管理条例》强化黄金管制，但在邓小平同志"要大胆地尝试、大胆地改"的号召下，一些地方政府将处于违法状态的地下黄金交易引到地上。1993年，以感王镇黄金市场为代表的民营黄金市场大量涌现，引发了一轮黄金私卖潮，将黄金私卖公开化推向了历史高峰，对当时现行的黄金管理体制形成一定冲击。

黄金管理体制的改革提上了国家的议事日程。1993年，国务院发布的63号公函，尽管宗旨是稳定黄金"统购统配"体制、维护黄金管制体系，但首次明确了黄金市场化改革方向，将人民币金价与国际金价接轨，迈出了市场化第一步。

价格机制的改革冲击了原有的利益格局，成为加快黄金行业体制改革的"引爆器"和黄金产品市场化改革的"助燃剂"。

这一时期，黄金行业何去何从、市场化发展之路如何走的问题，成为行业关注的核心，业界有关体制改革和市场化发展的讨论和研究也非常多。但是对于黄金市场化改革，国家是非常谨慎的。

1997年，中国人民银行批准成立了由中国人民银行、国家计委、国家经贸委、财政部、物价局、税务总局、轻工业局、中央工艺美术品总公司13名成员组成的"中国黄金政策改革研究协调小组"，重点研究行业体制机制改革和市场化转型的道路。1999年，中国人民银行提出了"黄金市场化改革法案"，并征求社会各界的意见。

从1994年进入中国后，世界黄金协会便以中国黄金市场化改革的积极推动者的角色，与中国人民银行建立了密切的工作联系，为其提供了市场化咨询和顾问服务。1999年，世界黄金协会与研究机构合作推出了《中国黄金体制改革与市场开放——基本思路与方案设想》和《新时期中国黄金市场开放：相关政策研究和建议》，不仅为行业市场化指明了方向，也为即将开放的黄金市场提供了方案和智慧。

建立多元化的黄金市场

2001年4月，中国人民银行行长戴相龙宣布取消黄金"统购统配"的计划管理体制，在上海组建黄金交易所。经过1年多时间的筹建，2002年10月30

日，上海黄金交易所正式开业，黄金管理体制改革向市场化迈出了新步伐。

从此，我国组建了一个有别于国际场外做市商报价模式的有形现货黄金交易市场，并将过去央行黄金增值税即征即退的优惠政策平移到上海黄金交易所。黄金生产、加工、流通企业供销活动开始通过上海黄金交易所规范有序地运行，黄金价格由市场供求决定，通过市场优化黄金资源配置。

由于国内外金价的接轨和优惠政策的平移，上海黄金交易所迅速成为我国黄金交易的主渠道，曾经活跃一时的黄金走私和地下黄金交易也得到了有效遏制。据黄金矿业服务公司（英国）提供的数据表明：2003 年，上海黄金交易所黄金出库量 148.62 吨，占国内黄金总需求的 66.56%；2004 年，上海黄金交易所黄金出库量 242.2 吨，占国内黄金总需求的 83.56%。

同时，我国也进入了黄金市场的建设阶段。由于我国长期进行黄金管制，黄金市场是金融市场体系中的空白，商业银行很少接触黄金交易业务，在市场开放之初，商业银行黄金专业队伍和运营体制尚未建立，还不能成为黄金市场发展的重要力量，因此，以现货商品为主的黄金市场规模有限。"上海黄金交易所的运营并不是黄金市场化改革目标的达成，而改革需要再出发，进一步向黄金金融市场发展。"北京黄金经济发展研究中心副主任、专家委员会秘书长刘山恩在《破茧》一书中作出上述评价。

上海黄金交易所在设立时，初期规划是为黄金现货交易提供交易平台和服务，在完善现货交易的基础上，积极开发黄金投资产品，逐步建设成为以金融投资业务为主的金融市场。2004 年，中国人民银行时任行长周小川提出了我国黄金市场发展的"三个转变"：一是实现中国黄金市场从商品交易为主向金融交易为主的转变；二是实现中国黄金市场由现货交易为主向期货交易为主转变；三是实现中国黄金市场由国内市场向融入国际黄金市场转变。

接下来，上海黄金交易所围绕满足个人投资者、机构投资者和黄金产业链需求展开了黄金产品创新，以及会员结构和交易机制的完善和调整工作：从原有的 12.5 公斤、3 公斤和 1 公斤合约到 50 克、100 克金条及黄金 T+D 合约、熊猫金币等新合约设立；从竞价业务到询价业务、租借业务、定价业务等业务的推出；从单纯的国内市场发展到了国际板及"上海金"人民币集中定价业务；会员结构从以黄金生产、加工、销售为主体调整到了以金融机构和投资者为主体、国际会员参与的格局，交易时间也从白天交易扩长到了夜间交易。

一系列的市场改革创新，与实体黄金产业的发展需求相得益彰，极大地激发了黄金市场的发展动力，快速推动了我国黄金市场规模的壮大。2002年，上海黄金交易所黄金交易量（单边）仅为21吨；2008年，黄金交易量攀上千吨台阶，达到2234吨；2015年交易量突破万吨，达到17050吨；2016年突破了两万吨，达到了2.44万吨，比2002年增长了1062倍。

市场开放了17年，上海黄金交易所成长为由竞价、询价、租借等市场共同组成、融境内主板市场与国际板市场于一体的黄金市场重要的金融平台，成为全球最大的场内实物黄金交易市场。

2008年，我国黄金的市场化改革又迈出了历史性的一步。上海期货交易所上市黄金期货合约，开创了我国黄金远期交易市场的先河和黄金市场新格局，从而使我国黄金投资者和生产者有了规避价格风险的更多手段，也进一步发展了我国黄金市场的服务功能，完善了黄金市场体系。

自从黄金期货上市，上海期货交易所就致力于提升黄金期货服务实体黄金产业经济的能力，并且先后推出一系列改革措施，如推出黄金期货的连续交易、修订黄金期货合约与规则、实施了套利交易制度、采取单向大边收取保证金等，降低交易成本，完善交割手续，不断培育黄金期货市场，取得了显著成果。

而国内商业银行的黄金业务也伴随着国内黄金现货和衍生品市场的发展而不断进步，逐渐成长为黄金市场的重要参与者和推动者。商业银行可以代理和自营上海黄金交易所黄金品种、上海期货交易所黄金期货，是交易所市场的重要支柱，还可以为客户提供实物类、交易类、融资类和理财类等多元化黄金产品与服务，形成了柜台OTC黄金市场。同时，商业银行也成为我国黄金进出口的重要载体，并参与境外黄金市场交易，促进了国内外黄金市场的互联互通。

2016年，商业银行黄金业务交易量创下历史新高，达到了6.236万吨。国内上市银行贵金属资产总规模从2008年底的506亿元大幅增长至2016年底的7000亿元，累计增长了近13倍。市场开放后的17年来，商业银行不仅在交易规模上有了巨量的增长，而且在交易产品、结构、平台、方式等方面有了很大的创新，成为黄金实体产业与金融业结合发展的关键载体。

至此，一个上海黄金交易所场内黄金现货市场、上海期货交易所黄金期货市场和商业银行场外黄金市场共同发展的多层次、多元的市场体系建立起来了。

启动黄金市场国际化引擎

随着市场化、国际化的发展，我国黄金行业逐渐打开了与国际黄金行业合作的关键窗口，启动了黄金市场国际化的引擎。

经过改革开放几十年的发展，黄金产业链的实体企业在"引进来"和"走出去"过程中，一方面对照学习和引进国际黄金业发展的管理经验，引进先进技术和科技装备，另一方面，国内矿业专家和矿山代表到国际黄金矿业公司交流学习，增长见识，提升国内黄金工业发展水平和国际竞争力，为海外资源布局提供了基础和条件。

各大黄金集团企业更是纷纷对标巴里克、纽蒙特等国际大型黄金矿业公司，突出科技创新，扩大资源储量，努力做大企业规模，降低生产成本，增强发展实力，目标直指国际一流矿业公司。黄金市场和下游黄金珠宝首饰企业也加快了"走出去"的步伐，以上海老凤祥有限公司为代表的民族黄金珠宝销售企业陆续在澳大利亚悉尼、加拿大温哥华、美国纽约开设了老凤祥专卖店。

与此同时，我国黄金市场的海外参与度和国际化水平迅速提高。2014年9月18日，上海黄金交易所国际板业务正式开通，利用上海自贸区开设FT账户的契机，实现了中国黄金市场的对外开放，引入更多国际投资者，逐渐形成一个全球化、国际化的市场。而上海黄金交易所也由此基本形成以竞价市场为主、询价市场为辅，以交易平台为主平台，清算、交割和租借平台为服务支撑平台，融境内、境外业务为一体的全流程业务体系。

随后，上海黄金交易所开启新一轮的国际化发展，着力于实现交易开放、转口便利和推出"上海金"，逐步建成具有重要国际影响力的贵金属交易所，不断提升我国在世界黄金市场中的影响力和话语权。

两年后，"上海金"人民币黄金定价机制在上海成功发布，上海黄金交易所发布了全球首个以人民币计价的黄金基准价格：256.92元/克。此时，上海黄金交易所定价交易平台的系统上，以人民币计价的、在上海交割的、标准重量为1公斤且成色不低于99.99%金锭的交易成功运行。

作为我国黄金市场国际化发展的又一个标志性事件，"上海金"定价机制的推出，为全球投资者提供了一个公允的、可交易的人民币黄金基准价格，为黄金市场参与者提供了良好的风险管理和创新工具，有利于进一步完善人民币黄金市场的价格形成机制,加快推进中国黄金市场国际化进程。

正如中国人民银行副行长、国家外汇管理局局长潘功胜在发布会上指出的,推出"上海金"定价机制既是中国金融要素市场创新开放、积极融入全球一体化进程的重要尝试,也是中国顺应国际黄金市场深刻变革和全球黄金市场"西金东移"发展趋势的必然要求。

在国内交易所快速国际化的同时,商业银行也加快了国际化步伐。中国银行、建设银行、工商银行、交通银行等金融机构相继加入 LBMA 定价机制,平安银行、民生银行等一批机构成为 LBMA 会员。中国在国际黄金市场的声音越来越响亮,话语力量也越来越大。中国正在成为构建新型化黄金市场的重要力量之一,从世界黄金定价的外围走向中心,从规则的接受者逐步变成制定者。

随着中国黄金行业加快"走出去"步伐,全球黄金产业和市场格局正在悄然发生变化。过去全球黄金的会议一般都在纽约、伦敦等地召开,而今,除了两年的一度的国际黄金大会从 2014 年开始在中国北京召开,上海黄金交易所等机构也纷纷召开全球黄金市场高峰论坛,吸引了全球黄金业界重量级嘉宾的关注和积极参与。

全球黄金行业权威性组织——世界黄金协会首席执行官施安霖在参加"2017全球黄金市场高峰论坛"时给予了中国黄金市场极高的评价。他指出,中国即将迈入崭新的发展阶段——它已经做好准备,接过全球黄金市场的领军旗帜,并把握由此带来的所有机遇和责任。基于这一领导地位,中国将帮助全球黄金市场来确定未来结构与组成。

2018 年,鉴于中国在全球黄金行业中的重要性与日俱增,世界黄金协会特设立中国委员会,中国黄金集团党委书记、董事长宋鑫被任命为中国委员会的首任主席。继中国黄金集团之后,山东黄金集团有限公司也加入世界黄金协会并成为会员,登上了由 25 家全球黄金巨头搭建的国际舞台。

70 年的风雨兼程,我国黄金行业实现从量变到质变的飞跃,黄金市场也从无到有,从小到大。如今,接过全球黄金的领军旗帜,我们将踏上从黄金大国迈向黄金强国的伟大征程,未来前进的步伐必将更加矫健。

"上海金"：国际黄金定价的中国影响力

上海黄金交易所 年四伍

改革开放以来，我国国民经济高速发展，黄金产业迅速崛起。目前，我国黄金市场已逐步形成集黄金开采、冶炼、加工、研发、设计、销售、回购于一体的完整产业链。随着国内黄金资源勘测、开发、消费总量不断壮大，黄金投资和交易市场不断活跃，我国在国际黄金市场的影响力不断提升。近年来，伴随全球实物黄金出现"西金东移"趋势，以及黄金工业企业经济效益的显著增加，我国黄金市场逐步开放，国际化趋势显现。中国已逐渐发展成为全球黄金资源产需大国和投资交易大国。

以上海黄金交易所为代表的国内现货市场不断崛起，"上海金"集中定价合约根植于实物黄金交易市场的流动性，正逐步提升人民币黄金价格的国际影响力。在此基础上，将"上海金"价格引入更多流动性充足的市场，当"上海金"价格的应用足够广泛，其将从衍生品、实物等多个方面逐步对国际黄金市场产生影响。伴随中国金融市场的发展，以"上海金"为代表的中国黄金实物价格将成为亚洲时区，乃至全世界范围内的基准价格。

"上海金"定价业务基本情况及发展态势

从狭义来看，"上海金"是指上海黄金交易所"上海金"集中定价业务。从广义来看，是指以上海黄金交易所定价交易市场为代表的中国黄金现货交易市场。

2016年4月19日，上海黄金交易所发布全球首个以人民币计价的黄金基准价格——"上海金"定价。当天上午10时15分，"上海金"首笔基准价定格于256.92元/克。这是继2014年9月上海黄金交易所推出黄金国际板后，中国黄金市场国际化发展的又一标志性事件。从此，全球最大的黄金需求国有了以人民币定价的基准产品，全球黄金行业形成了继"伦敦金""纽约金"之后又一黄金定价基准。

"上海金"集中定价业务推出3年来发展迅猛。据统计，"上海金"2016年累计成交量达到569.2吨，2017年成交量跃升至1262.7吨。2017年，"上海金"集中定价业务日均成交量5.18吨，与"伦敦金"定价交易日均5.5吨左右交易量的差距正在逐步缩小。2018年，定价市场全年成交量1474.71吨，同比增长16.79%，成交额3997.95亿元，同比增长15.03%，日均成交6.07吨，日均成交额16.45亿元。

"上海金"的应用价值与重要意义

如果说，上海黄金交易所的开业拉开了中国黄金市场开放的序幕，那么，"上海金"集中定价业务的推出则标志着中国黄金市场已渐成熟，并且逐渐在全球黄金定价市场掌握话语权。面对国际黄金市场新格局，上海黄金交易所以开放的姿态，用人民币报价反映中国需求，同时也为世界黄金市场提供更为多元的选择。

一是"上海金"是黄金企业国内、国际合作的重要价格指针。国内的黄金现货交易和期货交易均以人民币计价，并以存于上海黄金交易所的实物库存进行交割。然而，价格依旧来源于伦敦、纽约等其他交易场所的美元黄金基准价。"上海金"集中定价推出以后，黄金企业在进行黄金原料、黄金半成品、各类黄金产品的交易、进出口及黄金投资项目的谈判、合同签署中，成为"上海金"集中定价黄金企业进行上述国内、国际合作活动的重要依据。同时，"上海金"集中定价除了为黄金企业和银行对冲国际金价进行套保与风险规避之外，也为上海黄金交易所及相关市场参与者参照"上海金集中定价"进行衍生黄金金融产品的开发提供了机会和条件，进一步完善了黄金市场功能，为黄金产业上下游企业提供了更好的风险管理工具。

二是国内庞大的实物需求急需人民币定价，规避汇率风险。据世界黄金协会统计，2016年全球金饰需求的30%来自于中国。"西金东移"的必然结果，是改变中国价格诉求难以向世界传导的现状。经过多年发展，中国已成为全球最大的黄金生产国和消费国，在传统的定价体系下，我国黄金企业在进行套期保值和原材料采购的过程中，通常会以美元计价的伦敦黄金定盘价或者是纽约期货交易所的 COMEX（纽约商品交易所）期金价格作为基准价。在交易的过程中，汇率的变化通常会给企业带来额外的负担和损失，增加企业的成本；"上海金"定盘价机制的推出，提升了我国在国际黄金市场的话语权，降低了企业的汇率风险，随着未来"上海金"定价体系的不断深化，也会扭转此前我国在世界价值分配体系中的不利地位，降低企业汇率风险，提升中国黄金市场话语权。

三是国内现货市场具备提供可交易、可信赖的黄金基准价格的条件。一方面，中国黄金市场的现有规模及其发展潜力，以及不断增加的产品，既为市场的流动性提供了保障，也使买卖双方更易匹配。同时，上海黄金交易所市场参与主体众多，市场流动性充裕。上海黄金交易所已连续多年位居全球第一大黄金现货场内交易所，交易所场内集聚了国内外重要的黄金生产、消费、金融、投资企业。

另一方面，高效的定价机制不仅需要良好的流动性，还需要低廉的交易费用。上海黄金交易所为所有定价交易进行集中清算服务，并对会员准入、产品质量及成交条件进行了严格规定。这将增加市场透明性，减少信息收集研究的成本，有助于降低交易对手风险，提高交易效率。

因此，上海黄金交易所推出的"上海金"基准价将会充分反映中国黄金市场的供需关系，代表着中国黄金市场的价格趋势，具有使用价值，可以为黄金市场提供可交易、可信赖的黄金价格。

四是"上海金"是对国际定价的重要借鉴和有益补充。1919 年 9 月 12 日，伦敦市场 5 家主要黄金交易机构及精炼商代表，共同确立了第一笔伦敦金定盘价。作为一个公允的、被市场认可的黄金价格，在近百年时间里，伦敦定盘价逐渐成为国际黄金实物价格的风向标，与纽约的黄金期货价格一起，共同主宰着全球的黄金定价。2015 年 3 月，伦敦定盘价最终被伦敦金银市场协会（LBMA）的黄金价格所取代，其全新的定价机制被命名为"LBMA 黄金价格"。

黄金定价权的争夺战主要在伦敦和纽约之间展开，这两大市场都是以美元定价。国际黄金期货定价中心在纽约，现货定价中心在伦敦，尽管伦敦金定价透明度一直备受质疑，但它依然是全球黄金市场极具影响力的基准价格。人民币黄金集中定价业务借鉴了伦敦金的定盘机制。"上海金"的启动，标志着中国在黄金定价主导权上迈出了重要一步。开展黄金人民币集中定价交易，是在长期全球黄金美元定价之外，给黄金行业与市场提供了另一个可信赖和可交易的选择。

五是促进中国金融市场的对外开放和发展。目前，中国黄金衍生品市场一直缺乏以人民币计价且权威公允的特定时点的黄金价格，"上海金"基准价的推出将有助于中国黄金金融衍生品市场的发展，也将会对与黄金相关的金融产品、理财产品及衍生品的价格产生重要影响。以人民币计价的"上海金"在促进人民币币值稳定、推动人民币国际化过程中承担着重要的职责。"上海金"是中国金融市场创新开放的排头兵，有助于促进中国金融市场的创新开放发展，也是国家金融市场融入全球一体化进程的重要标志。

"上海金"与黄金定价权的展望

1. "西金东移"趋势将持续提升"上海金"的国际竞争力。"西金东移"指的是世界黄金的需求重心从西方往东方转移的过程。根据世界黄金协会统计，从1970年开始，黄金需求在地理分布上的变化非常明显，北美和欧洲的需求从1980年的68%逐步下降至2010年的27%，流失的份额被印度和东亚地区（主要是中国内地）填补，这些地区的份额从1970年的35%升至2010年的58%。其中，黄金首饰需求的转移是"西金东移"的主流。

"西金东移"反映了世界经济格局的变化。随着中国经济的快速发展、国内黄金供需缺口的进一步扩大，黄金实物更快地流入中国，进口黄金已逐步成为满足国内日益增长的黄金实物需求的主要来源，"西价东移"日渐具备条件，这为未来黄金定价权的转移奠定了坚实基础。

2. 深厚的黄金产业基础是"上海金"成长的坚实基础。近年来，在全球传统产金大国黄金产量下滑的情况下，我国黄金产量持续增长。2018年，全国黄金产量401.119吨，连续12年位居全球第一。

近年来，我国黄金设计、加工、制造业也进入了一个全新的发展阶段。黄金首饰、黄金投资品、黄金文化艺术品、高科技黄金原料产品等都取得了长足发展。中国首饰用金2006年超过土耳其，2013年又超过印度跃居世界第一位。据中国黄金协会统计数据显示，2018年，全国黄金实际消费量1151.43吨，连续6年保持全球第一位。

3. 活跃的交易市场为"上海金"提供持续生命力。上海黄金交易所已经形成了机构投资者和个人投资者广泛参与、基础产品和衍生产品日益丰富、场内市场和场外市场共同发展、境内主板市场与国际板市场齐头并进的多层次市场体系。其与国际黄金市场接轨的步伐不断加快,在资源配置、价格发现、投资避险等方面发挥了积极的作用,目前已经发展成为世界范围内最大的场内黄金现货市场。

从国内期货市场来看,上海期货交易所市场活跃,2018年,上海期货交易所黄金期货合约累计成交量共3.22万吨(双边),同比下降17.22%,成交额8.85万亿元,同比下降18.35%。黄金期货年成交量连续5年位居全球第二。由此来看,中国国内期现货交易市场发展迅猛。"上海金"的交易市场是全球最大场内实金交易市场,具备流动性充裕、实物规格多样且存储于亚太地区等特点;同时,该市场也是全球黄金市场参与机构进行人民币计价黄金交易的重要平台。中国黄金市场日渐具备争夺国际黄金定价权的坚实基础。

4. 黄金市场的国际化融合成为持久潜力。第一,"请进来",积极吸纳国际投资者。2008年以来,上海黄金交易所先后引入渣打银行、汇丰银行、加拿大丰业银行、澳新银行等9家外资类金融机构参与交易。2014年9月,近40家国际会员,包括国际知名金融机构、冶炼和加工企业进入国内黄金市场,推进国内黄金市场的国际化。

第二,"走出去",积极收购海外黄金资源。21世纪以来,特别是2008年金融危机后,大宗商品价格下跌和宽松的货币环境为我国企业在收购资源创造了绝佳环境。同理,近两年金价的振荡下跌、坚挺的人民币汇率和充盈的外汇储备,让中资企业在海外收购黄金矿藏资源时底气十足。

5. 金融开放和人民币国际化必须长期支持。要克服当前国际货币体系弊端,打破美元垄断地位、推动人民币国际化,是中国维护自身经济金融安全的必然选择。国际经验表明,大国货币的国际化,需要相应的黄金储备做支撑,也迫切需要以人民币对黄金定价,打破美元定价的垄断。从外部环境来看,全球经济金融格局发生重大变化,中国经济保持强劲增长势头,我国在国际市场的经济金融影响力日渐提高;与此同时,欧美国家黄金定价操纵等黑幕的不断暴露,其对国际黄金定价的影响力也不断削弱。这些都为我国黄金市场国际化、争夺国际黄金定价权提供了强大经济实力支持和有利时机。

从内部环境来看,凭借我国在黄金生产、消费方面的影响力,以自贸区为切入口逐步开放黄金市场,推动离岸人民币的黄金定价、交易、结算,将国内黄金供需情况转化为国际市场影响力,会增强黄金的人民币定价影响力,使得我国在黄金领域的话语权有较大的改变。

黄金期货：黄金投资生态体系的巨大推动力

招金期货有限公司副总经理　梁永慧

黄金期货市场是金融市场的组成部分，黄金独特的货币金融属性，使其在资产配置组合当中起到重要作用。

纵横结合，延展广度深度

纵向来看，黄金期货的特点如日内T+0交易、杠杆特性、长时间段交易等，有利于投资者丰富投资交易策略，开展多种形式交易，抬升投资曲线收益率。横向来看，黄金市场之间套利交易可以促进黄金价格的合理制定和投资机会的有效发现。例如，跨市套利是投机者利用同一商品在不同交易所的不同价格，同时买进和卖出合约以获取利润的活动。目前国内正规的黄金交易平台有上海期货交易所和上海黄金交易所，相应地就有了上海期货交易所的期货黄金与上海黄金交易所的现货黄金套利。而黄金的跨市套利在理论与实践上并非仅限于此，还可进行国内T+D与伦敦贵金属套利、国内贵金属期货与美国纽约商品交易所（COMEX）期货套利等。

上海期货交易所近年来创新业务速度加快，并且不断贴合投资者需求和产业需求，推出服务黄金产业和市场的举措，如黄金期货做市商制度。中国黄金期货市场有个非常明显的特点，就是6月和12月合约轮动明显，活跃度非常高，而其他月份合约则基本处于冰封状态，交易量少，投资者参与度不强，不利于产业客户交易和风险管理。2018年下半年，上海期货交易所通过推出黄金做市商措施，做活除了6月和12月的偶数月合约，对于引导投资流向效果明显。进入2019年，4月、8月、10月合约成交量明显上升，扩大了产业的参与度和交易空间，有利于企业参与交割和风险管理。与此同时，由于偶数月合约轮动与 COMEX 黄金期货合约活跃月份相同，也给国内黄金市场投资者提供了境内外的跨市套利机会。

未来，随着黄金投资者结构的丰富和黄金市场的发展，黄金交易向深度和广度延展，将极大地活跃黄金投资市场。而且，随着境外投资机构的引入、境内外跨市套利交易的开展，市场对人民币汇率具有保值需求。因此，通过黄金全球交易，可以扩大人民币交易和使用范围，对于人民币国际化发展也将形成重要的推动作用。

扩宽融资，降低资金成本

黄金租赁业务是黄金市场发展和黄金现货期货产品创新应用的一个重要方式，促进了黄金企业和金融机构之间的有效衔接，对于企业拓宽融资渠道、降低成本、改善企业现金流起到了重要作用。

黄金租赁融资也称为借金融资、借金还金，是指承租人（借方）向出租人（贷方）租借一定品种和数量的黄金，在租借期满时向出租人归还相同品种、相同数量的黄金，并支付一定利息的黄金借贷方式，一般是银行向非金融类法人客户出租实物黄金、收取租赁利息的业务。

对用金企业而言，黄金生产企业可以在黄金价格高位时抛售借入的黄金以锁定利润，再通过自身的黄金开采或者在黄金期货买入保值归还借入的黄金；黄金加工企业则可以在借入黄金的同时，在黄金期货市场上买入等量黄金以备归还，同样可以达到锁定加工成本的目的。

与黄金租赁融资方式类似的还有黄金质押融资，区别在于黄金生产企业自身生产黄金，有黄金库存，基于某种原因比如看涨黄金的预期而不希望现在销售，因此将黄金质押给银行或大型企业进行融资。

质押融资包括两种途径，一种是质押黄金贷款，另一种是将库存黄金转化为虚拟库存（盘活库存融资）。这两种方式都有利于企业充分利用单位价值高的黄金库存和黄金的金融属性，解决融资难、融资贵的问题。

面对近几年金价的大幅下跌，很多黄金企业延续牛市思维，广积库存，意欲囤积居奇。然而，现货市场库存成本较高，且全额交易占用资金量大，不利于企业资金的融通。由于期货市场采用保证金交易制度，因此黄金企业可以买入期货头寸替代现货头寸，建立虚拟库存，这样能够释放企业库存占用资金。并且，由于期货市场成交活跃，可充分实现虚拟库存与实际库存的对接，因此获得很多企业的青睐。

定制服务，优化风险管理

黄金期货市场发展有利于金融衍生品业务创新，丰富投资渠道和企业风险管理。如期权交易、期权套保，定制化理财和产业服务等。

一是期权创新，锚定期货价格。黄金期货已经成功运行十余年，国内已经成功上市铜期权、农产品期权等金融衍生品种，黄金期权上市无论是从理论上还是实践上都已进行了充分准备，上市只是时间问题。未来，黄金期权上市必将以国内黄金期货合约价格为锚定标的，有利于促进期货和期权的同步发展，丰富投资产品，改善投资者结构，扩大黄金期货期权交易规模，提高全球黄金定价影响力。

二是期权套保，优化风险管理。期权的风险规避优势在于期权的风险和收益的不对称性，在买方只付出一定的权益成本的情况下，其损失或义务都是转移到卖方身上的。在具体应用场外期权服务实体经济的过程中，期权优势最重要的一点是企业在市场反向波动时无须面临因追保所造成的现金流压力，而且期权的保值效果更加确定、灵活性更强。

利用期权服务实体经济的核心在于将期权、期货、现货乃至资金等不同的要素进行组合，来达到最佳的套期保值效果。由于场内期权相对固定，对于产业和投资者而言，根据不同需求利用场内期权定制化为场外交易，可以在不同的价格和不同的方向上将期权和期货进行组合，最后得到的不管是套期保值风险管理还是资产配置的效果，都会变得更加丰富，而场外期权的定制需要专业机构调整到场内期货和期权对冲风险，来获取定制化收益。

期权作为国际应用广泛的金融衍生品种，相信在国内黄金市场同样会得到良好的运用与发展。

敢于争先，未来可"期"

秉承服务实体经济理念，作为中国黄金市场的重要建设者，上海期货交易所一直致力于黄金期货市场的基础设施和制度建设，不断进行产品创新和技术创新，持续优化市场运行效率和投资者结构，不断推动黄金期货市场创新发展。

面对未来，上海期货交易所坚持市场化、法治化、国际化的改革发展方向，按照"以世界眼光谋划未来、以国际标准建立规则、以本土优势彰显特色"的基本思路，不断推进改革、创新、开放工作，做精做细黄金品种，以市场需求和实际问题为导向，对黄金期货市场发展所涉及的账户、结算、交割等问题，在法律制度、业务规则和技术系统三个层面进行探索，不断推动规则优化和制度完善。同时不断强化品种和业务创新，全力推进商品指数期货和黄金期权类衍生产品的研究开发，满足市场的多样化需求，并持续优化投资者结构，发挥黄金期货风险管理和定价功能，大力建设国际黄金风险管理和定价中心。

坚持对外开放，借力"一带一路"发展，借鉴黄金现货市场国际化的有益经验，黄金期货将稳步推进国际化进程，引入境外产业机构和投资者，满足国内外企业和投资者的入市交易与风险管理需求，提高黄金期货交易量和投资者参与度，不断提升中国黄金期货市场的国际影响力。

黄金震旦，闪耀世界

震旦，为中国古称，又意"日出东方"。随着人民币国际化的不断推进和"一带一路"合作深化，我国黄金行业的发展面临着新的机遇。在庞大的黄金生产消费体量基础上，以黄金期货为先锋龙头，黄金现货交易为根基，黄金交易所交易基金（ETF）、黄金期权、黄金基金等金融衍生品为翼展，串起黄金产业链条，可以形成一个完整的黄金大道投资生态体系。从这个意义上，我们可以期待，黄金期货的发展和衍生品创新，将是中国黄金市场发展与完善的巨大推动力量，也必将令中国黄金闪耀世界。

国内首家商业银行贵金属持牌专营机构的黄金十年

中国工商银行贵金属业务部　张永江

2019年是中国工商银行（以下简称工行）与中国黄金市场携手走过的第十七年，也是国内首家商业银行贵金属持牌专营机构——中国工商银行贵金属业务部成立的第十年。春去秋来，光阴荏苒，中国黄金市场从无到有，由小及大，正加快形成多层次的市场体系；工行作为黄金市场"中国梦"的积极践行者，始终将服务客户、服务市场、服务实体经济作为贵金属业务存在和发展的价值所在，始终将掌握市场变化、了解客户需要、加快产品创新、发挥好工行的整体优势作为开展业务的基本前提，在帮助客户实现发展目标的同时，保持了贵金属业务规模、效益、质量的均衡、协调、可持续发展。

全产品体系

目前，工行已经构建了覆盖个人、公司、机构、同业的完整产品体系，包括实物、交易、融货、资管等四大业务板块，并按市场需求变化，不断丰富和优化各板块的产品组成。

工行黄金业务开办之初，品种仅限于针对个人客户的实物零售、代理上海黄金交易所（简称"上金所"）竞价交易、账户黄金等业务，相对零散且基本处于"自然增长"状态。随着国内黄金市场的加速发展，市场参与主体尤其是金融消费者投资意识、专业素养和风险承受能力的提高，对黄金商品、金融、货币属性的逐次激活提出了迫切的需求；同时，一些非法贵金属交易平台"野蛮生长"，也从另一个角度提醒工行加快产品创新步伐，"开正门、堵偏门、补短板"，这不仅是工行黄金业务的发展需要，更是保护金融消费者合法权益的社会责任。

第一，在实物零售类。2007年2月，工行首款实物产品如意金条上市销售，自此，以满足客户投资、馈赠及收藏等需求为导向，工行开启了从题材、规格、款式、材质到销售模式和物流运营的实物产品发展创新之路。在产品设计上，扩展至金、银、铂、钯等多种贵金属材质，深入挖掘中国传统文化内涵，形成了投资、祝福、生肖、婚庆、纪念、文化、传承及时尚8大系列的产品线，规格多达500多款，期间陆续推出了红色记忆系列、名山文化主题系列等享誉市场的产品。近年来，随着互联网经济的风口由"共享经济"向"定制经济"演变，能为消费者带来愉悦、独特体验的定制产品逐渐兴起。工行抓住时机发展贵金属定制业务，努力打造连接终端客户、创意设计企业和加工企业的"工银黄金e定制"平台，并将定制业务融入对小微企业、大中型企事业单位的综合金融服务方案。

第二，交易类。交易类产品是在账户黄金和代理上海黄金交易所现货及递延业务基础上发展起来的，主要针对个人及对公客户投资、交易、资产配置等金融性需求风险跨度较大，适合不同专业素养和风险承受力的投资者。截至2018年末，工行"积存金"累计业务量超1700吨，交易额超4100亿元，客户数超1500万户。更为重要的是，国内商业银行以此为基础，对"积存金"系列产品进行了深度开发，逐步形成了一个拥有自我更新能力的产品体系，推动了黄金投资在个人客户中的快速普及。

第三，融资类。2010年，工行正式开办黄金租赁业务。在深入了解黄金产业链企业需求并借鉴国内外同业经验的基础上，工行逐步完善了包括黄金租赁和套保在内的组合式解决方案，一举解决了困扰黄金产业链企业的"三大痛点"。首先，借助上海黄金交易所平台，向用金企业租出黄金，由企业在租借期限内完成生产和销售，并在约定时点归还黄金，以"借金还金"的方式有效锁定成本或收益。其次，将黄金租赁与套保方案结合，不仅降低了整体融资成本，也规避了黄金价格的市场风险。最后，企业直接从官方指定仓库提金，大大简化了中间环节，节省了交易成本、物流成本和验货成本。

第四，资管类。工行利用黄金期货、期权及其他金融衍生品投资工具，借助综合化国际化战略布局，整合渠道、交易平台、管理职能及专家团队，以千亿级贵金属资产管理及运作为目标，为客户提供与金价、利率、汇率波动挂钩的、跨境跨市场的业务联动服务和专属贵金属财富管理方案。同时，探索外资银行成熟产品与实物黄金委托管理产品相结合，形成投资策略池与实物黄金资产运作池。在此过程中，不仅满足了广大客户对黄金业务的综合化需求，也为黄金市场提供了持续的流动性，并缓和了单一产品领域的同质化竞争的问题，有利于推动中国黄金市场健康持续发展。

全渠道布局

推行专营化之初，工行提出了贵金属业务"进网点、上网站、入商场、联他行、出国门"的全渠道布局理念。近年来，随着国内黄金市场的国际化、市场化发展，金融科技的突飞猛进，工行加速了贵金属业务渠道布局步伐，目前已初步实现行内外、线上下和境内外的全面渗透。

第一，行内物理渠道。黄金交易高价低频的特点，决定了线下渠道仍然是销售主导力量和线上的业务基础。工行充分发挥全行17000家网点优势，提升贵金属业务属地专业服务能力。2010年9月，全国首个贵金属客户专属服务区在上海开业，首创国内商业银行的体验式贵金属服务；随后，贵金属旗舰店建设在全行推开，逐步形成以旗舰店为骨干、辐射带动周边商圈和住宅圈的线下贵金属营销服务网络。近年来，顺应黄金珠宝消费强度的地域转移和消费偏好的代际转移，工行依托新技术加快线上线下一体化建设，将贵金属投资、收藏、消费、回购、专业服务功能有机融入金融微生态圈中，全面升级线下网点贵金属专属服务区功能体验，搭建实物全回购、少儿财商职业体验全新场景，落地国内银行系首家邮币馆线下场景，打造产品营销和品牌宣传的新型平台。

第二，线上渠道。传统业务方面。2012年，工行整合实物贵金属、贵金属递延、积存金、账户贵金属等产品，实现网上银行、手机银行、电话银行等电子渠道的全覆盖；2014年，"工银金行家旗舰店"正式登录"融e购"电商平台，年销售额复合增长率近100%，2018年度销售额超10亿元；2017年，工行登陆京东商城，成为率先以直营模式入驻行外主流电商平台的国内商业银行，目前在黄金品类中排名前三。创新业务方面。2017年1月，为顺应"长尾客户"特别是"80后""90后"新生代消费群体的社交和黄金配置需求，工行与腾讯财付通合作，在微信平台推出"微黄金"；在国家规范互联网黄金市场的规制出台后，于2019年初联合腾讯、上海黄金交易所、中国黄金集团有限公司、世界黄金协会等机构，以中国人民银行黄金行业相关监管规则作为指引，上海黄金交易所现货实盘合约为基础，重新打造以实物金沙为基础资产的"金沙红包"，后续社交、黄金投资、黄金首饰、传统文化、纪念礼品、游戏IP等功能将分期上线。

同时，工行顺应"百姓金"理念，加快与上金所"易金通"和互联网金融头部企业的 API 平台对接，目前，将上海黄金交易所竞价交易产品、工行平台和互联网企业流量相结合的引流项目已取得显著成效。下一阶段，工行将继续推动线上线下黄金生态圈的发展，满足客户对实物黄金产品题材多样化、服务便捷化的消费需求。

第三，境内外金融机构网络渠道。境内，工行与齐商银行、厦门银行等深耕区域市场的城商行、农商行建立了积存金业务"银银合作"关系，将工行的黄金产品和服务在金融服务"空白点"落地。境外，作为中资金融机构中交易网络覆盖最广的全能型银行，工行在 47 个国家和地区建立了 426 家分支机构，与全球 1502 家主要商业银行建立了紧密合作关系，具备了 24 小时全球持续交易服务能力。2011 年 12 月，工商银行成为国内唯一一家以总行名义加入伦敦金银市场协会（LBMA）全能会员的商业银行。2015 年 2 月，工行收购伦敦标银公众有限公司 60% 股权，实现全球商品和货币市场交易能力的升级。2016 年 4 月，工银标准正式成为 LBMA 黄金与白银即期做市商；2016 年 5 月，工银标准获得伦敦贵金属清算服务行资格，成为五大国际贵金属清算银行之一，并购了巴克莱银行位于伦敦、储量达 2000 吨的黄金金库及相关的全部贵金属仓储业务线，具备了全球重点市场的黄金交易、清算、仓储、物流一体化服务能力；同月，工商银行成为 LBMA 全能会员和洲际交易所（ICE）定价的报价行，具备了深度参与全球贵金属市场交易的资质。尤其在"一带一路"沿线，工行在 21 个国家和地区建立了 131 家经营机构，着力将境内机构资金、产品、管理优势与境外机构熟悉当地市场的优势相结合，为中国黄金产业提供与时俱进和走向国际的金融服务。

互联网时代，"渠道为王"的定律尽管改变了形态，但依然适用。特色化发展既离不开对自身渠道优势的挖掘利用，同时也必须把握平台化发展趋势、迎合市场需求变化。未来，工行贵金属业务还将以 API 平台为"连接器"，将开放的产品和服务与各类场景关联起来，构成"贵金属 +"的跨界生态圈。

全业务管理

经过 9 年多的探索，工行贵金属业务专营化持牌经营管理模式体现出较强的生命力。我们认为，建立条线化和区域化相结合的矩阵式组织架构，既是贵金属业务发展的内在要求，也是适应外部经营环境变化的客观选择。

2009年9月9日，经中国银监会批准，工行在上海成立了专营持牌的贵金属业务部，承继了工行所有国内黄金业务，并相应扩展至全部贵金属领域。2010年，为更好地激发机构内在经营活力、不断提升专业化经营水平，工行将贵金属业务部定位为独立核算的利润中心，给予更大的经营自主权，经营管理机制持续优化完善。2016年，工行进一步强化利润中心的系统管理职能，逐步形成以总行专营部门（事业部）为主体，横向建立联动机制、纵向建立专业团队的经营管理格局。目前，横向上，贯穿总分行的业务联动机制已基本建立，针对贵金属业务覆盖面广特点，通过与个人、公司、机构等客户部门的联动，构建在市场营销和客户关系维护上的协同发展机制；针对贵金属业务跨境、跨市场和跨期限的特点，通过与各产品部门的联动，构建在产品设计、研发、运作等方面的融合发展机制。纵向上，贵金属专业团队机制已大体建成，反应灵活的、直达市场的经营触角逐步健全。一方面，通过优化完善考核机制，坚持业务收益向下层倾斜，调动各级经营主体的积极性；另一方面，通过人力资源的能力提升机制，持续开展面向各层级经营管理人员的培训。截至2018年底，全行已有黄金交易员、中高级黄金投资分析师超3000余人，是2009年的20倍以上，为贵金属业务在基层的快速稳健发展奠定了人力资源基础。

2018年末，中国人民银行相继发布《金融机构互联网黄金业务管理暂行办法》《黄金积存业务管理暂行办法》《关于黄金资产管理业务有关事项的通知》，为商业银行黄金业务的规范有序发展乃至建设"黄金银行"提供了政策框架。未来，随着人民币国际化战略的深化和中国黄金市场基础设施的不断完善，工行一方面将顺应中国黄金市场发展战略布局，积极探索跨境、跨市场、跨期现的贵金属资产负债运作，积极盘活民间存量黄金资产拓展黄金市场容量和提升活跃度，另一方面，深度发挥"一个品牌（工银金行家）""两个领先（大行信用和金融服务）""三个集成（文化立意、金融赋能、互联网加持）"的比较优势，服务好广大产业链企业和金融消费者，共同拥抱新的"黄金时代"的光荣与梦想。

商业银行黄金业务供给侧改革在路上

中国建设银行金融市场交易中心总经理　格　根

2019年2月23日，习近平总书记在中共中央政治局第十三次集体学习时强调，必须深化金融供给侧结构性改革，增强金融服务实体经济能力。回顾中华人民共和国成立以来，特别是近20年来的黄金市场和商业银行黄金业务发展，不难发现，供给侧改革的明晰主脉络贯穿其中。立足供给侧，认清方向，未来的改革视野也会更为辽远。

中国建设银行是中国黄金市场的主要参与者之一，见证了市场高速发展，并推动了改革进程。受益于此，十余年来，建行黄金业务保持高速增长，取得了丰硕成果。从实物黄金到账户黄金、从OTC市场交易到代理上海黄金交易所业务，从黄金租借、远期到期权、掉期，从美元交易为主到人民币和多币种交易，建行始终走在市场前沿，立足供给侧的服务实质，即向全球客户提供"一站式"综合服务，为客户创造多元化市场价值。

服务实体经济：发挥综合金融服务功能，支持产业发展

黄金采选、冶炼行业是典型的资金密集型行业，大型银行除了提供传统信贷服务以外，还可以针对行业特点和发展趋势，提供多样化综合性融资服务。例如，基本建设和技术改造贷款、债券承销发行、融资租赁等优势产品，可以满足企业因矿山建设、设备采购而产生的长周期资金需求；并购融资类业务，如财务顾问、并购贷款，以及并购融资项下的理财产品等，可帮助企业掌控上游资源，提升市场地位。

针对黄金产业，建行与国内外黄金上下游企业和从事黄金业务的金融机构保持密切合作，将资产负债管理理念应用在黄金业务上。首先是加强对黄金资源开

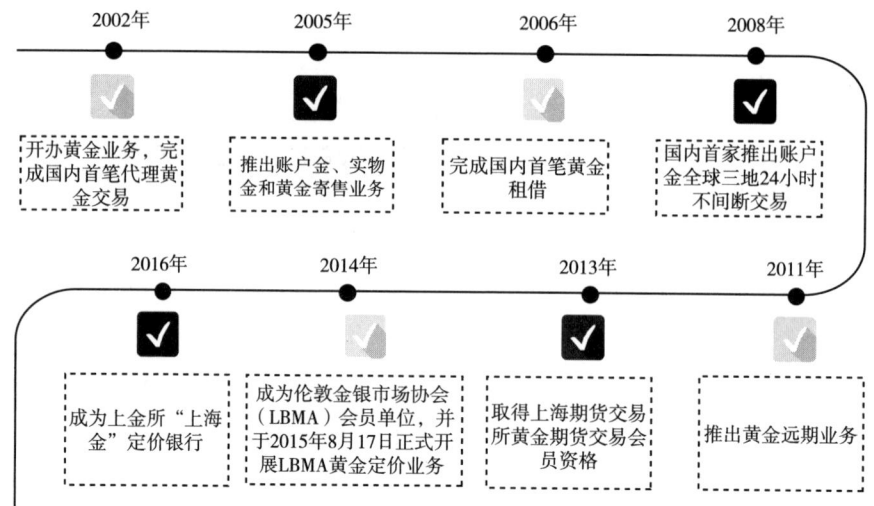

建设银行黄金业务发展历程

采和市场供需的分析,做好战略重点客户的选择和培养;其次是着眼黄金产业的整个生产流程和供应链管理,不断优化黄金租借、黄金质押贷款等业务,同时做好债券、股票等融资模式创新,为黄金企业扩大再生产提供资金和资本支持;再其次,要积极配合大型黄金企业"走出去",整合商业银行全球资源,在国际化平台上为企业提供贸易融资、并购顾问等一揽子金融服务;最后是密切关注黄金企业生产、经营过程,确保银行融资被用于黄金生产、加工和流通等实需环节,严格防范客户挪用资金带来的违约风险。

建行立足供给侧,坚持"以客户为中心"理念,通过充分协同商业银行各项业务,着力充分认识客户、尽心服务客户,对公黄金业务取得了蓬勃发展。截至2018年底,建行为近1000家产业链客户提供黄金租借服务,为1300多家企业提供上海黄金交易所代理服务;在建行开展黄金积存的企业数突破1万家。

服务资产配置:扩大市场投资容量,提升客户体验

针对个人客户的资产配置和投资需求,建行拥有账户贵金属、账户商品、代理上海黄金交易所交易、积存金和实物贵金属等全系列产品。此外,建行依托金融科技支撑,在个人业务的开户、交易环节持续布局移动渠道,推进贵金属在网上银行、手机银行、PC客户端等电子渠道实现全覆盖,为客户提供更便捷的交易渠道。

为扩大零售客群，建行开展系列营销活动，为个人客户参与黄金市场提供正规、便捷、低成本的交易服务，并做实投资者教育，实施"金智惠民"工程，面向社会大众传播现代金融理念。2018年，建行个人交易类贵金属签约客户近4000万户，同比增长超20%，反映了零售客户对建行交易服务的认可。新加坡《亚洲银行家》杂志亦评选建行为2018年度中国最佳大型零售银行，反映了专业机构对建行零售服务能力的认可。

服务全球布局：提供一站式服务，助力客户国际战略

近年来，建设银行已进行了积极探索，通过黄金寄售进口、国际板、实物金销售、产业基金等形式，向全球客户提供"一站式"综合服务。2015年，建行成为伦敦金银市场协会（LBMA）黄金定价银行，并获评美国《环球金融》杂志的"最佳人民币商品银行"；2016年，建行成为上海黄金交易所"上海金"定价银行，并成为第一家参与伦敦白银定价的中资银行。建设银行正在充分利用"一带一路"建设和人民币国际化的机会，加快全球战略布局和机构布局。目前，已在29个国家和地区设立海外机构，覆盖了新加坡、俄罗斯、越南、阿拉伯联合酋长国等"一带一路"沿线国家，搭建了跨时区、跨地域、多币种的全方位金融服务网络，更好地支持中国企业"走出去"，并服务当地客户。

服务机制升级：金融科技赋能，扩大市场覆盖度

2018年，建行宣布成立建信金融科技公司，是国有大行中首家全资金融科技子公司。在科技支持业务发展方面，近年推陈出新。面对客户，推出了无人银行、智慧柜员机等渠道创新，智能快贷产品开创业内先河，系统自动审批额度，客户操作全部线上完成；面对内部操作，通过持续7年多的"新一代"金融市场项目群及日常系统群项目建设，基本构建完成一套境内外、总分行一体化的金融市场业务交易与流程处理体系，大幅提升交易相应速度和支持容量。该体系目前已支持日均超过45万笔资金交易，日均交易金额约2400亿元，支持全行约13000个网点、2600万金融市场客户资金交易的安全、高效及平稳运行。

贵金属业务领域的应用主要体现在三大方面：一是内部的业务处理平台。建行依托报价平台建设，优化了贵金属报价、交易的直通处理，提高了运营效率。

二是渠道建设和优化。建行根据客户反馈，不断优化网银、手机银行的贵金属业务功能，上线贵金属交易PC客户端、微信交易，开发APP等。三是通过科技应用提升交易和营销能力。比如通过金融科技应用提高报价的精度和灵敏度；通过金融科技支持，构建复杂产品的定报价平台；依托数据分析实现精准营销等。

建行正在探索大数据、并行计算、人工智能、移动互联等现代信息科技发展对业务的推动作用。未来的贵金属业务将是科技与人的智慧并存，不断融合新技术、新概念的动态发展过程。

服务专业场景：研究智慧赋能，丰富差异化内涵

黄金业务的客户更加国际化、专业化、市场化，除了要求提供传统融资需求、风险管理需求外，更迫切要求综合信息和服务咨询。建行设立了专职研究团队，系统分析企业、金融同业和个人客户对资讯信息的需求，有针对性地开展研究工作，提供及时、深入、全面的资讯服务。

一方面，提供全方位研究观点和服务方案。建行建立了覆盖汇率、利率、债券、股票、贵金属和大宗商品的研究框架，在提高市场趋势研判能力的同时，特别关注应用型研究。加强对产业、资金等方面的深度挖掘，通过实地调研、电话交流等方式，对黄金产业上下游的上市公司开展研究，填补产品和企业真实诉求之间的空白。根据各类内外部约束条件，为对公客户制定策略，满足生产经营过程中的融资、对冲、理财需求。

另一方面，建行建立功能丰富的资讯平台，并培育研究品牌。不断完善微信公众号功能、内容，"建行贵金属业务"微信公众号覆盖4000万客户群体，并依托建行"龙财富"平台，提供综合投资服务。

中华人民共和国成立以来，建设银行与共和国同呼吸共命运，矢志不渝地坚守"国家利益至上，服务建设为本"的理念，为国家现代化建设作出了历史性贡献，走出了一条具有鲜明特色的国有大型银行兴行强国之路。在新形势下，也将不遗余力地应用金融科技实施供给侧改革，坚持以市场需求为导向，实现商业模式的转换和金融资源的精准灌溉。近年，中国人民银行针对账户黄金、黄金资管、互联网黄金、黄金积存等业务出台规范性文件，为银行开展黄金业务指明了方向，建行正在监管框架下，审慎经营，在服务实体经济、支持产业转型升级、助力民生领域发展、破解社会难点痛点问题等方面不断尝试，继续发挥国有大行的引领作用。

一条具备国际视野的黄金银行之路

平安银行总行贵金属金融事业部筹备组副组长　李　涛

国内商业银行在推动黄金业务国际化发展方面具备先天优势，而纵观数十年来商业银行的整个黄金业务发展史，都与黄金国际化发展密不可分。概括来说，国内商业银行的黄金国际化发展是一个厚积薄发、水到渠成的过程。

平安银行作为国内开展黄金业务的代表性商业银行之一，在黄金国际化的进程中，始终思考如何借鉴国内外先进经验，走出一条具备国际视野、适应国内外发展的黄金银行之路。

商业银行黄金业务：从"体量"扩大到"音量"扩大

我国从2000年开始逐渐放开境内黄金市场，经过近20年的发展，已培育出较为成熟的市场形态。而商业银行作为国内黄金市场的"铁三角"之一，不仅在推动境内黄金市场上扮演了重要角色，在黄金国际化发展上也持续推进，发挥了重要的作用。

总体而言，国内商业银行推动黄金业务国际化发展具备先天优势。一方面，得益于自身外汇优势，国内商业银行天然具备参与境外黄金市场的条件；另一方面，商业银行作为境内黄金业务最早开放的机构之一，在客户积累与产品形态上具备先发优势；而作为可同时提供境内和境外黄金服务的机构，国内商业银行自身的创新需求也在不断推动黄金国际化进程。因此，具备了天时地利，商业银行对黄金业务的国际化推动可谓是责无旁贷。而事实上国内商业银行在黄金国际化道路上也确实进展显著。

纵观数十年来商业银行的整个黄金业务发展史，都与黄金国际化发展密不可分。概括来说，国内商业银行的黄金国际化发展是一个厚积薄发、水到渠成的过程，主要经历了以下几个阶段：

一是准备阶段。国内商业银行早在20世纪70年代就开始参与国际贵金属市场。参与初期主要以熟悉市场规则、满足政府与特定客户需求为主，整体业务处在一个较为初级的阶段，功能性高于市场性。这个阶段持续了20年之久，一方面由于境内黄金市场仍然处于管制状态，个人与企业需求有限，另一方面，国内商业银行走出国门时间尚短，需要时间积累经验，因此在国际化市场参与过程中维持稳健的步伐。可以说，国内商业银行作为一个新来者，并不急于快速开拓市场，而是静待机会、谋定而动。

二是积累阶段。2002—2008年，随着中国人民银行和银监会相继批准批复商业银行开办黄金业务，国内商业银行开始进入黄金业务的快车道。在此期间，大型商业银行陆续推出个人账户黄金业务和个人实物黄金业务，初步构建起基于境内外黄金价格的个人产品雏形。特别是境外账户黄金产品，该产品为国内商业银行自主发行的创新性黄金产品，首度为境内个人客户打开了参与国际黄金投资交易的大门。除了商业银行外，上海黄金交易所也顺势推出黄金现货延期业务，以及上海期货交易所推出黄金期货业务，标志着境内黄金市场"铁三角"形成。总体而言，在该时间内黄金市场虽然日新月异，但客群的产品认可度及业务模式仍处于初级阶段，商业银行及其他机构更侧重于产品设计、制定规则及搭建系统，为下一阶段整体黄金市场的崛起作好准备。

三是快速发展阶段。从2008—2012年近5年的时间里，随着次贷危机爆发，黄金价格一路高歌猛进，境内投资者投资贵金属热情高涨。部分大型商业银行甚至专门设立贵金属部来推动黄金业务的发展，境内黄金市场迎来快速发展期。在此期间，国际黄金价格从800美元/盎司最高升至1900美元/盎司上方，涨幅一度高达150%以上；而国际白银价格涨幅更甚，一度涨幅接近300%，至50美元/盎司。价格的上涨造就了境内贵金属交易市场的空前火爆，客户数量与业务规模均快速扩张，部分大型商业银行单单账户贵金属业务就能实现万亿元人民币/年的交易量，而上海黄金交易所上市的具有杠杆属性的现货延期类产品也同步迎来井喷。除了规模的上升，黄金市场的繁荣也为产品创新提供了温床。特别是国内商业银行，充分学习境外银行的运作模式，除了进一步完善自身的黄金交易业务，更推出各类黄金定投产品、黄金理财类产品，境内黄金市场呈现出百花齐放的场面。值得一提的是，国内商业银行凭借巨大的交易量，一举成为境外黄金交易市场举足轻重的参与者，在国际黄金市场的影响力快速上升。

四是多元发展阶段。2013年之后，国际市场黄金价格开始高位回落，境外黄金受到价格与监管的双重打击，整体市场发展开始减速。但形成鲜明对比的是，境内黄金市场反而热度不减。虽然黄金价格进入了回调期，但金价变便宜，更加刺激了国内投资者的实物需求。国内商业银行每年的黄金进口量不断增加，而"中国大妈"式消费也成为当时黄金市场景气的写照。在此期间，商业银行也注意到了客户对黄金业务的更广泛需求，并适时调整业务方式，由此前交易导向型逐渐向满足多元化需求发展。比如商业银行利用网店优势，参与实物黄金业务；又比如商业银行大力发展黄金租赁业务，满足黄金产业链客户的各项金融需求。自此以后，国内商业银行基本形成了集交易、融资、实物和理财于一体的业务框架，进入境内黄金业务的成熟期。

五是崛起阶段。通过十多年的快速发展，我国黄金市场已实现了体量的飞跃。这包括黄金产量、消费量一跃成为全球领先者，而商业银行自身黄金业务也取得了长足的发展。可以说，在体量上，我国黄金业务已具备了比肩国际黄金市场的实力。但事实上，我国在国际黄金定价权上仍缺乏话语权，这与我国黄金市场的体量并不相称。为了改变"东方用金、西方定价"这种不合理的格局，加快推动我国黄金市场国际化战略就成为各方共识。上海黄金交易所2014年推出国际板以吸引境外机构参与到国内黄金市场，目前年成交量可以达到7000吨以上；2016年推出"上海金"定价，打造以人民币计价的黄金定盘基准价，作为对现有国际黄金定价模式不能很好反映出我国黄金供需状况的一个补充，目前年成交量已超过1000吨。除此之外，国内商业银行黄金国际化步伐也在逐步加快，其中最瞩目的便是国内商业银行开始陆续出现在伦敦金银市场协会（LBMA）会员的名单之中。LBMA是全球最大的现货黄金场外市场和全球现货黄金的定价中心，也是全球黄金和白银市场最具影响力的自律组织。LBMA指定的黄金和白银可供交割规格标准已被全世界贵金属市场和参与者视作通用标准。自2015年开始，除了中国银行伦敦分行早在20世纪80年代便获准成为伦敦金银市场协会（LBMA）会员外，共计7家中资银行或中资控股银行相继成为LBMA普通会员，其中3家为伦敦金直接定盘商。这标志着中资银行在国际黄金定价权上有了一席之地，在国际黄金市场的话语权也在不断提升。

黄金市场开放近20年以来，商业银行黄金业务国际化一步一脚印，逐渐从"体量"扩大发展为"音量"扩大，从一个初出茅庐的新来者发展至今，已成为一个具备一定话语权的"圈内人"。不过需要清醒认识的是，虽然国内商业银行开始参与到国际黄金现货市场,但目前参与方式仍较为单一,且规模也无法与境内黄金市场相提并论,因此,短时间内还无法真正做到国际黄金现货市场与境内市场的有效融合。另外,国际黄金期货市场是一个更大的市场,其交易规模数倍于黄金现货市场,虽然部分国内商业银行也参与国际黄金期货市场,但目前仅停留在委托代理交易层面,参与度仍然较低,若中资机构要进一步扩大国际黄金话语权,参与国际黄金期货市场并扮演重要角色将是未来可见的发展方向,这对于刚刚加入 LBMA 的中资机构来说任重道远。

平安银行的"黄金银行"之路

随着我国黄金市场的发展和居民财富的累积,民众投资黄金热情高涨,黄金产业融资需求不断上升,黄金利率市场、远期市场、掉期市场不断发展完善,黄金支付清算需求日趋强烈。伴随互联网的发展,互联网黄金金融平台如雨后春笋般发展起来,黄金金融已经成为投资界公认的下一个风口。但是,这些平台并没有合格的准入资质,存在庞氏骗局、非法集资、股东自融等嫌疑,亟待监管规范,否则将引起很大的社会问题。因此,亟待建立正规的黄金金融平台,引导黄金金融发展和创新,为社会提供规范标本,促进黄金商品及金融市场的健康发展。

平安银行经过数年耕耘黄金市场,自身黄金业务在资质、人员、产品、创新、系统、盈利等方面已建立了明显优势,因此,为满足黄金行业不断发展的需求,在参考了国际主流银行的黄金业务模式,并融合了我国黄金市场的实际需求后,平安银行在 2014 年率先提出了"黄金银行"概念。

总体来说,平安银行的"黄金银行"主要实现四个功能。

一是充分挖掘黄金金融属性,建立黄金清算的"中央银行"。在平安银行现有黄金体系基础上,以黄金实物与黄金货币互通为基础,以黄金货币化为核心,充分挖掘黄金金融属性,拓展交易、融资、投资、理财、清算等业务,同时响应国家"一带一路"的政策号召,落实国家倡议精神。以民营"黄金银行"的方式形成黄金体系的"中央银行",而实际控制权仍保留在国家主权手中,有助于我国在形成实质上的产业控制时,避免其他国家和政府的警惕。在目前国际贸易摩擦上升、民粹主义抬头的国际局势下,具有非常现实的意义。

二是建立民间黄金储备库,形成对官方储备的强力补充。黄金储备作为一国的国际储备资产的重要组成部分，其储备量的多寡关系到一国对外经济贸易的资信程度。它在稳定国民经济、抑制通货膨胀、提高国际资信等方面有着特殊作用。这种作用无论是在发达国家还是在发展中国家都是相当显著的。平安银行有意愿建立专门的民间黄金储备库，成为官方黄金储备的重要补充。

三是扶持产业发展，建立产业投资发展基金。随着国内黄金产业发展，勘探、开采、选冶、交易、投资、加工和零售的全产业链已经形成，针对贵金属产业链的上中下游，可以推出不同的金融服务，真正实现银行深度参与黄金产业链的全部环节。

四是强力整合资源，迅速做大做强"黄金银行"品牌。平安银行以全国领先的贵金属及商品业务平台为依托，致力于成为银行重要的利润来源和核心品牌形象之一，并达成如下的核心目标：

1. 零售客户："黄金银行"专属零售客户新增 500 万，总零售客户超过 800 万，新开户客户一半为非本行客户，活跃客户突破 10%；

2. 公司客户：贵金属对公客户突破 1000 家，涵盖勘探、开采、加工、选冶、投资、消费、零售等整个产业链，成为行业客户的首选金融服务商；

3. 利润创造：创造数十亿元人民币的非息收入，争取成为行内最大的非息收入来源之一；

4. 市场地位：保持股份制银行综合排名第一，稳步跻身全国银行三甲，在产品、交易、风控、创新等方面的能力引领市场；

5. 品牌建设："黄金银行""平安金"成为平安银行乃至平安集团的核心品牌形象，在全国乃至国际平台上获取相关荣誉。

通过打造具备以上功能的"黄金银行"，平安银行相信，在不远的将来一定会建立起更加完善的黄金生态圈，真正做到上至国家战略精神的捍卫者、中至黄金产业链的协同者、下至连接客户的实践者。

我国商业银行贵金属业务新时代的发展方向

中国民生银行金融市场部贵金属业务中心总经理　董　虹
中国民生银行金融市场部　张　震

近年来，商业银行贵金属业务迅猛发展。进入2018年，贵金属业务面临转型发展：一方面，比特币等互联网虚拟货币带来冲击，需要拓展产品代销渠道至第三方互联网平台；另一方面，黄金租赁等资产业务的收缩使得商业银行的贵金属盈利能力萎缩，需努力拓展业务领域到境内外市场的大宗商品业务等。

我国商业银行贵金属业务正迎来历史性的发展机遇

1. 全球黄金投资交易的需求旺盛。截至2017年底，全球地上黄金存量约187000吨。从地上黄金存量来看，有两个明显的趋势。一是全球私人部门黄金总持有量的增长幅度更大。单在2010年至2017年，私人部门黄金总持有量就上升逾1万吨，现已超过官方部门的黄金总储备量。二是实物黄金投资产品的占比不断提升。在2017年地上黄金存量的净增量中，实物黄金投资产品占48%，占比最大，黄金首饰仅占32%，其余则来自其他含金制成品和各国央行黄金储备的增长。

比实物黄金（主要为金条）投资需求更加旺盛的是金融化的投资交易品种。2017年，全球8家主要大宗商品交易所的黄金年交易量接近27万吨（注：每笔交易买方和卖方交易共记录一次），这其中，黄金期货交易品种的占比超过90%，黄金现货交易品种的占比不到10%。截至2017年底，全球黄金ETF总持仓量达2368吨。与此同时，机构投资者在场外交易市场上的黄金交易活动仍很活跃，2017年，伦敦市场日均黄金交易量同比上升6%。

2. 我国黄金市场发展的势头迅猛。近年来，由于我国持续推行"藏金于民"的战略，高度重视国内黄金业务发展，并从中央、地方两个层面积极营造良好的黄金业务环境，国内黄金市场获得日新月异的发展，目前已形成勘探、开采、选冶、交易、投资、加工和零售的全产业链。截至 2017 年底，中国产金量已经连续 11 年世界第一，黄金消费量连续 5 年世界第一，黄金进口量世界第一，上海黄金交易所和上海期货交易所位列纽约商品交易所之后，黄金交易量分别位居世界第二、第三位。

早在 2004 年，时任中国人民银行行长的周小川就指出，中国黄金市场应当逐步实现三个转变，从商品交易为主向金融交易为主转变，由现货交易为主向期货交易为主转变、由国内市场为主向国际市场为主转变。在前两个转变基本实现后，"与国际接轨、向国际化发展"的国际化战略成为我国黄金市场发展的重要方向，当前黄金市场"消费在东方，定价在西方"的不合理格局也正在改变。随着 2014 年上海黄金交易所国际板和 2016 年"上海金"定盘价的推出，以美元计价的伦敦黄金现货和纽约黄金期货等境外黄金定价权被打破，国际黄金定价有了中国声音。伴随中国自主定价权的稳步提升，国内外投资者参与人民币计价的黄金交易、黄金投资的热情大幅提升。2017 年，上海黄金交易所国际板的成交量达 6953 吨，"上海金"的成交量为 1262 吨。

3. 我国商业银行在国际黄金市场扮演的角色越来越重要。伴随着中国黄金市场的迅猛发展，我国商业银行的黄金业务也在快速成长，在国内黄金市场中的主体地位不断增强。从机构数量来看，截至 2016 年底，全国共有 347 家商业银行开展黄金业务。从交易规模来看，商业银行在上海黄金交易所自营和代理的黄金成交量占比接近八成。从产品供给上看，商业银行可为客户提供实物类、交易类、融资类和理财类等多元化的黄金产品，满足客户多方面的黄金服务需求。而今，贵金属业务已经成为商业银行不可或缺的重要业务领域，国内上市银行贵金属资产总规模从 2008 年底的 506 亿元人民币大幅增长到 2017 年底的 8031 亿元，累积增长近 15 倍。

紧跟中国黄金市场国际化发展步伐，我国商业银行参与国际交易的程度大幅提升。一方面，中资银行已经成为我国黄金进口的主体，也是国际、国内黄金现货、衍生品市场的重要参与者，促进了国内外黄金市场的互联互通与深度融合。另一方面，中资银行正在成为助推我国黄金市场国际化发展的排头兵。目前，包括民生银行在内的 6 家境内商业银行（中国工商银行、中国银行、中国建设银行、交通银行、浦发银行和中国民生银行）已获得伦敦金银市场协会（LBMA）会员资格，其中 3 家（中国工商银行、中国银行、交通银行）还是伦敦金银市场协会的黄金定盘商，中资银行在国际黄金市场的定价、交易、清算、仓储等环节正发挥着越来越重要的作用。下一步，随着我国不断扩大对外开放，中资银行黄金业务的潜在服务对象将拓展至遍布全球的知名矿产企业、对冲基金甚至是外国央行。同时，国内黄金采选、冶炼等产业链客户在"走出去"的过程中，也需要中资银行提供投融资、避险、交易等一揽子综合服务。

4.2018年迎来互联网黄金业务发展的契机。值得特别关注的是，中国人民银行发布了《互联网黄金业务暂行管理办法》《黄金积存业务暂行管理办法》《关于黄金资产管理业务有关事项的通知》等三个管理办法，其核心在于明确"以黄金账户记录黄金持有人持有黄金重量、价值和权益变化的产品，以及以黄金为基础资产的资管产品和衍生产品，仅限金融机构、国务院和金融监管部门批准成立的黄金交易场所向市场提供"。这一规定明确了商业银行作为具有公信力的金融机构应在互联网黄金业务中发挥重要作用。经过多年发展，商业银行在黄金投资交易、产品提供、风险管理及与监管机构沟通方面具有优势。经过近年探索，互联网平台在降低交易费率、提供便捷服务、加强精准营销方面获得成效。未来，发展的大势将促进商业银行和互联网平台在贵金属业务方面由竞争关系转向优势互补、跨界融合，并为互联网黄金业务发展注入新的活力。

"黄金银行"的定义与产品

商业银行已经拥有了积存金、账户贵金属、代理上海黄金交易所贵金属交易、实物黄金销售、黄金资产管理、黄金租赁等黄金产品，为公司客户和个人客户提供了多样化的产品及服务。同时，商业银行的资信、安全和服务也获得了客户的信赖。近年来，商业银行进一步将贵金属产品整合，充分发挥黄金的金融属性，"黄金银行"的品牌便应运而生，2016年以民生银行为先、多家商业银行推出了"黄金银行"品牌。

民生银行于2017年将"黄金银行"基础产品升级到"黄金银行"2.0，构建了涵盖线上、线下"积存金、账户贵金属、代理上海黄金交易所交易、实物贵金属及大宗商品、理财和黄金租借等"，丰富多样的贵金属产品体系，打造了以民生"黄金银行"为核心的贵金属业务品牌。经过不断努力，民生银行贵金属业务在沿着综合化、多元化、便捷化的道路大步迈进，实现了贵金属业务在产品创新、效率提升、渠道建设和科技开发等方面的不断更新迭代。"黄金银行"业务范围下阶段将由零售客户"黄金银行"、公司客户"黄金银行"和"互联网+黄金银行"三大模块组成。

1. 零售客户"黄金银行"。从实物购买、黄金积存、黄金质押到账户交易、代理交易、黄金资管，民生"黄金银行"已经将这些业务在移动终端实现 24 小时的安全操作。

零售客户"黄金银行"板块下，核心产品是积存金，它是连接账户产品与实物产品的纽带，是中国人民银行批准商业银行开展的账户类黄金业务。该产品的核心价值体现在，客户在商业银行持有的积存金份额，银行均购入等量的黄金现货存放在上海黄金交易所指定的黄金备付金账户中，信息透明；而以前商业银行推出的"纸黄金"产品是以各家商业银行的资信作为背书的。

民生银行充分发挥积存金的金融属性，实现申购赎回、定投积存、实物兑换、黄金生息等功能。古往今来，黄金的作用是保值增值，却无法生息。民生银行通过金融创新，开创了黄金实物活期、定期及理财生息的先河。"黄金银行" 2.0 产品在抗本币贬值、抗通货膨胀的基础上，实现了开发收益递增型的黄金产品；根据 2018 年资管新规，"黄金银行" 2.0 在黄金理财产品基础上，新添了黄金结构性存款产品。

另一个重点产品是实物贵金属产品，传递"百姓金""藏金于民"的理念，各家银行均推出了内容涵盖吉祥文化及节日庆典等多个系列产品，将中国传统文化与节日热点相结合，通过柜台和网银等销售渠道，打破了传统的银行网点现金销售的模式，推出了线上销售黄金、积存金兑换实物金等功能，为黄金收藏爱好者与贵金属投资者提供丰富多样的产品。

客户可以选择将前期积存的黄金份额，支付一定的加工费后等量兑换实物产品，一方面，定投客户前期积存的黄金价格较低，节约了客户消费的成本，另一方面，通过"黄金银行" 2.0 实现了线上兑换黄金，节约了客户的时间成本。同时，结合民生积存金的产品生息功能，客户兑换的实物黄金成本实际远低于传统现金购买的实物黄金产品。

"黄金银行" 2.0 的账户贵金属交易产品，为投资者提供了一整套以全球 24 小时市场为基础，集黄金、白银、铂金、钯金四大品种，美元、人民币双币种报价的交易型产品。民生银行依靠强大的贵金属代客交易团队，将客户交易头寸同境外交易对手实时完成平盘操作，通过线上的方式，为国内个人客户提供参与国际市场的交易机会。未来，账户贵金属交易将为更多的国内客户提供参与国际市场交易的机会，也将引入更多的交易品种，以丰富国内客户的投资渠道。

2. 公司客户"黄金银行"。公司客户"黄金银行"的重点产品是黄金租借，该产品培育了黄金产业发展环境。一直以来，民生黄金银行的黄金租赁业务致力于为黄金产业链上下游客户提供一揽子的黄金实物需求解决方案。一方面，租赁黄金解决了产金企业的黄金周转困难；另一方面，租赁黄金缓解了用金企业的流动资金占用，为国内黄金产业链企业走出去、实现国际化提供了强有力的金融支持。同时，民生银行为包括黄金企业在内的大宗商品企业提供了代客衍生交易业务，运用衍生工具为其规避大宗商品的价格波动风险。

此外，民生"黄金银行"计划同"一带一路"沿线国家金融机构积极合作，通过拆借寄售等方式，每年完成较大规模的黄金进口业务，不仅能够为平抑国内黄金价格的大幅波动作出贡献，而且为境内市场补充了现货的流动性，为百姓提供了实实在在的实惠，承担了社会责任。

3. "互联网＋黄金银行"。在中国人民银行正式出台《互联网黄金业务暂行管理办法》之后，具备做市商资格的商业银行将按照相关规定，踏上"互联网＋"的时代列车，建设专项产品体系，建立健全产品服务机制，满足多元化金融服务需求。各家商业银行已积极开展与互联网公司的黄金业务合作，通过产品创新方法、创新模式、创新理念，按照"引进来，走出去"的要求，实现参与各方互利共赢。

商业银行将借助互联网公司的大数据、人工智能、云计算、区块链、物联网等新兴科技，提升场景拓展、获客、运营、风控、研发等环节的核心技术。参考互联网公司专属的信用体系及高效的风险管理模型，探索通过行为数据、消费数据、物流数据、供应商数据建立的客户信用数据体系，以提高效率、降低成本。

此外，商业银行可以向互联网公司学习，通过数据积累与分析建立自动化营销体系，通过大数据交叉品类营销获得客户群体；以客户体验为中心，对用户及数据进行反馈，向客户提供简捷的产品，从而降低客户操作成本。

民生银行将充分发掘"互联网＋黄金"的跨界机会，加强与互联网公司之间的合作，走共同规范发展之路。初期以积存金合作为主，由民生黄金银行负责积存金产品的客户开户、交易报价和清算交割等业务，互联网公司负责向客户销售产品。通过互联网公司代销民生银行的交易类产品，不仅拓宽了商业银行的互联网销售渠道，还能借鉴互联网公司的大数据技术进行客群分析，通过精准营销满足客户需求，优化客户体验，促进商业银行大零售板块销售模式的转型。

"黄金银行"未来科技发展的方向

"黄金银行"必然是科技发展与金融创新深度结合发展的产物。信息科技的发展及移动互联网、人工智能、云计算、安全仓储、区块链等技术的发展,将为"黄金银行"的建设带来新的机遇与挑战。未来,"黄金银行"产品系统在科技上发展的四个方向分别是人工智能、区块链技术、云计算和云服务,以及基于大数据的金融科技。

1. "黄金银行"中的人工智能。人工智能存在许多不同的研究领域,能与"黄金银行"体系结合,例如:市场行情的分析人工智能参与,模拟行业专家分析市场行情的思维过程,求解黄金市场领域内的相关问题;为客户提供行情分析决策的支持功能;人工智能可利用生物识别技术进行身份认证,为互联网黄金业务提供便利安全的解决方案;人工智能可基于客户财富、风险及服务偏好多维、精准地进行客户风险评级及服务推送。

2. "黄金银行"中的云计算及黄金数字化应用。中国人民银行在央行数字货币系统构想中曾提出"用户+移动终端+基于云计算的可信服务管理模块"的运行框架(姚前,《中国金融》2016年第17期)。因此,与区块链技术结合的云计算也可为黄金银行提供安全可靠的运行环境,特别是在黄金份额数字化应用的领域,可以提供对数字黄金的"发行、认证、登记"等核心技术支持。发行是指云计算可作为支撑数字黄金运行的底层基础设施,用于存放黄金银行数字黄金的数据库。认证是指将机构或个人客户的身份信息与相应的数字黄金份额进行集中管理。登记是指用于记录数字黄金从实体份额到数字份额再回归黄金实体的生命周期。三者协调运作,可支撑数字黄金安全稳定的运行交易。

3. "黄金银行"的大数据应用。未来,互联网黄金与数字黄金的海量信息将依托于云计算的超高速运算能力,可极大提升数字黄金的大规模交易的速度和效率。另外,云计算能够满足数字黄金计算和分析需求。黄金银行在业务开展过程中积累的客户身份信息、黄金交易信息、交易风险承受能力在进行大数据的挖掘和分析后,可为黄金银行的客户管理、营销管理及风险管理提供重要支撑。随着互联网黄金业务发展,互联网平台具备天然的数据优势,这些数据将为互联网黄金客户资产产生巨大的溢出效应,进而推动黄金银行业务的扩展与变革。

未来,我国商业银行贵金属业务将在产品创新、服务效率、渠道建设和科技开发等方面不断更新迭代,"黄金银行"这一理念的推出将对国内黄金市场的创新发展作出积极贡献。民生"黄金银行"也更有信心和诚意,为更多客户提供优质、贴心、专业、高效的贵金属综合金融服务。

"一带一路"倡议为中国与东南亚黄金市场合作带来更大机遇

大华银行（中国）有限公司　　杨瑞琪　黎　然　姚长志
　　　　　　　　　　　　　　　杨之希　毛燕燕

2013年9月和10月，中国国家主席习近平在出访中亚和东南亚国家期间，先后提出共建"丝绸之路经济带"和"21世纪海上丝绸之路"的重大倡议，得到国际社会高度关注。"一带一路"充分依靠中国与有关国家既有的双、多边机制，借助既有的、行之有效的区域合作平台，旨在借用古代丝绸之路的历史符号，高举和平发展的旗帜，积极发展与沿线国家的经济合作伙伴关系，共同打造政治互信、经济融合、文化包容的利益共同体、命运共同体和责任共同体。

黄金作为一个世界范围的硬通货，是中国与"一带一路"国家之间的天然纽带。随着中国黄金市场的逐步开放和人民币国际化的稳步推进，加强中国与"一带一路"沿线国家尤其是东南亚国家的黄金市场合作，不仅是可行的，而且也是完全有必要的，是推进中国黄金市场国际化，争夺国际黄金市场定价权和话语权的重要一步。同时，在"一带一路"的大环境下，也必将为中国和东南亚各国的黄金市场发展带来重大机遇。

东南亚黄金市场概述

东南亚（SEA）位于亚洲东南部，包括中南半岛和马来群岛两大部分。共有11个国家：越南、老挝、柬埔寨、泰国、缅甸、马来西亚、新加坡、印度尼西亚、文莱、菲律宾、东帝汶，面积约457万平方公里。同时，东南亚是世界上人口密度较高的区域之一，有接近7亿的人口总量，2017年地区11国GDP合计2.72万亿美元，人均GDP 4214美元。

受该地区的地理位置、历史、经济、宗教等多重因素影响，该地区民众对黄金价值非常认可，黄金需求和供给均十分旺盛，呈现需求高、产量高的双高状态。尽管如此，因为目前黄金行业发展相对缓慢，而且缺乏统一标准和管理，该地区黄金市场仍然有非常大的发展空间。

东南亚黄金市场供给现状

新加坡黄金市场协会2017年东南亚黄金市场统计列示了东南亚各国黄金年开采量和废金年回收量（见表1和表2）。

表1　　　　　　　　东南亚各国黄金年供给量　　　　　　　　单位：吨

东南亚黄金开采量	2010年	2011年	2012年	2013年	2014年	2015年	2016年
印度尼西亚	135	109	83	91	94	114	113
菲律宾	41	38	39	40	40	42	42
老挝	6	4	7	7	6	7	7
泰国	4	3	5	6	5	4	5
马来西亚	5	6	6	5	5	6	3
越南	3	4	4	4	3	2	2
缅甸	2	2	2	2	2	2	2
开采总量	194	164	143	152	153	175	174

表2　　　　　　　　东南亚各国黄金回收利用　　　　　　　　单位：吨

东南亚黄金回收利用	2010年	2011年	2012年	2013年	2014年	2015年	2016年
印度尼西亚	48	42	30	25	23	16	55
泰国	33	38	28	27	28	21	49
越南	27	26	26	21	20	16	26
马来西亚	13	17	21	13	12	11	19
新加坡	5	7	5	5	4	4	8
菲律宾	3	3	4	3	2	2	2
总回收量	128	134	114	94	88	69	159
总供给	322	297	257	245	241	245	333

从表1中可以看出，印度尼西亚是东南亚国家中第一大产金国，自2010年以来，印度尼西亚黄金开采量占东南亚主要黄金开采国总开采量一直保持在60%以上。不仅如此，印度尼西亚的黄金年产量已连续多年位居亚洲第二（仅次于中国），

并进入了全球十大产金国行列（见表3）。其中需要指出的是，尽管从表1中看到缅甸与泰国年黄金开采量仅为个位数，但据多个渠道的印证，实际上两国的黄金年开采量远远超出这个数量。据估计，两国的年黄金开采量都在几十吨量级。

表3　全球前十大产金国　（单位：吨）

国家	2016年	2017年
中国	464	429
澳大利亚	288	289
俄罗斯	253	272
美国	229	244
加拿大	163	171
秘鲁	166	167
南非	163	157
加纳	131	130
墨西哥	128	122
印度尼西亚	109	114

资料来源：《金属聚焦2017》。

从各国的黄金回收利用情况来看，东南亚多数国家的实物黄金流通非常活跃，回收总量占总供给的比例维持在40%附近，这与区域内各国民众习惯将黄金产品作为融资工具有很大关系。东南亚一些国家的货币不稳定，国内通胀严重，货币经常出现较大幅度贬值，民众通过购买黄金实现资产保值。在需要资金时，再将黄金卖出或抵押变现。黄金的稳定开采、较大的黄金产量及活跃的黄金流通为东南亚黄金交易的未来发展提供了基础。

东南亚黄金市场需求情况

由新加坡黄金市场协会2017年东南亚黄金市场统计还可知东南亚各国实物黄金投资和黄金珠宝制造量（见表4和表5）。

表4　东南亚国家黄金年实物投资量　单位：吨

东南亚实物黄金投资	2010年	2011年	2012年	2013年	2014年	2015年	2016年
泰国	71	111	100	138	96	78	70
越南	74	94	77	88	54	48	43
印度尼西亚	26	31	29	48	27	20	21

续表

东南亚实物黄金投资	2010年	2011年	2012年	2013年	2014年	2015年	2016年
马来西亚	5	6	7	10	8	7	5
新加坡	5	5	6	6	7	6	5
菲律宾	1	1	2	2	2	1	1
实物黄金投资总量	181	250	221	293	194	159	144

表5　　　　　东南亚国家黄金年黄金珠宝制造量　　　　　单位：吨

东南亚黄金珠宝制造	2010年	2011年	2012年	2013年	2014年	2015年	2016年
马来西亚	44	45	43	58	53	49	43
印度尼西亚	50	41	36	43	46	46	41
泰国	24	23	21	26	25	22	22
越南	12	12	10	11	12	15	16
新加坡	9	9	10	15	14	13	13
黄金珠宝制造总量	138	128	120	153	149	145	134
工业制造用途	10	10	10	11	13	10	10
官方硬币制造	12	12	9	10	8	5	4
总需求	343	402	361	469	366	320	295

从表5的年需求总量上来看，东南亚国家的黄金需求主要集中在泰国、印度尼西亚、越南和马来西亚四国，其中，实物投资主要集中于泰国、越南和印度尼西亚三国，珠宝制造集中在马来西亚、印度尼西亚与泰国三国。截至2018年底，根据世界黄金协会的数据，主要东南亚国家的金币金饰需求占全球总消费量的10%左右，远超美国的5.8%。黄金制品的强劲需求是推动东南亚黄金市场的催化剂之一。

尽管东盟各国民众普遍对黄金认可度很高，但东盟各国国内黄金市场的发展却十分不均衡。大体分为两个层次：

第一层次的国家特点是国内已建立起有效的黄金市场，甚至市场发展已比较成熟，此类国家包括新加坡、马来西亚、泰国、印度尼西亚等国。这些国家国内往往有实物标准黄金挂牌交易，甚至推出黄金衍生品交易，比如黄金期货等。

第二层次的国家特点是国内黄金市场发展相对落后，黄金市场化程度较低。此类国家包括菲律宾、越南、老挝和缅甸等国。这类国家国内往往缺乏统一成型的黄金市场运行机制，黄金流通官方渠道一般比较单一，行业管理比较混乱。

深圳黄金加工业现状

中国黄金市场的建立以上海黄金交易所成立为标志，17 年来的发展使国内黄金市场日臻完善，已发展成为以上海黄金交易所和上海期货交易所为主要平台，以各黄金生产商、加工商、销售商、个人消费者、商业银行为主要参与者，在中国人民银行领导和监管下，拥有行业自律组织和权威鉴定机构的完善的黄金市场体系。

而黄金珠宝业是深圳市的特色和重要支柱产业，其中又以沙头角保税区的保税加工对行业产值的刺激最为显著，保税区内 80% 的产品流向为外销。2014 年来，深圳市盐田区政府积极推动区内黄金珠宝业从简单的加工制造向创意设计、展示交易、品牌营销等新业态转型。经过 3 年的努力，2018 年深圳市盐田全区生产总值达到 630 亿元（数据来源：深圳市政府官网），规模以上黄金珠宝制造企业增至 40 多家，其中包括市场占有率全国第一的周大福集团，黄金生产加工能力全球领先的百泰集团、翠绿珠宝等一众知名企业。笔者在与这些深圳优秀的黄金企业交流中发现，由于国内黄金行业竞争非常激烈，他们在努力打造自身品牌、提升竞争力的同时，也希望借助自身地理位置优势，联动更多东南亚国家黄金加工业务，进一步加快转型发展。而东南亚 6.4 亿人口的庞大市场以及低廉的劳动力和投资成本对他们都有非常大的吸引力。在目前市场条件下，如若能撮合国内黄金企业和东南亚产金、用金企业的合作，无疑符合各方面的利益诉求。

在"一带一路"倡议下的黄金市场合作

根据对东南亚黄金市场的研究，可以发现不同国家和地区存在明显差异，对实物黄金的供求亦不平衡，市场存在对一个共同认可交易平台的需求。

上海黄金交易所国际板作为在自贸区推出的首个国际化金融类资产交易平台，已有众多国内外知名银行、黄金精炼企业和其他投资者参与，比较符合东南亚黄金市场的发展方向，具备吸引东南亚银行、交易商、精炼商等入场交易，满足各自交易需求的基础条件。而新增的国际版深圳交割仓库由于紧贴东南亚市场，能够成为嫁接东南亚产金用金需求的桥梁，同时具备地理上的优势，有助于降低运输成本、打造东南亚实物黄金仓储中心。因此，基于"一带一路"的倡议，以及东南亚各国对于黄金日益增加的需求，利用目前正在筹建的国际板深圳仓库，中国的黄金企业可以以此为纽带与东南亚各国的产金用金企业开展全产业链条的合作，具体体现如下：

中国的黄金企业在向东南亚各国的黄金企业推荐中国的黄金行业优势的同时，也向东南亚各国输出国际板和"上海金"标准，全面对接中国与东南亚黄金市场；

中国的黄金提炼企业与东南亚产金国在产金和精炼方面开展合作，中国作为世界第一大产金国的资金、产能和技术确保了合作能力；

中国的黄金加工企业与东南亚黄金投资和消费国在黄金加工和销售方面开展合作，中国作为世界第一大黄金加工国和第一大黄金消费国，中国的这些黄金加工企业拥有强大的黄金设计、加工和销售能力；

中国黄金企业与东南亚当地的黄金企业开展经济合作的同时，可以与他们加强黄金产业文化领域的交流。

从业务模式来看，首饰及投资金的产销有望吸引更多东南亚产金、用金企业的参与。因东南亚各国实物黄金的供需各有特点，他们带来的交易能够在国际板场内形成买卖双向需求。另外，深圳水贝和盐田具有成熟的黄金首饰加工产业，其中盐田以保税加工后外销为特色，其加工工艺和成本在国际市场上具备一定的竞争力，能够成为产销链上重要的一环。东南亚用金企业可通过国际板购买标准金条后提货出库，委托深圳盐田地区的加工企业对原料金进行来料加工，再将首饰或者投资金条成品分销到东南亚其他国家。通过联动东南亚黄金市场，还能增加深圳地区首饰加工业务量，最终为推动实体经济增长服务。

中国与东南亚黄金市场的合作具有重要意义：一方面，能够促进来自"一带一路"原材料的进口，释放国内企业的产能；另一方面，可以加强人民币与东南亚货币的兑换，促进人民币国际化，还能促进上海黄金交易所的"上海金"与国际板逐步推广到东南亚等国际市场。

大华银行期盼能在"一带一路"倡议下协助黄金企业把握这次重大的历史机遇，与黄金产业链上的企业和银行一起促进中国与东南亚各国的黄金市场发展。

香港黄金市场：承前启后　再创百年辉煌

香港金银业贸易场理事长　张德熙

香港黄金市场是东南亚最大的国际黄金市场，也是东南亚黄金的主要集散地，是世界主要的黄金市场之一。其历史可追溯到1904年，香港金银业贸易场（下称"贸易场"）在100多年前创立，当时的外币流通还没有今天这么发达，黄金等同货币。场内只买卖大洋券（上海钞）、西贡币和英、美及墨西哥等国的货币，奠定了日后黄金市场的发展基础。香港作为一个贸易港城市，交易方式往往以黄金进行支付，黄金作为全球认可的资产，好处就在于它的价值举世认可，全球通用。当年，前贤们高瞻远瞩，创办了金银业贸易场，为黄金买卖提供了一个交易平台，贸易场获得香港特区政府认可，成为香港唯一的现货黄金白银交易所。

金银业贸易场是全世界古老的黄金市场之一，开业100多年来，一直保持着行业典范的独特黄金交易模式。金银业贸易场是一个将现货及期货结合为一的市场，既有现货交收，又可通过支付仓费延期交收，因而产生期货的功能。这套独特的买卖制度是先贤数十年前殚精竭虑创造出来的心血结晶，经过数十年的风波考验，证实运作良好，如黄金般有恒久的价值。而香港的黄金期货市场于1980年8月增设，参与该市场期货黄金买卖，必须委托持有期金入市权的交易所会员代为进行，而要成为与香港期货交易所会员须具备一些专业条件。

另外，香港优越的地理位置也是促其成为世界四大金市之一的原因。1975年，美国解除黄金禁令后，纽约、芝加哥黄金期货市场逐渐成为领导国际金价走势的重要市场，而香港黄金市场在时差上刚好填补了纽约、芝加哥收市后和伦敦开市之前的空档，香港黄金市场成为连贯亚、欧、美三洲的重要纽带，为促成全球性的黄金买卖提供了条件。

香港黄金市场之所以能在世界黄金市场上有今天的地位，是与它有一个传统而高效的香港金银业贸易场别具一格的"当地伦敦金市场"和规范、健全的"黄金期货市场"分不开的。100多年来，金银业贸易场凭着严密而有效的规章制度、从业人员的信守精神，虽然不断遭受到各方面的挑战，在香港黄金市场巍然屹立，扮演重要的角色，为本地及国际投资者、金商提供了一个具有连续性、流动性及深度的黄金市场。

2015年，香港金银业贸易场积极响应习近平总书记的前海特区规划，带领首批68家会员单位进驻深圳前海自贸区，全力支持前海特区发展。金银业贸易场进入前海，面向全国黄金市场，可以带动交易量上升，推动中国成为全亚洲规模最大、客户群最多、产品也最齐全的黄金交易市场。同时，粤港澳大湾区建设政策的惠及，以及习近平总书记提出"一带一路"的倡议，对贸易场的发展和壮大有至关重要的影响。

粤港澳大湾区建设也是习近平总书记亲自谋划、部署、推动的国家级重大战略，是新时代推动形成我国全面开放新格局的重大举措。近年来，我国致力于粤港澳大湾区建设，充分推动加强广东省与香港、澳门的联系，借着"一带一路"的优势，大力发展经济。建设全面开放的新格局，打造国际科技创新中心，则是粤港澳大湾区建设的重中之重。目前，随着一系列体制改革措施的出台，粤港澳大湾区建设正在不断加快。而贸易场在前海自贸区，将会设立黄金实物交割仓库，这样一来能够减少黄金运输成本，更好地服务于深圳乃至全国的黄金加工与贸易业务，在"一带一路"上打造粤港澳大湾区金融走廊，深圳前海金银业贸易场黄金保税仓库将会是重要据点之一。

承接着国家领导的发展方向，香港金银业贸易场先后推出"黄金沪港通"及"黄金深港通"，加强香港与内地两大金融经济枢纽的联动。而2016年底与迪拜黄金与商品交易所（DGCX）签订《合作备忘录》。2017年第一季度，香港金银业贸易场与香港缅甸商会签订《合作备忘录》，促进迪拜、缅甸的黄金市场的发展。同年第二季度，香港金银业贸易场与新加坡金银市场协会签订《合作备忘录》，共同建构亚洲黄金现货新通道，加强北亚及东南亚等地区与香港合作。同年第三季度，与香港交易及结算所有限公司签订《合作备忘录》，探讨就产品推广、仓储等事宜展开合作。近年来，香港金银业贸易场的种种举措都是为了继续与"一带一路"沿线国家推行贵金属"一带一路"及互认资格，肩负推动黄金商品及人民币国际化的使命。相信贸易场将会在国家政策的支持下发展得越来越好。

深化粤港澳大湾区建设，打造具有全球影响力的国际科技创新中心是重中之重。2018年,有关部门相继出台了诸如港澳居民居住证等便利港澳同胞在内地学习、就业、创业、生活的政策措施,促进大湾区内人流、物流等高效便捷地流通。这一措施鼓励了很多香港企业到内地拓展业务,也为贸易场提供了很大的机会,来加强两地的相互配合,优势互补。更重要的是,鼓励了更多香港金融及专业服务界的中小企业到内地发展,这样才能真正为香港中小企业带来商机,并维持香港的繁荣安定。当然,"前海"亦可借助香港在国际上的金融地位,招揽海外知名投资者,这也是"前海"发展的一大突破。《粤港澳大湾区发展规划纲要》(以下简称《规划纲要》)公布后,大湾区发展脉络日益清晰。《规划纲要》提出,紧密合作共同参与"一带一路"建设,为"一带一路"建设提供有力支撑。由此可见,加速发展的大湾区承担着新使命,成为"一带一路"建设中一颗亮丽的明珠。

而"前海"则在更高水准上扩大开放,高标准建设广东自由贸易试验区,发挥"一带一路"引领功能,打造高水准对外开放门户枢纽。不仅如此,在金融方面还应该着力发展高端金融服务业,才能凸显出"前海"的特殊优势,其中,黄金珠宝产业是深圳市的优势产业,当前,深圳已聚集了数千家专营黄金提纯提炼、废金废银回收的厂商。基于此,贸易场计划在"前海"兴建金银保税仓库及验证中心,充分利用香港转口、深圳加工的现有产业基础以及境外银行和贸易场现有的金融服务工具,通过人民币公斤条合约产品,将香港6000多亿元离岸人民币资金池应用于实体产业,扩大离岸人民币用途的同时,支援了实体产业。在"前海"设立保税交割库,争取成为上海黄金交易所的认可交割库,全面降低交易成本的同时,通过系统对接等监管方式,进一步满足中国人民银行对加工贸易和转口贸易的真实性管理需求。

贸易场一向积极推动"上海金"定盘价落地香港贸易场交易平台,扩大人民币定价权的同时,利用现有价格发现机制,将市场力量引导到中国人民银行的政策指引方向上,同时减低粤港交易商之交易成本及税务支出。在现阶段的推进过程中,还需要多方面的支援与配合,尤其是政策的制定,如税收方面的安排、交易运输的规管与限制等,这些政策制定必须清晰及具透明度,若计划成功,无论是对香港或是内地投资人,都将更加高效便捷。

粤港澳大湾区的建设是突破三地经济发展瓶颈的关键,这一举措不仅为区内经贸增长与合作创造了新亮点,也将成为内地、东盟地区"一带一路"沿线国家经贸投资往来的重要平台。香港可以发挥在金融和专业服务等多方面的独特优势，积极参与其中，并跟广东和澳门相互配合、互补优势，一起把粤港澳大湾区打造成国际知名大都会圈。在大湾区建设中，香港可以与其他城市共建核心金融圈，形成以香港为龙头，以广州、深圳、珠海为依托，以南沙、前海和横琴为节点的大湾区金融区，开拓人民币在亚洲的结算与投资业务，使香港成为人民币在亚洲地区的贸易清算中心。

总而言之，在现阶段国家政策优势支持下，贸易场将紧跟并积极回应国家的号召，把握各方面的机遇，大力发展祖国金融，巩固加强香港作为世界金融中心的地位。不管未来能为业界带来什么样的价值，取得什么样的成绩，贸易场都时刻准备着，为日后庞大的国际金融市场贡献出自己的一份力量。

伴随改革开放一路走来的
中国贵金属纪念币

中国金币总公司　陈　宇

中国现代贵金属纪念币从 1979 年第一次由中国人民银行发行以来，迄今已有 40 年的历史，前后有十大系列、两千多个品种陆续面世。

每个品种的贵金属纪念币都是限量发行的，因而被很多钱币爱好者所追捧。又由于其币材价值高、发行量少等缘故，贵金属纪念币也具有投资属性。贵金属纪念币的主题与设计充分展现了中国厚重的文明、绵延的历史和发展的成就。这些丰富多彩的选题内容、生动鲜明的艺术手法、精湛细腻的铸造技术和精美绝伦的图案，都融入熠熠生辉的贵金属纪念币，讲述着中国的过去，记录着中国的现在，畅想着中国的未来。

中华人民共和国成立 30 周年纪念币

1979年：中华人民共和国第一套贵金属纪念币的诞生

党的十一届三中全会开启了改革开放的序幕，我国经济建设对外汇的需求猛增。当时，我国黄金产量已经居于世界前几位，但外汇还是处于短缺状态，许多急需的设备、物资无法通过外汇购买。1978年，国际市场的黄金价格在200美元/盎司左右，中国人民银行开始考虑如何合理、长期而持续地通过相关方式和渠道，形成一条黄金转换外汇的途径。这既是当时中国政府的一项政策性考虑，也是重要的经济举措。于是，中国人民银行计划向海外发行、销售贵金属纪念币，并将具体方案上报国务院。

1979年1月，中国人民银行尝试发行了北京名胜纪念金章，取得了技术、生产和经销的初步经验，为中国现代贵金属纪念币的发行奠定了坚实的基础。很快，国务院正式下发文件，授权中国人民银行主管贵金属纪念币的设计、生产、发行工作，我国贵金属纪念币从此有了政策基础。

1979年是中华人民共和国成立30周年，而前一年的十一届三中全会已经宣告中华民族摆脱十年动乱、实现民族复兴的时刻就要到来。于是，以中华人民共和国成立30周年为主题的纪念币呼之欲出。

1979年9月，中华人民共和国成立30周年纪念金币正式发行，其海外承销全权交由香港宝生银行，该银行也是中国早期贵金属纪念币发展阶段中最重要的海外承销商之一。当时的政策明确规定，中国贵金属纪念币全部销往海外，国内可持国外护照在少数宾馆用外汇购买。这套金币一经面市，国际市场争购踊跃，反响强烈。这套金币试铸发行数千套，一个月即售罄，这大大鼓舞了中国人民银行。在大好的销售形势下，中国人民银行的造币厂加班加点铸造增发，最终共发行7万套左右。

中国现代贵金属纪念币发行之始，即与国际市场直接接轨，它的产生是中国实行社会主义市场经济的较早成果。实践证明，中国现代贵金属纪念币的发行政策是成功的，具有鲜明的中国特色。

1979年至1995年：以国外为主要市场的贵金属纪念币

向海外销售贵金属纪念币成了为国家创汇的重要途径，经销网络覆盖欧洲、美洲、亚洲等地，使中国迅速成为世界上重要的贵金属纪念币出口国之一。

其间，我国还通过参加国际钱币展销会，销售了多个品种的贵金属纪念币。中国贵金属纪念币以独特的设计风格和精良的品质，受到了国际市场的普遍欢迎，一时间供不应求。在美国旧金山的第一届国际硬币展销会上，现场更是出现了昼夜排队购买中国纪念币的场面。从1982年开始发行的熊猫金币，其中国投资币的身份受到国际市场的普遍欢迎，美国出现了熊猫金币购买热潮。在这之后的一段时间内，经过外商的市场运作，我国贵金属纪念币的后市价格基本维持在较高的水平，也起到了文化传播的作用。

值得一提的是，1987年5月29日，在时任国务委员、中国人民银行行长陈慕华的主持下，中国人民银行决定成立中国金币总公司，并使之成为直属于中国人民银行的唯一经营贵金属纪念币的行业性公司。

1995年至2012年：以国内为主要市场的贵金属纪念币

从1995年开始，国内经济形势发生了重大变化。人民群众收入逐年增多，货币投向已不再满足单纯购置生活必需品和应付日常开支，而是开始转向投资和收藏等领域。这些都是开拓国内贵金属纪念币市场的基础条件。中国国内已初步形成了各种层次收藏钱币的热潮，国内销售的个别贵金属纪念币的品种数量远不能满足国内市场需求。为改变这种情况，中国金币总公司对以往国内发行的贵金属纪念币的发行量做了适当增加，使供给与需求相对适应，并收到了良好效果。

到了1997年，国内贵金属纪念币市场出现了火爆的一幕。大众的贵金属纪念币收藏意识不断增强，带来收藏数量、规模的不断扩大；个人收入增加较快，加之储蓄存款利率两次下调，不少资金滞留在流通领域，促使一部分人寻求新的投资渠道，将投资方向转移到币市、邮市，加剧了币市升温。

从1998年开始，国内贵金属纪念币市场在短暂的辉煌过后开始进入调整期。一方面，在亚洲金融危机的影响和国内经济调整的形势下，市场供求严重失衡，购买力大幅萎缩。另一方面，国际国内黄金原料价差大，黄金走私及不规范经营等行为比较严重。再者，国内贵金属纪念币市场出现严重的炒作投机行为，形成了较大冲击。这段时间，市场持续低迷，价格回落较大，销售也出现了较大的滑坡。部分钱币投资商和爱好者将资金转向股票等当时较为热门的投资渠道上，闲散资金减少，人们购买欲望下降。2000年，国内重大的政治题材贵金属纪念币项目较少，基本上没有受收藏者追捧的热点项目，销售热潮不如往年。

2001年上半年，国内贵金属纪念币市场有了启动的迹象，市场出现较为剧烈的波动。当年3月，国内市场逐渐摆脱长期低迷现状，出现稳步回升趋势。

2003年初的市场延续了普遍上涨的行情，到"非典"期间萧条冷落。下半年市场振荡调整，整个市场跌宕起伏，但总体交易活跃，继续保持平稳发展。贵金属纪念币产品的生命周期则在此阶段步入成长期，不断地推出新工艺、新技术，从而推动了接下来几年市场的不断发展。

从2004年到2006年奥运币发行之前，国际金价呈现出不断攀高的走势。从2004年开始，国际金价连续三年的涨幅分别为4.7%、17.8%、23.2%，呈加速上升状态，熊猫币的保值增值作用得到进一步体现。其他纪念币品种的市场价格高于或低于零售价的幅度都不大，波动基本平稳。

2005年，贵金属纪念币销售的旺季仍然集中出现在重大节日前后，其余月份销售情况相对平缓；各版熊猫币销售额继续保持较快的增长态势。到2006年，贵金属纪念币市场需求再次出现大幅增长。国际黄金均价达到603.46美元/盎司，同比上涨35.7%；白银均价为11.55美元/盎司，同比上涨了57.9%。国际金银价格的大幅攀升拉动了贵金属纪念币的市场需求。

更为重要的是，万众瞩目的北京奥运币（第1组）的正式发行及之后的热销局面成为市场新动力。该套纪念币题材意义重大、影响深远，受到社会各界广泛关注，收藏价值及社会期待极高。加之该套纪念币设计新颖、工艺创新、制作精良，在收藏及礼品需求的拉动下，市场价格持续攀升。

2008年至2012年，中国贵金属纪念币市场基本延续了奥运行情。虽然也受到美国次贷危机所造成的短暂影响，但总体上说，我国贵金属纪念币市场平稳向上发展，集藏队伍日趋扩大，中国金币的品牌影响力与日俱增。随着国内贵金属纪念币市场的逐步发展扩大，经销网络从早期的50余家国营贵金属纪念币经销网点，发展到遍布国内的近千个贵金属纪念币经销网点，贵金属纪念币爱好者日趋增加。

2012年至今：新时期的贵金属纪念币

党的十八大顺利召开，以习近平同志为核心的新一代领导集体登上历史舞台，中国开始向决胜全面建成小康社会、开启全面建设社会主义现代化国家新征程的目标奋勇前进。作为社会主义市场经济的一个组成部分，我国的贵金属纪念币事业也开启了新的篇章。

2012年，在美国次贷危机以后，世界经济仍然面临较大的下行风险，国际贵金属价格高位盘整，上升势头趋缓，波动幅度明显加大，贵金属纪念币市场的购买力和购买意愿承受更大考验。金银原料租赁成本高、租赁规模难以把握；贵金属纪念币市场规模依然偏小、集藏基础薄弱等瓶颈问题依然突出。但在当年，中国贵金属纪念币在国内外累计销售金币23.68吨，同比增长35.1%，销售银币178.14吨，同比增长1.7%，延续了前几年的高速发展势头。2013年金银原料价格大幅波动、贵金属纪念币市场行情低迷、市场购买力下降等因素也给贵金属纪念币市场带来了巨大压力。难得的是，我国当年累计销售金币24.72吨，同比增长4.4%，销售银币223.39吨，同比增长25.4%。这个成绩实属来之不易。针对行情低迷和原料下跌的情况，中国金币总公司采取了如下应对措施：通过压缩部分项目的产销数量、适当调低销售价格、尝试销售新模式等，减轻市场压力，有效涵养市场；继续完善特许零售商业绩考核机制，引导特许零售渠道健康发展；巩固和拓展银行经销渠道，与多家商业银行签署战略合作协议，深度开展以熊猫币为主、其他纪念币为辅的销售业务合作；与国外造币厂、经销商开展项目合作，促进海外市场销售和对外交流。

此后，国内宏观经济形势处于三期叠加的复杂局面，经济下行压力比较大，贵金属纪念币市场面临的外部环境十分严峻。

2015年的国内经济运行稳中向好，经济发展为世界经济发展的贡献率达33%，但基础还不牢靠，下行压力仍然较大。受复杂的经济形势影响，贵金属纪念币市场仍然复苏乏力，面临的挑战依然不小。在这一过程中，贵金属纪念币市场迎来了一次回暖：当年我国累计销售金币22.34吨，同比增长44.7%；销售银币347.12吨，同比增长51%。2016年是国家"十三五"规划的开局之年，无论是宏观经济还是贵金属纪念币市场，虽然表现出一定程度的复苏，但是面临的外部环境依然复杂。当年我国累计销售金币30吨，同比增长34.2%；销售银币344.72吨，同比下降0.7%。

2017年的国内经济增长内生动力不足，其根源是重大结构性失衡、贵金属纪念币市场也信心不振。当年销售金币17.78吨，同比下降40.73%；销售银币240.63吨，同比下降30.20%。党的十九大提出"我国经济已由高速增长阶段转向高质量发展阶段"，中央经济工作会议对推动高质量发展进行了全面部署。在全球经济增长放缓的大环境下，传统市场模式增长乏力，贵金属纪念币市场面临较大压力；另外，我国已成为国际黄金生产消费中心，国内黄金消费市场发展空间巨大，国际贸易摩擦避险情绪推高黄金投资预期，科技进步为新商业模式应用带来无限可能，这些都为贵金属纪念币的投资和消费提供了良好的发展契机。2018年累计销售金币12.88吨，同比下降27.56%；销售银币164.64吨，同比下降31.58%。针对日渐萎缩的市场行情，中国金币总公司主动缩量减产，控制规模，稳定市场；深入研判市场需求变化，适当控制2018年追加项目和2019年项目的发行规模，重点缩减2018年部分项目实际生产数量，主动调控市场供给，稳定供需关系。同时，中国金币总公司修订贵金属纪念币定价方案，通过全方位测算，进一步优化定价模型，适当让利渠道，激发各渠道的销售积极性。

40年来，中国贵金属纪念币事业取得了良好的社会效益和经济效益，逐渐实现了贵金属纪念币发行政策规范化、题材内容丰富化、设计手法多样化、铸造技术现代化和经营销售市场化。中国现代贵金属纪念币以浓郁的民族特色和独特的艺术风格享誉世界，先后有12个币种荣获国内外钱币大奖，熊猫金币成为国际著名的五大投资币之一。

中国人民共和国成立70周年　　中华人民共和国成立70周年
纪念币8克圆形金质纪念币　　纪念币150克圆形金质纪念币

40年弹指一挥间。其间，中国贵金属纪念币事业走出了一条发展和创新之路。

"新故相推，日生不滞"。时代赋予中国贵金属纪念币事业光荣与梦想，更赋予责任与使命，唯有不懈奋斗，才能梦想成真。开启新时代，踏上新征程，和衷共济，砥砺前行。

黄金 ETF：亚洲黄金市场的活跃因子

华安基金管理有限公司 许之彦

2018 年以来，随着全球地缘政治和经济的不确定性日益加剧，全球对于黄金资产的配置需求持续走高。2018 年，全球央行净购入黄金量为 651 吨，达到布雷顿森林体系解体以来的最高水平。而全球黄金交易所交易基金（ETF）也越来越受到投资者的关注和追捧，截至 2019 年第一季度末，全球黄金 ETF 总价值达 1145 亿美元，突破 1000 亿美元大关。

国内首批包括华安基金在内的黄金 ETF 于 2013 年 7 月在上海证券交易所上市，至今也已平稳运作超过 5 年。目前，国内内地市场合计有 4 只黄金 ETF 产品，经过这些年的培育和发展，逐步为广大投资者所熟悉和接纳，特别是在 2016 年，伴随着金价的一路走高，黄金 ETF 也迎来了大发展。截至 2019 年第一季度，国内内地市场有 4 只黄金 ETF 产品，规模合计近 130 亿元人民币，其中，华安黄金 ETF 凭借多年的精耕细作，以 74.48 亿元的规模和日均 11.85 亿元的成交金额（2019 年第一季度）稳居榜首，分别占黄金 ETF 总体规模的 58% 和流动性的 80%，成为国内乃至亚洲的最大、最活跃的黄金 ETF。

国内黄金 ETF 的模式与特色

黄金 ETF 是在证券交易所上市交易的开放式基金，投资并持有上海黄金交易所的黄金现货，紧密跟踪纯度最高的 99.99% 黄金价格。其运作机制大体与股票 ETF 类似，使用黄金品种组合或现金进行申购赎回，主要区别在于标的指数从股票价格指数变为单一商品价格，成分股从一篮子股票组合变为黄金。

由于目前国内黄金 ETF 主要投资于上海黄金交易所标准化的黄金现货合约，而非 OTC 市场的实物黄金，并且可通过黄金租赁业务获得额外收益，以覆盖基金运营成本，使得国内黄金 ETF 在资产安全性、产品功能性、超额收益获取等方面都优于海外的黄金 ETF 产品。

从华安黄金 ETF 的表现可以看出，黄金 ETF 是承载黄金投资需求的优秀载体。

首先，黄金 ETF 降低了投资黄金的门槛和成本。黄金 ETF 以标准化份额的形式在上海证券交易所上市交易，投资者可以像买卖股票一样在二级市场进行交易，每份华安黄金易对应约 0.01 克实金，一手交易量为 100 份基金单位，即每手对应 1 克黄金。按照目前 289 元/克的黄金价格计算，289 元左右就能投资黄金。黄金 ETF 的交易佣金费率仅 0.03%—0.08%，免印花税，使黄金 ETF 成为目前较便宜的黄金投资渠道，为普通投资者参与黄金市场大开方便大门。黄金 ETF 打通了证券市场与黄金市场的通道，实现了证券账户内也可以买到实物金。A 股市场投资人能够在股票市场中实现多元资产的配置，增加了投资便利性。该产品与上海证券交易所的交易时间一致，开盘时间可随时买卖。黄金 ETF 丰富了市场投资者的交易策略，将成为对冲套利者的新工具。众所周知，由于 ETF 上市之后存在两个市场，投资者可以利用其中的价差，从中获取无风险溢价套利收益。

其次，在华安黄金 ETF 上市之前，上海证券交易所发布了"黄金 ETF 业务指引"，实现了黄金 ETF 份额 T+0 交易机制，当日买入当日可卖出。2015 年 12 月，华安黄金 ETF（518880）更是成为首只纳入融资融券标的黄金 ETF 产品。"T+0" 和成为融资融券标的使黄金 ETF 比实物金玩法更加丰富多样，既可长期持有，又可以一天内回转交易，实现盘中套利，单笔资金可以单日内多次循环，也可利用黄金 ETF 与黄金期货或黄金 T+D 进行套利。因此自上市以来，华安黄金 ETF 便获得市场高度认可，已成为国内规模最大、交投最活跃的黄金 ETF。

最后，国内版本的黄金 ETF 在投资上，相对于全球其他黄金 ETF 市场而言，可以参与在央行领导下的上海黄金交易所黄金的租赁。黄金 ETF 将持有的部分黄金，在满足流动性的前提下，通过上海黄金交易所的租赁平台，租赁给具有高评级的商业银行或券商会员。获取的租赁利息全部计入基金资产，这在一定程度上增强了黄金 ETF 的收益，为投资者提供了额外的资产增值。

从长期来看，国内黄金 ETF 未来发展壮大之路还很漫长，展望未来，国内黄金 ETF 的竞争力甚至是全球的影响力逐步得到提升将是一个大的趋势。

黄金价格展望及黄金 ETF 发展趋势

2008年金融危机过去将近11个年头了，人们可能已逐渐淡忘，但其对经济金融的影响却是深远的。金融危机爆发后，全球经济和金融似乎进入了新的模式，首先表现出全球性的宽松——全球央行负债表持续扩张，大幅度降低利率，并开展多次量化宽松，给市场提供巨大的流动性。全球性宽松的货币政策在支撑经济复苏的同时，也抬高了债务的杠杆率，过剩的流动性使得资产价格过度上涨，包括房地产、股票价格及虚拟货币等。为了应对过剩流动性和通货膨胀的压力，2015年12月美联储首次加息，7年的宽松历程终于有了一个历史性的转折。

在过去3年中，美联储加息了9次，但世界经济格局似乎并不乐观，除了美国等个别经济体复苏较为明显之外，大多数经济体的情况却比较糟糕。日本、欧洲似乎并没有从金融危机中走出来，仍然存在进一步宽松和刺激经济的需求，但这些措施的边际作用上也有限。作为上一个10年全球经济引擎的中国经济，目前已经确认逐步进入中速增长阶段，中国经济从12%到6%甚至更低的增速回落对全球经济影响巨大。

2018年第四季度美联储第四次加息，将货币政策利率提高到了2.25%—2.5%的水平，全球股票整体出现系统性下跌，发达市场跌幅在10%—15%，新兴市场跌幅在15%—30%，全球金融再次陷入了一定的恐慌。虽然金价在2018年中受到诸多因素的抑制，包括美元持续走强、美联储继续稳步加息、特朗普政府的减税措施提振了美国经济，这些因素助长了投资者的积极情绪，推升了股票市场价格，并抑制了黄金作为避险资产的作用。

但自2018年10月以来，随着全球贸易格局和宏观经济风险加剧，投资者开始抛售美国科技公司的股票，发达市场的股市随之回调，这导致空头补进黄金，年末金价轻松突破1280美元/盎司。

2019年以来，全球大类资产价格的演变反映了投资者对宏观经济企稳和以美联储为主的央行货币政策宽松的预期，股票市场走出了深V形的反弹，而黄金价格的涨势则有所收窄，主要原因在于它同时受到经济企稳预期和美联储货币加息放缓带来的风险偏好上行的压制。但近期的一些市场信号显示市场风险偏好正在进入新一轮切换。

一方面，全球贸易格局的不确定性加剧了经济放缓的担忧。中美贸易谈判进程存在诸多不确定性，境外大型投资银行对美国 2019 年第二季度实际经济增长预期从 2.5% 下调到了 2%，叠加全球制造业采购经理人指数（PMI）仍在下行，特别是欧元区 PMI 已经低于 50 点荣枯水平线，表明全球经济放缓的前景具有较一致的预期，这在一定程度上将抑制资产的资本回报率，从而使预期收益率下降。

另一方面，2019 年年初以来美联储降息预期不断提升，以美国国债期货计算的美联储货币政策隐含概率显示，2019 年美联储降息概率接近 75%。当前正处于美联储的货币政策观察期。由于年初以来美国核心 PCE 通货膨胀率并未突破 2%，甚至有所降低，使得美联储继续加息的条件不再成立。从中期来看，美联储边际宽松带来的流动性将有效支撑国际黄金价格。

国内黄金 ETF 迎来了新的阶段。国内黄金 ETF 设计的天然优势，即以实物黄金 Au99.99 为标的、依托上海黄金交易所和上海证券交易所 T+0 交易、租赁增强黄金收益等优质特色，在国内黄金市场大力发展的同时，黄金 ETF 将黄金引入证券市场，为个人和机构投资者提供了优质的配置黄金的渠道，使得黄金 ETF 能够成为藏金于民的便捷投资方式。随着国内经济发展和国民财富的积累，黄金 ETF 作为重要的配置工具，一定能够发挥更好的功能。

黄金回购是产业链中的重要环节

深圳市恒富盈家黄金有限公司总裁　朱志刚

黄金是一种特殊的贵金属，因为它同时具备货币、金融和商品等属性。从中华人民共和国成立到现在，经过几十年的发展，我国黄金市场经历了从无到有、从小到大的发展过程。随着经济的高速发展和个人及家庭可支配收入的增加，老百姓的黄金消费需求较为旺盛，从而手中的黄金也越来越多。据不完全统计，我国民间黄金的储量已经多达万吨，而对其回购量却不足当年消费的1/3。由于老百姓手中有大量黄金，从而催生了黄金回购的市场需求。

黄金回购的兴起

中华人民共和国成立初期，由于国家底子比较薄，我国拥有的黄金储备也非常少，当时我们国家为了发行人民币和解决外汇短缺等重要问题，就把黄金列为非常重要的战略资源，因此对国家对黄金的管控非常严，采用了统收专营的黄金政策。国内的黄金交易全部由中国人民银行统一管理，当时民间进行黄金交易题非法的，而旧金回收则由中国人民银行设点进行。

1978年，十一届三中全会的召开带来了改革开放的春风，我们国家的黄金管控政策也出现松动。此后几年国家出台了相关的黄金管理制度，比如1983年国家颁布了《中华人民共和国金银管理条例》，次年颁布了《金银进出国境的管理办法》。这两个文件对我们国家黄金及白银等贵金属的生产、加工到销售、进出口等方面做出了全面的规范和规定。

随着我国黄金市场的逐步开放，中国人民银行就把旧金回购的业务放开给一些信誉好的珠宝企业。2001年4月，中国人民银行正式取消对黄金的"统构统配"管控体制，2002年10月上海黄金交易所开业后，我国黄金交易正式实现了市场化，2003年国务院宣布取消黄金相关的10项行政许可审批，黄金市场发展进入快车道，老百姓的黄金需求迅速增加，而随着金价的上涨，黄金回购市场也随之火爆起来。

黄金回购的现状

根据中国黄金协会的统计数据显示，我国2018年黄金产量为401.119吨，连续12年位居全球第一。我国2018年黄金实际消费量为1151.43吨，连续6年保持全球第一位，同比增长5.73%。其中，黄金首饰736.29吨，同比增长5.71%；金条285.20吨，同比增长3.19%。自放开市场之后，我国黄金消费连年增长，民间黄金拥有量也随之增长，老百姓的卖金需求也随之增加，可老百姓卖金的渠道却不多，因而形成了"买金容易卖金难"的现象。

中国黄金协会副会长王胜斌曾在公开场合表示："多年来我国黄金回购业务一直存在形式单一、交易不畅、规范性不够、透明度不高等诸多问题。"这说明我国黄金回购业务发展比较滞后，完全跟不上市场发展的节奏。

根据笔者调查，目前，我国黄金正规的回购的渠道很少并且市场较乱，满大街都是"高价回收黄金"的牌子和小店，回购者良莠不齐，缺斤短两，压成色，严重侵害了老百姓的利益。

现在市场上针对老百姓做黄金回购的主要有五个渠道。

一是银行，因为不少银行都在销售本行所发售的金条，为了给老百姓提供变现服务，银行对本行所售出的金条进行回购，但是银行仅仅回购本行所售出的金条，不回购其他银行的金条，也不回购老百姓手中的旧的黄金首饰。

二是黄金珠宝店，我国大小黄金珠宝零售网点在10万家以上，目前是黄金回购的主力军，但是黄金珠宝店对老百姓的回购多以"以旧换新"进行，而不是直接变现。若顾客要求直接变现，黄金珠宝店在回购黄金时，通常要在黄金交易价基础上每克减20元以上。

三是典当行黄金回购，通常典当行在回购黄金时压价较低。

四是街边小店，街边小店多为个体经营，也是最不规范的渠道。

五是移动互联线上渠道，以"京东黄金回购""金回购App""存金通"等为代表，这种新型方便快捷的线上黄金回购渠道是近两年出现的，业务发展迅猛。

现以"金回购App"为例，说明线上回收业务是如何开展的。金回购App以"让老百姓卖金更容易"为品牌使命，致力于解决"买金容易卖金难"的行业难题，通过与顺丰速递、广东黄金集团、广西黄金投资公司、广东省金银珠宝检测中心签订战略合作协议，以线上App、WAP、微信小程序、微信公众号与线下全国连锁门店无缝覆盖黄金回购市场，以当天上海黄金交易所价格为基准，率先倡导"首饰减10元，金条减5元"公开透明的回收价格，以物流实时更新、全程监控、全面覆盖、可视验收的优质服务重新定义行业标准。"金回购"自2018年3月上线至今，业务已覆盖20个省市，注册用户多达10万人。

黄金回购的规范

黄金回购是适用《中华人民共和国金银管理条例》还是《旧货流通管理办法》，不少珠宝商家都搞不清楚这一问题，从而导致经营过程中因未履行相应的登记、查验、报告制度而屡被公安机关处罚的案例时有发生。这也说明我国在黄金回购方面缺少相应的明确的法律法规。因此国家有必要对黄金回购进行明确的规范，建立一个合法合规的回购体系。笔者建议如下：

一是由上海黄金交易所以特许模式授权给既有矿山又有精炼牌照的会员单位，分区域进行试点。由于回购黄金在税收上存在壁垒，矿山企业比较适合开展这一业务。回收的黄金加工精炼入库后，通过交易所卖出，这样就不会有销售企业浑水摸鱼，在现有的法律框架下，税务局也比较容易接受。这样能真正做到把黄金卖给国家。

二是会员单位把回购点报交易所备案，在官网上公示。这样老百姓才能有安全感，不会被小店骗。

三是黄金回收要采取实名制，并要求卖金者提供发票、质保单等，杜绝套票、洗钱行为。

四是实行地域特许模式，即降低成本，又避免恶性竞争。商业银行的投资金条也可就近回收。

五是特许要缴纳一定数量的保证金，可以对会员的行为进行约束。

六是黄金回购单位向当地公安备案，增加回购的合法性。

七是黄金回购企业要共同建立公开、公平、公正的回购市场。

黄金回购的意义

由于国内黄金投资需求的增加，回购渠道不通畅，极大影响了市场的发展。把黄金卖给国家，为黄金回购建立一个规范便捷的渠道，是黄金产业链中的重要环节。

根据世界黄金协会公布的 2018 年《黄金需求趋势》，2018 全年回收金供应量增长 1% 至 1172.6 吨，2018 年全年黄金回收仅占消费总量的 5%。这一数据显示，黄金回收和黄金消费比例差距巨大，黄金回购比例过小，势必会影响黄金整个产业链的发展，黄金回购可以很好地唤醒民间大量的休眠黄金，促进黄金的流动和流通。因此，黄金回购对推动我国黄金市场飞速发展发挥着重要的作用。把黄金卖给国家，让黄金回购保持畅通，对我国黄金行业健康、有序的发展意义非凡。

黄金市场化改革带来的沧桑巨变

山东招金投资股份有限公司副总经理　王永刚

山东招远黄金珠宝首饰城是中国北方规模较大的一家专业黄金卖场。虽偏处胶东半岛一隅，但2019年五一假期这家卖场人潮涌动，销售异常火爆，迎来一波售卖高峰。据工作人员介绍，整个五一小长假首饰城共接待顾客近3万人，黄金饰品的销售额突破3亿元。同时，该工作人员表示，类似情况近些年并不鲜见，几乎每逢节假日，首饰城都会出现消费井喷的景象。

让民众享受到改革红利

以上笔者所看到的场景，是今天中国黄金市场发展日臻成熟的一个缩影，呈现了黄金市场化改革20年给老百姓带来实惠：如今，黄金已经逐渐成为普通百姓家的寻常消费品，被民众广泛接受和认可，这与千百年前黄金只能是极权者的专属品形成了一个鲜明对比。

这场发端于20世纪90年代末的行业变革，既是中国向计划经济时代告别的标志性事件，也是国家黄金战略在历经中华人民共和国成立后由央行管制以维护金融安全、保障经济发展的战略性需求，向顺应行业发展趋势、融入全球市场的一次重大转变，这次变革也应当被视为中国重拾大国自信的具体体现。

今天，中国民众不仅能够随意购买到各种物美价廉的金条、黄金饰品，满足资产保值、爱美扮靓的基本需求；还可以在飞速发展的黄金行业觅得更好的就业和商业机会；同时，也能够通过多元化金融市场选择适合于自己的黄金投资品种，实现个人财富的保值增值。

为实体产业营造更好的发展环境

"我们推进改革的根本目的,是要让国家变得更加富强、让社会变得更加公平正义、让人民生活得更加美好。"2014年元旦,习近平同志就任国家主席后发表的首篇新年贺词,引起全国人民的强烈共鸣。中国黄金市场化改革的初衷,契合了主席的嘱托和期望,其目的就是为了更好地营造行业发展环境,为黄金产业链上的每一家企业插上腾飞的翅膀,为国家经济建设增砖添瓦。

早在1999年9月19日,由当时的国家经贸委黄金管理局主办的一场名为"黄金行业黄金交易市场知识培训班",以及同年11月4日至5日在京召开的"1999中国黄金经济论坛",以官方名义较早抛出"中国黄金市场放开"等敏感议题,在现在看来,应该算是中国黄金市场放开前的一次预热,明确表明由央行主导的黄金市场化改革早已进入实质性研究阶段。

在如今的"中国金都"山东招远,57座黄金矿山里井塔高耸,厂房林立,3万多"黄金人"夜以继日为共和国经济发展辛勤工作,自1949年以来,该市已累计向国家交售黄金近2000万两。该市的黄金龙头企业招金集团在国家改革创新战略感召下,坚持"提升增量、优化存量"并重原则,坚定"走出去"信心,在守稳山东、新疆、甘肃、内蒙古等境内矿业基地的基础上,把握"一带一路"发展机遇,加大境外矿业开发力度,目前厄瓜多尔、津巴布韦等海外项目进展顺利,为企业高质量发展储备充足能量,从一个侧面展现了中国黄金行业改革创新发展的巨大成就。

经历20年市场改革创新,中国的黄金产业乘借与国际市场接轨的政策东风,劈波斩浪,厚积薄发,围绕黄金地测采选冶等各领域开展科研攻关、技术创新,在黄金深加工、综合利用、流通环节等产业链下游精耕细作,广泛开展境外黄金矿业合作开发,使产能和消费得以巨量释放。全国黄金产量和消费量由1999年的169吨、219吨猛增到2017年的426吨、1089吨,中国连续12年蝉联世界黄金第一大生产国,连续6年成为黄金第一大消费国。

不断提升人民币含金量

如果说世界上有一种金属能被不同种族、不同地域、不同信仰的人们所共同尊崇和拥有，那首选就是黄金。无论政权更迭、世事变幻，黄金伴随人类近万年文明史的发展而流传，这是其他任何一种金属、信用货币所不具备的。

2011年秋天，单边上扬十年之久的黄金行情突遭逆转，并迅速向下突破。黄金价格的起伏转换，一度给民众一种错觉：黄金就是一种单纯以货币计价的商品，除此无他。这种观点实质上是不全面的。谁都无法否认以下几种事实：当一国经济危机或政权不稳时，其信用货币会被即刻抛弃，而黄金则会被竞相持有；战争来临，最便于携带、最可靠的支付工具是黄金；历代的帝国雄主都拥有过世间最多的黄金；而当今全球最发达经济体的黄金储备也远超其他发展中国家；还有，美元当下的强势地位恰恰是黄金赋予的，美国人在被金融危机袭扰得最不堪重负之时，仍坚定奉行黄金的"非净卖出"政策……

之于黄金，中国人有着无法言说的钟爱情节，这与当代中国极度贫金有关。与世界其他种族一样，黄金在中国历史上也有着财富计量的功用和拥有财富地位的象征，史书记载中国的黄金存量也一度极为丰厚，但事实上自汉代以来，中国民间的黄金储备便在逐年减少。史学家分析认为黄金存世量减少的原因如下：首先是各种战乱纷争导致的财富藏匿，致使中国民间的黄金被掩埋在华夏大地某些不为人知的角落；其次是始于鸦片战争的中国近现代屈辱史，黄金、白银等作为战争赔款或贸易逆差被列强巧取豪夺；此外，国民政府迁台时大约450万两黄金被运往中国台湾，以至于中华人民共和国成立时中国官方的黄金储备几乎为零。

基于全球金融市场动荡、经济前景不确定性增强的现实状况，恰逢金价下跌赐予贫金国家更加理想的买入机遇，中国央行近几年加快了央行黄金增储操作，在国际市场频繁出手购金。负重前行的中华人民共和国经过70年的积累，央行黄金储备从零开始增持到现在的1916.29吨（截至2019年5月末），迅速跻身全球第六大黄金储备国。这一成就震古烁今，同时央行黄金储备作为国家硬实力，也在人民币国际化进程中为人民币平添了足够的含金量。

新时代的"金商"故事

厦门黄金投资有限公司 张文斌

1948年12月,中华人民共和国诞生的前夜,国民党败逃台湾前将"国家的黄金储备"从上海外滩的码头秘密运往台湾。从那一刻起,"共和国的家底"被搬空了,也开启了"大国金路"的漫漫征途。回首走过的70年,和共和国众多行业建设者一样,一代代"黄金人"筚路蓝缕,艰苦卓绝,去实现着中国黄金行业由"寻金产金用金""开放发展繁荣"到"争夺全球黄金市场话语权"发展的战略"三步走"。如今,国际黄金市场上东方身影和中国元素现身频频,各类国际机构的黄金市场报告里"China"独占篇幅。中国已连续12年成为全球最大的产金国、连续6年成为全球最大的黄金消费国,上海黄金交易所也已连续11年成为全球最大的场内交易黄金现货的交易所。全球已经形成了纽约、伦敦、上海三足鼎立的国际黄金市场结构。同样,在中国黄金市场的发展过程中也上演着具有中国特色的"金商"故事。

2008年9月,上海黄金交易所综合类会员代理个人交易业务被叫停了。上海黄金交易所基于监管要求,保障客户资金安全,保证金账户封闭运行,计划依托金融机构实现个人客户的有效管理,提升服务质量和水平,实现市场分层。在市场规模不大但又充满巨大潜力的时候,运行出新的业务发展模式,既有利于市场长远发展,也有利于风险管控。这里需要特别提到的是早在2007年,兴业银行就作为国内首家商业银行上线了代理上海黄金交易所个人交易业务,并在全国范围内推广,开启了金融类会员商业银行代理个人交易业务的先河。到2009年,兴业银行代理个人客户数已达70万户,代理个人交易额已突破4000亿元。如此巨大的"蛋糕"显然令商业银行感到兴奋,在2007—2009年三年期间,各商业银行陆续上线了代理个人交易业务。2009年10月,上海黄金交易所召开会员大会,部署代理个人交易业务的"平移"工作,即综合类会员代理的个人交易业务，将逐步转移到商业银行。至此，与银行合作、把客户整体"平移"以抽取交易佣金，成了大多数综合类会员的出路，也开启了综合类会员和金融类会员商业银行利用各自优势、分工合作、共同服务投资者的全新业务模式，开创了市场发展的新纪元。

　　当时，在众多的金融类会员里有几家很特别的机构，在基本都是银行的上海黄金交易所金融类会员名录里很是抢眼，深圳金融电子结算中心（简称"深圳金融"）就是其中之一。既然是金融类会员，那么按照当时的会员管理办法规定，就可以在上海黄金交易所的审批下，代理个人交易业务，上海黄金交易所也将非会员银行的代理个人交易业务重任交给了深圳金融。为更好地服务非会员银行和客户，深圳金融将全国黄金交易业务市场推广服务工作授权给深圳黄金投资有限公司（以下简称"深圳黄金"）负责。深圳金融也作为上海黄金交易所全国首家代理个人交易业务的非银行类金融类会员，开创了我国黄金市场独立经纪商的模式，以黄金交易为核心，为客户提供专业化的黄金投资相关配套服务。深圳开放、创新、实干的城市特征也深深植入了深圳黄金的基因，给黄金行业增添了业务发展创新的血液。

　　随着改革开放的深入和国力的不断增强，中国人在共同富裕、实现全面建设小康的道路上跨步前行，中华民族和中国人民从未像今天一样如此接近伟大的民族复兴。中国人民也不再满足于过好自己的"小日子"，"达则兼济天下"是中华文化中镌刻的士子情怀，进一步扩大改革开放、同区域人民和世界人民分享中国发展的经验和成果、倡导构建人类命运共同体、促进全球治理体系变革成了新时代中国的使命。"一带一路"倡议作为国家级顶层合作倡议，肩负着去实践这一伟大使命的责任。东盟是中国发展"一带一路"经济带的重要合作地区，如何打好中国—东盟合作发展这张牌，推进跨境人民币业务的发展，实现区域经济共同繁荣，区域人民共享发展成果成为广西壮族自治人民区政府和当地金融机构一项重要课题。在上海黄金交易所和广西壮族自治区人民政府的支持下，2015年广西金融电子结算服务中心成为上海黄金交易所第二家非银行类金融类会员，并授权广西黄金投资有限责任公司（以下简称"广西黄金"）负责其全国黄金交易业务市场推广服务工作。广西黄金在学习市场同行先进经验的同时，结合自身区域优势，业务取得高速发展，累计代理个人客户交易量破万亿元；同时，深挖本地民族文化资源，推出实物黄金民族特色产品；联合国内专业机构和高校发起设立中国—东盟黄金市场发展研究中心，为中国—东盟黄金市场的发展提供理论研究和交流平台；积极推动中国—东盟黄金产业园区、中国—东盟国际黄金交割库的设立。

黄金市场是推动"一带一路"沿线国家合作的一个重要载体，中国黄金行业有责任也有义务参与其中，于是，带有区域特色的"黄金版"推进方案纷纷落地。2016年10月，云南省人民政府为扎实推进"一带一路"倡议，打造中国黄金市场"一带一路"南亚东南亚辐射带，协同推进昆明区域性国际金融服务中心，更好地支持云南黄金市场、黄金产业贸易的融合发展，在云南省委、省政府和中国人民银行昆明中心支行的关心支持下，成立了云南省黄金投资交易有限责任公司（简称"云南黄金"）。云南黄金受上海黄金交易所特别类会员——昆明银行电子结算中心独家授权委托，在全国范围内开展上海黄金交易所交易业务的同时，还肩负着推进云南省黄金市场改革创新、稳定发展，通过整合产业链服务区域金融机构与实体，打造中国黄金市场面向南亚、东南亚国家辐射圈的重任。

在西南边疆、两广大地，"金商"们在"撸起袖子加油干"的同时，在东海之滨、海峡西岸，福建也不甘落后。福建一直处在中国对外开放的前沿地带，福建厦门是中国最早批准设立的四个经济特区之一，也是21世纪海上丝绸之路的战略支点城市，同时由于独特的地理位置，也是两岸经济文化交流与合作的核心城市。在这个背景下，打造区域性金融市场、进一步增强两岸经济合作关系、辐射海上丝绸之路沿线国家和地区成了新时代交给厦门的历史使命，黄金由于其独有的商品属性和金融属性，必将发挥重要的作用。2017年3月，厦门黄金投资有限公司（以下简称"厦门黄金"）在多方支持和努力下孕育而生，作为上海黄金交易所会员机构厦门海峡金融服务有限公司唯一授权的负责全国黄金交易业务市场推广的总代理公司，负责黄金业务营销与管理工作，为机构和个人投资者提供优质、专业的黄金投资服务，培育区域性黄金市场、推动海峡两岸黄金市场深入合作成了业务重点。通过以贸易带金融、以金融促产业的路径，进而辐射海上丝绸之路沿线国家和地区，是其业务发展的亮点。

新时代的"金商"故事还是继续上演，陕西、重庆、新疆等多地政府都同上海黄金交易所签署了战略合作协议（备忘录），属地的相关机构也都拥有或拿到了会员资格或特别交易席位。会有更多由地方政府牵头主导，国有股东背景的"金商"们正在共和国的大地上春笋般破土而出，它们扎根本地市场，辐射全国，放眼国际区域市场，以黄金交易为核心，涵盖黄金全产业链，给投资者提供全方位的专业化黄金投资服务，也为服务实体经济搭建黄金金融平台，走出一条条既有共同特点，又兼具各自特色的黄金市场发展之路，为中国黄金市场争夺全球市场话语权贡献力量。这些分布在"一带一路"沿线和关键节点城市的"金商"们，如同一盏盏黄金铸就的明灯，点亮着民族复兴、大国崛起、构建人类命运共同体的康庄大道。

第四章 中国制造

培育优秀品牌,开发黄金文化资源,打造智慧型黄金产业,推动黄金消费升级,实现『藏金于民』的黄金梦。

中国黄金首饰业的变革与演进

世界黄金协会行业拓展总监　陈志君

谈起中国黄金珠宝市场的演进，除了大家耳熟能详的 2013 年国际金价暴跌，"中国大妈"们果敢入市抄底，将当年中国黄金消费需求量冲高至历史高点的 1360 吨的现象级别事件之外，可能大多数的同业都会把目光放在 2003—2012 年这个见证中国黄金珠宝行业蓬勃发展的"黄金十年"。根据世界黄金协会统计显示，这十年的发展让中国金饰的需求量从 2003 年的 201 吨增长到 2012 年的 590 吨，并在 2013 年超越印度成为全球最大的金饰消费国且蝉联至今。虽说这十年恰逢一波国际金价的大牛市（金价自 2002 年初低点的 280 美元/盎司上涨至 2012 年 12 月的 1680 美元/盎司；历史峰值出现在 2011 年 9 月的 1920 美元），给中国黄金消费需求带来重要的支撑；然而，更不容忽视的是中国政府"藏金于民"的宏观战略、黄金政策的放开、行业竞争与偕同发展、珠宝企业的积极投入与技术创新，加上民间旺盛消费需求的夯实基础，凡此种种，均为成就今日中国成为全球最重要黄金市场的关键因素。

黄金首饰质量检测体系及生产加工的演变

金饰质量监督与检测体系是金饰产品质量把控与巩固消费信心的定海神针。

自 1988 年由北京工艺美术研究所起草制定了首饰行业第一个标准《首饰含金量分析方法》（GB/T 9288—1989）以来，首饰行业已先后制定了 18 项国家标准和 43 项行业标准，居世界前列。特别是强制性标准 GB 11887—2012 作为贵金属首饰行业（金、银、铂、钯）最重要的基础标准，不仅规定了首饰中主要的贵金属纯度，也规定了首饰中有害元素的限量，为规范首饰市场、保护消费者权益作出了很大贡献。

首饰质量监督与检验体系深度参与并规范了国内珠宝首饰行业20年来的健康发展，也为每一件陈列在零售门店柜台的贵金属首饰做了最权威的背书，这让广大的消费者对于金饰珠宝产业深具信心，是成就中国跃居全球最大金饰消费市场居功至伟的中坚力量。

值得一提的是，2013年3月15日"国际消费者权益日"，央视披露了让整个珠宝首饰行业重创的"黄金掺铱"事件，首饰市场在顺风顺水的"黄金十年"后逢此冲击，几乎动摇了行业的根基。幸运的是，国际金价的暴跌与消费者抢金潮冲淡了事件的后续效应，自此之后，金饰加工生产线的透明度与检测环节都有了系统性的提升，而以消费者利益为导向的观念也快速被引进首饰行业的管理思想体系。

2016年5月4日，国标G11887—2012宣布取消"千足金"的称谓，包括黄金在内的贵金属首饰纯度在990‰及以上统一称为"足金"；然而，此次国标修订为企业标识带来了一个新的出口，目前市场贩售的足金首饰标签上会注明990‰—999.99‰等不同的纯度标识。所谓"企业标准"，展现了企业通过技术手段生产出更高纯度的黄金首饰，借以展现产品差异化，同时提高终端的工费收益。然而，当市场在营销"更纯更好"的同时，消费者不清楚的是，每一次贵金属的提纯，都无可避免地使用到更多的强酸化学溶液，这无论是对生态环境，还是水和能源，都将增加额外的消耗，甚至威胁到一线提纯员工的人身安全。企业在追逐利润提升及产品差异化的过程中，应该站在行业的可持续发展、绿色环保及消费者保护的立场来共谋珠宝首饰业的永续发展。

轻工部体系下的"工艺美术"为国内黄金首饰的生产、加工奠定基础；工艺技术演变，见证了中国成为全球最大金饰消费国的发展轨迹。

我国黄金首饰生产加工业在清朝末年，曾在当时的中心城市沈阳、北京、上海聚集了一定数量的黄金首饰生产品牌企业。中华人民共和国成立以来，伴随着黄金政策的演进与市场开放的脚步，我们可以将黄金首饰的生产加工分为以下五个阶段：

第一阶段：20世纪50年代起，轻工部体系下的上海以远东首饰厂等11家由公私合营的大集体为主开启了中华人民共和国黄金首饰加工制造的先河；当时主要的工艺是拉丝、黄金压片等后加工手工工艺，加上部分脱蜡浇铸工艺来进行黄金首饰制作。当时，金饰加工的主要目的是国家出口换外汇。

到了后期，由于市场对于黄金首饰的成色需求，促使足金首饰加工不使用焊料而采用"无焊药"焊接技术（非黄金的其他合金，由于硬度强于黄金，焊药与补扣主要用于补强金饰品结构脆弱或是扣头接口处，以增加金饰品的强度，但使用焊药与补扣会影响整件足金首饰的成色）。

第二阶段：20世纪80年代改革开放之后，香港珠宝企业涌进珠三角，开始构建黄金首饰加工基地，并在深圳设立第一家来料加工厂——东方首饰来料加工厂，承接海外来料加工订单；直至1982年，黄金首饰加工企业达38家。艺洋首饰来料加工厂是第一家和意大利珠宝加工企业合作、引进黄金机制链设备的厂家。当时，香港珠宝商引进流水线作业模式生产黄金和18K金首饰，以出口业务为主；而持有黄金许可证的批发生产企业以面向国内零售市场为主，主要生产足金首饰。

在稳定来料加工的订单支撑下，首饰行业以深圳为核心培育了大量金饰加工的上岗工人；另外，脱蜡浇铸工艺开始大量运用，使用进口吊机（美国产）和车花机（微型简单铣床）等加工器械，为中国金饰加工体系带来了重大影响，也奠定了往后40年深圳成为中国金饰生产基地的核心地位。

第三个阶段：20世纪90年代，深圳大量引进制链机、车花机加工技术设备；1995年，深圳宝昌引进了利用电解生产的中空电铸技术与设备，开始生产黄金工艺摆件；90年代后期，安盛华、爱塔等加工厂陆续投入中空电铸技设备，共同打造了庞大的赠礼市场，这种以传统祈福文化、宗教与吉祥寓意为素材设计制作的摆件，如财神、生肖、送子观音等，由于产品外观大器、意头好且重量轻，刚上市就迎来市场的追捧。当时，仅有少数厂家有能力投入中空电铸技术与设备，主要是药水配方和技术有局限（必须有氰化物使用许可执照）。

20世纪90年代中后期，深圳陆续引进制链机生产水波纹足金链和18K链细项链（可生产3克以下的金链）为主。后期在香港珠宝首饰商的推动之下，市场开始出现千足金（999.9‰）的产品。90年代大部分镶嵌产品仍以脱蜡浇铸为主，这个时期，日本、欧洲进口的熔金炉开始被引进国内，提升了金饰加工厂黄金熔炼的效率。

第四个阶段：2000年开始，CNC（Computerized Numerical Control，计算机数字控制多轴刀具技术，金属表面精细切割工艺）加工设备和3D（3-dimension三维）打印技术引进珠宝行业，把珠宝产业创新升级的进程拉高了一个新的台阶。这两项加工技术的引进，将过往高度依赖人力参与的部分逐步减少；3D打印技术实践了取代部分人工起版与雕蜡的工序，产品精致度提升。而CNC通过数控精密切割技术可以实现过往设计师想不到、车花师傅或流水线手工无法实现的设计元素及精细工艺。此外，中空电铸工艺技术生产的 3D 硬金首饰在此时期持续优化，生产效能及产品质量也大幅提升，在珠宝零售追求利润率提升与吸引千禧一代年轻消费群体方面，3D 硬金产品扮演了关键性的角色。

这个时期，3D 打印技术运用贵金属粉直接打印生产首饰成品的发展（由德国与美国企业牵头）已经有多年的历史了，然而，原料（如金粉、铂粉、银粉）的供应存在技术壁垒与成本过高、激光加热金粉的损耗、金料回收问题、产品体验感欠佳（很难抛光或电金提升产品亮度）等，钳制了 3D 打印首饰成品技术的市场化发展。

第五个阶段：2014 年开始，珠宝首饰市场在经济增速放缓等的外在环境影响下，进入新一轮的调整期与转型期；同时，在"十三五"国家战略及消费升级的趋势下，珠宝首饰产业树起了"供给侧结构性改革""工业 4.0 智造"风向标。随着中国人口红利减少、劳动成本提升、环保意识抬头，如何通过技术手段落实珠宝首饰智能制造，是近几年行业内有志之士未雨绸缪、殚精竭虑想要突破的重要议题。利用多次考察深圳的机会，笔者有幸目睹了结合了"用户参与C2M""产品参数处理系统""CNC 加工机台""智能机器人"的金饰加工集成生产链，基本实践智能制造与无人车间的概念，这归功于中国改革开放 40 年经济腾飞及科技创新所扎下的夯实基础。今日的中国，AI 人工智能、机器人、云端技术与大数据等核心科技含量，早已跻身先进国家之林。笔者相信最慢 3—5 年，智能制造将在中国珠宝首饰加工体系开启市场化运作，中国金饰智能制造指日可待！

消费新常态下的金饰文创升级，打造潜在消费场景，创造增量市场

近期，笔者考察珠宝首饰市场时发现，2019 年的市场形势是忧喜并存的；强者愈强、弱者愈弱的马太效应似乎在行业里缓慢发酵中。2014 年市场下行以来，行业不断调整、摸索与试错。"新模式新零售""素转非去黄金库存""渠道翻牌重整与再下沉""珠宝企业 IPO""借金、融资、物流 B2B 服务平台"……几经波折，市场终于在 2017 年下半年迎来了金饰消费的止跌回稳。

然而，在面对消费的新常态，身为金饰珠宝生态圈的参与者们，是否能抛弃立场与成见，集思广益，携手共创下一个黄金十年？以下提供几个维度，愿与同

自动化手镯 CNC 集成车间

业教学相长:

1. 文化底蕴深化及传统工艺溯源,"古法今用"为黄金首饰带来多元内涵与风貌。

中国具有深厚的文化底蕴,为金饰创作提供了取之不尽的灵感宝藏:婚庆八珍/九宝为金饰开拓了赠礼市场,佛教/法器的祈福、转运珠的好运气、古法金的宫廷典藏工艺……证明了金饰能够幻化成丰富多变的样貌,为消费者打造新的需求。

其实市场不缺好产品,缺乏的是引导市场与刺激消费的题材与理由,也就是针对特定顾客画像所打造的需求场景。举例来说,"天猫双十一""京东618"都是电商平台打造的消费场景,最终不仅使线上销售受益,线下门店也雨露均沾,成为年度购物盛典。中国情人节是农历的七夕,西洋情人节是2月14日,日本的白色情人节是3月14日,而韩国1月到12月每个月的14日都是情人节。懂得做好产品、新产品的珠宝首饰业者是否可以思考如何为市场带来增量消费的契机,注入全新的文化体验、打造更多的消费场景?

2. 千禧一代入市、消费趋势年轻化为行业带来挑战与机遇。世界黄金协会2003—2012年的市场战略,是黄金首饰的市场化营销推广,因此成功打造了金饰三大IP——囍福、K-gold 与唯有金。2003年上市的"囍福"结婚金饰是打造婚庆赠礼、两代情感传承的文化工程;2003年打造的"K-gold"18K金饰,以及2007年推出的"唯有金"纯金精品,都是剑指年轻消费群体,为黄金市场积淀未来的消费主力。珠宝首饰行业近年来通过跨界合作打造IP产品的成果也是有目共睹,如周大福的福星宝宝、老凤祥的迪士尼、潮宏基哆啦A梦等。值得关注的是,周大福近年多品牌战略部署中的MONOLOGUE(独白)与SOINLOVE,都是锁定年轻消费群体的不同消费场景的品牌。

在移动互联网挂帅的消费时代,黄金首饰首先必须克服的就是产品标准化的问题,如克重统一、工艺质量恒定,这也是传统浇铸工艺的短板。如今CNC切割、中空电铸与冲压技术的大量运用,辅以日益优化的数字化生产管理,将为金饰行业对接互联网销售的产品标准化提供有力支持。

3. 行业标准与时俱进,引领珠宝首饰行业健康、可持续与国际化发展。中国珠宝首饰业虽然经过了近20年的高速发展,直至今日,由上游生产商发动的产品差异化仍是市场竞争的主要手段。回溯历史轨迹,从早年的转运珠、拉丝工艺、3D硬金、花丝工艺、18K金,到近几年的22K金、高纯足金、3D18K、镜面金、古法金乃至新近的5G黄金(硬足金浇铸产品),行业仍受限于通过产品工艺与概念的变化来经营市场,争取短期订单(或是零售终端的换货订单);创新带来动力是行业之福,然而,行业跟风、模仿习性难以反转;新产品上市后不久,同质化产品陆续跟进问世,于是乎,削价竞争硝烟四起,产品质量开始出现问题,工厂赚了零售商新品的工费,新产品取代旧货,变成了门店潜在的新库存。

此类行业的恶性竞争在珠宝首饰市场发展过程中一再重演,主要还是以卖方市场思维来主导市场,缺乏了以消费者需求导向的市场洞察。但凡硬金的"硬度"检测与标识、补口或合金配方(硬金粉)的安全性、有毒化学物(溶剂)的使用许可与环保排污、电铸产品内蜡模或合金模的脱出处理,甚至是金料来源的合法与可溯源性等诸多行业现存的问题,有赖于行业制定与时俱进、配套完善的行业标准来引领行业建立市场秩序,维系行业健康、可持续发展。

在中国市场积极参与全球化的进程中,我们必须关注国际上对于企业是否致力ESG(环境保护、社会责任与公司治理)工作的重视;全球投资人特别是大型投资机构对于他们所投资的企业是否重视产业与环境可持续发展与社会责任的要求与日俱增。"一带一路"倡议为珠宝首饰产业外移、输出过剩产能带来契机。除了前述的ESG要求,具备进军国际市场实力的珠宝首饰企业,也须加强关注全球范围对于负责任黄金与宝石的开采、贵金属与珠宝原料的可溯源的重视,如伦敦金银市场协会（LBMA）2019年1月出台的《负责任黄金指南第8版》，负责任珠宝协会（RJC）出台的《负责任珠宝标准》等。

  计划进军国际市场的中国珠宝首饰企业们，对于未来十年实现国际化市场参与，将全球最大黄金首饰消费市场的创新产品、技术革新与管理效能输出到全世界的珠宝首饰供应链，你们做好准备了吗？

品牌+营销，开启黄金珠宝新消费时代

中国黄金报社　郭士军　蒋子清　贺轶群

改革开放以来，我国珠宝行业逐步发展，创造了一个又一个不菲的成绩，如今，面对"90后"甚至"00后"年轻消费群体的崛起，个性化、时尚化逐渐成为全新的珠宝消费文化，珠宝行业的转型升级也势在必行。面对这一趋势，珠宝企业一方面要进行品牌战略布局，须寻找新的发展空间和运作模式，另一方面，以"花样营销"赢得年轻消费者的芳心也显得尤为必要。

抓住消费心理，细分品牌切入市场

早期，市场将珠宝首饰定义为奢侈品，价格相对较高，消费人群相对较少。而随着时代的变迁、社会的进步、消费的升级、人们的消费观念不断更新，越来越多的人开始购买珠宝首饰作为日常佩戴物。在此背景下，如何以品牌意识重塑珠宝消费，就成为摆在行业面前的一道必须解答的问题。

如何将品牌基因与产品完美结合？放眼国内外，我们可以找到很多成功的案例——六爪镶嵌成为蒂芙尼的典型基因，豹纹图案是宝格丽最为突出的象征，而螺丝钉则是卡地亚经久不衰的品牌符号。

近几年，国内越来越多的珠宝品牌走向舞台的中央，抓住国内珠宝市场"轻奢化、个性化、细分化"消费升级的趋势，进行品牌战略布局。

周大福和莱绅通灵在年轻化方面的转变较为亮眼。莱绅通灵通过融合比利时王室珠宝品牌Leysen（莱绅）文化，打造王室IP，进行产品差异化竞争，同时借助自身擅长的娱乐营销，叠加渠道，加速品牌影响力的渗透。而传统的黄金饰品品牌周大福也开始散发年轻气息，2017年推出了粉色少女风的SOINLOVE、个性高冷风的MONOLOGUE两个轻奢珠宝品牌，同时聘请人气演员赵丽颖为形象代言人，注重年轻人喜爱的电商渠道。在年轻化的驱动下，二者收入端增速表现优于行业整体。

在市场细分的趋势下，珠宝品牌要想与年轻化的消费主体建立情感连接，就必须寻找新的发展空间和运作模式。除了周大福集团关注细分领域、针对中国内地年轻人市场特别开发新品牌、进一步布局中国内地市场外，黄金珠宝生产制造行业的领军企业百泰集团 2017 年着力推广的"囍福"品牌，正是看中了市场细分下结婚金饰的新趋势，着力打造全球华人结婚金饰品牌。

从品牌发展方面来看，快消品市场给了我们一个很好的启迪：品类细分。以饮料为例，碳酸饮料有可口可乐和百事可乐，乳制品饮料有蒙牛、伊利和光明，功能饮料有红牛、王老吉等。黄金珠宝行业也有很多品类，诸如黄金、钻石、铂金、翡翠、和田玉等。

关注细分领域，开辟新的市场蓝海，这正成为国内黄金珠宝品牌的发展趋势。每一个细分品类或领域都蕴藏着两强或多强品牌突围的机遇，这或许也将成为未来一段时间中国黄金珠宝细分领域"竞争"的一个"主阵地"。

此外，伴随着品牌建设意识不断深入人心，中国品牌"走出去"成为很多企业的梦想。

2012 年 5 月，老凤祥与泰莱珠宝澳洲有限公司就"老凤祥银楼澳洲悉尼特许专卖店"正式签约，这是老凤祥在海外开设的第一家特许专卖店，8 月正式开业。作为一家拥有 160 年历史的中华老字号，老凤祥在海外华人中具有极强的品牌吸引力，商业客户群体同样庞大。选择悉尼，体现了老凤祥尝试在港澳及境外华人居住集聚区域设点布局的战略，旨在补强老凤祥饰品内销强、外销弱的短板。

2014 年至 2018 年，老凤祥又在美国陆续开设了两家老凤祥银楼旗舰店，截至 2018 年年中，老凤祥已在境外陆续开设了 14 家分店，彰显了民族珠宝首饰业领军品牌的雄伟胆略和坚定信念，老字号正势头强劲地进入新时代。

久久为功，水滴石穿。无论是深耕国内珠宝市场，还是眼界向外，寻求更大的市场，中国黄金珠宝行业中的品牌无时无刻不在挑战着、奋进着、创新着，让黄金珠宝首饰的"中国设计""中国品牌"传播得更远、传承得更久。这是新时代中国黄金珠宝行业的历史使命，更是每一个参与个体为之努力和拼搏的动力源。

网络营销，走进年轻人的世界

截至 2018 年 12 月，我国网民规模达 8.29 亿人，全年新增网民 5653 万，互联网普及率为 59.6%。同时，网民日益年轻化。如此庞大的网民群体，成为不少珠宝企业重点关注的消费群体。

在互联网大数据时代，传统商户的实体店销售业绩低迷，只靠实体店销量不能完成规定的销售额度。线上市场的不断扩大表明，单一的实体店经营不再适应市场销售方式。通过线上宣传扩大产品知名度、带动线下销售量，成为最直接的营销手段之一。

周大福早在 2010 年就成立了专门的电商部门，在了解线上消费群体以年轻人为主后，周大福电商团队开始挑选产品单价低、款式时尚的产品放在线上销售，吸引年轻消费者聚集。2017 年，周大福发布"周大福礼品说"小程序。除此以外，周大福在小程序上还探索了粉丝社区、在线定制、在线体验等多种符合年轻人线上消费习惯的玩法。

除布局电商外，直播也正在成为网络营销的一大亮点。

2018 年，珠宝行业在淘宝直播平台上异军突起，力压其他行业夺得淘宝直播销量冠军，成为淘宝直播排名第一大品类。镇平的和田玉、揭阳的翡翠、深圳水贝的黄金、诸暨的珍珠、瑞丽的原石……几乎珠宝行业的每一个细分市场，都在淘宝直播平台上找到了属于它们的位置。特别是翡翠市场，率先引进直播营销模式，网络日销量居然突破 2000 万，直播销量增长速度十分显著，堪称行业表率。

直播的本质是基于场景之中，让用户与现场进行实时连接，并且受众与受众之间、主播与受众之间都可以进行实时的交流，并将直播工具作为消费行为的闭环引导，这已经成为目前最明晰也是最好的互动模式。

可以说，"直播+珠宝"作为一种营销新模式，打破了传统的店面营销和电商营销方式，以其场景即时性、感官移情性和互动参与性等优势，使得珠宝售卖从以往的"商家推销"转变为"在互动中推荐"，这无疑让流量变现成为可能。

借助互联网大平台，综合运用电商、直播两大"利器"，扩大发展规模，已成为许多品牌的定位期望。

个性化跨界营销，抓住消费者的心

随着消费不断升级、消费群体日益年轻化，越来越多的珠宝企业开始意识到个性化定制的重要性。人们希望拥有属于自己的个性化符号，享受"专属性"带来的心理满足。

定制珠宝让消费者可以按自己的喜好展示自己，充分彰显个人品位。定制珠宝的专属性，对于一直在追求与众不同的年轻一族来说，绝对是不二选择。哪怕定制珠宝需要相对高昂的制作费用和较长的制作周期，也不能阻止人们对其争相追逐。同时，定制珠宝，已不再是一件单纯意义的商品，它们承载着人们的审美情趣和独特心意。

个性固然离不开新鲜感，而跨界思维的运用，为珠宝行业带来了源源不断的新鲜血液。

看似毫无关系的产品通过合作营销，将各自已经确立的市场人气和品牌内蕴相互转移到对方品牌身上，实现双赢，产生品牌叠加效应，这就是跨界营销。

中国珠宝在跨界营销方面可谓做得风生水起。2015 年，作为迪士尼品牌、漫威品牌共 19 大品类中国区授权商，推出系列 IP 产品，圈粉无数。2017 年联手潮牌小黄鸭和大嘴猴，打造 IP 潮品，再次成为焦点。IP 概念的消费能量是有目共睹的，"90 后""00 后"是 IP 消费的主力军，IP 和珠宝的结合，非常吸引年轻消费者的眼光。

无论是个性定制，抑或跨界整合营销，究其目的，无非是打动年轻消费者的心，满足他们日益苛刻的需求。越来越多的珠宝企业开始从消费者的情感需要出发，以期唤起和激起消费者的情感需求，诱导消费者心灵上的共鸣，寓情感于营销之中，让有情的营销赢得无情的竞争。消费者购买商品所看重的已不是商品数量的多少、质量好坏及价钱的高低，而是感情上的满足、心理上的认同。

"钻石恒久远，一颗永流传。"戴比尔斯的一句经典广告语开启了中国钻石消费的时代，戴比尔斯成功的秘诀就在于营销钻石的同时也营销了对情感的渴望。I DO 则发挥了自己在品牌名称和理念上的独特优势，通过微电影《我愿意》，借助故事巧妙地表达了品牌理念，对爱情进行了全新诠释。这部微电影以情动人，获得感情共鸣，在 8 天内获得了近 1570 万的点击量。

个性、跨界、情感营销，三个看似独立的概念，其实具有内在的一致性，即通过多角度、花样百出的营销创意，改变传统刻板的"买货"形象，让消费者从中获得体验感、情感需求，赋予珠宝行业更多的时尚属性，全方位打动消费者。而这一切，也都是新消费时代的"标配"——与其说是消费环境倒逼行业转型，倒不如说，是珠宝行业主动实现自身的转变，毕竟，珠宝行业的从业者，也正容纳更多的新生力量，用年轻的心，共同迎接这场黄金珠宝新消费浪潮。

产业基地：珠宝行业发展的大引擎

北京黄金经济发展研究中心　吕　磊

中华人民共和国成立以来，中国珠宝业走出了全新的发展轨迹，在地方经济发展与行业资源整合的合力之下，国内市场已经形成了深圳、番禺、揭阳、四会、莆田、诸暨等30多个具有特色的产业基地。深圳的黄金珠宝，番禺的彩宝，揭阳、四会的翡翠玉石，诸暨的珍珠，这些产业基地产品特色鲜明、优势突出，一方面为所在的城市或地区增添了经济和社会效益，另一方面也为珠宝产业的繁荣带来生机，成为中国黄金珠宝产业运转及进一步发展的重要力量。

水贝奇迹

在中国珠宝产业的发展历程中，深圳水贝是极为重要的篇章，作为国内极具知名度和影响力的产业集散地，其参与并见证了中国珠宝产业的飞速发展，它创造出的一系列传奇为珠宝行业的发展打下了坚实的基础。

2004年4月，中国首家珠宝专业采购平台——水贝国际珠宝交易中心成立。同年8月，深圳市黄金珠宝产业集聚基地在水贝挂牌成立。以此为序幕，水贝的传奇开始上演。在深圳市、罗湖区两级政府的支持下，水贝集聚区的配套设施逐步完善，入驻企业规模不断扩大，生产制造能力不断提升。多年的发展，让"罗湖水贝"已经成为辐射全国乃至世界的知名珠宝集聚区。

目前，水贝珠宝集聚区集聚了3000多家珠宝生产经营单位，形成了集设计研发、生产制造、展示交易、品牌运营、检验检测及相关配套于一体的完整产业链。年交易总额超过1000亿元，占据全国一半以上的市场份额。同时，在水贝的带动下，深圳全年黄金制造加工量占上海黄金交易所实物销售量首饰用金的90%，制造珠宝首饰成品钻的用量占上海钻石交易所成品钻石一般贸易进口量的90%。

国内珠宝产业基地全貌

各地珠宝产业基地的发展，使国内珠宝行业从分散经营，走向了产业的集约化，实现了优势的规模化，形成了完善的产业链发展布局。除了创造奇迹的水贝，国内其他特色产业基地同样构建了中国珠宝行业实现产业化发展的快速通道，在全国各地共同推动行业"产业整合"。

和水贝毗邻的广州番禺，从1986年聚集地初步成型，经过近30年的发展，番禺已经成为中国主要的珠宝生产交易和出口基地之一，并且大部分产品供应出口。特别是近几年，香港生产商的大规模商业化生产已经大部分转移到番禺，番禺的珠宝业与香港实现加速融合。今天，番禺拥有500多家珠宝企业、1600多家加工厂，从业人员超过10万人，出口量位于全国首位。2018年，番禺海外出口的珠宝首饰金额近300亿元。

水贝、番禺是国内产业基地生产加工类珠宝特色产业基地的代表，除此之外，还有以内蒙古赤峰、辽宁阜新、辽宁岫岩、浙江青田、福州晋安、山东昌乐、江苏东海等为代表的资源依托型特色产业基地。这些产业基地充分依托当地的特色玉石宝石资源优势，发展玉石雕刻加工产业，不仅成为当地居民就业、致富的重要渠道，也为国内珠宝行业更丰富的产品构成提供了重要补充。

另外，还有以广东四会、平洲为代表的资源整合型特色产业基地。这些基地虽然没有玉石资源，但依靠人才、技术、基础设施、经营渠道的整合和资产重组，也形成了规模较大、享誉国内外的玉石雕刻加工和贸易基地。目前，四会玉器市场、平洲玉器市场、揭阳玉器市场已经成为国内最大的翡翠玉器市场，并形成各自优势。像揭阳阳美村拥有500多家翡翠加工和贸易企业，有1万多人从事翡翠加工贸易，并拥有3000多套先进的抛光机、雕刻机设备。因为拥有优越的原料进口基础，揭阳也是四大翡翠玉器集散地中产品品质最高端的市场。而平洲玉器街是著名的翡翠原料集散地，以经营玉手镯闻名，其翡翠毛料的年需求量超过3000吨，超过了全国翡翠毛料年需求量的一半。四会玉器街则是国内最大的翡翠加工基地，拥有玉器商铺800多家、加工厂300多家，从业人员近10万人，四会玉器以中低档产品为主，翡翠成品加工能力和价格在全国范围内有着一定的优势。

此外，还有以浙江诸暨、苏州相城为代表的淡水珍珠特色产业基地。这些地区是我国淡水珍珠产业崛起和发展的直接推动者，珍珠文化底蕴深厚，珍珠养殖技成熟，珍珠贸易活跃。像浙江诸暨山下湖镇目前是世界上最大的淡水珍珠养殖、加工、交易中心，拥有珍珠首饰加工企业 300 多家，拥有阮仕、千足、佳丽、天使之泪等多个国内知名品牌。目前，诸暨珍珠年产量占世界总产量的 73%、全国总产量的 80%，产品远销美国、欧洲、日本、俄罗斯及东南亚各国。

除了以上这些产业基地，国内还有以云南瑞丽、云南腾冲为代表的珠宝旅游型特色产业基地。这些地区依托良好的珠宝文化氛围，充分结合当地的旅游资源优势，形成了特色鲜明的珠宝旅游特色产业基地。还有广西梧州的人工宝石特色产业基地。在政府的大力扶持下，广西梧州拥有了一支庞大的人工宝石切磨加工队伍，规模达 10 万人。

城市经济振兴与行业发展的双重风口

中华人民共和国成立 70 年，各地珠宝特色产业基地如雨后春笋般地出现和壮大，成为城市经济振兴与行业发展的双重风口。产业基地的发展，离不开当地政府的大力支持，政府引导与企业合力，利用当地的资源、传统工艺的优势及区位优势，通过建立产业集群形成规模经济，来提高产业的运作效率，从这个角度说，产业基地的出现和发展，一方面是地方政府经济导向下的产物，但另一方面，也是国内珠宝行业转型升级过程中的一个出口，它为珠宝行业的发展开创了转型升级的新局面，注入了新的动力。

在政府与产业基地聚集企业的推动下，各地珠宝产业基地正在向深度延伸，打通上下游产业链需求整合发展，特别是引入互联信息、电子商务、现代物流及金融资本等产业配套营商体系，在加强文化推广、品牌培育、创意研发、人才培养及公共服务等基础项目建设，推动产业向高附加值方向实现转型。也正是在这个过程中，以产业基地为点、行业为面，在全国逐步打破传统粗放型的发展模式的制约。

今天，在消费升级与产业转移的大背景下，产业基地的打造和建设已经成为诸多地方城市承接产业转移、重塑区域经济结构及提升产业竞争力的重要选择。特别是随着传统首饰生产制造基地要素成本上升、产业转型升级、产能外溢及供给侧去中心化趋势的兴起，中国黄金珠宝行业供给端的产业转移为各地方政府在传统的粗放发展模式之外，提供了产业兴城的新思路，对于很多具有一定产业基础和产业文化的城市，承接黄金珠宝产业转移、打造特色产业聚集地也成为城市经济振兴的新风口。

设计和文化创新成为金饰行业转型升级的基石

潮流趋势视觉预测全球创意小组成员　毛　文
北京黄金经济发展研究中心　马　佳

随着国民经济水平的不断提高，人民对于美好事物的追求日益迫切。党的十九大报告指出，新时代我国社会主要矛盾是人民日益增长的美好生活需要和不平衡不充分的发展之间的矛盾。当前，人民的需求正在发生深刻变化，已经由物质需求转化为精神需求。对于黄金珠宝首饰行业而言，这意味着文化成为行业发展的核心要素，设计、创作更多具有深刻文化内涵的产品才能满足人们的精神需求。

设计创新逐渐成为行业硬核

设计和经济紧密相连。1982年9月，国内恢复销售黄金饰品，消费者可以去商场、店铺购买黄金首饰。对于曾经在市场上断档了几十年的黄金首饰，消费者表现出极大热情，销售场面十分火爆。但由于工艺水平有限，商场中售卖的首饰品种很少，只有戒指、项链、挂件（领卡、别针）、金丝眼镜架及某些镀金制品。而那些走街串巷的打金匠，也由于工具和技艺落后，只能利用模具做出最简单的款式造型。

而在这一时期，北京花丝镶嵌厂、北京首饰厂则制作了大量花丝镶嵌首饰及工艺品用于出口创汇。那些拥有花丝镶嵌工艺的工匠也正是在这一时期培养出了很多传承人，为后来花丝工艺设计的发展和复兴埋下了伏笔。

20世纪90年代中期，随着市场经济体制的建立，黄金需求量明显增加。世界黄金协会等机构在此时进入中国，帮助中国黄金首饰市场向更高水平发展。为了让黄金首饰呈现出更美好的一面，世界黄金协会与中国同仁一道，举行黄金首饰设计研讨会，举办全球性的黄金首饰设计大赛等活动，使中国的年轻首饰设计师在一系列活动中崭露头角。

来自香港的黄金首饰品牌周大福、周生生等品牌，也是在20世纪90年代中期将设计资源引入内地，不断改良内地黄金首饰工艺设计，使国内市场上的黄金首饰有了全新的面貌，不再是"又粗又重的大金链子"。这让中国的消费者有了更多选择，并开始接受"手工费"这一新事物，尝试为设计埋单。在深圳，首饰加工领域中的知名珠宝企业开始意识到设计的重要性，着手培养属于自己企业的设计师。

跨入21世纪，中国经济进入持续高速发展阶段，人民生活水平极大提高。随着对外交流的不断深入和互联网的日渐兴起，中国消费者对黄金首饰的认知有了根本性改变——不再将其视为一种财富，而是更加注重其装饰功能和情感表达功能。黄金首饰的自用和赠礼市场日趋细分，都市和农村市场消费者的偏好也变得清晰。整个黄金首饰行业的产业链和供应链越来越完整和丰富，黄金首饰设计师有了不一样的地位。全国超过200家学院学校开设设计专业，首饰行业相关的学生数量逐年提高，海归首饰设计师开始加入竞争的行列。

"得消费者心者得天下。"不同阶段，消费者的需求不同，产品如何满足甚至引领消费需求是珠宝品牌最为关注的。随着消费的升级，黄金首饰品牌更加倚重设计。世界黄金协会在2008年推出了设计感爆棚的K-gold 18K金饰，率先将18K金饰打入年轻人圈层。粤豪和爱得康两家企业由此成为18K金饰发展的领头羊。多年来，这两家企业从意大利进口产品到自行研发产品，不断寻找年轻设计师加盟企业，攻克18K黄金的工艺难题。

在18K金首饰发展找到突破点的同时，很多专注足金首饰生产的工厂也开始升级换代。善于创新的凯恩特打造出第一批3D硬金产品；主打万足金首饰的赛菲尔开始用高品质的黄金嫁接有设计感的作品，从而引领市场；致力于黄金设计和工艺改良的百泰首饰，在黄金首饰设计方面铆足了劲，进行了革命性改革，其作品在结婚金饰领域从婚庆套件到龙凤对镯，每一件都堪称高工艺杰作。

进入新的"黄金十年"，中国独立设计师的队伍越来越壮大，从业人数迅速扩张。这些独立设计师创作出了艺术与实用兼容的定制化作品，令每一件珠宝首饰背后都有着独特的故事，在跨界设计和国风古韵等领域表现优异。很多品牌选择与独立设计师合作，如老庙黄金携手中国独立设计师郑志影设计出识别度很高的"十二生肖"系列首饰，获得了极高的商业美誉度和很好的销量。独立设师钟华参与"明牌"珠宝的时尚系列设计,将一颗寓意"事事如意"的红玛瑙嵌入拥有龙利纹鱼身和如意纹尾巴的吉祥鱼嘴中,很多年轻人对这一巧妙设计十分中意。

此外,以孙倩、刘明明为代表的、有个人品牌风格的独立设计师,以自己的设计和产品为形象特征,成为零售终端邀约合作的对象。

文化创新引领产品转型升级

近年来,国家把弘扬中国优秀传统文化确定为"强国战略",并推出了一系列的政策和措施。传承中华传统文化,彰显中国文化自信,探索东方审美意趣,很多优秀的黄金珠宝企业在发展中从自发到自觉,逐渐意识到传统文化对于行业、产业以及产品的重要性。

萃华珠宝自与故宫合作以来,从故宫的建筑、文物中汲取养分,以符合当代人审美的时尚表达,致敬华夏文明;始终倡导黄金艺术生活化理念的国金黄金,运用古法黄金花丝和手工绣片等工艺,创作了许多文化意蕴深厚的黄金艺术品;TTF高级珠宝出现在国际舞台上的作品,无论是从中国玉兰花到巴黎塞纳河为主题的项链,还是以宋徽宗赵佶笔下芙蓉锦鸡为题材的胸针,都是用中国文化与高级珠宝艺术相结合,传递出与众不同、有独特观念的品牌意识。

此外,在机械批量生产珠宝产品的当下,一些珠宝企业将目光转向古老的传统技艺,将濒临失传的花丝、珐琅、大漆等工艺融合传统文化和技艺的精髓拓展到珠宝首饰产品线,从而找到通往未来的道路。越来越多的珠宝企业将眼光投向了在历史深处散发耀眼光芒的非物质文化遗产,期望从中汲取灵感和动力。一些品牌企业负责人表示,"非遗"所凝结的工匠精神及文化内涵正是同质化严重的珠宝行业迫切需要的。

例如,素有"燕京八绝"之首的花丝镶嵌,融合了多朝代、多民族的宗教、文化、美学等元素,形成了独特的汉族手工工艺和造型特征,入选第二批国家级非物质遗产名录。十年来,花丝成为行业中与首饰结合最密切的传统非物质文化遗产工艺——工艺大师们为之深深钻研,将传统技艺与现代首饰结合,创造出新鲜的饰品;高校的教授带领学生,深入学习花丝技艺;品牌企业更是纷纷发力,如潮宏基珠宝品牌还曾发起一个"金工绝艺 芳华再续"拯救非物质文化遗产花丝工艺的项目,为保护传统珠宝镶嵌技艺的传承贡献力量。潮宏基"善缘"

系列花丝坠链及耳坠，以独具东方韵味的扇形设计，搭载惟妙惟肖的花丝技艺，让传统工艺在时尚潮流中传承。

2017年下半年，一场突如其来的"古法黄金热"搅动了原本平静的素金市场。一时间，周大福、六福、中国黄金、菜百、老凤祥、明牌等品牌纷纷辟出专属区域来呈现这些以"传承"为卖点的传统图案黄金产品。这些运用搂胎、锤揲、花丝、錾刻、镶嵌等中国古代传统制金工艺，并采用中国传统纹饰、图案，利用现代人对传统的审美趣味进行设计加工的黄金产品成为黄金市场上的明星产品。作为近几年来黄金珠宝行业在产品创新方面罕见的现象级焦点事件，充分说明行业突破产业瓶颈的强烈意愿。由于对非物质文化遗产传承的广泛宣传推广，以及人民日益增长的物质文化需要都成为传统文化得以发力的"人和"要素，消费者们也普遍意识到需要具有文化内涵的饰品来彰显自己。

十年来，非物质文化遗产传承活动的深入推广和日渐活跃，使得各种文创设计越来越注重从传统文化中汲取营养，使得富有地域特点、民族特色、现代气息的手工艺品获得消费者的钟爱。对于黄金珠宝行业而言，这些具有传统非物质文化遗产传承内容的载体——具有传统文化底蕴的饰品显然已经获得消费者的猎奇之心。可以说，这些以古老工艺为法、以传统元素为饰的传统文化黄金衍生品给了消费者一个触摸历史、消化经典的机会。

费孝通先生曾经说过，文化自觉的目的不是复旧，也不是全盘西化，而是为了加强对文化转型的自主能力，取得适应新环境时文化选择的自主地位。也就是说，我们要思考在当今世界不同文化接触、碰撞的情况下，如何挖掘中国传统文化在当今社会的价值这一深刻问题。

上海：黄金珠宝市场兼容并包 70 年

北京黄金经济发展研究中心　吕　磊

上海——中国的经济中心，品牌的云集之地，或许是因为纵贯整座城市的黄浦江的滋润，这个中国最大的经济城市在展示强大张力的同时，又散发出温和的柔情。这种内敛又兼容并包的特征，让它区别于其他内陆大城市。

随着中华人民共和国成立 70 年的发展，上海已经成为国内极为重要的黄金珠宝零售市场之一，占据中国黄金珠宝零售市场 1/8 的份额。而其黄金珠宝产业的特点也如其城市精神一般，别具一格，又有包罗万象、海纳百川的海派之风。古色古香的豫园、繁华的南京东路、高雅的淮海路、时尚的徐家汇、新兴的五角场，国内连锁巨头、港资品牌、国际品牌、本土品牌等各种档次的珠宝商们在这些不同风格的区域里聚集，生存扎根。

70 年来，上海独特的黄金珠宝文化传承、市场变迁、产品格局和品牌发展，折射了中国黄金珠宝市场的过去和未来。

城隍庙珠宝市场的变迁

地处黄浦区的豫园商城，以前被称作老城隍庙市场，数百年来一直是上海特有的人文标志和城市名片。这个颇具明清风格的市井街市与城隍庙、豫园一起，形成了一个集庙宇、园林、商铺、美食、旅游于一体的具有上海地方特色的商业中心和旅游胜地。

了解城隍庙的黄金珠宝业变迁历程，也就是阅读上海黄金珠宝业的发展史。

据黄浦区地方志记载，早在 1773 年，上海县城内的第一家银楼杨庆和，就在老城隍庙的庙前大街上开店。1820 年，上海裘天宝银楼的前身——裘天宝德记在今天城隍庙的方浜中路、中华路转弯角上开店。到了 1848 年，如今大名鼎鼎的老凤祥的前身凤祥银楼,也选择在老城隍庙开店。后来,像方九霞、宝成、庆云、景福、老庙黄金的前身费文元等旧上海老银楼也相继在此开店。这样,昔日老城隍庙的庙前大街就逐渐成为老上海人购买金银首饰的主要场所,被称作"黄金街""银楼街"。

老城隍庙的"黄金盛世"一直持续到1946年。1947年,国民党政府宣布实施经济紧急措施,规定任何单位不得收受及熔化黄金金块。在这样的高压政策下,城隍庙里的方久霞、裘天宝、费文元等16家银楼受到波及,银楼经理纷纷被捕,上海银楼业迅速崩溃。到了中华人民共和国成立后,杨庆和、裘天宝等金店又因公私合营而停业。由此,老城隍庙这个老上海最集中、最繁华的金银珠宝市场就这样消失了。

城隍庙黄金珠宝市场的重新崛起是在改革开放后。1982年,国家正式放开了黄金内销政策。而在此之前的1981年,豫园商城的老城隍庙工艺品商店已率先推出了针对市民的黄金饰品零售业务。

1980年,豫园商城向中国人民银行提出申请,希望能经销黄金饰品。申请在1981年获得了批准,当时豫园商城获得的政策是市民可以用代汇券购买素金,并可以用人民币购买K金等其他首饰产品。"我们成为国内第一个放开人民币购买许可的黄金首饰销售点",时任豫园商城总经理的顾国椿说道。

随后,顾国椿将豫园商城内老城隍庙工艺品商店的一间厢房拿出来销售黄金首饰,这就是后来赫赫有名的老庙黄金的前身。当时,还在城隍庙大殿的工艺品商店,开设了两节黄金柜台,"这是上海第一家黄金零售店,也是全国第一节黄金柜台",顾国椿说道。1982年,老城隍庙工艺品商店就已成为上海最大的黄金首饰零售店。

不过,那时候的老城隍庙工艺品商店不只是卖黄金,像丝绸、泥塑等工艺品都在卖,黄金首饰只不过是很小的部分。1989年,陈久成为老城隍工艺品商店的负责人。陈久接手后,将黄金首饰作为主要卖品,老城隍庙工艺品商店就这样渐渐被人称作"老城隍庙黄金"。1991年,老城隍庙工艺品商店的黄金销售额已经达到1亿元,为全国最大的黄金首饰销售门店。

陈久回忆,那个时候,柜台里进多少货就能销掉多少,从早到晚人头攒动,关了门清点营业款都要老半天,钞票多得要用麻袋装。而当时黄金专柜只有25名员工,那两年人均销售要达到1300多万元,人均创利近50万元。

1992年,陈久把"老庙黄金"和"老城隍庙黄金"两块牌子同时注册了商标,并将柜台数量扩充到 56 个,当年的销售金额增长到 2 亿元。到了 1994 年,随着豫园商城进行布局调整,老城隍庙黄金搬出了老城隍庙大殿,迁至豫园商城内新建的景荣楼,直接挂牌为老庙黄金,当年的销售额达到 4 亿元。老庙黄金的大获成功,让老城隍庙这个昔日的黄金首饰销售中心重新焕发了活力,开始吸引更多的金店来到豫园。

1993 年 9 月,亚一金店的前身——豫园商厦,在今天豫园旧校场路和福佑路口交汇的十字路口上开业。在 20 年后的今天,这个"黄金"路口已经形成了老庙黄金、亚一金店、老凤祥、东华美钻、周大福、张铁军相争的局面。

时任亚一金店总经理的李康德回忆,当时豫园商厦拿出底层 1500 平方米的整个楼面,设置柜台 188 节,用于黄金钻饰等产品销售,其花色品种达到 3000 多种,一举打破了以往金饰市场铜箍戒、马鞭链、挫平链等"老三篇"饰品一统天下的局面,规模之大、品种之多,堪称亚洲之冠,而"亚洲第一金店"的称呼也就由此而来。到 1993 年底,开业仅 3 个月的豫园商厦黄金珠宝销售额就达到 5800 万元。到了 1994 年,随着"亚一"商标注册成功,豫园商厦正式改名为亚一金店,并将整栋楼都用来销售黄金珠宝,营业面积扩大到 7000 平方米。

老庙黄金和亚一金店的双双成功,带动了豫园地区黄金珠宝业的进一步发展。1996 年,以白玉为特色产品的大型首饰商场城隍庙第一购物中心成立。到 1999 年,在亚一金店里租赁柜台起家,后被称作"翡翠大王"的张铁军,又斥资 4000 万元在城隍庙老饭店旁建成 700 多平方米的"珠玉汇市",实现了自立门户。到后来,投资 1.5 亿元的东华美钻、香港品牌周大福、重组后的老凤祥等也纷纷在旧校场路和福佑路口交汇的十字路口上开店,加上后来老庙黄金 2006 年在老饭店旁边开设分店,"中国黄金珠宝第一城"的品牌规模由此形成。2005 年,中国黄金协会将"中国黄金珠宝第一城"的称号颁给了豫园商城。

时至今日,城隍庙珠宝圈已经成为上海黄金珠宝业最大、最具代表性的商圈。除了上述几大品牌金店外,还有紫锦城交易中心、华泰珠宝市场等大型珠宝城,数百上千家中小珠宝店进驻豫园,有的主营黄金饰品,有的主营翡翠玉器,有的突出营销钻饰。根据上海黄金饰品行业协会的统计,城隍庙的销售额已占据上海黄金珠宝零售市场的 1/4。

品牌浪潮

城隍庙黄金珠宝市场的发展正是上海黄金珠宝市场发展的缩影。

从中华人民共和国成立到1982年,上海黄金珠宝市场原有的金店和银楼纷纷关门。只有少数几家对外营业,其中就有老凤祥。1951年,在时任上海市市长陈毅的亲自过问下,政府出资15万元购买了南京东路432号原"老凤祥银楼"整幢大楼,并在1952年1月正式转为国营上海金银饰品店对外营业。后来又改名为上海金银制品厂和上海金属工艺一厂。1982年,国家开放内销金银饰品市场,当年8月,上海金属工艺一厂改名为上海远东金银饰品厂,并将总厂迁至现如今老凤祥总部所在地漕溪路260号,而原址南京东路432号则作为门市部营业。到了1985年1月,这个"门市部"的招牌重新改为"老凤祥银楼",并再次采用了"凤祥"牌商标,老凤祥"重出江湖"。

2000年后,外地品牌开始逐步进驻上海。2000年,来自浙江的明牌珠宝在南京东路上紧靠老凤祥总店的位置开出了其上海旗舰店,后来,周大福也在老凤祥总店的边上开店。2007年1月,中国黄金在上海地区第一家专卖店入驻五角场黄金珠宝城,年销售额均有数亿元。2008年,中国黄金在河南南路开设旗舰店,目前的销售额在5亿元以上,是上海市最大的单体黄金珠宝零售店之一。目前中国黄金在上海开设的门店网络超过100家,特别是在宝山等市郊市场,中国黄金展现出强劲的品牌影响力和销售能力。

2008年4月,钻石品牌IDO的旗舰店在淮海路现身。2008年8月,通灵钻石的亚洲旗舰店也在淮海路上开业。2010年,蒂芙尼在淮海路最东段的上海香港广场开出了专卖店。2018年,布切拉提首次进入上海。

今天,珠宝品牌柜台基本上是每个购物中心的必备,而随着大型购物中心不断建成,上海中心城区的"商业盲点"基本不复存在;同时,随着遍布上海郊区的各珠宝品牌连锁店的开设,现在上海市民购买珠宝不再像以前那么有目的性。这些情况的发生,也让上海珠宝市场的集中度日益下降。

多元化市场格局

按照上海黄金饰品行业协会的统计,目前上海黄金珠宝市场年销售额达到

600亿元。品牌群雄角逐，产品多元化、多层次布局。

此前，上海珠宝市场主要代表企业是"四大金刚"老凤祥、老庙黄金、亚一金店、城隍珠宝，而今天像中国黄金、周大福、周大生这样的外来企业已经在上海扎根，后者凭着雄厚的资本和先进的经营理念迅速开拓了市场，占据了很大一部分市场份额。这些品牌企业资金充裕、品牌厚重，并且非常注重开辟新营业网点继续扩大规模，几乎每个大商场都有它们的身影。另外，还有香港的周大福、周生生、谢瑞麟加上国际品牌卡地亚等境外品牌，以时尚产品为主打，主要面向对本地品牌没有很强认知度的年轻一代消费者，从而很快就在上海市场占有了一席之地。

目前，老凤祥、老庙黄金、周大福和中国黄金已经成为上海市场门店数量较多、品牌影响力较大的珠宝品牌。特别是老凤祥，近两年仅在城隍庙就开设了2家新门店，在城隍庙这个上海最大的珠宝商圈已经布局了5家门店，继续巩固一线品牌地位。

在产品方面，上海黄金珠宝市场目前已经形成了多元化、多层次的产品结构。黄金比例并不占据绝对主导地位，只占到50%左右，镶嵌产品和玉器分担了上海很高的销售比重。这其中的原因在于，一方面是上海珠宝企业集中，企业出于生存考虑很注重错位经营，另一方面，上海黄金珠宝消费群体庞大、需求各异，所以镶嵌、钻石、玉器等产品都有很大的市场，就是彩宝、钯金首饰等其他地区接受度还不够的产品也都不乏消费者。特别是随着"90后""00后"逐渐成长为黄金珠宝消费市场的中坚力量，铂金、钻石、翡翠、红蓝宝石、和田玉、珍珠、碧玺等的销量日益增加，市场呈现多元化的格局，黄金珠宝产品种类百花齐放。

目前，上海珠宝市场被誉为中国珠宝行业零售市场的风向标，占据全国珠宝销售额的近1/7，显然，上海珠宝企业在新零售方面的创新对行业将起到积极的引领作用。

目前，上海正在打造全球购物新零售之城，每年都在吸引包括全球零售品牌在内的众多品牌来上海开店。据悉，2018年全国有150多个全球品牌开设首家全球或全国旗舰店，其中有40%在上海，其中包括永恒印记、布契拉提等珠宝品牌。同时，2019年上海还将继续举办进口博览会。可以预计，未来更多的国际珠宝品牌、国内一线零售品牌，都会在上海市场同台竞争。各大品牌、各种产品、各种模式、各种概念、各种新零售创新，百花齐放。

深圳：我国黄金珠宝产业崛起的独特样本

深圳市黄金珠宝首饰行业协会会长　黄志勇

2019年是中华人民共和国成立70周年。70年风云际会，深圳便是一个缩影，这里从一个名不见经传的小渔村，一跃成为国际化大都市，珠宝产业也从无到有，一路高歌猛进，逐渐发展成为全球珠宝业一个重要的加工制造和贸易中心。

深圳特区成立38年，珠宝首饰业工业飞速发展，现已成为深圳传统产业的重要组成部分。据统计，2018年深圳珠宝企业涵盖设计研发、生产制造、展示交易、品牌推广、检验检测等各个环节，有大小珠宝交易中心和批发市场约30家，产业队伍超过25万人，行业制造加工总值约1500亿元，批发零售贸易额约450亿元。珠宝首饰生产加工业的规模、技术、资金、工艺、产品等均领先国内同行，是全国乃至全球珠宝首饰业最重要的加工基地和贸易集散地。

1979年深圳建市时，当地并没有珠宝首饰生产加工制造业。从20世纪80年代开始，深圳凭借毗邻香港的地缘优势，以及相对较低的劳动力成本，深受香港和国外珠宝商的青睐；另外，特区享有改革开放的诸多政策优势，许多金饰品管理制度的改革都从深圳开始试点推行，这也为珠宝产业的健康发展创造了较为宽松的环境。

白手起家，勇于开拓

凭借政策、地缘、劳动力成本优势，改革开放之后，深圳成为中国最早建立金银首饰来料加工企业的城市，也是全国拥有金银来料加工企业最多的城市。回望珠宝行业的发展历程，我们首先应当致敬先行者、铭记探路人。

1981年12月，经深圳市人民政府批准，深圳市东方首饰厂成立。这是深圳首家"三来一补"珠宝企业，由香港诚志高珠宝有限公司投资180万元，与本市酱料综合厂合作建立，1982年7月建成投产，产品以足金饰品为主，生产加工戒指、耳环、吊坠、项链等。东方首饰厂的成立，是深圳珠宝产业树立的第一座里程碑，在后来的发展中，东方首饰厂也为深圳珠宝行业的技术革新、发展进步多有贡献。

最初，珠宝企业都采用传统手工浇铸、手工加工的生产方式，比较落后。1986年，东方首饰厂在行业内率先引进离心铸造机和失蜡铸造技术以代替手工操作，极大地提高了生产效率和产品工艺。之后，其他企业陆续效仿，这两项技术的普及，使深圳珠宝行业的整体生产率从此迈上一个新台阶。

改革开放以后，外商利用深圳低地价、低劳动力成本等优势，增强了产品在国际市场上的竞争力；同时，也以先进技术设备、工艺和精美的款式设计，迅速带动深圳本地黄金珠宝制造业的发展，为深圳珠宝行业培养了大量人才。深圳的国有（联营）骨干企业成立初期的熟练技工，大都从"三来一补"企业流入。

1984年12月，深圳市艺华联合工贸公司成立，这是深圳第一家对国内生产、经营黄金饰品的定点企业，改变了此前黄金饰品由广东省和广州市工艺美术公司所属服务部批发供应的局面。

1989年5月，深圳市政府把金银珠宝首饰业定位为出口创汇支柱行业，由政府直接投资建立了深圳市珠宝城企业有限公司，成为当年珠宝首饰行业规模最大的国有企业。同年，拥有金银饰品生产加工批发权的深圳佳溢珠宝首饰有限公司、深圳宝昌钻石饰品实业有限公司先后成立，标志着深圳珠宝首饰行业开始形成。

20世纪90年代是深圳珠宝产业的加速成长期。拥有《金银经营许可证》的国有、内联企业迅速增加，占据市场主导地位；1993年起，民营企业开始涉足珠宝行业，并以其灵活的运作方式，适应市场经济的需求，逐步成为珠宝行业充满生机与活力的生力军。

先进工艺、技术设备不断引进。1996年，宝昌永耀加工厂引进德国整套电脑生产机械制造设备和制造工艺技术，其中的K金中空电铸工艺专利技术，填补了我国珠宝首饰业的一项技术空白。

进入21世纪后，深圳珠宝首饰业朝着规模化、集约化、品牌化方向发展，电脑设计、激光焊接、激光铸模等技术逐渐普及，珠宝首饰业驶入高新技术的快车道。2000年，首届深圳国际珠宝展成功举办，展场面积8600平方米，参展企业268家，展位431个，参观人数近3万人，成交额超过3亿元人民币，成为当时行业内规模空前的展览会。

经过30多年的发展，深圳珠宝行业已经形成"百花齐放春满园"的局面。截至2017年9月，深圳珠宝产业已有各类法人注册企业超过5000家，个体工商经营户超过15000家，在国内具有强大的优势地位。

罗湖：珠宝行业龙头

改革开放后，深圳珠宝首饰产业从沙头角起步，经历数十年的发展，已逐渐形成遍地开花的繁荣态势，形成了罗湖、沙头角两大加工生产区域。如果说深圳在中国珠宝行业中处于绝对领先的龙头地位，那么罗湖便是"龙头"深圳的点睛之笔。

2004年8月，深圳市珠宝产业集聚基地正式成立，核心面积56.63万平方米，加上二期开发面积共110万平方米，国内知名珠宝企业不断加入珠宝基地，形成了今天品牌荟萃、企业高度聚集的繁盛局面。随后几年，在深圳市委市政府、罗湖区委区政府的大力支持下，以罗湖区万山水贝"项链街区"为中心的产业集聚地加速驶入发展的快车道，产业集聚效应迅速显现，在国内外的影响力日益彰显。

罗湖产业集聚基地的建立，目的是为中小珠宝企业提供公共服务平台，打造创意设计、研发、制造加工、展示、批发、销售、检测一条龙产业链；同时，完善加工设备、营销策划、信息交流、广告宣传等相关配套产业。

罗湖产业集聚基地的建立，标志着深圳珠宝交易市场进入体系化、市场化、专业化发展的黄金时代，开创了深圳黄金珠宝产业平台经济运营的新模式。此后，集聚基地不断完善配套设施建设，朝着技术创新化、产业集群化、标准国际化、资源集约化的示范基地目标稳步迈进。

政策护航，迅猛发展

优惠的政策条件，是吸引大批港资企业迁入深圳的客观原因，亦是深圳珠宝行业持续健康发展的制度保障。

梳理深圳黄金珠宝产业发展历程，我们不难发现，国家对黄金及珠宝首饰经营从限制到开放的制度变革，在顶层设计上保障了行业和市场的高速发展。同时，深圳市政府也在促进行业发展、规范市场秩序、发展职业教育等方面推出了许多有效之举。这些政策的出台，为珠宝行业的健康发展营造了优良的外部环境。

1982年开始，国家放宽了流通领域里的金银饰品管理政策，允许居民个人购买黄金饰品。珠宝首饰制造、销售业开始形成经营管理体系。

1990年3月，深圳市珠宝首饰行业协会正式成立，履行行业管理职能，成为政府与企业沟通的桥梁。协会成立后，一方面，协助政府加强行业管理，在政府与企业之间发挥桥梁和纽带作用，积极配合市府有关职能部门开展全面质量检查和打假等活动，另一方面，开展行业调研，制定发展规划，沟通企业与银行、海关等部门的联系，规范行业行为，维护公平竞争环境。

1993年，中国黄金行业开始进行以市场化为导向的改革，经中国人民银行批准，深圳仁和公司获得开展"黄金租赁"业务权，为本企业注入了活力，对缓解深圳黄金原料供应不足的矛盾发挥了积极作用。

1995年，深圳职业技术学院工艺美术学部首饰设计与加工专业成立，深圳有了培养珠宝首饰专业高级技术人员和管理人员的专业学科。

1996年，中国人民银行深圳特区分行下发《关于实行金饰品零售价新标价方法的通知》，推进黄金零售价格管理制度改革。新标价方法的实际零售价包括进货价、手工差价和消费税。手工差价由零售商根据产品款式和加工成本自行确定，这一政策的出台，对促进产品工艺技术水平的提高起到了积极作用。

1998年，中国人民银行"黄金寄售业务"在深圳试点，此举从根本上解决了珠宝首饰企业的黄金原料供应问题，有利于杜绝走私、开放黄金市场。

2002年，上海黄金交易所正式开业，国家正式开放黄金投资市场，从而结束了黄金不能自由买卖的历史，为黄金产品的市场化经营扫除了最后一道制度性障碍，深圳黄金珠宝产业也进入了新的发展阶段，民营企业迅速发展壮大。深圳黄金珠宝行业逐渐形成国有企业、内联企业、民营企业、"三资"企业等多种所有制共同发展的新局面。

站在新的历史起点上，我们回望深圳黄金珠宝产业的发展历程，依稀能看到深圳敢闯敢试的"拓荒牛"精神在"珠宝人"身上闪耀出璀璨的光芒；"实践是检验真理的唯一标准"，而勇于创新追求变革的企业家精神，则是中国黄金珠宝产业问鼎世界第一的不竭动力。

放眼未来，深耕发展

深圳珠宝首饰市场结构，内外并重，产品面向国内国际两个市场，国内市场产品销往全国各地。相较于珠三角珠宝行业普遍面临的出口贸易一支独大现象，深圳黄金珠宝产业内销、外销"两条腿走路"，市场布局合理，是黄金珠宝行业发展的独特样本。

即便如此，在当今产业结构转型升级的时代背景下，深圳珠宝行业要想赢得未来，依然要着力解决以下几方面问题：

一是对市场细分不够，面对新的追求个性的"千禧一代"分析不足。面对新的市场环境，许多企业依然坚持传统观念，先重材质，后谈设计。如今的珠宝首饰，已经不再是财富的象征，而成为普通民众消费的产品，珠宝首饰已经成为一种装饰艺术。对此，要想扭转日益严重的同质化现象，就必须在设计方面下足功夫。

二是品牌宣传相对滞后，一些企业即使拥有个性化的产品，仍以薄利多销的策略来应对市场，这直接导致行业内部分企业销量同比增加，但利润却没变，甚至由于生产成本的增加，利润反而减少。

三是文化创意浮于表面，后劲不足。深圳珠宝行业内不乏在题材、功能、材料、工艺等方面的创新，但对文化资源所蕴含的历史、文化、经济等价值还缺乏深层次的挖掘、利用和创新，对文化的创意仍然停留于简单复制与模仿，产品附加值提升不高，品牌个性不鲜。同时，国内的珠宝市场产品同质化依然严重，款式上"一招打天下"，市场细化不明确，珠宝首饰的产品设计产权意识维护仍不到位。

当今，深圳珠宝业进入转型升级的深水区，面对复杂的环境，行业要把握时机，携手合作，加深动力，进一步地挖掘市场潜力。面对未来的不确定性，我们要借助国家的发展战略，实现文化属性、时尚属性的全方位发展，打造核心竞争力，推动品质发展；要坚持观大势、谋全局、干实事，稳扎稳打，把握好节奏和力度；面对压力也不要丧失信心，辩证看待国际环境和国内条件的变化，携手合作，互利共赢，协同发展，抓住并用好我国发展的重要战略机遇期，主动把握，坚定不移地办好自己的事，为深圳珠宝产业的发展蓄力。

番禺：黄金珠宝加工出口基地的兴起与发展

蔡鹏举

番禺，一座具有悠久历史的文明古邑。改革开放后，番禺以先试先行、兼容并包的岭南气质，持续不断地探索、发展黄金珠宝产业，成为中国最主要的珠宝生产、出口基地，是名副其实的"中国珠宝城"：

——产品出口产值持续增长。2000—2013 年，年平均增长率达到 63%。2018 年，番禺区珠宝加工贸易进出口总额达 513.2 亿元人民币，占该区外贸总进出口总额的 40% 以上。

——珠宝产业高能发展。2003 年，番禺加工黄金、铂金能力达 100 吨。据行业统计，目前番禺金银珠宝首饰产品占全球市场份额的 30%，位居全国首位。

——产业链完整。改革开放以来，已形成沙湾珠宝产业园、市桥珠宝工业区、大罗塘工业区、小平工业区、联邦工业区等多个珠宝加工集群和生产基地，并形成了完成的金银珠宝完整的产业链。

——品牌独具魅力。生产工艺、科技应用、设计、管理各方面已经达到世界先进水平，与比利时钻石委员会、美国 GIA、迪拜 DIL 等多个国际专业机构建立有长期国际战略合作伙伴关系。

——特色突出。2011 年，番禺珠宝首饰基地被认定为首批"省级外贸转型升级专业型示范基地"；2013 年，番禺珠宝首饰基地被商务部认定为"国家级外贸转型升级专业型示范基地"；2017 年，沙湾瑰宝小镇成功入选第二批全国特色小镇和首批广东省特色小镇创建工作示范点。

——平台服务完善。广东省珠宝玉石交易中心提供现货交易、信息资讯、检测鉴定、报关服务、物流配送、融资保险、电子商务等服务，行业影响力傲视群雄；广州钻石交易中心为钻石加工企业、贸易企业提供一揽子服务。

——体系配套完善。基本形成由番禺珠宝产业服务中心、番禺区珠宝厂商会、番禺大罗塘珠宝首饰商会、番禺彩色宝石专委会、番禺工艺设计委员会、大罗塘珠宝小镇、沙湾珠宝产业园、广州钻汇国际珠宝采购交易中心、国家珠宝玉石质量监督检验中心（广州实验室）、番禺职业技术学院珠宝学院、珠宝网站资讯平台等专业组织、管理机构组成的产业链。

起步兴起：香港产业转移的"基因"与"前店后厂"

"20世纪80年代中期到21世纪初，特别是1988年以后，香港珠宝厂商大面积向内地转移，形成了番禺珠宝首饰产业发展的第一波浪潮。"曾任番禺外经贸局副局长、中国珠宝首饰行业协会副会长黎志伟表示。当时，中国的珠宝首饰产业正处于恢复发展阶段，基于空间相近、人缘相亲和优越的政策、产业环境等因素，以"来料加工""前店后厂"的发展模式，孕育了番禺珠宝业产业的雏形。

据《番禺市志》（1992—2000年）显示，番禺承接境外珠宝首饰来料加工源于1985年。当时番禺县办的东方金饰厂、番华首饰加工厂开始涉足一些金银饰品的加工业务，其主要通过银行内部获得订单，加工金银首饰，并销往国内市场。

1987年，当时的番禺县政府确定将工业村定在大罗塘区域，大罗塘地区成为承接境外珠宝产业转移的第一站，后来逐渐扩展至大罗塘、沙湾一带。刚开始并不成规模，只是单一的来料加工。同年，李建生在番禺成立了第一家香港珠宝加工厂，也是番禺首家外资珠宝首饰企业——新生公司东宝首饰厂，番禺珠宝产业走向世界的大门由此打开。

20世纪90年代以来，番禺珠宝加工企业紧紧抓住世界珠宝加工产业向我国内地转移的机遇，在番禺政府及有关部门的高度重视和扶持下，加大招商引资力度，番禺珠宝产业进入快速的发展阶段。

1992年，番禺撤县设市后，将金银珠宝加工制造作为重点发展行业，利用香港回归、加入WTO、金银珠宝市场的开放等多重利好，吸引了比利时、以色列等不少钻石珠宝商来番禺投资建厂或挂靠车间，番禺珠宝首饰加工集群效应初显规模。

20世纪90年代初至2000年，番禺共批准成立了108家珠宝加工企业，番禺的珠宝产业开始进入买行集聚发展的新阶段。到2000年，番禺市金银珠宝首饰出口值达4.49亿美元，从业人员超过4万。《番禺市志》（1992—2000年）显示,这些加工制造企业每天加工黄金4.5万两,加工出口量占全国20%,占香港市面及转口黄金首饰的60%。

此后,一大批香港知名企业都在番禺投资建厂从事加工业务,这些知名珠宝企业发展良好,形成带动效应,吸引了一大批珠宝加工企业落户市桥,金银首饰加工业已形成规模。20世纪80年代早期,番禺政府通过设立挂靠车间,为珠宝产业的发展提供了宽松的环境,这是番禺珠宝产业发展到今天的关键。

"番禺政府官员的创新思想、务实敢干的作风和灵活办法措施,是吸引我们香港人来番禺投资建厂的重要因素。"李建生表示,这直接影响到番禺加工产业的兴起与发展。

"后来就采取一个厂牌挂靠多个车间的方式,让香港企业来番禺设厂的,形成前店后厂的格局。"黎志伟回忆说,用这种方式让香港的珠宝产业转移过来,借这个产业转移的潮流,把香港等外商的"水"引流到番禺。这种"打擦边球"的做法,得到当时的人民银行、海关的默许和支持。

看到今天番禺珠宝产业发展和番禺经济、社会和城市面貌的变化,李建生感触地说:"如果一个牌照一个公司的话,根本就不会有今天的番禺。"

聚集发展:实现从单一珠宝加工向完整珠宝业产业链转变

进入新千年以来,我国黄金珠宝行业正面临着前所未有的发展机遇,番禺珠宝产业也迎来新的发展时期。

"2004年,是番禺珠宝史上具有里程碑意义的一年。"黎志伟说。这一年,中国人民银行不再对黄金及其制品的加工贸易进出口进行审批。这一年,番禺海关正式对番禺特色珠宝产业实行设点驻园监管,为珠宝进出口企业量身定制通关监管服务。番禺珠宝首饰加工行业又迎来了新的发展机遇。

"番禺珠宝产业将会迎来一次新的飞跃。"钻汇集团董事长、广州亿钻珠宝有限公司总裁陈元兴表示。但也正是这种飞跃令番禺珠宝产业链条上的诸多弊端逐渐凸显:集中于上游的加工环节、产业链过短、上下游均受制于人、"前店后厂"的发展模式日益落伍,贴牌式的"来料加工"渐成掣肘成为番禺珠宝行业发展的"瓶颈",也制约了番禺整个珠宝产业链的完善。

番禺珠宝产业要想延伸产业链、促进产业转型升级,就必须在原材料交易和市场营销这两端实现"突破"。

2004年8月4日，在广州市番禺区人民政府的重点扶持下，广州钻汇珠宝采购中心正式启动，开始致力于在国际和国内两个市场发挥"平台效应"。由此，番禺珠宝业开始以实现产业聚集、完善产业链条、促进产业升级为目标。如今的番禺沙湾珠宝产业园已形成一套完善的配套服务体系。

"每批珠宝首饰，从单证录入到报关清关，从抽样检验到由专业押运公司送往世界各地，全部都在一个大厅内完成，前后最多只需要10分钟。"番禺海关沙湾珠宝园监管科科长邓迈红表示，该海关推行的"一站式"通关保障，极大地简化了手续，提高了珠宝通关效率。

与沙湾珠宝产业园式的平台化、集约化管理不同，在番禺珠宝产业发展的两次浪潮中，大罗塘珠宝城的发展似乎是以一种自由散漫的方式进行"随意"的生长，直到2014年，广州市、番禺区推进珠宝产业的全面升级。

大罗塘珠宝城的兴起、成长和发展则是番禺珠宝加工业的缩影。30多年前，大罗塘一片贫瘠。大罗村老村支书记陈叶南回忆说："80年代以前，这里水电都不通，是番禺有名的贫穷之地。"它昌盛于20世纪90年代因"代工"模式的一路高歌猛进，却也在20世纪金融危机时沉沦与迷茫。

如今，这个很不起眼的珠宝城却是"藏龙卧虎"。"方圆只有1.75平方公里的地方，集聚了300多家金银珠宝首饰生产加工企业和愈2000家销售经营珠宝首饰工商业户，5家上市企业，5万多从业人员。金银珠宝首饰产品占全球市场份额约30%，占港澳市场份额约70%。

转型升级："内外结合"实现从"番禺制造"到"番禺创造"

2010年后，番禺珠宝产业发展进入一个以塑造企业形象为特征的品牌化发展阶段，业内人士称，番禺珠宝行业开启了产业发展的"第三次浪潮"。

番禺珠宝企业却并没有给当地政府带来更多现实的经济支持。源于来料加工、代工贴牌的"两头在外""无根经济"，既没有缴纳值得称道的税费，也没有自主品牌。"番禺珠宝加工的原材料供应端在国外，供应环节没有定价权；往往要看厂家和采购商的双重脸色。这种单一的外贸加工模式，一天不解决，企业的危机就存在。"李建生说。

党的十八大以来，中国经济进入新常态发展阶段，经济发展由需求驱动到创新驱动，经济结构加快战略调整。我国黄金珠宝首饰行业在鼎盛的"黄金十年"

（2003—2013年）之后，进入到一个新的发展阶段。这一时期，受经济增速放缓、黄金珠宝行业整体下行、竞争加剧等因素影响，2013年以来，番禺珠宝产业开始步入一个"内忧外患"的节点。转型升级的呼声再一次响起。

2013年来，番禺区委、区政府为支持珠宝特色产业的发展，明确提出了将番禺打造成"国际珠宝首饰品牌首创地、原产地、发布地"。此后，将沙湾珠宝产业园、大罗塘珠宝城作为番禺珠宝产业重点项目推进，并通过政策支持，引领该区内珠宝产业继续创新发展模式，致力于从"番禺制造"向"番禺创造"转型升级。

推进珠宝产业转型升级，必须打好"番禺珠宝"这张名片！为什么番禺珠宝在国际享有盛名，而国人却知之甚少？广州市番禺厂商会会长吴威认为，在国内宣传和推广太少，番禺珠宝的金字品牌没有擦亮。

擦亮番禺珠宝品牌还需要引导番禺珠宝企业走出去，在国际展示番禺自主品牌，树立跨界思维，推进珠宝产业跨界融融合——"世界珠宝，番禺制造"，正在经历从单纯的制造业向完整的珠宝首饰产业的升级转型。

吴威表示，在推进珠宝产业转型中，进一步扩宽珠宝产业发展思维，从完善珠宝产链到推进珠宝产业与服装、美妆等时尚产业融合，实现"双跨"战略。

在2014年，大罗塘被列入广州市十大特色产业平台和广州市新型城市化发展100个重点珠宝产业项目。广州市、番禺区共计投资3000万元通过"三旧"改造，环境综合整治，"如今的大罗塘珠宝城，面貌焕然一新！"

此后，番禺珠宝产业进入了发展升级的快车道。2015年，大罗塘珠宝小镇、沙湾瑰宝小镇在2015年相继揭牌，2017年，沙湾成为广州市唯一入选城乡建设部第二批全国特色小镇。2017年12月，成立"粤港澳大湾区珠宝产业联盟"，致力于高效促进珠宝产品的国际国内交易。

原创设计是创造自主品牌的前提。创建自主品牌、提升本土珠宝产业的品牌是转型升级的关键。"改变'墙内花墙外香'、为他人做嫁衣的现状，就是要在转型升级中创建自主品牌。"黎志伟表示，这是实现番禺珠宝企业从"番禺制造"向"番禺创造"的基础。

在面向国内展示设计新颖、工艺精湛的"中国工"的同时，需要大力培育和挖掘行业集聚发展的广大工匠。黎志伟说，创建自主品牌，必须重视珠宝专业人才。近年来，番禺政府高度重视珠宝产业的人才引进、管理和培训，已与中国地质大学珠宝学院（武汉）、番禺珠宝职业技术学院形成战略合作。

传统的珠宝首饰制造工序多且复杂，设备、场地、材料、人力及时间成本较大。据番禺区珠宝产业发展中心主任黄远欣介绍，近年来番禺政府加大对传统珠宝加工制造向智能化（自动化）转型，这将成为传统珠宝行业转型升级的重要出路。

"番禺区政府权力支持本土企业原创品牌，这是番禺珠宝产业可持续发展的关键。"黎志伟认为，应该充分利用金俊汇国际珠宝首饰推广中心和天幢珠宝汇等平台"珠宝品牌孵化器"的作用，运用市场推广、网络等手段，引导、帮助中小微企业创建品牌，扭转生产加工低附加值的被动局面，走产、供、销一条龙，大胆拓展市场，将传统产业发展壮大。

30多年的变迁发展，30多年的求索前行，从依托外来订单转向到内外市场并重，往往并非简单地转与换，这期间需要有突破的勇气，需要冒险的精神，虽历经困境，但初心不忘。

惟改革者进，惟创新者强，惟改革创新者胜。

番禺珠宝转型升级依然行进在路上，可以确信，作为广州市开放最早、规模最大的金银珠宝首饰加工基地，番禺珠宝产业的明天将会更璀璨！

伦教：珠宝产业从 0 到 999.9 的飞跃

中国珠宝玉石首饰行业协会粤港澳大湾区创新发展中心副主任、
顺德区伦教街道珠宝首饰产业发展办公室主任
廖攀文

伦教地处珠江三角洲腹地，与广州番禺一水之隔，是顺德中心城区的重要组成部分，总面积 59.2 平方公里，总人口约 20 万人，辖下 8 个村 2 个社区。近年来，先后获得"中国珠宝玉石首饰特色产业基地""中国木工机械重镇""中国玻璃机械重镇""国家安全社区""国家级生态乡镇""广东省教育强镇"等荣誉称号。经过多年的发展，形成以珠宝首饰、互联网家居、机械装备、文化旅游业为主的产业集群。

经过 30 年的蓬勃发展，伦教珠宝产业现已形成汇聚周大福、周生生、保发三大品牌，企业超百家，从业人员近 3 万人，2018 年钻石加工进口额占全国近 70% 的规模化、集约化的庞大集群。伦教结缘珠宝已逾百年。

从 0 到 2

"一船蚕丝去，一船白银返。"清末民初，顺德人凭借伦教等地的强大缫丝产业集聚资本，在广东金融界具有举足轻重的地位，一度拥有"广东银行"的美称。随着富家巨贾的增多和金融业的起步，早期以金饰为代表的顺德珠宝产业得以发展，伦教人是其中的佼佼者。

1886 年，伦教人何鸣石生于羊额的一个富庶之家，12 岁时跟随父亲前往马来西亚，后来继承并且光大了父亲名下的金饰等产业，在东南亚、香港、广州、顺德等地都开立了金铺，被认为是当时的"顺德首富"。伦教与珠宝由此结缘。

伦教珠宝产业的发展和兴旺，源于周大福、周生生两大珠宝企业的相继落户和发展。周大福原掌门人郑裕彤和周生生的始创人周芳谱都是顺德伦教籍。早在

1988 年，郑裕彤便在伦教兴办首饰钻石加工厂，当年占地面积 1 万平方米，建筑面积 4000 平方米，主要经营钻石加工、金饰、贵金属、镶嵌钻石及其他品种饰物。2011 年，周大福在香港联合交易所主板上市。发展至今，周大福集团旗下顺德公司是周大福在内地最重要的生产基地，生产基地占地近 100 亩，员工达 5000 多人。2013 年 12 月，建成周大福珠宝文化展示中心，向文化旅游产业拓展。2014 年 11 月，生产基地被评为国家 AAA 级景区。其投资逾 500 万元在顺德公司设立专业检测中心，通过专家现场评审后于 2013 年 7 月获得 CNAS 认可，是顺德区第一家通过认可的贵金属检测中心。

而周生生集团于 1973 年在香港上市，1994 年，在伦教设厂生产并建成周生生综合大楼。2013 年，周生生佛山工业园投入使用，该工业园是周生生集团最大、最先进的生产基地。工业园总投资 2000 万美元，占地面积 2.8 万平方米，建筑面积 4.3 万平方米。除生产工厂以外，园区还设有产品设计及科研、产品检验、化验所、电子商务等部门。周生生首次将电子商务纳入工厂园区进行尝试。

从 2 到 999.9

周大福和周生生两大巨头与时俱进，创新驱动，力推产业升级，增强高质量发展的内生动力，广泛推广新技术、新材料、新工艺的应用。周大福金展科技公司开发钻石 TMARK 技术，制定钻石分级标准，研究纳米钻石在医疗中的应用，引入钻石全自动切割设备与切割优化软件，建成自动分拣仓，研制电子奉客盘及广泛应用 3D 打印技术。周生生则一方面对生产基地进行现代化升级改造，另一方面，不断依托互联网新技术，创新经营模式，抢占市场份额，电商销售和纳税额实现同比大幅增长。

2017 年，缺少"乡亲"背景的另一个香港珠宝产业巨头保发集团成功进入伦教，打破了数十年来形成的"两周"为龙头的格局。保发珠宝产业中心总投资约 10 亿元，计划打造年产值约 40 亿元的珠宝产业综合体，该项目占地 150 亩，总建筑面积超过 34 万平方米，致力打造涵盖生产加工、展示交易、生活配套、教育研发及公共服务的绿色智能旅游园区，主要面向珠宝首饰及相关企业，提供珠宝首饰设计、生产加工、展示、销售、电子商务、金融服务、现代物流、检测检验及环保等服务。2018 年 3 月，涵盖生产加工、展示交易、生活配套、教育研发及公共服务的保发珠宝产业中心举行了项目营运中心进驻仪式，截至目前,已引入了 80 多只"金凤凰"。在保发珠宝产业园区的带动下,伦教努力打造"三大品牌、两棵大树、一片森林"的产业生态。

走过了近百年的漫长发展历程,昔日从伦教走出了周大福、周生生等享誉海内外的珠宝名牌,到如今发展成为产业集群密布、产业园区兴旺的地区。伦教珠宝产业筚路蓝缕,已发展成"以全国知名生产基地为基础,融合设计、智造、商贸、展示与文化"的全产业链体系,聚集了周大福、周生生、香港保发等著名企业,成为顺德的支柱产业之一,勾勒出"产城人"融合发展的发展蓝图,成为一个享誉世界的珠宝名镇。

从 999.9 到 1000

在产业的蓬勃发展背后,是伦教街道和顺德区、佛山市的积极作为。随着"共建伦教珠宝名镇"纳入"佛山+香港"11 项重点合作项目中,伦教街道立足于"全球珠宝智能制造中心、国际珠宝创新创意硅谷、湾区珠宝文化体验水乡"三大定位,高标准规划伦教珠宝名镇,设定了"建设 3000 亩产业园区、产值 2000 亿元、集聚 1000 家企业"的三大目标。

当前,借"香港+顺德"合作的东风,伦教朝着"打造千亿产业集群、佛港融合桥头堡"的宏伟目标,正倾力打造"产值 2000 亿元、集聚 1000 家企业"的湾区千亿珠宝名镇。伦教采取"筑巢引凤、品牌引领、创新驱动、借力造力、聚才引智、深耕文化"等多方并举的发展方针,发展珠宝产业集群。如今,伦教珠宝产业集群有了飞跃式的发展,园区建设、商家引入、资源拓展、文化交流等各方面均取得喜人的成效,被各大媒体誉为"伦教速度"。

周大福：以年轻的姿态不断前行

周大福珠宝集团执行董事 陈世昌

第一间周大福于1929年在广州市洪德路创立，其后分别于1938年、1939年在澳门、香港开设首间周大福珠宝零售点。

1956年周大福在香港、澳门推出了999.9黄金首饰，后来在1984年被香港政府定为香港黄金首饰成色标准，为珠宝行业带来了第一次变革。1990年，推出了"一口价"政策，提高定价透明度，免除了当时惯常的议价情况，改善了顾客的购物体验，标榜"货真价实"，让珠宝市场价格秩序趋于稳定，引领了珠宝行业的第二次变革。2016年，周大福结合垂直整合业务模式的优势，推出有专属印记、可追溯钻石历程的T MARK钻石，提出可寻（Traceable）、可知（Transparent）、可信（Truthful）、可颂（Thoughtful）的4Ts概念。从传统的4C钻石标准到4Ts内涵的表达，是传统珠宝与互联网的结合，这也造就了第三次的行业变革。

周大福珠宝集团2011年在香港联合交易所主板上市，目前在全球拥有逾3100个零售点的庞大零售网络，遍及大中华、日本、韩国、东南亚与美国。这个正值鲐背之年的企业与国家一同历经风雨、壮丽成长。

经济发展中的机遇

中华人民共和国成立初期，国家经济处于起步阶段，随着改革开放、居民收入的提高，20世纪80年代后期，珠宝首饰内需市场开始形成并不断壮大，到香港买黄金成为当时的一种时尚。周大福决定进军内地市场。

20世纪90年代初，中国经济逐步对外开放，货真价实的珠宝市场飞速发展，珠宝首饰生产能力迅速增长，珠宝首饰的销售额每年都保持了两位数的增长。

1993年8月,周大福与武汉国贸商务服务有限公司在武汉合资成立了武汉新福珠宝金行有限公司,同年周大福成为全球最大钻石供应商戴、比尔斯(De Beers)的全球特约配售商。借助新福公司,周大福开始了开拓内地市场的前期工作,经过一系列的准备,1998年在北京开设了中国内地首个周大福珠宝零售点,随着珠宝市场飞速发展,周大福在中国内地的业务亦进入稳步发展期。

进入千禧年,国家开始进入了新的经济增长期,珠宝行业进入了一个相对平稳的发展阶段。周大福根据前期的经验总结出了一系列开拓市场的计划,在全国范围内大规模开店。2002年,在广州开设了国内第100家专营店,并于2003年在深圳盐田设立了中国内地营运管理中心,集中中国内地营运业务,运用现代企业的管理理念,实现企业的科学化管理和标准化运营。2004年,周大福进行区域化管理,使组织结构进一步强化,提高管理效率,强化业务基础,完善人才培训,管理结构更加合理,实现了科学化的管理。

周大福铂金系列——和平天使

互联网时代背后品牌的转变

2008年北京奥运会让全世界瞩目,这也是中国国家崛起的象征,这一年,周大福获准成为北京奥运会的特许生产商,这不仅证明了周大福产品的卓越品质,同时也是周大福走向世界的标志。2009年,互联网已经悄悄地开始影响人们的生活，阿里巴巴推出的"双十一"掀起了一轮小规模网上购物的狂欢，而珠宝行业受金融危机的影响正在经历着市场的考验，这一年周大福成为全球钻石三巨头之一力拓（Rio Tinto Group）的特选钻石商。随着互联网的发展，2010年身为制造业第一大国的中国经历了互联网所带来的改变。2011年，周大福正式成立网络旗舰店，并与天猫、京东等平台合作，顺应互联网时代的发展潮流。也是在这一年，周大福在北京开设了内地第1000个零售点，在迎接电商大时代的浪潮的同时，亦为未来全渠道零售奠定基础。2012年，周大福与全球最大钻石开采公司俄罗斯钻石开发公司埃罗莎（ALROSA）签订毛坯供应协议，至此周大福完成了与全球三大钻石供应商的结盟，成为专注于品质的国际钻石专家。

2014年，周大福于武汉开设了第2000家零售点，这是周大福的首家科技体验店，进行了消费体验的一次新的变革，以及新零售模式的探索。近年来，国家高度重视品牌的建设工作，中央经济工作会议提出"把提高供给体系质量作为主攻方向，推动中国制造向中国创造转变，中国产品向中国品牌转变"。在日益复杂的经济环境中，周大福一直不断整合自身的产品与价值，为自身带来品牌发展的新理念。

作为中国珠宝产业领头羊，周大福连续12年（2004—2015年）荣列同类产品市场综合占有率第一位。周大福致力于珠宝跨界合作，推动中国珠宝走向世界。2015年，周大福成为意大利米兰世界博览会中国国家馆之全球合作伙伴，彰显中国品牌实力，同年，携手北京故宫博物院，将古今文化相结合，不断尝试把珠宝艺术与古典的文化融合，推出周大福故宫系列，深挖珠宝历史文化内涵。周大福积极响应国家"走出去"的号召，举办了"丝路任我行"文化体验活动，宣传品牌的同时感受多角度的历史文明，并将"一带一路"文化整合于珠宝艺术品中。

2017年，周大福在中法建交50周年之际，推动珠宝产业与艺术文化进行跨界对话，加强与法国设计界的交流与合作，举行了中法艺术与珠宝产业跨界交流系列活动。周大福作为开幕式的中方代表，分享中国品牌如何走向世界，将中国珠宝文化带向世界，并将世界文化融合到中国品牌，促进珠宝艺术文化及中国品牌多元发展的经验。

2018年，周大福发起纽约·纽约艺术跨界公益项目，携手中国艺术、设计原创力量，走进纽约时装周，推动中国青年艺术家、设计师在国际舞台亮相。同时，与大学生博览会联合发起跨界提名展，为国内优秀艺术家提供平台，通过不同领域的跨界和联动，推进艺术教育及艺术行业的发展，用品牌影响力帮助更多的人实现梦想。

2019年，周大福受邀参加第11届法国圣埃安艺术双年展，向世界展示中国设计的力量，周大福17916系列精品在中国馆内"17916—周大福90周年品牌馆"展出，向世界展示当代中国珠宝的艺术创造力。周大福联合全球21所著名艺术高校举办高校橱窗艺术设计大赛，以橱窗见证时代变迁，诠释世间百态，同时也为全球青年艺术家提供展示的机会和平台。

多品牌策略新格局

为适应新的市场需求，周大福在现有品牌和系列产品的基础上，充分调研公众的珠宝消费习惯和产品需求。以顾客需求为导向，从满足顾客需求转为创造顾客需求，提出多品牌战略。集团2014年收购了美国高级钻石品牌HEARTS ON FIRE，往后陆续推出了T MARK、MONOLOGUE、SOINLOVE、JEWELRIA周大福荟馆、ARTRIUM周大福艺堂等多个品牌，进行差异化管理，迎合多元的市场需求，创造鲜明的品位与个性、丰富的品牌联想。除此之外，在传统周大福门店的基础上，推出"传""礼"等主题体验店，打造全新购物环境，为顾客带来不同的感官体验。周大福积极运用科技力量推出"珠宝+智能"的自助购物体验，提供创新零售渠道。周大福自助体验区、云柜台，在门店提供符合年轻一代品味的珠宝首饰，丰富购物体验，成为除周大福门店、网店之外的第三类渠道、连接线上线下的纽带。

九十载风雨兼程，九十载春华秋实。周大福一直以年轻的姿态茁壮成长，以实际行动将周礼传承、大德载物、福祉共享的企业文化传递给每一位员工，与员工共同描绘未来消费市场的变化，用多元化的产品满足不同客群的需求，以灵活的业务模式打造全球珠宝生态圈，把握未来机会、不断创新、推动行业的长远发展。从传统零售时代到新零售时代，"真诚""永恒"是周大福不变的企业核心价值，周大福不忘初心，始终坚持以真诚的心，提供最优质的产品与服务，在传承与创新中实现共融分享，秉持以人为本的精神，不断变革进步，努力实现"成为全球最值得信赖的珠宝集团"的美好愿景，带着活力迎接周大福的下一站——百年周年。

中金珠宝：黄金为民　行稳致远

中国黄金集团黄金珠宝股份有限公司党委书记、董事长　陈雄伟

2006年，中国黄金集团有限公司出于产业链延伸和国家"藏金于民"的战略需要，成立了中国黄金集团黄金珠宝股份有限公司（以下简称"中金珠宝"），成为中国第一家进军产业链下游的黄金矿山企业。

彼时，珠宝行业尚处在政策开放红利的消化期，黄金消费需求旺盛，但与此同时，国内市场上销售的绝大部分都是黄金首饰，以款式单一、工艺简单、附加值低的"普货"为主，适合中产阶层消费的黄金产品非常少。

与其与现有首饰企业开展正面竞争，不如在黄金的金融属性上做文章。针对黄金市场上投资的需求升温，2006年，中金珠宝推出了各种型号的中国黄金投

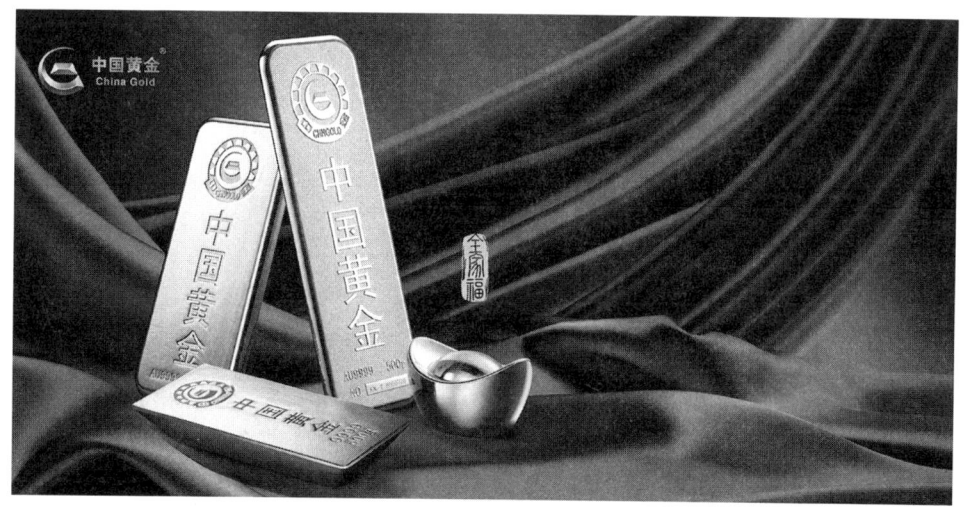

2006年11月，中国黄金投资金条上市

资金条，共9个品类、42种规格，以一套可视化的营销系统，开创了紧贴国际实时基础金价、价费分离（实时基础金价、手续费分离）、双向买卖、及时变现的全新交易模式，打通了实物黄金的回购变现渠道。

中国黄金投资金条的推出，掀起了"中国黄金风暴"，一年发展了300多个营销网点。根据中国商业联合会与中华全国商业信息中心共同发布的数据显示，2013年至2018年，中国黄金投资金条连续6年荣列同类产品市场综合占有率第一位，被中国黄金协会评为"中国黄金第一品牌投资金条"。在利润的刺激下，银行系统、各黄金零售企业纷纷跟风模仿。凭借投资金条的一炮走红，中国黄金拿到了进入中国黄金珠宝行业的一张门票，并迅速在行业内站稳脚跟，完成了未来发展的战略布局。

在推出中国黄金投资金条的基础上，立足于工艺提升和市场需求，中国黄金趁热打铁推出了"高纯金"。此前，"高纯金"主要应用于军工和航空航天工业，中国黄金首次将"高纯金"引入首饰行业。2011年9月，中国黄金在深圳召开发布会，向市场推出了99999（999.99‰）系列高纯黄金产品，推动了高纯金和高纯金化学分析方法的国家标准的出台，助推黄金标准走向新高度。"高纯金"的推出，顺应市场上追求纯度、保值的风潮，又暗合了老百姓追求极致、完美黄金的消费心理。

"高纯金"的推出，体现了中国黄金坚持科技创新、促进黄金向高精端区域发展的品牌理念，同时也是对兼顾效率和品质的科学匠人精神的完美诠释。

中金珠宝没有选择以巨无霸的姿态正面冲击原有市场，而是以平等的市场主体身份参与一个健康、有序、稳定的黄金市场的发展和建设，通过出其不意和另辟蹊径，于厚积薄发的品牌积淀中悄然完成了在黄金珠宝行业的占位，以及对整个零售市场的洗牌。

创新打造全民品牌

当前，中国黄金珠宝行业正在经历寒冬。随着宏观经济增速放缓，此前支撑行业高速发展的政策开放、金价上涨和刚性需求三大支柱已经崩塌，粗放型发展、"躺着赚钱"的时代一去不复返。如何在新常态下推动企业向前发展，需要企业走出以往的品类竞争，走真正的品牌化道路。

实际上，为适应黄金珠宝市场消费升级需求，中金珠宝近些年也在大力推进增品种、提品质、创品牌工作，逐步成为实物黄金珠宝消费和投资领域的创新者和领导者。

2012年8月,针对市场产品同质化、低端化的现状,中国黄金将轻奢概念引入黄金珠宝行业,推出了轻奢品牌"珍·如金",并聘请影视明星刘亦菲代言。"珍·如金"系列产品打破了黄金不时尚的魔咒,赋予黄金时尚的因子,用时尚、个性的语言描绘女性品质生活,打造让老百姓买得起的奢侈品,真正实现了黄金首饰消费的"贵而不贵"。"珍·如金"品牌的打造,也改变了中国黄金此前稍显单一的产品结构,满足了新一代消费者个性、时尚、优雅、忠于自我的消费需求,提升了中国黄金品牌的整体形象。

从2014年开始,中金珠宝又开始了对另一个产品品牌"珍·尚银"的打造。同为贵金属,与黄金相比,白银过去十几年的市场表现一直不温不火,白银市场上亦没有一个全国性的终端时尚品牌。最近几年,随着白银首饰消费人群开始兴起,特别是在三四线城市,一些年轻消费者更钟情于白银这种价格较低、造型多变、款式丰富的贵金属产品。"珍·尚银"快时尚品牌的推出,正是中金珠宝审时度势、通过创新满足市场需求的最佳体现。可以想象,随着该品牌的不断成熟,将很大程度上填补快时尚首饰市场的空白。

为在更大范围、更宽领域、更高层次寻求发展,中金珠宝还选择了与更多国际优质品牌进行合作。2017年9月,中金珠宝与戴比尔斯集团、塔斯钻石完成了三方战略合作签约,正式发力钻石市场,标志着中国黄金已经成为全品类、全覆盖的黄金珠宝零售品牌。2018年,中金珠宝开启了与另一个国际珠宝品牌——美罗国际珠宝的合作,直接将美罗国际珠宝集合店开到了中国黄金旗舰店,进一步深化了产品多元化战略。

在渠道拓展上,中金珠宝将此前广泛应用于家电行业的"连锁+专卖"经营模式引入了珠宝行业。通过多年的实践,中金珠宝打造了一个涵盖直营、代理、加盟的三级体系,店中店、独立店、银行金融店、电子商务店、大客户等五大渠道,可以覆盖全国的黄金珠宝零售商业高速公路网,在提升服务品质的同时,也改善了消费者购买中国黄金产品的体验。

目前,中金珠宝已在全国设立了31个品牌服务中心和2000多家连锁专卖店。与此同时,中国黄金产品种类及产品形态丰富,品牌体系完善,形成了以"中国黄金"为母品牌、"珍·如金""珍·尚银"等子品牌为补充的多品牌体系,全面覆盖老、中、青年龄段及高、中、低收入不同的市场群体,已经不折不扣地成为中国黄金珠宝零售界的一艘航母。

规范保障行稳致远

随着中国黄金品牌日益走进国民心中，不少不法商家看到了中国黄金四个字所蕴含的价值，市场上出现了"香港中国黄金""中国黄金珠宝""中国老牌黄金"等"李鬼"式品牌，不仅极大地损害了消费者的利益，同时也严重损害了中国黄金品牌作为国有无形资产的特殊价值。

在激烈的市场竞争中，如何有效地打击假冒、巩固中国黄金的市场地位、维护品牌形象，成为中金珠宝必须思考和解决的问题。这是关乎中国黄金品牌健康持续发展、实现民族品牌梦的必然要求。

2012年至今，中金珠宝通过积极维权，已清理千余家仿冒中国黄金品牌门店。经向全国工商行政管理部门投诉，全国各地对未经允许使用中国黄金注册商标和使用仿冒品牌的店面，下达了近40份处罚决定书。目前，市场上共计关闭了1000多家侵权店面，收编改造了100多家，从批发到零售渠道的生态环境得以迅速净化。2018年，中国黄金品牌商标获得驰名商标保护。这是继2014年中金珠宝获得国家工商行政管理总局商标评审委员会对"中国黄金 China Gold"及注册商标（包括图案）维持有效裁定后的又一重大成果。

在坚持用法律武器进行打假维权的同时，中金珠宝也在不遗余力地推广和执行新版 SI 形象标准。一方面，通过新形象的升级落地，使中国黄金以轻快、明亮、舒适的视觉效果吸引更多年轻消费群体；另一方面，则通过统一形象之举增强品牌识别度，配合打击仿冒、盗版品牌。2018年2月，中金珠宝开始在全国范围内推行《中国黄金终端店面形象新版 SI》。

此外，中金珠宝在技术层面的革新也为自身品牌保护和发展加了一层硬质"保护膜"。通过新设备的投入，中金珠宝完善了鉴定检测系统，适时有效、快速准确地为生产过程和经营管理提供质量基础信息，保证了检测效果。这些措施不仅有利于公司质量控制和管理体系的高效、稳定运行，也保持了中国黄金的品牌活力和上升空间，为中金珠宝迈向更高发展阶段打下了坚实的基础。

打铁还需自身硬，发展才是硬道理。在坚决发起品牌保卫战、不断规范市场建设的同时，中金珠宝也在谋求自身更大的发展。2017年，中金珠宝正式被纳入第二批混合所有制改革试点单位名单，并在2018年又成功入选国资委"双百行动"名单，通过引入7家战略投资者和1家产业投资者，实现融资22.5亿元，并于2018年完成股份制改革，品牌发展从此迈上了快车道。

而在品牌宣传推广上，中国黄金始终坚持负责任的央企定位，坚持"系统化、全方位、立体式、多渠道"的传播策略，采取活动营销、新闻营销相互配合的方式，多渠道开展品牌推广。近年来，中国黄金按照"大品牌、大营销、大平台"战略，采取"央视+央企"的强强联合方式，通过电视台和互联网联动，将"黄金为民"的使命与互联网惠万家的理念完美融合，通过独家冠名第16届电影频道电影百合奖颁奖典礼、赞助CCTV4中文国际频道《传奇中国节·春节》和CCTV7《乡约》栏目，向更大范围内传播了"央企品牌、值得信赖"的品牌理念。此外，中国黄金携手北京电台，以诚信为核心，发出"一诺千金，重信守诺"的郑重承诺，彰显央企诚实守信的决心。

无论是对外宣传，还是对内改革，中金珠宝都行驶在一条品牌化的发展道路上。随着改革红利的进一步释放，一个具有全球竞争力的国际一流黄金珠宝企业已初具雏形。"只为美好'饰'界，守护幸福生活"，这是一个黄金珠宝品牌的新时代品牌宣言。宣言背后，则是"一诺千金，重信守诺"的品牌发展根基和"厚积薄发，行稳致远"的创新力量，以及"黄金为民，肩负使命"的央企本色。

老凤祥：民族品牌飞向世界

老凤祥股份有限公司　卢　晶
北京黄金经济发展研究中心　吕　磊

伴随着中华人民共和国的发展，创始于清道光二十八年的老凤祥，也在风云激荡的新时代书写自己的新历史。70年来，老凤祥与中国经济发展共命运，历经计划经济、市场经济、国企改革、股份制改革、国际化等重要转折点，每一次的重大转折与中国经济的发展强烈共振，并在不断转变、不断超越的过程中，结下了丰硕的成果，它的高速发展，镌刻了中华人民共和国黄金珠宝行业成长的深刻印记。

中华人民共和国成立初期至改革开放：时代弄潮，品牌新生

中华人民共和国成立之初，由于国家对金银制品推出了新的调整政策，此前在上海闻名遐迩的老凤祥也迎来新的发展轨迹。1952年5月，彼时的上海市人民政府考虑到金银饰品正常供应的需要，出资购买了原老凤祥银楼的全部固定资产，组建全新的国营上海金银饰品店。

后来，国营上海金银饰品店又先后改名为上海金银制品厂和上海金属工艺一厂。在这一时期的老凤祥，吸引了众多中小银楼的管理和工匠精英，号称"108将"。从制作金银饰品、翠钻珠宝、中外器皿、珐琅镀金，到宝星徽章、盾牌摆件、物像建筑、精致礼券，老凤祥的产品内销、外贸实现双赢。

1982年，随着国家开放内销金银饰品市场，同年8月，继承了原老凤祥大部分员工和工艺技术的上海远东金银饰品厂，将总厂迁至现如今老凤祥总部所在地漕溪路270号，并被轻工业部指定为上海内销金饰品定点生产企业。

在那个时期，老凤祥是上海黄金首饰市场发展的重要推动力，为行业发展提供了源源不断的货品支持。当时，远东金银饰品厂是国内最大的黄金首饰生产加工企业之一。按照当时的政策，上海远东金银饰品厂主要业务是对上海市内的商

业系统黄金首饰零售店批发黄金首饰。而当时，在上海市做黄金首饰零售的主要有豫园商城的老城隍庙工艺品商店、市友谊商店、中百一店、亨得利等。当时，市民购买黄金首饰的积极性非常高，这些金店进的黄金首饰根本不够销。

随着黄金内销放开，上海黄金首饰市场很快就形成了群雄逐鹿的局面。在零售环节，除了豫园商城老城隍庙工艺品商店、中百一店、亨得利等较大的代销点，还有中国人民银行成立的销售点，以及众多私人老板开的金店。当时的上海劳动报标题直接取为《金店比米店多》。在这种环境下，1985年，经过多方努力，上海远东金银饰品厂门市部成功改回"老凤祥银楼"，为市民服务。由此，老凤祥这个品牌重新进入一线消费者的视野。

20世纪80年代上海首饰市场发展的推动者

彼时，上海黄金首饰市场上的主要黄金首饰生产企业，除远东金银饰品厂和宇宙金银饰品厂外，还有1984年成立的上海市首饰设计研究中心，以及上海环球饰品厂和上海珠宝玉器厂。1985年，在远东金银饰品厂改名为老凤祥银楼后，其他几家也分别改名，在上海市区设立了20多家特约经销处。

就在1985年，这几家企业为上海市民加工黄金已经超过1000公斤，而这个数额一直保持了数年。与此同时，金银饰品生产和销售也逐年上升。1984年，各厂共生产金银饰品5050.8万元，出口为282.6万元，而到了1989年，产值增至11022.4万元，其中出口为1176.5万元。

随着经销商及广大市民对黄金首饰市场的需求进一步扩大，企业纷纷加大了各自的产品设计力量。例如，远东金银饰品厂制作的项链"风的韵律"、耳环"悠悠"和"黑石"，都在20世纪80年代的东南亚钻石首饰和香港足金首饰设计比赛中获得"最佳设计奖"和"优胜奖"。这些设计作品的问世以及很多新产品的推广，刺激了黄金首饰的消费，黄金首饰行业越做越大。

市场改革浪潮：重组整合，体制破局

20世纪90年代，随着社会主义市场经济体制改革目标确立，建立现代企业制度、"抓大放小，深化国企改革"等国家整体改革战略的不断推进，在市场化不断冲击下的老凤祥，也在短短几年时间里经历了三次重组，特别是股份制改革,让老凤祥驶上了高速发展的快车道。

1993年,在上海二轻工系统的运作下,上海远东金银饰品厂与上海环球饰品厂合并成立上海老凤祥首饰总厂,同时,产品标记也由"沪C"更改为"老凤祥"。这一合并也使老凤祥的厂名、注册商标、标记和店招牌融为一体。

1996年,根据国家提出"抓大放小,深化国企改革"的整体战略,在"弘扬名牌,增强市场竞争力,以国优名牌为龙头和优质资产为纽带,实行公司制改革"的思想指导下,老凤祥再次进行品牌重组。当年4月,上海老凤祥首饰总厂(老凤祥牌)、上海宇宙金银饰品厂、上海工艺美术首饰研究所、上海珠宝玉器厂这四家被誉为沪上首饰业"四大名旦"的首饰企业,联合建立不久的上海大同行珠宝首饰汇市进行了更大规模的"强强联合",上海老凤祥有限公司挂牌成立。

不过,尽管经历了两次大规模重组,企业规模成倍扩大,但老凤祥依然面临经营的巨大难题。发展缺资金,缺思路,端着金饭碗,就是找不到出路。1998年,老凤祥年利润只有1000万元,远不及上海其他珠宝企业。

正是在这样的背景下,老凤祥开始了其在20世纪90年代的第三次重组。其目标所指,就是打破体制上的束缚。

向老凤祥伸出援助双手的是早在1992年7月就登陆中国资本市场的中国第一铅笔股份有限公司。1998年,中国第一铅笔股份有限公司通过定向股权收购的方式,斥资6840万元获得老凤祥50.44%的股权。

新世纪:成为"领跑者",走向国际化

进入21世纪,中国经济迎来了波澜壮阔的发展新时代。中国经济改革全面深化,市场化下企业活力全面释放,人民消费水平大幅增强,在这样的背景下,老凤祥迎来辉煌的发展时期。

2000年,新世纪之交,刚经历了资产重组的老凤祥迎来了一位新掌门。44岁的石力华出任老凤祥总经理。这次人事变动,也正式拉开了老凤祥在新世纪全新突破的大幕。

接手老凤祥以来,石力华以强烈的创新意识和市场意识,按下了老凤祥高速发展的启动键,拉开了百年老店在新世纪突破的大幕。他左手调产品,右手聚人才,带领老凤祥完成了奇迹般的飞跃。

2000年,老凤祥的营业收入仅为10亿元,利润2000万元,而到了2017年,

老凤祥的营业收入达到 398 亿元，利润 19.65 亿元，同时拓展产业链，在东莞开设了素金和镶嵌生产基地。

"老凤祥能获得如此佳绩，在于强烈的创新意识、强烈的品牌意识、强烈的人才意识、强烈的市场意识、强烈的质量意识。"石力华说道。

市场大开发，走向国际化

得渠道者得天下。世纪之交的老凤祥，自营连锁银楼只有 30 多家。而石力华上任后就提出，老凤祥应该"立足上海、辐射全国、走向世界"。

随后，老凤祥开始进行市场大开发，把银楼开到大型的综合百货商场和新型小区。而在全国市场，积极倡导：发展更为紧密的战略合作伙伴关系，以"区域总经销、加盟连锁店、特许经销"等为多种形式的品牌发展模式，实现互惠双赢。通过营销和服务的创新，老凤祥从最初的几十家银楼网点拓展为 3200 多家。

老凤祥一方面大力发展国内市场，另一方面走向世界。按照石力华的要求，老凤祥迈开了海外拓展的步伐，积极参与全球范围资源优化配置。老凤祥频频亮相国际市场珠宝展。2006 年起每年拿出首饰精品连续六年参与了全球三大珠宝展之一的 JCK 全美珠宝展，进一步加快了老凤祥产品与国际接轨。

2012 年，老凤祥香港有限公司成立，当年 8 月，老凤祥在海外的第一家特许专卖店——老凤祥银楼悉尼特许专卖店开业。2013 年，老凤祥珠宝美国有限公司成立。2014 年老凤祥纽约第五大道专卖店开业。2015 年香港尖沙咀店、旺角店先后开业。同年，加拿大温哥华店开业，截至目前，老凤祥已经在香港开设了 14 家门店，在澳大利亚、美国、加拿大开设 4 家银楼专卖店，与国际知名首饰品牌比邻而居、同台竞争。

在增加市场布点的同时，公司更加注重提高海外银楼运行质量，针对不同市场特点，因势利导，多管齐下，精准施策。通过一系列商业化推广活动、媒介传播手段以及缩短配货周期、加快配货速度、打通代销业务、调整门店货品配比、融通资金渠道，海外市场正逐步走向成熟。2017 年，中国香港、美国、加拿大三家子公司实现营业收入 30244 万元，同比增长 42.65%，"老凤祥"品牌向着"民族化、国际化、全球化"的战略定位又迈出重要的一步。

新时代，新征程

中华人民共和国走过70年，与行业共同成长的老凤祥，以勇立潮头、创新发展的姿态，已经成为国内规模最大的黄金珠宝连锁企业之一。

2018年，老凤祥销售收入已经达到438亿元，利润12亿元，荣列"中国500强企业"第395位、"上海百强企业"第32位、"上海制造百强"第12位。

回首中华人民共和国成立70年来的高速发展，老凤祥的每一次超越都是一个里程碑，折射的是对中国经济发展带来的每一次机遇的把握。不断做强品牌、做强产业、做大市场，用创新和传承拥抱企业命运的大转折。面向新时期、新改革时代，随着国家"一带一路"等倡议的提出，老凤祥也正在打造具有国际竞争力的民族品牌，加速"走出去"进程。

菜百:"中国黄金第一家"的商业奇迹

北京菜市口百货股份有限公司党总支书记、董事长 赵志良

从1956年成立,到1985年逐渐转型,如今成为中国黄金珠宝行业领军企业,北京菜市口百货股份有限公司黄金珠宝专业经营34年。2018年,菜百全年销售额创下了146亿元的斐然成绩,菜百占北京市西城区社会消费品零售总额的12.1%;当年,全国黄金实际消费量为1151.43吨(数据来源:中国黄金协会),其中从菜百卖出的黄金就占总消费量的3.5%。

黄金珠宝销售额从零开始,到如今的连续8年过百亿元,29年蝉联全国单独门店销量第一傲人业绩的背后,是菜百在传承传统文化的同时,将创新作为菜百的"基因",以核心竞争力赢得了市场。

菜百公司全国首发中国金币总公司2019己亥(猪)年贺岁金条

商业模式无法复制的奇迹——改革开放，菜百鼎故革新谋发展

如今已成长为中国黄金珠宝行业佼佼者的菜百公司，并不是含着金钥匙出生的。63 年前成立时，菜百只是原宣武区区属的一家名不见经传的百货公司。成立于 1956 年公私合营时期的菜市口百货商场，起初是由菜市口周边的商铺组成的，做一些盆盆罐罐、针头线脑、家用商品的生意。

借势改革开放的浪潮，1985 年，菜百公司经中国人民银行批准，成为北京市第一批、原宣武区第一家经营黄金首饰的百货商场。经营之初，黄金饰品作为钟表组内的一个特殊品种，仅陈列着几枚素圈黄金戒指，从购客购买走第一枚黄金戒指，这一卖就是 34 年，从此掀开了菜百黄金珠宝特色经营的崭新一页。

自 1985 年至 2010 年，菜百从百货商场改造成黄金珠宝专营公司，一共用了 25 年时间。菜百华丽转身成功，这在全国没有第二家。

国企改制，菜百顺势"股改"注活力

20 世纪 90 年代中期到末期，中国掀起了国有企业改制浪潮，企业纷纷增资扩股、搞活经营，中国经济被注入了新的活力。

1994 年 6 月，菜百第一次进行体制改革——组建有限责任公司，开始向现代企业制度迈进，并根据当时企业的情况，在员工中进行集资入股。

2000 年，市政道路改造，在菜市口原址经营了 44 个春夏秋冬的菜百必须搬家，而新址的投资超过亿元，菜百增资扩股势在必行。公司决定进行第二次改制，增资扩股，成立股份有限公司。在菜百领导班子的带头下，员工们拿出了各自手头的积蓄，每人数千元，对于当时的家庭来说可是不小的数目。除了招募员工入股，菜百在社会上寻找法人股投资，凭借着优秀的经营业绩和广泛的社会影响力，融得现金股本，购置了位于白广路与两广路交汇处的新楼，新菜百的营业面积由 3000 平方米扩大到了 8800 平方米。菜百的新址搬迁、扩大经营，也顺势确立了黄金珠宝特色经营方向的道路。

与时俱进，菜百齐心销售创佳绩

1985 年，菜百公司首次销售黄金珠宝饰品，黄金柜台的几位姑娘，凭借一

节柜台、两个托盘、几十枚戒指闯市场，通过寻找特色、确立特色，创出了一条特色经营之路，使黄金首饰的新品类在市场中站稳脚跟，并日益发展壮大。1994年，菜百公司的黄金珠宝销售额首次突破1亿元大关，成为全国首个亿元柜组。1997年，菜百被北京市商委命名为"京城黄金第一家"。2004年，菜百公司被中国商业企业管理协会授予"中国黄金第一家"的称号。尽管获此殊荣，菜百并没有骄傲自满，创新的步伐更加铿锵有力。

2011年，菜百公司进入"百亿时代"，全年销售首过百亿元，同时创造了中国黄金珠宝行业单店销售的最高纪录。菜百连续29年蝉联北京市黄金珠宝销量第一、全国单独门店销量第一，连续8年突破"三个一百"，即：年销售额过百亿、年黄金原料交易额过百亿、年服务消费者过百万人次。

从1985年黄金珠宝从零开始，1994年到黄金销售破亿元，再到2018年连续8年销售破百亿，菜百之所以能够走到今天，秘诀就在于一直坚持做自己的长项，有所为有所不为，擅长的事情一定要做好，不适合做的坚决剔除。从京城黄金销量第一，再到全国单店销量第一，这些累累硕果，承载的是消费者的信任和"菜百人"的努力，创新、拼搏、奉献、永争第一是"菜百精神"的浓缩。

时代创新，菜百凝心聚力新零售

菜百坚持黄金珠宝主业，紧跟创新的脚步也从未停止，尝试开启新零售模式。2013年开始试水电商，借着"互联网＋"的东风，打造全渠道销售网络，实现线上线下融合。2014年7月，菜百正式成立"菜百电子商务有限公司"。如今，电商销售平台达到9个，并创立开发菜百自营商城，将线上与线下营销模式全面结合，销售区域已完成全国所有省份的覆盖。

"触网"之初，菜百公司启用与传统线下运营完全不同的模式，放手让一群平均年龄不到30岁的年轻人去管理，令其拥有独立定价权、独立采购权、独立人事权。菜百作为中华老字号企业，敢于起用新人，敢于优胜劣汰，是保持品牌活力的关键因素。

菜百公司是中国珠宝玉石首饰行业协会副会长单位，参与制定、修订黄金珠宝相关的国家、行业标准，是中国金币特许零售商，并拥有上海黄金交易所综合类会员资格。

作为中国珠宝首饰文化推广先锋企业，菜百公司与世界黄金协会、国际铂金协会、国际彩色宝石协会、戴比尔斯国际钻石推广中心等众多国际推广组织建立并保持了良好的合作关系及深厚的友谊,与永恒印记、故宫文化服务中心达成深度战略合作,并联合开发产品。

2018年,在中国国际进口博览会上,菜百公司与澳新银行签署了1.4亿元人民币的战略合作协议。此外,菜百还与交通银行、北京银行等多家商业银行就贵金属达成战略合作,推出适合银行销售的专供产品。

营销手段引领潮流的奇迹——智慧营销,菜百多端联动塑品牌

1989年开始,改革开放成效显著,北京人的生活水平迅速提高,首饰的需求量也随之增加。菜百是北京第一家为黄金珠宝做电视广告的品牌。"买黄金到菜百"一句简单的广告语让菜百家喻户晓,来菜百排队买黄金首饰的人越来越多。

1993年龙潭庙会10周年,菜百与龙潭湖公园在春节庙会期间双方联动,巧妙借势推广,在庙会门票上印制菜百新春礼券,一时间,名声大噪。这一成功的案例也被载入北京市委"换脑筋"专栏,唱响"文化搭台,经济唱戏"的营销新旋律。

作为"贺岁经济"的催发者和"贺岁文化"的推动者,菜百与"贺岁"也有着许多不解的情缘。1999年,中华人民共和国成立50年之际,中国首次向社会公开发行纪念金条,这一举措引发国内外的震动,标志着中国放开黄金市场的萌芽,而中华人民共和国的第一根金条,正是从菜百卖出的。从此,贺岁金条成为菜百众多贺岁产品中的一面旗帜。

菜百作为2008年奥运会、2022年冬奥会特许零售商,为满足消费者对奥运产品的热求,先后推出"北京奥运金""盛世奥运""冬奥会会徽金条"等多个系列,邀请奥运冠军许海峰、罗雪娟到店与民众见面,引起强烈的反响。"奥运经济"成为菜百又一张特征名片。

服务营销,菜百"心比金纯"亮风范

菜百以"心比金纯"为核心价值观,在服务上不断力求创新。2000年,菜百成立了北京市首家黄金珠宝服务咨询中心,为消费者提供首饰清洗、修理、以旧换新、咨询、包装等服务。在北京市第一家推出"黄金珠宝首饰服务中心",也是第一家提出服务质量承诺的企业。2014年,菜百公司又将服务承诺按售前、

售中、售后三个阶段扩充为33项，并大力开展金质服务"五进"活动，深入社区、农村、企业、校园、机关为大众提供首饰清洗、维修、鉴定、咨询等服务，让消费者享受到更完善的金质服务，铸造菜百"金质服务"名片。如今，菜百每年为消费者提供首饰以旧换新、修理、刻字、刻像、咨询等服务达百万人次。

自从服务项目开展至今，经过18年的发展，逐渐形成系列化品牌化，成为提升品牌价值的极佳载体，成功塑造了服务质量佳、专业技能强的菜百形象。

文化营销，菜百"做每个人的黄金珠宝顾问"

菜百公司始终践行"做每个人的黄金珠宝顾问"的企业使命，打造"北京十大文化消费地标"，多年来，与中国科学院、国土资源部珠宝玉石首饰管理中心、中国地质大学（北京）等多家权威机构携手开展"百姓身边的宝石博物馆""邂逅白垩纪——虫珀珍宝展""重返白垩纪——琥珀森林珍稀虫珀特展""珠宝小能手"主题专家讲座等丰富多彩的珠宝文化体验活动，并与施禀谋、马进贵等多位工艺美术大师、国际著名首饰设计师、中央美术学院合作，主办"与大师同行"系列专题展，致力形成集"博物馆式的鉴赏、专业知识的普及、体验式的购物、个性化的定制"于一体的科普文化服务典范，打造品质文化消费标杆。

菜百公司不仅为百姓打造惠民文化消费平台，还与中国珠宝玉石行业协会、国家会议中心联合主办多届珠宝行业"炫彩盛典"大型晚会，向世界数百个国际珠宝组织及珠宝商展现中国珠宝行业创新发展的足迹，弘扬博大精深的中国珠宝玉石文化。

菜百公司致力于将珠宝玉石文化进行系列化推广营销，与中国地质大学（北京）何明跃教授组建作者团队，编写珠宝系列丛书，总结长期积累的科研成果和市场销售实战宝贵经验，现已推出《钻石》《红宝石蓝宝石》《翡翠》等多部书籍，该系列图书已成为珠宝从业人员权威指导书籍、珠宝高等院校经典授课教材。

菜百公司历经60余年的风雨洗礼，在改革创新的34年间，创造了一个又一个商业奇迹，从"京城黄金第一家"起步，到创造"中国黄金第一家"的辉煌，菜百在黄金珠宝行业的品牌发展与创新之路上抢尽锋芒。菜百的成功不仅是抓住了政策好和黄金涨价的机会，也与菜百人"老老实实做人，踏踏实实做事"的信念分不开。不论发生了什么样的变化，菜百公司一直在踏踏实实地做应该做的事。菜百从一个综合百货商店逐渐走向全国瞩目的黄金珠宝领军企业，也是用企业的实际经验和发展历程，来印证中国改革开放的伟大胜利。

萃华珠宝：与国同梦，老字号绽放新华彩

萃华集团总经理　　郭裕春
萃华集团品牌部文案主管　梁秀琴

源于1895年的百年珠宝品牌萃华珠宝，作为中国黄金行业的重要品牌，为实现中华民族伟大复兴的中国梦，深入贯彻习近平新时代中国特色社会主义思想，按照"创新、协调、绿色、开放、共享"发展理念，以及"加快传统产业转型升级"的新要求，萃华珠宝助力中国黄金行业积极推进经济结构战略性调整，加快经济增长方式转变，促进中国黄金产业全新升级，成功建立起"加盟+自营+体验"的品牌经营模式，现已成为集珠宝首饰研发、设计、生产、批发、零售、加盟为一体的品类齐全、规模庞大、综合实力雄厚的集团企业。集团旗下公司分列沈阳、北京、深圳三地，销售网络覆盖全国各大城市，深受行业的认可及消费者的信赖。

萃华珠宝由诞生于公元1895年的萃华金店发展而来，是中国珠宝首饰业少有的地地道道百年民族品牌。萃华金店，凭借"货真价实，童叟无欺"的经营理念及匠心独运的高超手工技艺，被誉为"关东珠宝第一店"。

萃华注重品质和信誉，时常访聘名金匠师，升级工艺，完善制作工序。尤其是花丝工艺水平，领跑行业前沿。20世纪20代末到30年代初，是萃华金店的鼎盛时期，萃华刻意求新，所制饰物花色新颖，同行业中其他金店不能镶嵌的饰物，萃华也能受理制作。凡有萃华戳记的首饰，到外地金店出卖，都能不打折扣地兑换，连京、津、沪等大城市也对萃华饰品倍加推崇。

作为被国家商务部认定的首批"中华老字号"企业，萃华珠宝延续百年品牌价值，始终围绕"勤、诚、信"的企业核心文化，深耕传统首饰文化和非遗技艺，于2018年捐赠1000万元人民币发起成立"北京非物质文化遗产发展基金会黄金文化专项公益基金管理委员会"，用于研究、创新、传承黄金工艺品制作

技艺等公益项目，用中华优秀传统文化的精髓涵养企业精神，致力于让中国珠宝文化和技艺走入寻常百姓人家，以实际行动推动中国文化产业向前发展。

企业转制上市，百年品牌无惧变革

2001年4月，国家取消了黄金"统购统配"的计划管理体制。2002年10月30日，上海黄金交易所正式开业，中国黄金面向市场全面开放，给萃华带来了一次难得的发展机会。为了适应市场经济的发展，2003年，萃华金店实行转制，由深圳翠艺珠宝首饰实业有限公司注资授让萃华部分股权。2008年，萃华企业彻底转变为沈阳萃华金银珠宝股份有限公司。

之后的十年里，萃华一路过关斩将、披荆斩棘，一步一个脚印地拿下属于萃华这块金字招牌的荣誉。转制后，萃华在东北地区率先通过ISO9001产品质量管理体系认证，2004年11月获得了"中国首饰驰名品牌"的荣誉称号；2005年3月成功加入上海黄金交易所，成为108家会员单位之一；萃华金店连续多年被授予"中国消费者协会诚信单位"称号；2006年9月，萃华金店被国家商务部首批认定为"中华老字号"，是长江以北首饰行业唯一一家认定企业；2007年，萃华黄金首饰被评为"中国名牌"产品；2009年，萃华商标被国家工商总局评定为"中国驰名商标"。至此，萃华珠宝集"中华老字号""中国名牌""中国驰名商标"三项殊荣于一身。

2009年，萃华股份在深圳子公司正式建立，代表了萃华正式走出东北，迈向全国。南北两大工厂工艺共研、业务并行、服务全国，更加凸显萃华前店后厂的特色优势。同时，公司引进先进的加工、检测设备，确保每件产品都精益求精。

2014年11月4日，萃华于深圳证券交易所敲响上市宝钟，A股首发成功。从此，百年老店踏上了资本发展的快车道。萃华合理运用资本的力量和手段，提高企业的效率，带来企业竞争优势。在珠宝消费需求日趋高端化的一二线市场扩大自营比重，提升管控产品质量和服务水平，进行高端精细化建设；在需求快速扩张的三四线市场以"加盟"为主，提升品牌市场占有率。与此同时，萃华拓展产品销售新渠道，增设电商部和银行事业部，实现了线上线下融合，收效良好。

拥抱新经济,老字号企业创新无止境

传统文化的现代化表达,需要时尚的、前沿的思维和活力,面对新的消费群体的兴起,这两年,萃华也在不断探索新的发展模式、调整品牌产品线,希望通过年轻人对于中国文化独到的见解,用创新的表达方式和传统文化相结合,加之年轻的、顶级的珠宝设计师团队的演绎和创作,挖掘出中国传统文化中的现代美感,萃华将中华传统元素用珠宝重新进行了定义和诠释,不止于研发具有品牌属性的文化产品、保障系列的迭代频率,更在于从理念、智慧、气度、神韵等方面研究梳理非遗文化的精神内涵,并用产品引领社会生活价值取向,形成符合民族审美特色的精神品质。

作为进驻故宫的百年珠宝品牌,萃华为进一步实现文化驱动消费,与北京故宫博物院展开合作,攫取故宫深厚的文化底蕴和丰富的精神内涵,传承和创新中国非遗花丝、錾刻、古法金等传统手工技艺,将传统文化、故宫元素与现代时尚风潮理念创新融合,以非遗花丝镶嵌等传统手工工艺,不断推出更加贴近消费者现代审美和日常需求的"故宫系列"文创珠宝产品,得到新一代消费群体的热烈追捧。

故宫萃华店

随着新生代消费主力人群的不断崛起,国内珠宝市场为迎合新的消费者需求,主动求变,"互联网+"、大数据、新零售、大时尚等新概念、新业态正在不断被引入。萃华珠宝作为行业的先行者,通过大数据改变传统粗放式经营管理方式,将精细化的运营理念贯彻在每一个管理细节,构建新零售生态链,建立场景化营销,利用"互联网+"的传播特点,配以多元化的营销互动工具,实现多平台新媒体运营,不仅提高了消费者体验,也拓宽了销售渠道;同时,萃华珠宝不断探索新的发展模式,率先树立"大时尚"产业及消费概念,以东方生活美学体验馆为依托,通过跨界融合,将时尚触觉延伸至服装、配饰、家具生活用品等相关艺术领域,通过需求的时尚化倒逼产业转型升级。

奋斗新时代,国际化品牌发展之路

中华5000年文化博大精深,经久不衰的民族品牌却少之又少。在品牌高速驰骋的道路上,领跑于国际时尚前沿的百年珠宝品牌,传承民族文化,并随着国家的历史发展,品牌早已跨越企业身份,上升成为一个国家的精神符号,甚至成为世界历史中的不朽传奇。萃华作为传承百年仍然屹立不倒的民族珠宝品牌,毅然擎起民族品牌大旗,探索国际化道路,让中国珠宝走出国门,扩大了民族珠宝品牌影响力和知名度。

萃华珠宝积极参与"一带一路"建设,支持文化研究成果走出国门、走向世界,先后亮相巴黎时装周、戛纳国际电影节、上合组织国家电影节等国际舞台,上演了一场场东方融汇西方、震撼感官与灵魂的视觉盛宴,并携手故宫博物院、中国文物交流中心等国家机构开启"萃华宫匠非遗花丝文化臻品全球巡展"之旅,远赴新加坡中国文化中心、韩国首尔中国文化中心、法国卢浮宫博物馆、意大利卡萨雷斯博物馆等艺术殿堂展示"宫匠系列臻品",全面充分地展示了中国的工艺之美和百年品牌的文化积淀,传播和弘扬中国特有的文化底蕴与珠宝魅力,让世界各国公众近距离体验中国非物质文化遗产,感受中国在文化创新和"非遗"传承上结成的丰硕成果,共赏中华民族文化瑰宝的魅力,获得中外媒体高度评价,让民族珠宝品牌惊艳国际。

"萃"聚匠人,"华"蕴匠心。萃华人将牢记使命、不忘初衷,与国同梦,始终坚持勤劳创新、自强不息的民族精神,做强实业,做好产品,做优服务,让萃华这个"中华老字号"品牌绽放出新时代的华彩。

百泰：在创新热土创新前行

深圳市百泰珠宝首饰有限公司　丁云洁

承继着建设中华人民共和国的"创"精神和改革开放的"闯"精神，百泰于2000年在深圳这片创新创业的热土上应时而生。

2000年，随着央行放开对黄金采购、分配和价格的管控，10多位对黄金珠宝行业满怀热爱的"百泰人"，于深圳盐田沙头角的一间民房内成立了深圳市百泰贸易有限公司，也就是百泰集团的前身。

随后，黄金"统购统配"计划管理体制的改革及上海黄金交易所的正式成立，标志着中国黄金市场走向全面开放，黄金交易蓬勃发展。在这样庞大的市场需求持续释放的政策红利下，百泰审时度势，紧抓时代机遇，深耕黄金行业，创建自主品牌，筹建产业基地，于短短的10多年时间内，实现了企业由小到大的飞速跨越，成为一个具有一定规模和实力的黄金珠宝产业集团。

目前，百泰集团旗下拥有10多个子公司以及"百泰首饰""尚金缘""百泰国礼""金百泰"等深具市场竞争力的珠宝品牌。在百泰计划筹建的多个产业基地中，总部（深圳）基地、东部（杭州）基地和北部（天津）基地已实现成熟运营。

聚力转型升级，促高质量发展

百泰的发展壮大，除了善于取势外，还离不开正确的经营战略指导。在企业创办初期，百泰的经营业务主要以来料加工为主，管理比较粗放。随后，随着企业规模的扩大及业务的拓展，百泰逐渐认识到体系化管理的重要性，开始有意构建企业的质量管理体系并不断优化完善，确保企业长足发展。

在生产方式变革上，百泰率先将黄金首饰行业的传统作坊式生产改为流水线作业，实现了规模化生产，开启了黄金珠宝首饰生产制造的现代化进程。

在标准建设方面，2009 年，在深圳市市场和质量监督管理局、全国首饰标准化技术委员会的关怀、支持下，百泰联合业内龙头企业发起筹建"贵金属及珠宝玉石饰品企业标准联盟"并被指定为首届秘书长单位。同时，作为全国首饰标准化技术委员会委员单位、深圳市分析测试协会珠宝首饰委员会委员单位，百泰在黄金首饰标准体系领域开展了大量基础标准研究工作。

截至目前，百泰围绕珠宝贵金属饰品加工制造、企业安全生产、环保处理、知识产权等方面，参与制定企业标准 50 多个、行业内各项标准 25 个，参与在编标准 7 个，积极推动珠宝首饰行业的标准化、规范化进程。其中，由百泰主导制定的深圳特区技术规范——《贵金属饰品加工企业安全生产要求》，荣获"深圳市科学技术奖（标准奖）"。

此外，依靠原材料质量安全保障、产品生产环节质量管控体系、供应商质量风险控制、产品售后服务维护等品质管理体系形成的"360°产品质量管理"，百泰最大限度地保证了产品品质，获得了"中国轻工业百强企业""深圳市市长质量奖鼓励奖""盐田区区长质量奖""广东省名牌产品""首届深圳品牌百强"等一系列荣誉，得到了市场与消费者的广泛认可。

但百泰没有止步于此。2013 年，随着国家经济高速发展过后阶段性调整的呼啸而来，以及新经济、新时代、新技术背景下，人们消费心理、消费方式、消费习惯的改变，百泰再次洞察时势，做出了转型升级、走高质量发展路线的战略选择：以开放的心态主动拥抱新变化，从市场发展和消费者需求出发，迭代思维，创新经营，整合各方资源，从制造、设计、研发、营销、服务等生产和管理的各要素、各环节全方位发力，力求以更精致、更时尚、更美观、更有创意、更有内涵、更加多元的产品及更加优质的服务参与市场的新一轮竞技。

以质为本，整合创新

确定了转型升级与高质量发展的路线后，百泰以高端、高质、高效为目标，以产品品质为本，通过培育人才、技术创新、设计创意、品牌营运等方面构建"大质量"体系，并不断地进行价值的整合创新，力求实现由生产加工主导型的传统制造业向以创新设计为主导、融合先进制造的新兴产业转变，优质增效，提升企业核心竞争力。

1. 培育人才。人才是创新的根基。作为生产制造型企业，百泰特别重视工匠精神的传承与培育。自 2013 年创办"状元 360 杯"工匠精神比武大赛以来，发掘并培养了一大批国家、省、市、区政府认定的优秀技能人才，形成了一支能力过硬的老、中、青结合的技术团队，为企业的技术革新与产品创新提供了坚实的人才支撑。

百泰"状元 360 杯"工匠精神比武大赛

2. 智能制造。步入珠宝后工业时代，在保持传统制造优势的前提下，制造业还需要与高科技结合，这是企业实现制造转型的必然选择。为此，百泰提出变"制造"为"智造"的发展规划，通过设备升级与智能化生产体系来提升企业的生产制造水平。

在设备提升上，百泰一方面引进美国 3D 打印机、意大利 fasti 生产线、瑞士夏米尔火花机等国内外先进设备，另一方面，通过自主研发及与中科院深圳先进技术研究院、数控公司等合作研发的形式进行设备的升级改造，致力于提升生产效率与产品品质。

在搭建智能制造平台上，百泰目前主要是通过 ERP 系统、WMS 系统、在线下单系统等共同集成，借助智能化、信息化手段，百泰充分整合企业内部资源，将信息流和物流进行整体统筹协调，以支撑生产、销售、仓储等环节的高效运作，提升经营价值。

3. 产品创新。创新是百泰的核心竞争力，也是百泰实现高质量发展的关键所在。百泰一直都非常重视产品创新，始终坚定文化自信，践行文化使命，于行业内率先提出"文化黄金、时尚黄金"理念，倡导将中国传统优秀文化融入产品的创意研发当中，以多元化视角，不断探索黄金珠宝在创意设计、工艺研发方面的全新可能。

在创意设计方面，百泰一方面积极与清华大学、中国科学院、中央美术学院、中国地质大学（武汉）、南京艺术学院以及中国工艺美术大师进行合作，以名校、名院、名师为依托，促进设计创新所需的各种生产要素的有效组合，另一方面，面对当前市场需求的重构，百泰主动向新生代消费群体靠拢，积极联合世界黄金协会、亚洲博闻举办"囍福结婚金饰国际设计大赛"，通过构建全球设计师合作及国际艺术院校创新联盟，整合与引进全球优秀设计师资源，提升设计研发水平。

与此同时，百泰又以工艺技术上的不断精进来提升自己的制造水平。近年来，百泰创新推出了"七彩金""花丝金""幻彩金""玲珑金""炫美金""阳光金""魔力金""双面3D浮雕""V$^+$硬金"等多项新工艺与新技术，并在很多方面建立标准，取得突破，已成为黄金珠宝行业内的技术革新代表。"百泰精工"也由此成为行业内的一张亮丽名片。

4. 品牌建设。品牌化发展，是企业转型升级的突围方向。作为企业生存和发展的核心要素，百泰深刻地认识到了品牌建设的重要性，并进行了积极的尝试与探索。

在品牌战略上，百泰积极探索品牌文化及理念的落地，致力于实现从品牌批发商向品牌运营服务商的转变，通过细分市场进行多品牌布局，以品牌促发展。

目前，百泰已形成了包括面向大众消费人群的"尚金缘"批发品牌、"百泰首饰"零售加盟品牌及面对高端消费人群的"百泰国礼"文化典藏品牌在内的多元化品牌矩阵。其中，"百泰国礼"品牌与中国建设银行、中国工商银行等国内多家银行建立起了长期友好的合作关系，已成为业内银企合作的创新典范，取得了不错的市场成绩。

在品牌推广上，百泰通过产品主题酒会、文化黄金巡展、珠宝展等一系列接地气、高效率的活动，对"和合"文化进行了不同层面的解读和诠释，传播百泰珠宝品牌文化内涵，释放品牌文化能量。

在营运渠道上，除了自营店、加盟店等实体店外，百泰还积极拥抱互联网，入驻天猫、京东、唯品会、云集等电商平台，打造"线上+线下"相结合的新零售业态，拓展营销渠道，带动产品销售。

在深耕国内市场的同时，百泰还积极响应国家"一带一路"倡议，与新加坡、马来西亚、阿联酋、泰国等国家当地龙头企业进行战略合作，深挖当地文化资源，将工匠精神与高新工艺、技术相结合，输出了众多深具人文特质的文化精品，助推"中国制造"走向世界。

不忘初心，勇担责任

百泰一直倡导感恩文化，力求于点滴之中践行感恩理念，立志用最好的产品、最好的服务来感恩社会，并竭尽所能地参与教育、科技、慈善、扶贫、生态、医疗等诸多领域，努力成为受人尊重的企业。

从初创的10多人的小团队到如今近3000人的规模，从单一发展到全面开花，从深圳一隅到面向世界，在近20年的创业征途中，百泰凭着"敢闯敢干、做好企业"的信心和激情，于时代大潮中搏击前行，踏出了一条属于自己的发展之路。

舟循川则游速。未来，乘着"一带一路""互联网＋"粤港澳大湾区建设、工业智能制造等国家经济发展大势，百泰会继续创新而行，不懈创造，为打造具有中国文化基因的卓越国际珠宝首饰品牌而继续奋斗！

金龙：三十二载专注锻造黄金品牌

金龙珠宝首饰有限公司董事长 刘旺枝

2019年，金龙集团迎来它的32周岁生辰。

32年，金龙的变化覆地翻天。从一间小公司，成长为中国黄金珠宝行业三大运营商之一，拥有25000平方米黄金生产基地，千万级专业检测实验室，全行业唯一的贵金属工程技术研究中心，深圳、北京、东莞三大批发展厅，首创"99999黄金·御纯金"高端珠宝零售品牌。目前，拥有700多家零售终端，黄金年产量100吨以上，产品遍及五湖四海。

每一个现代企业的成长史，都是中国改革开放史的缩影。金龙在这滚滚向前的历史洪流中，走出了自己独特的轨迹线。

1987—2001：大时代催生，剧变中蜕变

1987年，党的十三大在北京召开，以进一步加快和深化改革开放为中心议题，阐明中国正处在社会主义初级阶段，并明确了党在这个阶段的基本路线为"领导和团结全国各族人民，以经济建设为中心，坚持四项基本原则，坚持改革开放，自力更生，艰苦创业，为把我国建设成为富强、民主、文明的社会主义现代化强国而奋斗"。

同一年，在香港，在香港和内地经营贸易多年的刘旺枝成立了金龙珠宝，从此揭开了金龙集团此后32载专注锻造黄金品牌的序幕。

20世纪80年代末的内地市场，黄金珠宝尚为稀缺物，刘旺枝为公司取名金龙，其初心就在于："以中国5000年的历史文化为基，嫁接现代化的黄金珠宝生产工艺，做有文化价值的黄金珠宝。"为了把黄金珠宝的文化价值充分挖掘出来，并最大限度地发扬光大，金龙在1997年建设了自有工厂，组建高素质的研发、

设计团队,全面从事黄金珠宝首饰的研发、生产加工、批发贸易和零售品牌业务。在这个规划和布局之下,同一年,第一家金龙珠宝品牌零售店在广州开业,金龙黄金第一家批发展厅在深圳开业,金龙开始初步迈出集团化步伐,逐渐开始了它在黄金领域稳步壮大的历程。

金龙集团的诞生和发展主要得益于当时的时代大背景,当中国进入改革开放的年代,政策的开放大力推动经济发展,人民生活水平和消费力大幅提高,对黄金珠宝的需求日益提升。加上各地政府对本地经济的大力支持,金龙赶上了发展的好时候,顺应了市场需求,抓住了机遇,稳稳地走过了它诞生成长的第一阶段。

2002—2013:大事件助力,国礼中成长

2004年,金龙正式成为上海黄金交易所综合类会员,其后,更是参与了多件全球范围内影响深远的盛事,创造出了多项行业成就。奥运会、世博会、亚运会、大运会等,均有金龙集团的身影。2005年,荣誉承制国礼《郑和七宝宝船》;2006年,获北京奥组委授权,独家承制北京奥运会《鸟巢》,金龙集团成为北京奥运会第三方授权生产企业;2012年,以100公斤黄金1:1打造《富春山居图》艺术黄金合璧典藏版;2013年,携手保利集团,1:1重铸国宝之魂——全世界唯一一套《圆明园纯金十二兽首》。金龙集团也因此获得"世界黄金礼品典范"的美誉。

《圆明园纯金十二兽首》

国礼等身的金龙，在繁荣昌盛的大时代和日渐兴隆的珠宝行业中，不仅建立起北京、深圳、东莞三大展厅，还积累了1万多家行业客户，覆盖全行业80%以上，研发、生产、批发、零售的全产业链布局在这一阶段逐步成型。

2013—2016：埋头苦练内功，科技创新蓄力

经历了2013年的抢金潮，整个行业全面进入狂欢过后的冷静期和盘整期。这一阶段的金龙，也进入了埋头修炼内功、积极突破创新的蓄力期。

2014年，与国家金银制品质量监督检验中心投资数千万元联合成立了中国黄金珠宝研究中心，通过技术革新，创新研发出"高纯氩焊接技术""高纯度黄金加硬技术""高韧性电铸硬金技术"等国际领先的高科技黄金加工技术；2014年，在全集团范围建立ERP系统，实施全供应链实时在线跟踪管理；2015年，与珠宝管家建立战略合作，实现在线买料、线下交易，并建立客户群大数据进行精细化管理；2015年，金龙获得全球首批GMC国家标准认证，并荣获"中国珠宝玉石首饰行业制造十佳品牌"称号；2016年，投资千万元，引进高科技设备和人才，建立3D精工科研中心。

这一阶段的金龙，不惜血本大力投入管理升级和科技创新，正是这两年的沉淀和蓄力，为金龙集团在下一阶段的腾飞打下了坚实基础。

2017—2018：在文化复兴大潮中腾飞

2016年12月14日，中央经济工作会议举行。会议强调，要坚持以提高发展质量和效益为中心，坚持以推进供给侧结构性改革为主线，深化创新驱动。

2016年12月26日，金龙集团30周年庆典上，首个以"御纯金"命名的99999黄金高端品牌正式启动。当时的黄金行业由于工艺水平的限制，纯度达到999.99‰已是黄金首饰纯度的极限，而且达到此纯度的产品成品率极低，导致市场上货品极为稀少。通过高科技提纯和独家专利的高纯氩焊接，100公斤的黄金原材料只能提纯30公斤的纯度达到99999以上的产品。"99999黄金·御纯金"不仅是金龙集团在首饰制造工艺上的一次重大突破，更是金龙集团一直以来不断挑战自我、追求极限的工匠精神的完美体现，它还是对中国黄金首饰行业黄金纯度纪录的一次刷新，为行业的转型升级做出了重要尝试。

"御纯金"甫一上市，即引爆市场。仅用两个月时间，就吸引了300余家加盟商加盟；一年建立起600余家加盟店的规模，两年已遍布全国27个省份300多个城市，拥有700余家成熟运作的零售终端。

2018年9月，金龙将它的创新优势又延展到了批发领域，在全行业率先推出了创新产品古法硬金。以现代电铸工艺嫁接古老手工制金技法，用48套独家定制道具，对每一件古法硬金产品进行35道工序处理，每件产品平均修金1280次，通过数小时的轻捶慢錾，完美融合"传统与现代、古朴与技术"这两组对立统一概念，并让代表现代科技的电铸技术和古法手工在对撞中相融，在冲突中和谐，最终实现在0.2毫米厚度上完美呈现古法工艺。

金龙以古法硬金扛起国潮大旗，以小克重、轻奢时尚为定位，齐全的品类和亲民的价格充分满足大众的需求和审美。

2019：文化、科技齐头并进

2019年，是中华人民共和国成立70周年，金龙也将迎来32岁诞辰。尚处在青壮年时期的金龙，携新品的御纯金，将进入新的发展阶段。

2019年初，5G通讯大火之时，5G黄金也在黄金珠宝业风行一片，向来敢为人先的金龙凭借独家研发的"5G爱尚·K"新品再次引领潮流。

金龙32年匠心锤炼出的"5G爱尚·K时尚黄金"，其5G即为5－Grade，代表黄金行业最高级别的精品黄金产品。它以"足金价值＋K金颜值＋硬金硬度"的独有属性，锁定都市时尚女性，以"摩登个性、玩趣可爱、优雅女神、职场干练"四类不同时尚风格的产品系列精准演绎，完美诠释都市时尚女性自由无畏、追求与众不同的时尚主张，引爆黄金行业"5G时代"。

中华人民共和国成立70年，中国一直走在发展和崛起的路上；金龙成立32年，金龙一直走在创新和升级的路上。未来，金龙将随祖国的成长而成长，与祖国的壮大同壮大，伴随着全面深化改革的步伐，金龙必将谱写出更加壮美的篇章！

宏艺：老字号的传承经

北京黄金经济发展研究中心　马　佳

山西宏艺首饰股份有限公司是山西人心目中地地道道的老字号首饰企业。这个拥有40多年历史的老字号企业，是由1975年诞生的山西省工艺美术总厂转企改制而来。

40多年来，"宏艺人"伴随改革开放的时代步伐，在探索中成长，靠创新发展壮大，历经风风雨雨，饱尝酸甜苦辣，终使宏艺发展成为拥有资产数亿元、集生产销售于一体的山西省黄金珠宝行业的领军企业。

借改革春风迎来发展新机遇

1975年，宏艺珠宝的前身是山西工艺美术总厂，位于山西省太原市新建路115号，并招入了100名新工人。1984年是我国城市经济体制改革的重要一年，国务院下发47号文批转轻工部全国手工业合作总社《关于总社理事会扩大会议情况的报告》，要求实行有利于二轻集体所有制经济发展的管理体系。此后，一系列的改革政策，从人财物、产供销方面给予企业更大的自主经营权，为正面临转型的山西省工艺美术总厂带来了发展机遇。

国家给了政策，工美厂就该走出新路。带着这样的思路，山西宏艺首饰股份有限公司董事长李海峰与厂里的几位领导一同前往沿海发达省区进行市场调研。1984年春，《羊城晚报》上一则《南方掀起首饰热》的消息引起了李海峰的注意。

通过调研，他认为，伴随改革开放，人们的消费水平必然提高，金银首饰一定会大有市场。而当时山西尚没有专搞黄金白银加工的企业。于是，开发黄金加工项目的计划开始筹划。

在当时的行政体制下，黄金加工要实施起来非常困难。李海峰顶住来自多方的压力，奋力奔走，终于在1984年6月设立了特种工艺车间。在征得主管厅局领导同意后，他一个月内六上北京，寻求立项审批。同年11月，经原国家轻工部和中国人民银行总行批准，国家金饰品的定点生产厂家成立，这是1949年后，山西第一家黄金首饰加工厂。李海峰请来了当时年近七旬的首饰老艺人降富，带徒弟、传技艺，从做金银饰品的来料加工开始，一步步摸索金银饰品加工方法。

1985年1月，第一批首饰产品出厂。李海峰为新产品起了一个响亮的名字——宏艺，寓意要用宏伟而精湛的艺术服务于三晋人民。产品选择在山西省工艺品旅游品博览会上面市。这是山西在中华人民共和国成立后第一次举办金饰品展销。李海峰站在仅两平方米的柜台前，认真为顾客解答各种首饰问题。仅仅半天时间，几百件首饰售罄。宏艺首饰的名声不胫而走。1985年，宏艺首次实现利润58万元。随着黄金加工项目的上马，企业逐步走上了发展的正轨，并且确立了产品的自我营销及"前店后厂"的发展格局。

确立"三自、两优、一高"理念

为保持企业健康发展和快速扩张，李海峰将经营方针确定为"三自、两优、一高"，即搞自己的产品、创自己的牌子、走自己的路子、上优质产品、创优质服务和树立高度的企业信誉。多年来，"宏艺人"坚持着这一经营理念，并以诚信为本，把"宏艺"打造成了金色品牌、诚信企业。

这个经营战略贯穿了20世纪80年代后期至整个90年代，并指导创建以宏艺品牌为核心的市场营销战略和具有宏艺特色的企业文化战略。这对当时市场意识还很淡薄的山西省多数企业来说，无疑是超前的。

1991年，对于宏艺而言是承前启后的一年。"宏艺"这块金字招牌在国家工商行政管理局商标局正式注册。到1992年，宏艺黄金饰品已经形成了成色好、重量足、质量可靠、品种齐全的产品优势。企业技术工人的水平也有了极大的提升，并在原有的产品品种和工艺水平的基础上，增加了铂金及花丝摆件工艺，填补了山西首饰业的空白，还组建了自己的首饰设计团队。

1993年，山西省二轻工业总公司批复了企业的更名报告。自此，山西省工艺美术实验总厂正式改为山西省宏艺首饰总厂。2000年，山西省宏艺首饰总厂进行股份制改革，山西宏艺首饰股份有限公司正式成立，宏艺钻饰城也同时开业。进入21世纪，宏艺迎来了新的发展机遇。2004年，宏艺公司完成股权结构调整，从此驶上发展快车道。

2005年，宏艺建厂30周年，销售额突破亿元大关，创历史新高。此后，宏艺依托黄金首饰发展，开始布局黄金投资领域。2006年，山西宏艺首饰股份有限公司黄金交易中心暨山西宏艺黄金交易有限责任公司正式开业运营，首开三晋黄金投资业先河。

以工艺技艺实现产业升级

2014年，宏艺珠宝文化产业园完成所有基建项目。宏艺珠宝产业园位于晋中市榆次区，占地面积约30亩，自2016年开园以来，逐步形成集研发、生产、展示、观光为一体的首饰工业园区、工业旅游景点和文化产业基地。

2017年5月20日，宏艺珠宝柳巷店开业，营业面积约200平方米，是宏艺珠宝渠道布局迈出的重要一步。宏艺珠宝以全新姿态亮相柳巷商圈，这是继宏艺珠宝文化产业园之后的又一新举措，"特色、时尚、精品"成为新理念。2018年6月9日，宏艺第二个商场店——茂业店开业，继续进军繁华商圈，拓宽销售渠道。

2017年8月，第三届山西文化产业博览交易会在山西省煤炭交易中心盛大开幕，宏艺珠宝文化产业园作为2013年首届山西文化产业博览交易会重点项目落户晋中，参加了本次博览会。以大型花丝摆件和"百花奖"金奖作品为主的展品突出展示了宏艺公司的生产、设计和研发实力，并获得组委会"优秀展示奖"。

数十年来，宏艺珠宝一直致力于传承、创新花丝镶嵌非遗技艺，独家原创近百件花丝摆件及饰品。公司制作的"晋韵花丝镶嵌"系列产品，既传承创新了精湛的花丝镶嵌工艺，又弘扬了三晋传统文化，并屡获国家级最高奖项。

2018年9月，2018深圳国际珠宝展珠宝时尚周上，宏艺珠宝花丝镶嵌非遗技艺受邀亮相中国珠宝设计年展，《花丝应县木塔》《花丝珐琅九龙壁》等十余件花丝作品展出，将花丝镶嵌非遗技艺展现在世界面前。2018年12月12日，中国珠宝玉石首饰行业协会表彰中国改革开放40周年珠宝行业先进企业和先进个人，宏艺公司荣获"中国改革开放40周年珠宝行业先进企业"称号。

在前进的征途上，企业始终坚守诚信经营。诚信的晋商精神和感恩回报社会的理念，已深深地印入宏艺品牌和宏艺事业，并始终鞭策着全体"宏艺人"风雨兼程，不惮前行。乘改革开放的东风，宏艺取得各方面的发展和进步，市场的拓展、规模的扩大、经济效益和社会效益的不断增加，使"宏大艺术"发展的梦想渐渐成真。

第五章

货币之王

新时期,黄金承担为人民币国际化"增信"的重任,使命光荣,责任重大。

黄金具有重大战略价值

首都经济贸易大学中国黄金研究中心主任 祝合良

在黄金非货币化的今天,全球依然高度关注黄金,非常值得人们深思。

黄金的属性与黄金的战略价值

属性是事物本身所固有的性质,是物质必然的、基本的、不可分离的特性,又是事物某个方面"质"的表现。一定"质"的事物常表现出多种属性。事物的属性有本质和非本质属性之别,黄金也不例外。总体来讲,黄金具有自然属性和社会属性两大属性,两者共同决定了黄金的价值。

黄金的自然属性是指其作为贵金属的物理和化学特性。黄金简称"金",它是一种柔软、金黄色、抗腐蚀极强和化学稳定性极高的贵金属,因而黄金具有恒久性。黄金自开采以来,就以各种形式储存起来。人类数千年生产出来的黄金90%以上保留至今。黄金的这一自然属性是黄金最本质的属性。正是这一最本质的属性,使得黄金具有一定的保值性、安全性(信用的最好载体)、象征性(财富的象征、权力的象征、宗教神圣的象征、国家实力的象征)和独立性(黄金是唯一独立于任何货币,不靠国家信誉变现的金融资产。在危机到来之际,黄金总能力挽狂澜,起到稳定经济的中流砥柱作用)。黄金的这一自然属性从根本上决定了黄金的价值,同时也决定了黄金的地位和作用。

随着人类社会的不断发展,人们开始赋予黄金不同的社会属性。黄金的社会属性归结起来主要有商品属性、货币属性、金融属性、文化属性和政治属性等特性。

黄金的商品属性是指黄金具有商品的一般特性,即具有使用价值和价值,这也是黄金的本质属性。黄金由于其天然的属性,使得其具有特殊而广泛的用途。

黄金最初就是用来作首饰和装饰用的，今天仍然如此。当今世界每年黄金首饰需求占黄金实物需求 60% 以上。如今，越来越多的传统工业和电子工业、航天航空工业、化学工业、医疗事业等现代高新技术产业使用黄金做原料，以提高其使用价值。价值是凝结在商品中的无差别的一般人类劳动，黄金本身凝结着人类的一般劳动，是实实在在的商品。

黄金的货币属性是指黄金具有充当一般等价物的交换功能。马克思在《资本论》里写道："货币天然不是金银，但金银天然就是货币。"黄金能够充当一般等价物，这也完全是由于其自然属性最适合充当货币材料的缘故。由于黄金具有体积小、价值大、比较柔软、易于分割、携带方便、久藏不坏的特点，因此，黄金作为货币充当一般等价物具有天然的优势，黄金的货币属性也就成为黄金的本质属性。公元前 635 年，世界上第一枚黄金铸币诞生于小亚细亚的富庶古国吕底亚，黄金作为货币的历史大幕自此拉开。到近代，黄金又被赋予硬通货的职能，"金本位"制的出现更使它具有了前所未有的地位。作为货币的黄金，曾经具有价值尺度、流通手段、支付手段、储藏手段和世界货币等五大职能。

黄金的金融属性是指黄金具有价值流通和金融资产的特性。20 世纪 70 年代黄金非货币化以来，黄金的货币属性大大弱化，黄金的金融属性开始显现并不断得到强化。黄金作为一种公认的抵御通货膨胀的金融资产活跃在投资领域，充当国家、机构和个人的储备资产，具有重要的投资价值。尤其是在实物黄金的基础上，一系列黄金衍生产品，如纸黄金、黄金远期与掉期合约、黄金期货、黄金期权、黄金股票、黄金基金等金融产品强化了黄金的金融属性。黄金的金融属性虽然不是黄金的本质属性，但是目前却成为黄金的主导属性，影响黄金价格的变动。作为金融资产的黄金，与众多投资工具不同，它具有全球性、流动性、保值性、避险性和反向性等特点。

黄金的文化属性是指黄金体现人类的物质文化和精神文化的特性。黄金是人类最重要的物质财富之一。黄金的化学符号 Au，名称来自古罗马神话中的黎明女神欧若拉（Aurora），意为"黎明之光"。在梵语中意为闪光，在德语中意为明亮。在古埃及，黄金是太阳神的象征，被法老用作树立自己权威的工具，也被作为人类灵魂走向来世、求得永生的寄托。在中国，黄金位居五行之首，代表着天。可见，黄金具有丰富的文化内涵。当然，黄金最大的文化魅力来源于其最本质的自然属性衍生出来的契约精神。历史地看，"金本位"制的产生和发展，就是这种契约精神的典型代表。正是这种契约精神，让我们今天在世界经济陷入危机时产生了重返金本位的呼声。不难看出，黄金的文化属性是派生出来的，而非黄金的本质属性，但是它对扩大黄金在全世界的影响却非同一般。

黄金的政治属性是指黄金具有反映统治者的政治意图、国家利益和地缘政治影响的特性。19世纪之前，黄金因极其稀有，基本为帝王独占的财富和权势的象征，或为神灵拥有，而一般平民很难拥有。后来，随着黄金产业的不断发展和交换功能的不断扩大，黄金走下神堂进入百姓家。但是直到今天，黄金的政治意义依然存在。最具有政治象征意义的是，美国肯塔基州的诺克斯堡军营至今深锁着美国政府所拥有的60%的黄金储备，这里长期驻扎着美国国防力量中最精锐的部队，300多辆坦克和1万多名士兵常年守卫在这里。美国政府将《独立宣言》和《美国宪法》这两部誉为美国独立之本和最具美国精神的历史文献原稿与大量的黄金一起深锁在此。美国为了维护美元的霸主地位，一方面极力推行黄金非货币化，另一方面却大量储存黄金，是当今世界第一大黄金储备国，让黄金充当美元的影子担保和最后屏障。与众多商品不同，黄金价格的变化受地缘政治的影响最为明显。历史上，世界每次发生大的政治事件或军事冲突，都造成了金价的大幅度波动。今天世界地缘政治的不断冲突及由此可能造成的战争依然是悬在黄金头上的一把利剑。黄金的政治属性虽然不是黄金的本质属性，但是它却体现黄金的战略价值。因此，认识到黄金的政治属性，对于建立国家黄金战略具有重要的意义。

黄金属性不仅有本质与非本质属性之分，更有战略属性与非战略属性之别。黄金的非本质属性是从其本质属性中衍生出来的。很有意思的是黄金的本质属性，如自然属性和商品属性不具有战略属性，而非本质属性，如货币属性、金融属性、政治属性中却含有战略属性。

几千年来，还没有任何一种物质财富和精神财富，能够像黄金一样，具有上述众多属性，对人类社会的政治、经济和文化产生如此巨大而深刻的影响。尤其是黄金的货币属性、金融属性和政治属性，能够充分体现国家的战略意图，因此，我们必须高度重视黄金的战略价值。

强大的中国必须重视黄金的战略储备

改革开放40多年来，中国的经济发展取得了举世瞩目的成就，目前经济总量和货物贸易总量已经位居世界前列，是名副其实的经济大国。但是，从经济的发达程度、货币的国际主导性和文化的软实力等众多方面来看，中国离经济强国还有很大的差距。而在由经济大国迈向经济强国的进程中，重视黄金的战略储备，构建中国的黄金战略具有十分重要的意义。

从近300年世界历史的进程来看，经济强国最明显的标志之一就是该国货币是国际硬通货即国际主导货币。一国货币能否成为国际主导货币的影响因素有很多，而在这众多因素中，该国的黄金储备规模是影响其国际主导性的重要因素。

与世界目前各国通行的信用货币不同，黄金具有稳定的内在价值，是世界上唯一的非负债货币资产，它不仅可以对抗通货膨胀，而且从根本上可以对抗信用风险。因此，在经济危机或国际形势动荡时能够成为规避风险和保值的可靠手段及最终的支付工具。正如著名经济学家凯恩斯所说："黄金在我们的制度中具有重要的作用。它作为最后的卫兵和紧急需要时的储备金，还没有任何其他的东西可以取代它。"因此，为了维护一国信用货币的公信力，各国央行都要储备一定数量的黄金作为支撑。而要让该国的信用货币成为世界主导货币，当然就要储备更多的黄金。

从世界主导货币的产生和发展过程来看，1845年，英镑开始了国际化进程，英国政府为了让英镑成为世界第一主导货币，开始大量储备黄金。到1850年，英国成为世界第一黄金储备大国，其官方黄金储备一度占据世界黄金储备的97.6%。在1845—1900年间，英国的黄金储备量一直位居世界第一，从而有力地确保了英镑的霸主地位。然而，两次世界大战消耗了英国的国力，英国不断减持黄金储备，到1954年英国央行仅拥有2255吨黄金，占世界黄金储备的比重下降到8.18%，英镑的地位不断下降。

与此同时，美国政府大量持有巨额黄金储备。至1945年，美国黄金储备达到17848吨，占世界黄金储备比重超过60%，远超英国，从此世界进入以美元为中心的国际货币体系，美元取代英镑成为世界第一国际贸易支付手段和储备货币。1949年，美国拥有黄金储备22000多吨，占西方黄金储备的70%。此后，美国黄金储备开始下降，1960年降为15000多吨，1970年降为9839吨，1980年降为8221吨。随着布林顿森林的解体，美国停止美元兑换黄金，20世纪80年代以后，美国黄金储备稳定在8000吨左右，占全球黄金储备30%以上，有力地维持了美元的霸主地位。到2013年，美国官方持有黄金储备为8133.5吨，占其国际储备总量的70.2%，占世界黄金储备总量的约1/4，仍然是世界第一黄金储备大国。即便在金融危机最盛之时，美国为了维护美元的霸主地位，也丝毫没有动用其黄金储备。

20世纪60年代末，日本为了加快日元的国际化，加速了储备黄金。但是1975年以后，日本的官方黄金储金很少增加，仅在1999年和2000年增持了少量黄金储备，黄金储备分别为754吨、765.2吨，约占其外汇储备的2.7%。日本大量的外汇储备用于购买美国国债，黄金储备在外汇储备中所占比重过低，这严重影响了日元的国际地位。

自1999年欧元诞生之日起，为了让欧元成为国际储备货币，欧元区官方黄金储备的比重一直保持上升趋稳的态势，从1999年黄金储备占官方储备的27%上升至2013年的55.8%，2013年欧元区黄金储备超过世界黄金储备量的1/3，共计10779.3吨，成为全球黄金储备最多的统一货币区域。德国作为欧元之锚，其黄金储备高达3401吨，占其国际储备总量的71.4%，对于维持欧元稳定起到了举足轻重的作用。此后，欧元区官方黄金储备趋于稳定。截至2019年3月，欧元区官方黄金储备为10778.5吨，占总国际储备比重的54.4%。

国际经验表明，对一般国家来说，黄金储备量占外汇储备的10%，才能保障金融稳定，同时实现经济的高效率。作为世界主导货币的国家，其黄金储备一般占其外汇储备的30%以上才比较合适。

当然，黄金储备的作用远非如此，除了可以促进该国货币的国际化以外，它在保障国家金融安全、经济安全和社会稳定方面也起着至关重要的作用。因为黄金储备能够保证国家在发生危机时拥有更大的自主权，而不受任何其他国家权力的干预，从而可以有力地保障金融、经济安全和社会稳定。正是基于这样的认识，自2010年以来，全球各国央行已经从黄金的净出售者变成净购买者，开始重新认识黄金在货币储备中的地位，不断优化本国的外汇资产。

改革开放以来，随着我国经济的不断发展和对外贸易的不断扩大，我国的储备资产大量增加。截至2019年1月，我国储备资产规模高达31863.52亿美元，继续稳居世界之首。其中，外汇储备30879.24亿美元，黄金储备只有793.19亿美元（1885.5吨）。黄金资产占官方储备资产不足2.49%，不仅远低于西方发达国家水平，也远低于国际10%的平均水平。而且，储备资产中货币错配、结构失衡现象极为明显。我国2/3的储备资产投向了美元资产，购买了美国的国债。很显然，将国家储备资产寄托在美国政府的信用之上是非常不合理和不安全的。

随着中国经济的不断发展和对外开放的不断扩大，人民币国际化是必然的趋势。从国际经验来看，加大我国的黄金储备应成为推进人民币国际化的重要战略举措，同时也是保障经济和金融安全的重要举措。

黄金储备：全球竞相增持的"压舱石"

中国黄金报社 王 蓓

全球央行从 2018 年开始大量买入黄金，增加黄金储备量。

根据《全球黄金年鉴 2019》显示，各国央行黄金净买入量在经历了连续 4 年下滑后，2018 年各国央行共净买入 657 吨黄金，同比飙升 74%，达到 20 世纪 70 年代初布雷顿森林体系崩溃以来的最高水平。

2018 年，官方部门的黄金总买入量同比飙升 69%，至 762 吨，创数十年来的新高。

2018 年，各国央行大幅增持黄金，反映出各国提高黄金在其国际储备中占比的意愿。2017 年，仅有俄罗斯、土耳其和哈萨克斯坦这三国央行的黄金买入量超过 10 吨，而 2018 年，除上述国家继续大幅增持黄金外，多个其他国家亦增持了 10 吨以上的黄金。

据世界黄金协会发布的数据显示，截至 2019 年 4 月，全球官方黄金储备共计 34023.87 吨。其中，欧元区（包括欧洲央行）共计 10778.5 吨，占其外汇总储备的 53.6%；央行售金协议（CBGA）签约国共计 11942.6 吨，占其外汇总储备的 28.9%。

国际货币基金组织（IMF）发布的 4 月原始数据显示，全球各国央行的黄金需求保持稳健，净购买量共计 43 吨，月度环比增长 8%。4 月份各国央行购金量（超过 1 吨的）合计为 45 吨，与 3 月的水平相当，而净销量（同样超过 1 吨的）总计略低于 2 吨。到目前为止，2019 年全球各国央行净购金量达 207 吨，是自 2010 年各国央行成为净买家以来，最高的央行黄金需求水平。

世界黄金协会更新的截至 2019 年 4 月数据显示，全球前十五官方黄金储备数据表明，美国、德国、意大利、法国、瑞士、日本、荷兰的官方储量没有变化；新兴市场央行则继续保持稳健速度积累黄金储备。俄罗斯、中国、哈萨克斯坦和印度在今年迄今的购买量中依然处于领先地位。其中，俄罗斯继续保持其增长趋势，由2168.3吨增至2183.4吨；中国也增加了其黄金储备，由1885.5吨增至1900.4吨，黄金占外汇储备2.5%，位列第六名。

随着紧张局势持续升温，美元、欧元等国际货币的信用基础有所动摇，各国央行希望实现国际储备多元化，降低美元在官方储备中的占比，是促进其增持黄金的主要驱动因素。

黄金储备的重要性

20世纪70年代，布雷顿森林体系瓦解，美元与黄金脱钩，全球各国彻底实行不兑现黄金的信用货币制度，黄金货币功能减弱，但货币属性并未消失，其避险功能仍然存在。

信用货币和黄金最大的不同点在于，信用货币的价值是人为赋予的，而黄金的价值则是永恒的。黄金作为一种商品，其货币价值并非是外加的，而是天然的，这与美元等信用货币完全不同。所以，美国把黄金作为其主要的储备货币，而不是把欧元、英镑及日元等外汇作为主要储备货币。

当前，黄金储备仍是国家储备的重要组成部分，也是国家贸易的最后结算手段和隐形的价值尺度。同时，综合实力日益增强的国家不断谋求本国货币的国际地位，除了自身经济政治等实力的提升，也需要优化货币储备结构，增加黄金储备的担保比例。

据世界黄金协会发布的数据显示，截至2019年4月，美国黄金储备达8133.5吨，占外汇储备的74.6%，依然是全球持有黄金储备最多的国家。

在未来及相当长的时期内，黄金仍是各国央行、国际货币基金组织（IMF）重要的储备资产，在国际货币金融体系中的作用和地位依然十分重要。

在金本位制时期（1880年至1914年），黄金是中心货币，在金汇兑本位制时期（1922年建立，1929—1933年瓦解）黄金是货币发行的基础，信用货币的发行也与黄金建立了某种平价关系，黄金始终是决定信用货币购买力的基础。

1944年，美国已经成为世界最大的经济体和最大的黄金储备国，其GDP（国内生产总值）在全球的比例高达50%，黄金储备高达63%。1944年7月，联合国货币金融会议通过了"怀特方案"，在该方案的基础上制定了《国际货币基金协定》和《国际复兴开发银行协定》，确定了以美元为中心的国际货币体系，即布雷顿森林体系。

布雷顿森林体系主要内容包括：美元与黄金挂钩；各国确认美国规定的35美元/盎司黄金的官价，各国政府或中央银行可按官价用美元向美国兑换黄金；其他国家货币与美元挂钩，通过含金量的比例确定同美元的汇率。

20世纪60年代后，随着资本主义体系危机的加深和政治经济发展不平衡的加剧，美国经济实力相对减弱。美元国际信用严重下降，各国争先向美国挤兑黄金，美国的黄金储备已难于应付，导致了美元危机，美国于1971年和1973年先后宣布停止用美元兑换黄金，标志着以美元为中心的货币体系进入了新阶段，布雷顿森林体系瓦解。

1976年1月，国际货币基金组织（IMF）理事会"国际货币制度临时委员会"在牙买加首都金斯敦举行会议，讨论国际货币基金协定的条款，经过激烈的争论，签订了《牙买加协议》，同年4月，国际货币基金组织理事会通过了《IMF协定第二修正案》，从而形成了新的国际货币体系。

直到以《牙买加协定》为标志的浮动汇率时代，才最终确定了纯粹的信用本位，黄金官价被废除，其货币属性逐渐黯淡。

但是，黄金的货币属性从未消失，每当面临金融危机和化解危机时，信用货币的脆弱性便显现出来并遭受质疑，黄金的货币属性被人们重新认识。

近年来，伴随着全球金融危机及欧债危机的爆发，美元及欧元等信用货币的信用基础产生动摇，美国及欧元区均推出宽松货币政策，放水贬值，黄金的货币金融属性凸显，金价一度从金融危机爆发初期的700美元/盎司上涨至1920美元/盎司。

虽然全球外贸结算不再使用黄金，黄金失去了流通支付的职能，但在平衡外贸收支时，黄金但是一种贸易双方可接受的结算方式。20世纪90年代末诞生的欧元货币体系，明确黄金占该体系货币储备的15%。黄金是可以被国际接受的继美元、欧元、英镑、日元之后的第五大国际结算货币。

未来，黄金担当储备货币的地位将逐步提升，以弥补仅凭国家信用担保流通货币的信用货币制度的不足。

我国黄金储备发展

我国黄金储备经历了20世纪50年代的贫乏、改革开放的前30年在400—

600 吨之间徘徊，2009 年黄金储备破千吨，目前黄金储备量位于世界前列，但与其他排名靠前的国家相比，我国黄金储备所占外汇储备比例仍然较小。

中华人民共和国成立初期我国黄金储备基础较为薄弱。1950 年全国的黄金储备量究竟多少，并没有准确的说法。根据国家外汇管理局资料显示，20 世纪 50 年代，我国外汇储备年均只有 1.083 亿美元，黄金储备的匮乏就可想而知。

中华人民共和国成立初期，通过统一财政金融、从民间大力收兑金银和扩大矿金的生产收购，国家的黄金储备有了明显增加。据《新中国五十年统计资料汇编》记载，1952 年，我国保有的黄金储备已经达到 500 万盎司（498 万两或约 155 吨），并一直维持到 1958 年。1959 年后，国家遭受严重的自然灾害，随后进入还债高峰和经济调整期，黄金储备减到 400 万盎司（1959—1961 年）、再到 300 万盎司（1962—1964 年）。1965 年后，恢复到 500 万盎司，并在 1974 年达到了 1280 万盎司（约 398.12 吨）的历史最高水平。

在改革开放之初，国家急需外汇，当时国家的外汇主要靠黄金，黄金储备占国家总储备量的 64%，但那时黄金储备量也仅有 408 吨，并且这个量是不能动的，叫"压舱石"。

改革开放 30 年我国黄金储备发展的状况，共分为四个阶段：

第一阶段：1978—1980 年，国家外汇储备分别为 1.67 亿美元、8.4 亿美元、12.96 亿美元时，黄金储备则为 1280 万盎司，合 398.12 吨。

第二阶段：1987—2001 年 11 月，黄金储备一直稳定在 1267 万盎司，折合 398.08 吨。

第三阶段：2002 年外汇储备达到 2860 亿美元，黄金储备开始上升为 600 吨，这是一个分水岭。2002—2008 年，国家外汇储备快速猛增，但对外公布的黄金储备却一直维持在 600 吨。

1978—2008 年，这 30 年来黄金储备一直在 400—600 吨之间徘徊。

第四阶段：奇峰突起的 2009 年，国家外汇储备再次创历史新高达 19537.41 亿美元，稳居世界第一，黄金储备增持为 1054 吨，位列世界第五名。

从 2003 年到 2009 年，我国大幅增持黄金，持有量从 600 吨增至 1054 吨，共增 454 吨，涨幅高达 75%，主要是通过国内杂金提纯及国内市场交易等方式完成此次增持。

2009年之后,我国黄金储备没有再增加,而2011年,国家外汇储备达到31811.48亿美元,黄金占外储的比例仅为1.6%,仅为全球央行平均水平11.6%的13.8%,是欧洲平均水平的2.57%,是美国的1/50。

2015年6月,我国央行打破了6年的沉默,一举增加了604吨黄金储备,数量激增57%。而此后的16个月里,我国央行又持续增加黄金储备,使我国黄金储备达到了1842.6吨,黄金储备在外汇储备中的比例增加至2.2%。

中国人民银行数据显示,我国官方黄金储备从2009年到2015年间曾经保持了6年多没有变化,此后进入了一个16个月几乎连续增持的状态,而在那之后,2016年9月人民币加入了SDR（IMF特别提款权）。

2015年6月,我国黄金储备大幅增加1943万盎司（604.34吨）至5332万盎司（1658.44吨）,至2016年4月连续11个月增持,累计增加2425万盎司（754.26吨）至5814万盎司（1808.36吨）。

2016年6月增加48万盎司（14.93吨）至5862万盎司（1823.29吨）,至2016年10月连续5个月增持,累计增加110万盎司（34.21吨）至5924万盎司（1842.57吨）。

2018年12月,我国黄金储备增加32万盎司（9.95吨）至5956万盎司（1852.52吨）,至2019年6月连续7个月增持,累计增加238万盎司（74.03吨）至6194万盎司（1926.55吨）。

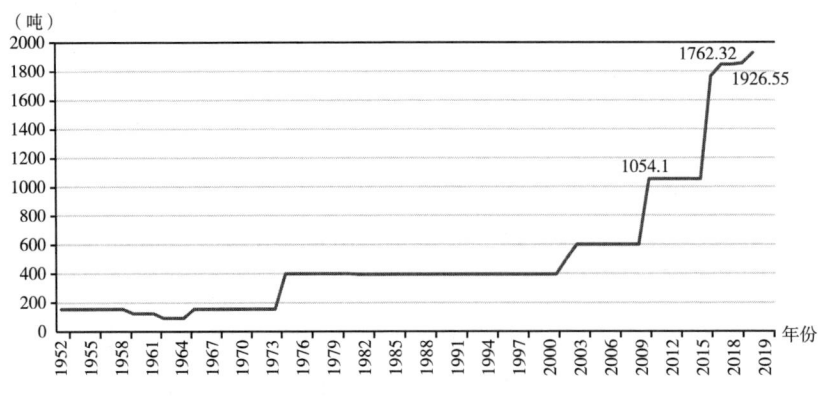

1952—2019年上半年我国黄金储备量变化

从1978年至今40余年间,中国央行共开启了5次黄金增持周期,其中有3次发生在2009年4月至今的10年间,目前正处于第五次增持周期中。每次的增持周期都不短，基本都在一年以上。从价格层面上看，央行增持黄金基本都是在价格处于盘整或者下跌区间。

目前，根据世界黄金协会2019年6月统计的数据显示，我国官方黄金储备在全球各国家中排名第六位。虽然和中华人民共和国成立初期相比，我国黄金储备已经不可同日而语，但和其他国家相比，我国黄金储备所占比例较小。

截至2019年6月，全球前十五官方黄金储备数据显示，中国和日本黄金储备所占比例最少，分别为2.5%、2.4%。黄金储备在中国排名之前的美国、德国、意大利、法国、俄罗斯黄金储备所占外汇比例分别为74.6%、69.9%、65.5%、18.3%，排名在中国之后的荷兰、葡萄牙、哈萨克斯坦黄金储备所占外汇比例都大大超过了中国，分别为66%、57.7%、55.9%。

黄金作为重要的战略资产，对维护国家经济和金融安全、抵抗外部风险冲击有着重要意义，是国际储备的重要组成部分。

近年来，随着全球政治经济形势的变化，各种不确定性因素增加，许多国家央行推行去美元式的多元化资产策略，纷纷增加黄金储备来确保国际储备的安全。其中，俄罗斯、哈萨克斯坦等国家表现出强劲的黄金储备需求，连续多年增加黄金储备。

黄金不仅是外汇资产多元化的重要选择，也是国家应对国际市场各类风险的战略资源，同时，就国民经济总量和国家综合实力而言，未来我国黄金储备有巨大的增长空间。

前几年的全国两会上，中国人民银行行长易纲接受《中国黄金报》记者采访时说，黄金储备和黄金投资永远是考虑的一个选项，但为了保持市场平稳，保持价格稳定，特别是考虑到中国既是产金第一大国，又是进口大国，增储黄金需要综合考量。中国人民银行和外汇管理局对增加黄金在外汇储备中的配置，有一个科学的模型，使包括黄金在内的各种资产在外汇储备中占据合适位置。

2019年全国两会，全国政协委员、中南财经政法大学金融研究所所长刘惠好接受《中国黄金报》专访时表示，从我国国际储备的结构来讲，适当增加黄金储备占比，相应降低外汇储备的比例是有空间的。

黄金一直是美国、英国等国家货币国际化过程中的重要背书，从人民币国际化的角度来说，目前人民币在国际市场上的份额还不高，在国际结算、国际储备中比例还是比较低的，我们也需要用黄金储备来提振人民币的国际化形象，黄金储备是人民币国际化的重要支撑力量之一。

黄金助力人民币国际化

首都经济贸易大学经济学院教授、经济学博士　李　婧
首都经济贸易大学经济学院博士　许晨辰

作为一个在开放进程中的发展中国家，中国最担心外部冲击对金融稳定的破坏性影响，因此，为保证金融稳定，长期采取人民币非国际化政策。其主要的担忧来自三个方面：首先，担心非居民持有人民币投机中国金融市场；其次，担心中国货币供给失控；最后，担心中国金融体制管理受到冲击。

其实，中国早在20世纪90年代初就有实现人民币成为可兑换货币的梦想。在1994年实现汇率并轨和1996年实现人民币经常项目可兑换后，中国人民银行曾认为在2000年左右，人民币会实现资本项目可兑换，届时，人民币就会成为硬通货。中国对本币和外币政策认识的变化主要受危机的影响。1997—1998年的亚洲金融危机提醒了中国经济强大和货币强大是不对称的，资本管制是开放的新兴市场国家克服危机的"防火墙"。"四小龙"出口战略的成功案例成为中国学习的榜样，但是中国忽视了这些国家的汇率制度和稳定的金融市场。泰国、马来西亚、菲律宾、印度尼西亚和韩国遭遇的货币危机和金融危机，让中国进一步明确了资本管制、汇率制度选择对开放宏观经济稳定的重要意义。在危机后，中国加强了对银行系统的监管，放缓了资本账户开放的步伐。2008年，国际金融危机的爆发，改变了决策者对人民币国际化的认识。危机通过贸易和金融渠道直接影响中国外部经济，全球贸易与金融对美元的依赖面临挑战，人民币非国际化的风险开始凸显。一方面，国家面临外汇资产价值流失的风险，外汇储备的安全受到威胁；另一方面，企业面临汇率波动风险。危机后，人民币国际化不仅成为中国应对危机的临时措施，更是中国参与经济全球化、参与全球经济治理及实现本币崛起的重要战略。为争取经济自主性，危机后，加快推进人民币国际化成为中国整体经济刺激计划的重要组成部分。

从2009年开始，中国通过发展跨境贸易人民币结算和香港离岸人民币市场

（CNH）来推进人民币国际化。到 2019 年 5 月为止，这两项措施已经执行了将近 10 年，以"人民币结算量"和"香港人民币存款"为代表的两项人民币国际化指标取得了突出成果，但人民币还不能算是国际货币，人民币真正成为像美元和欧元那样的国际货币还任重道远。因此，吸取国际化货币的经验、归纳主权货币国际化进程中的核心驱动因素、促进人民币国际化进程的可持续发展是中国建立全新对外开放新体制的重要内容。

国际经验表明，国别货币国际化进程也是国际货币竞争的过程。国别货币成长为国际货币，一国经济实力是基础，军事实力是保障，完善的金融体系和金融市场是重要条件，目前的国际货币都是成熟市场经济国家的货币。改革开放以来，中国积极参加经济全球化，2010 年中国已经成为世界上第二大经济体，为人民币国际化奠定了坚实的经济基础。同时，中国军事实力逐渐强大，对外奉行独立自主的和平外交政策，成为维持全球稳定与安全的重要力量。近几年来，中国致力于国内市场秩序的完善，积极进行经济转型与结构调整，不断完善金融体系和金融市场。这些变化都表明，中国正在向一个开放的、成熟的市场经济体系迈进。

2008 年国际金融危机爆发后，面对国际金融市场的动荡，很多国家中央银行都增持黄金，很多投资者和储蓄者也都设法持有黄金，黄金出现了向货币化回归的倾向。从世界货币发展史来看，不同的货币成长为国际货币的路径尽管不尽相同，但黄金都在其崛起过程中发挥了关键作用。中国已经成为全球"系统重要性"国家，人民币国际化是中国主动参与新一轮经济全球化、建立全新对外开放体制的重要组成部分，也是国家竞争战略的重要组成部分。危机后的 10 年，人民币国际化经历了迅速发展和暂时的放缓，随着各机构公布的人民币国际化指数的下降，学术界普遍认为，人民币国际化已经进入了"平台期"或者是"徘徊期"，人民币国际化从哪里突围，并获得长久的耐力，是涉及人民币整体竞争力的关键问题。

增加黄金储备量，多元化配置储备资产

1. 增加黄金储备量，增强人民币信誉，推动人民币国际化发展。

自 1948 年人民币发行之日起，中国就宣布人民币不与任何贵金属挂钩，完全由政府信誉来保障。鉴于黄金在信用货币时代对主权货币信誉的保障作用，以

及黄金作为一国最后国际清偿能力的基础,中国应综合考量黄金储备吨位数和黄金储备价值量,适当增加黄金储备,发挥黄金对人民币价值的支撑作用和保障作用,使国际社会可以更多地选择人民币作为计价货币和储备货币。夏斌在其著作《中国金融战略2020》中阐述道,中国在黄金问题上,不能短视,绝不能从三年五载的短期利益出发,不断增持黄金等贵金属储备应该是中国在相当长的历史时期内,特别是在人民币国际化刚刚起步的10年金融战略过渡期内,必须始终坚持如一的一项重大原则。

中国外汇储备逐年增长,已经超过日本成为官方储备资产第一大国,虽然数量庞大,但是长久以来,在中国人民银行的官方储备资产中,外汇储备占绝对份额,外汇储备结构单一,黄金价值仅仅占官方储备资产总价值的1.5%—2.5%。中国外汇储备构成主要是以美元为主的外币和证券,这就极大增加了外汇储备的价值风险,外汇储备增值大多与国库券收益率挂钩,债券收益率较低,并且中国大量的外汇储备价值与美国经济发展水平高度相关,同时还受到国际政治、地缘冲突的影响,深陷"美元陷阱"。因此,存量上,应该使国际储备更加多元化和丰富化,增加黄金储备量,既分散外汇储备风险,跳出"美元陷阱",又增强国家主权货币信心保障,支持人民币国际化,这无疑是最佳的选择,也是未来我们努力发展的方向。

2. 探索中国特色的人民币国际化道路,多元配置外汇资产,保障资产安全。

2000年以来,我们一直在资本账户开放和人民币国际化道路上探索,取得一些成就的同时也面临很多挑战。实现资本账户下人民币可自由兑换还任重道远,不仅在探索的道路上要学习和借鉴发达国家的开放经验和教训,比如美国和欧元区,也要结合自身的实际情况,走出适合中国国情的人民币国际化道路。美元和欧元作为国际货币在长期内保持币值稳定,这与黄金储备在官方储备中的占比分不开。近年来,美国黄金储备价值占总储备价值的70%—80%,欧元区黄金价值占比也保持在50%以上。而作为后起的追赶国家,甚至是日本,其官方储备中最主要的成分仍然是外汇储备,日本黄金储备价值仅占总储备价值的2.5%左右,中国与日本的黄金储备占比相近。

中国在实现人民币国际化道路上还任重道远,黄金成为这条路上最要好的伙伴,两者相互促进,相伴前行。我们应该放眼世界,学习发达国家成功的经验,吸取失败的教训,分析世界和中国黄金市场,积极参与世界黄金市场之中,结合消费市场、生产市场的供求关系,发挥自身优势,让黄金储备更有力地支持人民币国际化。

促进黄金市场开放,将国内黄金的供求转化为国际市场影响力

1. 借"西金东移",逐步实现"西价东移"。与中国对外开放模式和外汇管制直接相关,中国官方储备以主权信用货币为主,主要考虑的是流动性。在危机后,中国确实增加了黄金储备,但是,2008年中国黄金储备量是1929万盎司,2009年黄金储备增加到3389万盎司,随后保持了六年储备不变,2016年黄金储备迅速增长至5666万盎司,直至2019年3月,中国黄金储备高达6062万盎司(1719吨),并且仍有持续增加的趋势。

据中国黄金协会最新统计数据显示,2007—2016年,中国黄金产量逐年增加,早在2007年,中国黄金超过南非产量,达到270.491吨,成为世界上生产黄金第一的国家,随后连续十多年产量一直领先。2016年我国黄金产量达到453.486吨,达到历史上最高。随后,黄金产量有回落的趋势,2018年中国黄金产量为401.119吨。2008—2013年,中国黄金消费量逐年快速增长,2013年,中国黄金消费量超过1000吨,达到历史最高1176.4吨,随后中国黄金消费量连续六年全球第一,2018年,中国黄金消费量达1151.43吨。

目前,中国是最大的黄金生产国和消费国,2018年中国生产了401.119吨黄金,消费黄金总量达1151.43吨。同时,为了满足大量的黄金需求,中国还是全球最大的黄金进口国,根据中国海关统计,2018年,中国进口黄金1259吨。中国官方外汇储备世界第一,但是黄金储备量排名世界第六,中国黄金储备量2018年底达到1842.6吨,前面依次是美国(8133.46吨)、德国(3369.7吨)、意大利(2451.8吨)、法国(2436吨)、俄罗斯(2066.2吨)。

我国消费量和生产量的缺口呈逐年扩大的趋势,这些黄金需求都需要通过进口来满足。近来年中国都是黄金进口大国,2014年,虽然国际黄金价格下跌,但是中国进口黄金仍高达1506.5吨,成为全球最大的黄金进口国。随后,中国一直是世界上的黄金进口大国,2018年,中国黄金进口量达到1259吨。因此,国际黄金价格对中国黄金市场影响很大,黄金的定价权对中国黄金市场有重要影响。虽然中国是最大的黄金生产者、消费者和进口商,但是,在国际金融市场上,中国一直缺乏黄金定价权。

本土黄金市场的开放有利于增强中国的黄金定价权力。2014年9月18日,上海黄金交易所黄金国际板在上海自贸区正式上线,2015年7月上海黄金交易

所开通了"黄金沪港通",这是上海黄金交易所首次引进境外交易市场开展的合作,香港投资者可以直接投资内地黄金。"黄金沪港通"的启动,标志着内地和香港黄金市场的双向开放,有效实现了境内外黄金市场的互联互通,有力推动中国黄金市场的全球竞争力、影响力和话语权。随着"西金东移"消费趋势的不断深化,以及伦敦黄金定盘价新规则启动,"西价东移"也迎来转变机会。

2. 提高人民币在黄金市场的定价权力。从微观角度来看,人民币国际化的实质是企业的定价权力的强弱。一定程度上,提高企业的定价权是人民币国际化的核心。中国企业的人民币定价权由于受到中国外贸结构及美元国际化惯性的影响,目前仍比较弱。中国是黄金消费大国,中国应把国内市场对黄金的供给与需求传导到世界黄金市场。因此,发展黄金市场,并争取黄金市场的定价权力是提高人民币定价权力的重要渠道。

2016年4月19日,全球首个以人民币计价的黄金基准价格——"上海金"在上海黄金交易所正式挂牌,开始在人民币黄金场外衍生品市场发挥基准作用。"上海金"的发展对中国黄金市场的开放和人民币国际化有里程碑式的重要意义。首先,"上海金"基准价格是在国际黄金市场也可进行交易的黄金的人民币计价,可以反映中国国内黄金市场的现状和供需关系,这不仅可以调节国际资金和资源,也成为国际金价的重要参照,能够对国际市场的资金和资源进行有效配置、均衡其供给和需求、发挥市场调节机制与机能;其次,"上海金"为国内黄金生产和消费企业及投资者提供了基准的参考价格,可以规避汇率风险,增加黄金交易中人民币结算,有利于加速人民币国际化进程;"上海金"的成熟和发展,以及上海黄金交易所产品的丰富和国际化,可以使我国在黄金市场的发言权和定价权显著增强,进一步推动人民币国际化,提升人民币的国际影响力。

3. 鼓励中资机构进入国际黄金市场。中国的银行机构逐渐进入伦敦金银市场,参与黄金定价权,为实现黄金国际化和人民币国际化奠定基础。2015年6月,中国银行加入伦敦金银市场协会黄金定价机制,参与伦敦黄金市场协会(LBMA)黄金定价,作为首位非西方成员,中国银行的加入打破了100多年来由欧美制定黄金价格的局面,创造了中国在黄金市场上获得话语权的机会。随后2015年10月、2016年4月和6月,中国建设银行、中国工商银行和中国交通银行依次加入LBMA黄金定价机制,成为LBMA黄金定盘商。2016年5月、2017年4月和2018年1月浦发银行、平安银行和民生银行也先后加入伦敦金银市场协会，被该协会认定为正式会员。中国银行机构的进入，增加了中国黄金定价的话语权，有利于中国黄金市场的开放和国际化。

提高人民币服务"一带一路"建设能力

"一带一路"倡议是中国参与全球经济循环的重要方式，是建立全新对外开放新体制的核心内容。其具体的目标是实现"五通"。中国已经和很多"一带一路"沿线国家签订了货币互换协议和本币结算协议。人民币可以作为沿线国家投资货币，以产业资本投资带动人民币国际化。同时，中国应继续活跃与沿线国家的黄金交易和贸易合作。

中国作为世界最大的黄金进口国，黄金进口主要是非货币用途的其他未锻造金。中国进口黄金的主要国家和地区是瑞士、中国香港、英国、澳大利亚、美国和新加坡。据《全球黄金年鉴2019》数据显示，2018年，中国从香港进口540吨黄金，从瑞士和英国进口了432吨、143吨黄金。中国与"一带一路"国家的黄金交易往来当前并不是很密切，这也给通过"一带一路"开放中国黄金市场带来了机会，中国可以加强与"一带一路"国家黄金交易往来，推广中国"上海金"，在区域范围内增加人民币黄金的交易量和影响力，通过周边区域合作，积极参与国际黄金市场，从而逐步扩大黄金开放市场，提高中国黄金定价权，进而提升人民币国际化水平。

黄金百年定价体系风云激荡

新华社高级记者　王亚宏

在过去的一个世纪里，中国对全球黄金价格的影响力，从没有像现在这样大过。

在过去的一个世纪里，中国在国际黄金市场上的角色完成了从局外人到跟随者再到引领者的变化，对于黄金这种具有金融和商品双重属性的金属的价格影响力也逐步提高。随着近年来上海黄金市场的壮大，和伦敦与纽约这两个传统的黄金中心渐成三足鼎立之势，中国金价也第一次开始输出对世界的影响。

"西金东移"努力重现"白银帝国"

"上海金"对于世界金价的影响力，和"西金东移"的进程密切相关。由于中国有全球最大的黄金消费市场、加工市场和进口市场，这让中国市场与全球市场紧密相连。现在中国对世界黄金市场的影响，已经初见16世纪中国对全球白银市场的影响力的雏形，这从一个侧面显示出中国在全球贵金属市场中的伟大复兴。

随着地理大发现的推进，全球性的贵金属市场在16世纪首次出现。在海上丝绸之路的贸易中，葡萄牙学者马加良斯·戈迪尼奥的研究表明，当时日本白银产量的绝大部分和占美洲产量近一半的世界白银流入了中国，因此，他将中国形容为一个"吸泵"，形象地说明了明清时的中国吸纳了当时全球巨量的白银。而英国剑桥大学学者沃德·巴雷特统计，1493年到1600年世界银产量是2.3万吨，其中1.7万吨产自美洲，占全部世界银产量的74%。美洲通过欧洲转手运到东方的白银大约有8000吨，其中大部分流入了中国。中国当时因而也被称为国际贸易中的"白银帝国"。

当时，中国是全球最大的白银进口国和消费国，虽然当时没有"应天银价"或者"泉州银价"，但由于近四分之一的白银流入中国，因此中国的银价对于世界市场有重要的影响。300多年后，类似的情况再次发生，这次出现的是"西金东移"，每年都有大量的黄金通过"伦敦—苏黎世—中国香港"，从欧洲被运往以中国为代表的亚洲市场。

黄金流入全球最有活力市场，后者的影响也在浮现。现在国际上最常见的黄金定价体系有两大类，一是美元/盎司价格，二是元/克的价格，后者的异军突起，正是21世纪以来"西金东移"的结果之一。

在全球最大的黄金消费市场，作为传奇性力量的"中国大妈"都是按照从克到公斤的单位来买黄金的。至于国际上通用的黄金计价单位盎司，即使投资了黄金很多年的大妈都不知道是有多少。只有当被详细解释"一盎司差不多等于半两"后，才会做出恍然大悟状。

正是由于东西方在衡量黄金单位上的差异，使得"伦敦—苏黎世—香港"的黄金通道生意兴隆，其中，苏黎世扮演着精炼中心的重要角色，就是将从伦敦运来的400盎司一块的金条，重新熔炼成符合东方习惯按公斤计量的金条。这种烦琐的过程除了创造统计学上的GDP外，并不创造额外的产品，也凸显出当年秦始皇统一度量衡的重要性。

实物市场能更明显地体现出需求的力量。在即期和远期领域，传统欧洲中心的影响力则更显得根深蒂固一些，在伦敦黄金市场上，无论改革前后都是一直使用盎司作为基本交易单位，这一传统已经延续了超过200年。不过即使这样古老的传统也逐渐感受到市场的力量而逐渐转变。总部设在伦敦的世界黄金协会给公斤金条设立一个全球标准，以使之能用于期货市场的担保品。

其实在亚洲，公斤制的金条合约早就成了标配，除了中国的黄金交易所外，一些其他的著名交易所也都陆续推出了公斤黄金合约。芝商所旗下纽约商业交易所2015年初挂牌上市可于香港保管库实物交割的一公斤黄金期货合约，该产品可通过CME Globex电子平台、场内公开喊价及CME ClearPort进行交易，并在芝商所进行清算。2017年6月底，芝商所一公斤黄金期货首次在香港完成交割，这是芝商所历史上首次在美国境外完成的金属实物交割。

全球黄金消费从西方转向东方成为一种趋势，亚洲已在全球黄金生产和消费领域占据了绝对的主导地位，因此除了芝商所外，香港交易所也推出黄金期货合约规模为一公斤的产品，这些产品设计都是为了更贴近亚洲市场的需求。

世界黄金定价体系经历动荡

"西金东移"反映出以中国为代表的新兴市场在全球黄金版图中的地位越来越重要,而欧美的重要性则相对下降。这一下降最直观的表现就是传统以欧美市场为中心的黄金定价体系近年来出现了大规模的变动。

伦敦黄金市场是全球黄金价格形成的中心,伦敦黄金定盘价被用作全球黄金产品价格交易的价格基准。此外,这一价格也被全球其他期货交易所作为他们的黄金期货合约的参考。现在,人们说起伦敦黄金市场的变化,大都会想到2013年"密室定价"东窗事发,伦敦黄金定价机制改革,然而事实上,伦敦黄金市场从三个世纪前形成后,就随着实用的需求不断进行调整。

1919年,罗斯柴尔德父子有限公司伦敦金融城的办公室里举行了黄金定价会议。之所以会举行黄金定价会议,是因为市场形势发生了巨大变化,第一次世界大战摧毁了原有的格局。金本位被破坏,战后黄金市场秩序不得不在废墟上重建。

面对市场可能失控的危险,英格兰银行与合格金银交付商制度名单上的5家公司达成协议,组建"自由黄金市场",开启"五巨头"的密室定价时代。在金本位仍有残余影响的时代,即使在"自由市场"中,主要玩家也只能是央行,而非"五巨头"。当时,黄金仍受到国家的严格管理。从1919年至1938年,西方的矿产金绝大部分被各国中央银行吸收,黄金市场的活动有限。

1939年"二战"爆发时,伦敦黄金市场关闭,一关便是15年,直至1954年方重新开张。"二战"后的布雷顿森林体系进一步用美元挤压了黄金的空间,35美元一盎司黄金被固定下来,这点直到20世纪60年代美元危机后才有所改观。随着布雷顿森林体系瓦解,美国宣布不再按每盎司35美元官价向市场供应黄金,市场金价自由浮动。从那时起,伦敦黄金市场摆脱了布雷顿森林体系的束缚,"五巨头"的密室定价开始发挥作用。

在伦敦黄金市场上,汇丰、巴克莱、德银、法国兴业和加拿大丰业5家做市商的代表在每个交易日的上午和下午各举行一次闭门的秘密会议,商议制定黄金定盘价。按照会议流程,先由占据主席席位的银行提出一个介于伦敦黄金市场最新购入、卖出价的中间价格,随后询问其他四大银行是否匹配。当五大银行找到价格平衡点时,当天的黄金价格就此确定。这一极具神秘主义色彩的定价过程,除了5家银行的黄金交易代表以外，没有其他人可以参与、观看，这也给黄金价格蒙上了一层迷雾。

由于全球黄金市场24小时不间断交易，即使在"五巨头"议价的过程中，交易也不会停歇。定价会议的参与者根据买卖双方数量，在第一时间就能报出金价会涨还是跌，这一信息接着再传至五家银行的客户，最后才会公之于众。

五家定价银行在黄金议价过程中也能进行交易，其衍生品则在市场中调整和流通。凭借"距离价格最近"的时间优势，他们占尽交易先机。

在这种定价机制下，每天开会决定黄金价格的五家银行在黄金市场上既当运动员，又当裁判员，拥有明显不当的竞争优势。

这个定价漏洞被公众知晓，和巴克莱银行有关。而该银行东窗事发，则源于2012年6月28日的一次金价操纵。然而，巴克莱银行并非唯一卷入麻烦的黄金定价银行。2014年1月，德国监管机构发起对黄金定价过程中欺诈问题的调查。德意志银行为了防止负面影响扩大化，随即溜之大吉，决定不再参与伦敦黄金基准价格的制定。

金价操控丑闻曝光和宏观市场环境变化有关，市场对监管的要求已经和20世纪80年代"金融大爆炸"时完全不同。2008年金融危机后，各国金融监管机构纷纷加大监管力度，伦敦黄金定价机制像一栋使用了百年的老房子那样四面漏风，从价格操纵到内部交易，在定价机制里隐藏着一个又一个的风险漏洞。

从"密室定价"东窗事发，伦敦黄金定价机制开始酝酿，到新版的定价机制推出，中间经历了将近两年的时间，这两年是各方势力博弈的两年。经过多方的竞争和协调后，伦敦黄金定价机制改革在2014年底总算取得了重大成果：洲际交易所从伦敦金银市场协会手里拿到了黄金价格管理权。

洲际交易所提供价格平台和方法来管理黄金定价程序，以取代之前通过电话定价的方法。洲际交易所提供的实货结算、电子及可交易竞价将成为黄金市场的基准价格。新的伦敦黄金基准价格的买卖报价实时对外发布。

2015年3月20日，旧的伦敦黄金定盘价正式退出历史舞台，指导每天大约220亿美元黄金交易的新价格正式登场。新定价机制自然要补足之前的缺陷。伦敦金银市场协会首席执行官鲁斯·克罗韦尔表示，新的系统会有效提高黄金价格的透明度。洲际交易所称，金价的涨跌中没有他们的既得利益。

在新定盘价的制定中，原先的汇丰银行、巴克莱银行和加拿大丰业银行继续保留着传统席位，后来包括工银标准在内的多家机构又陆续加入做市商的行列，目前共有 12 家做市商。

新的伦敦金银市场协会黄金基准价在经历了巨大变革后总算粉墨登场，但新机制却并没那么"焕然一新"，虽然电子交易被引入，但总体来说仍被认为是新瓶装旧酒。

LBMA 黄金定盘价改革在 2015 年推出新的制度，在某种程度上仍是不透明的，ICE 并不会透露拍卖中的一些细节，比如主持竞价主席哪一家、竞价的起始价格如何确定等。拍卖的直接参与者名单代表性仍然非常有限，全部由 LBMA 黄金银行组成。由于伦敦黄金市场是场外交易市场，具体的黄金交易统计数据没有公布。

总的来说，整个伦敦的黄金市场仍然不透明。由于伦敦黄金市场是全球最大的黄金市场，这种不透明性对市场有效性或价格形成机制并没有好处。

"上海金"话语权日益提高

在历史上，由于黄金定价体系出现在欧美，在"密室定价"的制度下，国际市场上的金价一直是由欧美国家和西方大型金融机构主导。当"中国大妈"涌进金店购买黄金的时候，她们要付多少钱，完全是由在万里之外的一个价格机制决定的，买家并没有多少议价的权利。

不过这一趋势也正在逐渐变化。中国黄金市场经过十余年的发展已经形成了一个功能有别、形态多样的市场体系，成为当今全球增长最快并具有巨大发展潜力的黄金市场。

中国已经从全球黄金产业的追随者成长为领军者，而在黄金定价权的制定中拥有一席之地也成了水到渠成的诉求，因为黄金对于国家的金融安全及人民币的国际化有着重要的影响。

"中国因素"在国际黄金市场中已经算得上耳熟能详，但"中国价格"进入黄金定价机制，却是近几年才发生的新趋势。之所以"中国价格"能在金价形成机制中登堂入室，其背后是中国在国际市场中角色的转变。经过十多年的快速发展，中国已经从全球黄金产业的追随者逐渐成为开风气之先的领军者，发展为全球黄金市场的重要增长引擎和主要发展力量，在黄金产量、加工量、需求量和进口量四个方面均位居全球第一。在这"四项全能"的打底下，以"上海金"为代表的"中国价格"在黄金定价机制中发挥重要作用也是水到渠成的事。

"上海金"定价业务是以人民币标识、交易和结算的黄金集中定价机制,通过多轮次的"以价询量"集中交易方式,在市场量价达成相对平衡后,形成"上海金"人民币基准价格。负责"上海金"定价业务平台系统开发和运行维护的机构是上海黄金交易所,上海黄金交易所要对整个定价过程进行监督管理,防止出现价格操纵,从而保证"上海金"价格的公允性。

"上海金"贴近亚太这个全球最活跃的黄金市场,让其在与"伦敦金"和"纽约金"的较量中占据了先天的地缘优势,能更好地发挥价格发现的功能,而且能在制度设计上拥有后发优势。这让"上海金"能直接体现中国黄金市场的内生性供需关系,价格发现机制显示出中国黄金市场的价格走向。因此"上海金"具有现实的使用价值,不间断地为黄金市场提供能交易、可信赖、以人民币计价的黄金价格。

"上海金"的定价机制是中国金融市场创新开放、积极融入全球市场的重要尝试,也是中国顺应全球黄金市场的变革和"西金东移"这一趋势的主动创新。"上海金"基准价能够为全球投资者提供有公信力的人民币黄金基准价,黄金市场参与者能将其作为可行的风险管理和金融创新工具。从更大的角度看,这有利于促进人民币黄金市场价格形成机制的完善。

人民币国际化进一步为黄金市场的中国价格创造了广阔空间,"上海金"为世界黄金市场提供前所未有的以人民币计价的基准价格,可以更好地反映出中国黄金市场基本面的供需,从而引导资源优化配置,让市场均衡发展。而作为计价货币的人民币的广泛使用,有助于在中国建设黄金定价中心,提升中国黄金市场的全球影响力。

以往中国黄金市场的价格只是伦敦和纽约两大市场的"影子"价格,中国黄金市场虽然是全球最大的单一市场,但其供求关系无法准确反映到国际市场中。"上海金"的发展壮大改变了原有黄金价格形成格局,其影响也逐步发挥出来,而且不仅让中国市场得以发挥更重要的作用,也影响到全球黄金市场。关键是中国建立的"上海金"价格形成机制是建立在比"伦敦金"更为透明与公平的基础之上的。

迎接黄金再货币化下的金融属性的回归

深圳市罗湖区金融服务署　皮　俊

党的十九大报告明确提出："着力加快建设实体经济、科技创新、现代金融、人力资源协同发展的产业体系。""深化投融资体制改革，发挥投资对优化供给侧结构的关键性作用。""深化税收制度改革，健全地方税体系。深化金融体制改革，增强金融服务实体经济能力，提高直接融资比重，促进多层次资本市场健康发展。"

"金融服务实体经济，打造产融结合的现代经济体系"已经成为中央的基调，这一总体要求对于保持十几年高速发展的中国黄金市场而言，具有十分重要的指导意义。作为中国资本市场的一个重要组成部分，中国黄金市场有义务担负"金融服务实体经济"的责任，充分发挥黄金市场发现价格、保值增值、对冲风险等方面的积极作用，借助产品、渠道、技术、服务等多领域的金融创新，满足不同层次市场参与者的投、融资需求，更好地服务于实体经济。作为中国第一大黄金产业聚集地和第三大金融中心城市的深圳，更要扮演"排头兵"的角色，以敢闯、敢试、敢为天下先的精神，大胆探索黄金金融领域的发展，力争在构建推动现代化的、高质量发展的、全面开放的黄金经济体制机制方面走在全国最前列。

深圳黄金市场发展现状

2017年末，深圳黄金珠宝产业已有各类法人注册企业超过5000家，个体工商经营户超过1.5万家，行业制造加工总值约1500亿元，批发、零售贸易额约340亿元，产业队伍超过22万人。深圳全年黄金、铂金实物提货量，占上海黄金交易所实物销售量的约70%；制造珠宝首饰成品钻的用量，占上海钻石交易所成品钻一般贸易进口量的90%左右；有色宝石镶嵌首饰、金镶玉首饰绝大部分是深圳制造；翡翠镶嵌、玉石镶嵌规模以上的制造企业几乎都在深圳；3D硬金制造加工、硬金镶嵌宝石首饰制造加工业基本被深圳垄断。其中，上海黄金交易所会员中，深圳金融电子结算中心全年黄金成交量占上海黄金交易所会员黄金成交比重的约18%，稳居行业第一。因此，深圳已然是中国黄金珠宝首饰制造交易中心、物料采购中心和信息交流中心。

罗湖水贝－布心片区是深圳黄金珠宝产业的主要集聚区域，约占国内黄金珠宝批发市场份额的50%。30多个黄金珠宝领域上市公司在罗湖设有分公司或子公司；辖区拥有21个"驰名商标"和23个"中国名牌"，分别占全国的37%、44%；片区有专业交易市场27个；2017年末，各类黄金珠宝生产经营法人单位达2934多家，从业人员近8万人，黄金珠宝产业全年实现营业收入1126.85亿元，增长11.2%；自2004年起，深圳市政府在罗湖打造了面积超过110万平方米的深圳市黄金珠宝产业集聚基地，集聚了40家知名的龙头珠宝企业，其中20多家在全国拥有200家以上的珠宝品牌连锁店，已编制20多个行业技术标准，发布1个国家行业标准和3个地方行业标准，先后获得全国首批"中国珠宝玉石首饰特色产业基地""国家外贸转型升级专业型示范基地""全国知名品牌创建示范区""国家首批产业集群区域品牌建设试点示范项目"等荣誉。随着2014年"水贝·中国珠宝指数"的正式运行，罗湖黄金珠宝市场的影响力和话语权得到进一步提升。

当前国内黄金市场转型发展的三大历史机遇

党的十九大报告提出，中国特色社会主义进入了新时代，这是我国发展新的历史方位。结合中国黄金珠宝产业现状和深圳发展实际，行业转型发展面临以下三大机遇。

1. 黄金行业重整机遇。目前，受困传统经营模式限制，深圳黄金珠宝产业利税率仅为3%左右，远远低于其他行业。如何有效提高深圳黄金珠宝企业的经营效益，改变黄金珠宝产业只呈现为特色产业而非支柱产业的现状，不但是推动整个黄金珠宝产业健康发展的重要课题，也是广大黄金珠宝企业寻求转型升级的内在需求。

2. 人民币国际化机遇。"十三五"期间是推动人民币国际化的关键时期，黄金和货币息息相关，没有强大的黄金做后盾，就没有强大的货币，这是国际贸易市场的共识。在中国的主导下，亚洲基础设施投资银行的成立和"一带一路"倡议的提出，无疑将推进人民币国际化进程。在人民币国际化的背景之下，上海黄金交易所积极推出"上海金"，首次实现国内黄金市场以人民币计价和结算。迪拜商品黄金与商品期货交易所上线了"上海金"期货合约产品，首次实现国际黄金市场人民币定价。中央政府近几年不断增持黄金的举措已经说明，中国将抓住人民币国际化机遇，推动黄金市场发展。深圳是"粤港澳大湾区"中心城市，多年来深港融合发展的经验，使得深圳黄金市场具备国际化金融创新的环境，有利于引导"藏金于民"，支持黄金珠宝企业走出去，推动西金东流趋势的发展。同时，中国人民银行深圳中心支行正在积极开展的黄金再货币化方面的课题研究与黄金"深港通"项目一道，将进一步推进人民币国际化进程，强化粤港澳黄金市场人民币定价。这些举措都为深圳黄金珠宝产业的发展提供了优良的发展环境。

3. 中国金融市场开放机遇。党的十九大后，中央政府释放出强烈的"金融开放"信号："我国将大幅放宽外资进入金融业投资比例限制。"从历史经验来看，任何国家金融市场的全面开放都伴随着黄金市场的开放。例如，"伦敦金"市场的欧洲化进程，奠定了英国黄金市场百年金字招牌；美国黄金期货市场的国际化改革，迅速推动纽约和芝加哥黄金衍生品市场定价地位；瑞士银行市场与黄金市场的联动开放，造就了瑞士黄金金融市场"国际中转站"的地位。中国本轮金融开放，必将全面推动中国黄金市场资本、技术和人才全方面的改革，强化国内黄金市场与国际五大黄金市场的合作联系，推动全球资本市场一体化进程。

深圳是全国第三大金融城市，全市银行业金融机构总资产超 12 万亿元。在本轮金融开放的机遇中，银行业是最先享受政策支持的金融机构，同时，依托其自身强大的风险控制能力，必将率先享受金融市场改革福利。深圳金融市场国际化将带来大量新兴金融合作机会，为辖区金融机构开展海外布局带来发展空间。深圳银行业会员也是上海黄金交易所业务主导成员，其黄金租赁业务占国内黄金市场份额最大。因此，本轮银行业金融机构的开放壮大，将会推动深圳黄金珠宝市场的茁壮成长。

深圳可在五大领域助力黄金金融市场发展

在当前多元化的货币体系和多层次的资本市场时代，应当紧跟国家政策导向，充分发挥深圳作为全国金融中心城市乃至重要的黄金珠宝产业集聚地的核心优势，以以下五个方向为规划路径，全面推动黄金珠宝市场与金融市场深度融合，打造多元化、市场化、国际化的黄金金融市场。

1. 打造中国黄金实物交易中心。完善黄金珠宝市场全产业链条，打造中国黄金实物交易中心。一是巩固现有黄金珠宝产业基础。依托罗湖区黄金珠宝产业集聚效应显著、覆盖领域全面和产业链条齐全的优势，继续完善相关政策扶持体制、政府服务体制和市场运作体制，巩固辖区黄金珠宝产业基础，提升黄金珠宝批发零售市场、加工市场、消费市场在全国的市场份额，实现黄金珠宝产业规模经济持久有序增长。二是支持创新型黄金珠宝产业业态发展。引导和鼓励辖区黄金珠宝企业创新发展，突破传统经营理念，打造符合"一带一路"、智能制造、产融结合、高端订制等国家鼓励发展的新型产业业态，打造多元化黄金珠宝产业发展体系，实现罗湖区黄金珠宝产业从"中国制造"向"中国创造"转变，从"规模经济"向"质量经济"转变，全面提升罗湖区黄金珠宝产业效益。三是引导黄金珠宝全要素市场融合发展。引导黄金产业、钻石产业、翡翠玉石产业、彩宝首饰产业、银饰产业和其他贵金属产业细分领域融合发展，形成黄金珠宝产业的全产品要素市场集聚发展、优势互补、协同作战，进一步优化黄金珠宝产业生态环境，改善经营模式，提升市场效率，强化风险抵御能力。

2. 打造中国黄金金融专营机构集聚中心。优化营商环境，强化政策扶持，打造中国黄金金融专营机构集聚中心。一是打造黄金珠宝产业重点持牌金融机构集聚地。基于"一委一行两会"有关政策，鼓励和支持重点持牌金融机构开拓创新，探索设立贵金属专营机构，提升黄金珠宝市场综合服务水平，实现黄金珠宝的业务独立与高效运作，进一步丰富和完善粤港澳黄金金融服务体系。二是打造黄金珠宝产业泛金融机构集聚地。沟通中央监管部门，引导和支持泛金融机构在黄金珠宝产业探索发展，在黄金珠宝金融消费、黄金珠宝小额贷款、黄金清算第三方支付、黄金珠宝融资担保和融资租赁等细分领域降低黄金珠宝企业融资成本，提升黄金珠宝市场消费信心，扩大黄金珠宝市场参与者投融资渠道。三是打造黄金珠宝产业互联网金融平台集聚地。通过"互联网+黄金珠宝"的管理经营和投资理财模式，支持黄金珠宝企业完善黄金珠宝电商销售平台，利用背靠银行的互联网黄金珠宝业务扩充黄金珠宝投融资渠道，以"线下智能展示+线上智能理财"的方式，有效降低实物黄金珠宝运营成本，扩大虚拟黄金珠宝储备空间，提升黄金珠宝交易效率。

3. 打造中国民间黄金储备中心。鼓励黄金珠宝市场金融创新，打造中国民间黄金储备中心。一是打造黄金珠宝官方和民间黄金珠宝储备库。争取中国人民银行在深圳设立人民币现钞发行处理中心，建设官方黄金珠宝储备库，实现黄金珠宝在深圳的高度集中，提升辖区金融抗风险能力。支持民间机构发起设立黄金珠宝储备库、保税仓，撬动"民间藏金"，形成对中国人民银行金库的配套支持。二是引导设立黄金珠宝民营银行。引导和支持符合条件的民营企业向银监会申请设立黄金珠宝民营银行，开展黄金珠宝产业存款、贷款、个人黄金服务、黄金消费贴息等业务，切实服务好黄金珠宝领域小微企业及其上下游企业的投融资。三是支持黄金珠宝回购业务发展。支持黄金珠宝企业开展黄金回购业务，引导民间黄金珠宝回流、再加工、交易环节的有效循环。支持黄金珠宝企业开展黄金珠宝典当，形成黄金"非标金"业务实物集聚，构建民间非标准黄金储备体系。

4. 打造中国黄金产业资产交易中心。引导黄金珠宝市场资本联动，打造中国的黄金产业资产交易中心。一是鼓励设立黄金珠宝产业发展基金。引导社会资本或政府出资发起设立黄金珠宝产业发展基金，以适当杠杆撬动民间资金流入黄金珠宝产业带动行业发展，探索"园区＋基金＋产业"的发展模式，推动市场资源整合，鼓励黄金珠宝初创型企业产品创新，孵化优质成长型黄金珠宝企业；加大政府资金市场引导和投入力度，并购黄金珠宝细分领域领军企业或龙头企业，培育辖区黄金珠宝产业巨头。二是建设黄金珠宝投融资信息服务平台。鼓励建设黄金珠宝电商交易与信息中介服务平台，提供黄金珠宝企业债券交易、债权资产交易、股权质押、股权融资、智能制造领域 IP 融资质押等方面的市场交易、信息咨询和统计服务，扩大黄金珠宝企业融资增信渠道，打造黄金珠宝资产超市，可由税务和统计部门牵头，以一万平方米以上的珠宝专业市场为试点，对市场内的商户施行统一收银，并由市、区政府给予一定资金奖励。三是引入黄金珠宝艺术品拍卖公司。可以依托"黄金大道"、黄金珠宝博物馆，吸引或打造集黄金工艺品和黄金文化创意展示、鉴定、评估、拍卖、代销于一体的综合性黄金拍卖公司，推动深圳黄金珠宝资产拍卖领域的发展。

5. 打造中国黄金产业信息中心。加大人才引入，强化智力支持，打造中国黄金产业信息流中心。一是发起设立黄金珠宝智库。抢占中国黄金珠宝市场理论高地，研究黄金珠宝产业的前沿发展趋势，引领深圳黄金珠宝行业发展，掌握行业的话语权，为政府引导黄金珠宝产业改革发展建言献策；设立黄金珠宝奖学金，筹建深圳第一家黄金珠宝产业博士后科研流动站。二是建设黄金珠宝博物馆。通过建设黄金珠宝数字博物馆，打造面向未来的产业博物馆。融合科普、教育、艺术交流等博物馆功能，建立古今中外黄金珠宝产品数据库、珠宝设计师素材资源库，建成国内一流、国际行业知名的专题博物馆，与深圳现代化、国际化、创新型的先锋城市定位相匹配。三是打造黄金珠宝专业服务机构集聚地。通过吸引黄金珠宝领域专业服务机构集聚，引入黄金珠宝协会、商会、办事处、中介服务机构入驻水贝黄金珠宝产业园，完善水贝黄金珠宝片区规划设计，推动黄金珠宝指数商业化运作，培训黄金珠宝市场专业人才，制定黄金珠宝行业资质评审标准。

黄金财富文明进入新时代

北京黄金经济发展研究中心　钱万权

在中华人民共和国70年伟大的社会实践中，黄金的价值取向始终表现出极强的财富属性。黄金为我国"站起来"提供了坚实的物质财富，直接参与了国家"富起来"的伟大实践，而且正在为中华民族"强起来"发挥作用。黄金对中华人民共和国的诞生和经济复苏、社会建设提供了极强的支撑力、保障力、创新力、导向力和调节力，形成了独有的黄金财富创新机制，对金融秩序的调节、稳定机制，对社会经济发展的支撑机制。而这些社会力和机制都源于黄金独特的财富保值力和财富公信力，都是黄金固有的多重社会属性的体现。从黄金文化角度看，这70年是以黄金财富文化为指令的黄金财富文化时代，而中国是世界现代黄金财富文化的构建者、创造者、领跑者。

自成立起，我国长期实行黄金管制政策，在弱化黄金货币属性的同时，强化了黄金财富属性，黄金财富表现为国家财富，即所谓的"藏金于国"。2002年黄金市场开放，黄金财富由国家财富分化为国民财富，"藏金于民"的步伐加快。2008年以来，二者实现"双突破"，共同维护国家金融市场繁荣，助力人民币国际化，为构建人类命运共同体提供价值观念和财富支撑。

黄金财富发展的演变及历史特征

70年来，黄金在维护我国正常的对外贸易、遏制通胀、稳定金融秩序、助推人民币国际化、增加经济总量和财政税收、促进就业等方面起到了极其重要的保障作用，可谓是经济波动的"稳压器""防波堤"，是社会发展的"助推器"。但是，在不同的发展阶段，黄金财富作用稍有差别，展示出不同的表现力。

黄金财富为中华人民共和国的诞生提供了支撑力，对中华人民共和国"站起来"功不可没。黄金财富价值对中华人民共和国的诞生的支撑作用，源于中国共产党在各个革命时期的根据地建设和对黄金资源的充分开发利用。中华人民共和国成立前夕，我党已经拥有主要产金企业21个。解放区黄金生产的恢复和发展，为顺利推进全国解放提供了源源不断的资金支撑。

中华人民共和国成立后长期实施的黄金管制政策，增强了黄金财富保障力，人民币与黄金脱钩，中国早于西方国家进入现代世界黄金财富的新时期，并成为新型黄金国家财富的引领者。

中华人民共和国成立以来，任何经济波动都是对人民币价值的考验，黄金在考验中从旁观者嬗变为捍卫者。这与黄金的世界货币地位高度关联，更与黄金的财富属性强相关。黄金财富属性是与政治属性是一体两面，是通过国家行政手段实现的。这时的黄金财富表现为国家财富，具有最高的财富公信力。国家集中使用黄金办大事，主要用于外汇支付、平衡国际贸易、获得外部援助。

如果说，1970年是布雷顿森林体系解体、黄金进入财富文化时代的起点，不如说，中国领先西方世界20余年拉开了世界黄金财富文化时代的序幕。中国无意中在建设现代黄金财富文化方面走在了世界前列。中国能够依靠并不发达的黄金工业解决了对外贸易的国际形象问题，黄金财富发挥了砥柱作用。

1978年开始的改革开放，释放了潜在的黄金财富生产力，中国进入黄金财富快速增长期。中国黄金管制政策趋紧，美元、德国马克、日元等世界货币出现，天然信用货币黄金和主权信用货币冲突交锋，黄金表现出了极高的财富竞争力。

1978年，中国拉开了改革开放"求富"的革命大幕。黄金财富受到了前所未有的高度关注。束缚社会生产力的诸多条件得到解放，黄金工业取得了大发展，黄金产量大幅增长。据统计，1978年至2001年总产金量为1945.583吨，年均81.066吨，是1949年至1977年年均产金8.16吨的10倍。这一时期是中华人民共和国成立70年中产金增速最快的时期。

1992年，邓小平南方谈话后，黄金财富生产力有了新的发展。1993年至2001年的8年间，中国共产金1300.822吨，年均产金162.611吨，是1949年至1977年同指标8.16吨的20倍。在黄金实体财富增加的同时，通过市场手段，实现黄金财富的附加值的理论和实践在探索中前行。这一阶段，国家黄金储备有所下降，民间储金有所增加，这是黄金财富在国家内部的再分配、国家黄金战略的结构性调整。

2002年，黄金市场开放增强了黄金财富创新力，黄金财富出现聚变和裂变效应：黄金财富产品和财富创新方式出现多样化；国家财富分化为国民财富，"藏金于民"完善、改善、优化了国家黄金战略结构，黄金财富战略重要性更加突出。这些都是通过市场路径实现的。

最重要的是，黄金管制政策下，黄金属于国家财富，体现为国家黄金储备，随着黄金市场的开放，市场主体的不断多元化，国家财富部分分化为国民财富，黄金财富流入市场，走进民间，刺激了"藏金于民"的繁荣，进一步优化了国家黄金战略体系，不断夯实"藏金于国"的民间力量。

这其中的一个巨大转变是2004年我国黄金市场定位由商品市场向金融市场的转变。对于黄金财富而言，商品市场是低档次的黄金财富市场，产品和交易方式简单；金融市场是高能量的市场，产品丰富，交易方式灵活多样，能最充分地发挥黄金财富的价值。

2007年，中国产金270.491吨，成为世界第一黄金财富创造国，彰显了中国"智造"黄金财富的智慧，提振了中国"黄金人"引领世界黄金财富智造链的信心。

2008年至2012年全球金融危机，引发了黄金货币化的思潮和实践，增强了黄金财富是实体财富最终代表的导向力，提高了黄金财富与信用货币财富、虚拟货币财富的竞争力。中国再次成为世界黄金财富引导者。

首先，国内黄金财富市场更加活跃。中国实现了连续多年的世界第一产金大国梦想，每年为人类社会贡献最多的实体黄金财富。仅2002年至2007年共产金1337.375吨，年均产金222.896吨，比1949年至1976年的28年总产金220.613吨还多。2008年，黄金期货挂牌交易，中国黄金财富创新体系进一步健全完善。到2012年，我国黄金总交易量超过了1.81万吨，交易额超过了1.19亿元，为全球增长最快的黄金市场。黄金是终极财富象征，因而越是经济发展高度增长期，越是黄金流入加速期。随着中国成为世界第二制造大国，世界黄金财富出现了"西金东流"现象。

其次，始发于美国的金融危机是一次虚拟财富如股市、汇市等泡沫财富大危机，本质上是一次深重的美元危机，此后，先前将美元作为重要储备货币的央行们加快资产多元化步伐，因为黄金和储备货币、固定资产的相关度较低，而且是实实在在的财富，因此自2010年开始，世界出现减持美元、增持黄金的全球性潮流。虽然，中国黄金储备没有大的变化，但是股市等资本市场的巨大波动，也引起了社会对黄金财富的高度关注，黄金消费大幅增加，并成为世界黄金消费第一大国。

最重要的是，决定黄金价值的最终因素是科学技术水平。2008年人类最大的生产技术进步是区块链技术的诞生。中国人民银行已经在数字货币研究方面取得了积极进展，但是包括比特币在内的数字货币在中国饱受市场和政府的考验，价格大起大落（最高超过黄金价格数十倍），财富泡沫凸显，目前还不具备作为货币的市场条件。黄金货币经受了区块链的最大挑战，最终比特币还是无从取代黄金货币。事实证明，比特币等数字货币是虚拟的财富，只有黄金货币才是真正的货币财富。

2013年以来，各国央行增储黄金，体现了黄金财富在国家外汇储备中不可替代的调节力，"上海金"的出现是中国提高自我保护黄金财富和社会财富的能力的体现，中国"藏金于国"和"藏金于民"实现了互动条件下的"双突破"。

2013年之后，我国进入高质量发展的新时代。要保持高质量发展，就必须保持国家金融秩序的高度稳定性，一方面要求黄金市场提供更多的金融支撑，另一方面要求国家外汇储备结构要有高度合理性，不受国别政策影响的黄金储备占比应有所增大。这要求开启黄金供给侧结构性改革，商业银行黄金业务发展出实物类、交易类、融资类和资管类四大类，场内外、境内外业务齐头并进。2014年初，我国外汇储备高达4万亿美元，美元占比过高，风险很大。自当年7月始，我国开始减持美元储备，到2016年2月，外汇储备规模降至3.2万亿美元。同时，不断增储黄金储备，截至2019年3月，黄金储备达到了1885.5吨。与此同时，世界各国央行也不断增储黄金，根据世界黄金协会数据，仅2018年全球各央行整体购金量高达651.5吨，是1967年以来的最大购买幅度，而在2019年第一季度，各央行的黄金购买又有了68%的年比增长。

据统计，目前，我国民间储藏黄金在7000吨至9000吨，人均黄金占有量为5克至7克，相较改革开放初期的微乎其微，增幅超过了国家黄金储备量。个人黄金财富拥有量的增加，提高了居民抵御市场风险能力，增强了人民幸福感。

2016年4月，"上海金"诞生，是仅次于中国黄金市场开放的一件具有划时代意义的事件。经过19个年头的跨越发展，中国黄金市场终于有了自己的定价机制，向取得国际黄金话语权迈开了重要一步。截至2016年3月底，三年总交易量达到了3569.72吨，与"纽约金"和"伦敦金"构成了三足鼎立之势，推进了"西价东移"进程。从本质上说，"上海金"是中国打造的黄金财富保值增值机制，是中国黄金财富文明的最大品牌。

2013年始，人民币国际化进程加快。黄金对人民币国际化的助推作用得到了重视。一方面体现为黄金储备的不断增持，另一方面体现在努力践行"一带一路"倡议的伟大实践中。中国黄金行业已经成为践行"一带一路"倡议的先行者。随着中国黄金集团有限公司、山东黄金集团有限公司和紫金矿业集团股份有限公司等中资黄金企业不断进军国际化贵金属市场，中国黄金人创造黄金财富的范围、能力和效率、质量得到了极大提升，履行更多的社会责任，获得了社会认可。

打造现代黄金财富价值创新体系

现代黄金财富文明才刚刚开始，很多环节还没有破题，亟待理论上和实践上的突破。我国要抓住机遇，从如下6个方面凝聚和优化黄金财富机制体系，打造更加璀璨的黄金财富文明，赋能社会经济发展。

1. 在理论上，重视黄金价值研究，形成黄金价值研究机制。我国黄金事业之所以能在不同时期取得巨大发展，首要的是破除了"黄金无用论"，纠正了"黄金商品论"等各种不正确的黄金价值论调，始终重视、坚守黄金价值。今后要进一步动员各类研究中心、协会、学会、高校、科研院所和企业形成合力，为黄金发展提供理论指导。

2. 重视顶层设计，实施国家黄金战略。为应对日益加剧的大国竞争和贸易摩擦，防范金融风险，应充分利用黄金财富在国家外汇储备中的调节机制和黄金在国家战略体系中的调节机制，赋能"藏金于国"和"藏金于民"，从量和结构上实现新的突破。比如，适时增持黄金储备，分步实现3000吨、8000吨乃至万吨的突破；要进一步改革黄金进出口管理规定，进一步减免黄金行业增值税、消费税等税费，提高居民个人黄金持有量。

3. 重视黄金商品属性，激活实体黄金财富"智造"机制，大力发展黄金生产力。目前，我国的黄金供给主要依靠进口，近年来年均在1000吨左右，对外依赖度很高，这就需要紧紧抓住"互联网+"时代，重视物联网、大数据、云计算和人工智能等新技术，推进两化融合，开发中、深部资源，开拓境外资源，打造"绿色矿山""数字金企"和"智慧金企"，创造更多黄金财富。

4. 发挥黄金社会属性作用，夯实黄金财富价值共识机制，促进各种文化交流互鉴，赋能构建人类命运共同体的伟大实践。构建人类命运共同体，首先要构建人类的价值认同体系。在数千年的文明进步中，唯有黄金成为跨越国家、种族、民族、地域、宗教、文化等界限的共识货币形式，成为世界上唯一的非负债货币资产，这就是共同的财富价值载体。黄金文化作为各民族文化积淀下来的共性文化基因，获得了公平性和价值永恒性，反映并服务于人类社会共同的价值取向，具有普适性。

5. 发挥黄金金融属性，创新黄金财富聚变和裂变机制，创造更多黄金金融产品，丰富黄金财富内涵。要加强行业自律，推动互联网黄金业务的拓展；探索黄金银行经营模式，增强黄金投资融资功能。

要重视金融创新技术的开放利用。作为一种生产技术，黄金财富的创造需要区块链技术的支撑，这也为人类创造电子黄金货币提供了技术上的可能性。目前，中国是世界第二大经济体，是黄金财富最大制造国，同时也是最大的区块链技术创新国之一，是二者矛盾凸显者、最优调和者和最终裁判者，实现以黄金货币为信用支撑的加密数字货币体系，需要中国智慧。

6. 充分发挥"上海金"定价机制，赋能中国黄金市场发育，激活黄金财富保值机制，为中国金融市场稳定提供保障。上海黄金交易所、上海期货交易所和商业银行等市场主体要进一步实施创新战略，加大国际合作，实现与"伦敦金""纽约金"三足鼎立的互补格局。

社会文明越发展，越需要黄金财富文明的支撑。我国要深化与世界各国黄金文明的交流互鉴，共建黄金财富文明创新机制，为人类和平繁荣发展作出贡献。

塑造新时代中国特色的黄金文化

葛 辉

一切的文化都有对应时空的主体和载体，黄金文化也不例外。

黄金文化是黄金行业相关社群为了生存和发展，对黄金相关的环境所产生的有关价值因素、信念因素、道德因素和心理因素等的适应方式和特有文化形象。所以，黄金文化首先是一种群体行为，这个群体是参与黄金产业建设和黄金市场发展的人或物。其次，黄金文化是黄金存在于人类社会中的意义，表现为一种观念、一种认识、一种习惯和一种群体意识，离开了黄金所在的社会形态就是空谈黄金文化。再其次，黄金文化是凝结在黄金之中又游离在黄金之外的，能够被传承的有关黄金的历史、地理、风土人情、传统习俗、生活方式、文学艺术、行为规范、思维方式、价值观念等意识形态的产物。基于以上分析，我们可以把黄金文化由面到点，由抽象到具体，按照其对应的载体和活动主体划分归类为黄金社会文化、黄金产业文化和黄金市场文化、黄金产品文化。三者在黄金文化中的地位和作用是：黄金社会文化反映黄金文化发展过程中的"势"，黄金产业文化和黄金市场文化反映黄金文化发展过程中的"道"，黄金产品文化则反映黄金文化发展过程中的"术"，参与黄金文化建设的群体分布在"取势""明道"和"优术"的各个环节，在黄金文化的"面""线""点"的建设中起到各自的作用。

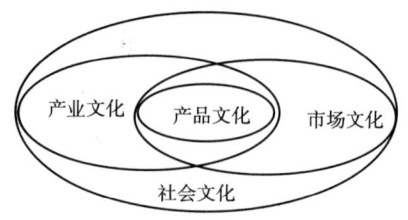

黄金社会文化、产业文化、市场文化和产品文化在黄金文化中的地位和作用

由于黄金具有双重属性，黄金文化与众多行业文化相互交集，尤其是货币文化、金融文化和艺术收藏文化，它们的融合度更高，联系更紧密。与众多领域的文化一样，黄金文化并不是抽象的存在，它具有浓厚的时代特点，不同的时代，人们对黄金的认知和态度也有所不同，不同的区域，黄金文化的应用和创新也有所不同，这就要求我们要以发展动态的眼光审视、分析、应用、创新黄金文化。所以，黄金文化在不同的时空会带上相对应的时空烙印，即在一定的时空内，黄金社会文化、黄金产业和黄金市场文化、黄金产品文化会同时存在，其对应时代标准的精华文化和糟粕文化也会同时存在，其发展要分轻重、主次。

黄金文化 70 年发展内涵不断深化

黄金文化在中华人民共和国成立后的 70 年历程中，随着社会和经济发展的需要，其发展和转化从产业到市场、从商品到金融、从国内到国外、从原料到艺术品，内容不断丰富，内涵不断深化。

1. 70 年的黄金社会文化。各种与黄金有关的社会活动，尤其是有影响的政策、会议、产业结构调整、国际化建设等组成了黄金社会文化。刚刚诞生的中华人民共和国百废待兴，由军事斗争、政治斗争向社会经济建设转变，为了让新政权更好地服务于共和国经济，黄金在社会重心转变和发展过程中，根据经济发展的需要，其本身固有的价值作用在 70 年中国特色的社会中时隐时现。

为了让新货币——人民币走到经济"舞台"中央，那个年代的黄金被作为一种异己进行管制，从而使黄金退出了货币流通领域，丧失了货币支付功能，"黄金无用论"思潮开始成为那时黄金社会文化的特点。为了解决外汇短缺，打破国际封锁，1950 年中国人民银行发布《金银管理办法》，实行黄金管制，禁止自由买卖黄金。1957 年，政务院下发《关于大力组织群众生产黄金的指示》是黄金社会文化发展的重要环节，从政策层面确认了开始黄金生产。为了维护国内的经济秩序，配合国内市场化建设，以及不同时间段社会对黄金的不同需求，1983 年国务院发布《中华人民共和国金银管理条例》，1993 年国务院 63 号函出台，决定实现国内人民币金价与国际美元金价接轨，确定了黄金市场化改革方向。1999 年，黄金市场化改革再启动。2002 年，黄金交易由计划的"统购统配"向市场自由交易转变。2004 年，黄金投资市场建设。2010 年，六部委联合发文《关于促进黄金市场发展的若干意见》，黄金市场体系初步形成；2018 年，中国人民银行连发三个通知,对黄金资产管理、金融机构互联网黄金及黄金积存三方面业务进行规范。这些国家级别的政策文件集中反映了70年黄金产业和黄金市场发展中社会需求的动态变化,表现为黄金消费、黄金投资、黄金交易等需求,是70年我国经济发展规律的一个行业缩影,只不过具有了黄金经济的特点,也就是具有了黄金社会文化的特点而已。为了深度参与和服务我国的国际贸易,近几年,黄金行业的国际化发展也在加快,随着国家"一带一路"的建设发展,黄金产业和黄金市场的各个主体参与深度进一步加强,丰富着我国的黄金社会文化,也是我国70年文化建设中写下浓墨重彩一笔的领域。

2. 70年的黄金产业文化和黄金市场文化。黄金社会文化的发展变化的需求来自于我国不同阶段的社会发展需求,这个发展的基础是黄金产业文化和黄金市场文化。为了配合整个社会经济建设,黄金产业文化和黄金市场文化也发生了翻天覆地的变化。

黄金产业文化的组成内容非常丰富,其中的产业区文化、产业科技文化和产业企业文化是最为具体的,最容易被我们直接感受到。黄金市场文化的正式起步,没有黄金产业文化早,随着上海黄金交易所的筹建开业和上海期货交易所黄金品种的设立,其发展速度和发展质量令世界黄金市场"叹为观止",开业不到20年的时间,形成了黄金市场交易投资群体、黄金市场管理及服务群体、黄金市场科研群体,各个黄金市场参与群体的文化汇聚成了目前庞大的黄金市场文化。显然,从时间上来看,我国的黄金市场文化还显得较为年轻。社会经济的发展使各个群体对黄金价值的认识再次回归,20世纪70年代表现出了"艰苦奋斗、独立自主"的黄金产业文化,我国的黄金产业的地位在经济艰难时刻再次被提升。到新世纪,我国几大黄金产业区的文化发展各有特点,几大黄金龙头企业在社会发展的责任上、国内外发展的视野上形成了黄金产业文化的一道亮丽"风景线"。

3. 70年的黄金产品文化。黄金产品文化是产业文化和市场文化成果转化的子文化。我国70年的黄金文化建设和发展最终还要惠及民生、服务人民,近十几年社会倡导的"藏金于民""盘活民间存量黄金""传播传统文化精髓"等社会、产业、市场文化现象都是要随着黄金产品文化落地而进入千家万户的。黄金产品文化中的实物载体,由原料到工艺品、收藏品,由加工、技术、营销等系列元素组成消费群体的实物消费共识,眼界和需求也逐渐由单一向多样发展。黄金金融衍生品由无到有,由国内到国际,由一元到多元的平台、产品、交易、投资，其交易投资的体量更大，群体数量更多。所以，黄金产品文化直接影响了人们对黄金文化的再认识，丰富和延伸着黄金文化。

塑造新时代中国特色的黄金文化

在70年黄金文化历史的基础上，新时期塑造中国特色的黄金文化必然要结合新时期我国社会经济发展的特点，顺势而为之。在文化强国和"一带一路"建设中，研究发展黄金文化中的"民族灵魂"，将其发扬光大，在黄金文化的现实转化中，积极参与"三大攻坚战"的小康社会建设，紧随数字时代供给侧结构性改革的步伐，优化升级黄金企业的管理文化、经营文化和产品文化。

立足70周年的黄金文化基础，汲取营养。我国的黄金文化历史悠久，从汉代就开始使用黄金并进行社会活动。目前的几个产业区都有厚重的黄金文化积淀，且各有特点，透过厚重的黄金文化，我们可以看到民族的"黄金之魂"。在数字经济时代，这些传统的精神文化同样需要在黄金行业存在，需要黄金群体去继承。

立足我国几千年的传统文化，弘扬中华文脉精华。中华文化源远流长，博大精深，黄金文化只是其中的沧海一粟，但黄金文化却在中华历史发展中无处不在。就说黄金实物的使用，不同时期上至社会上层，下至黎民百姓都会关注甚至使用，认知程度相当高，每一件黄金产品，都凝结着对应时代的历史文化，从地下发掘出来的黄金制品，都承载着对应时代的文化，"文物在，文脉就在，中华即在"，而黄金制品的材质有别于木头、布匹等易腐烂的材质，它更能够传承国家、家庭等文化，让传统文化随着"藏金于民"而进入千家万户。所以，我们弘扬中华文化精华，就要认真梳理几千年的文化精粹，创新性地使用好黄金这个载体，服务人民。

立足国内，面向国际，积极参与和融入国际贸易和跨境产业合作中。在国家"一带一路"倡议的大环境下，黄金企业也积极参与其中，发挥黄金企业的优势，尤其是中国黄金、山东黄金和紫金矿业，准确把握黄金矿业的产业文化周期和市场机会，通过多种模式的合资合作，实现跨国开发，成为"一带一路"建设的先行者，加强了与沿线国家、地区企业在黄金制造、技术研发、品牌建设、营销模式创新等领域的合作，并且取得了可喜的成果。在黄金市场文化的国际化建设中，积极参与新型全球化黄金市场构建，努力推进中国特色的黄金市场国际化步伐，扎扎实实推进"上海金"的品牌文化建设，提高中国黄金市场文化的国际影响力、话语权，以具有中国特点的黄金市场文化推进人民币国际化建设进程，服务跨境贸易，体现了黄金消费大国和黄金生产大国的黄金文化自信。

紧随科技发展步伐，注重文化转化以惠及民生。黄金矿山的勘探、开采、冶炼提纯、黄金制品的加工生产始终伴紧随着科技发展和环境保护的步伐，这些文化已经融入"采金人"和"金艺人"的价值观中，尤其是黄金产业企业文化和涉金金融机构文化，都把"三大攻坚战"放在最为重要的位置，国家层面、协会层面和产业区的企业层面都高度重视生态文明的建设，将先进的环保技术和金融科技广泛应用于产业和市场，将"绿色黄金"和"绿色金融"的理念贯穿于黄金产业链和黄金市场生态中，取得了良好的社会和经济效益。取自自然，回报社会，其实是黄金责任，已经成为新时代"黄金人"的共识，是黄金文化不可缺少的组成部分。

完善黄金产品文化，优化升级黄金企业的经营和管理。黄金产品文化是黄金文化的微观部分，尤其是实物黄金工艺品的文化表现，是最为典型和"接地气"的黄金文化活动，例如《中国黄金报》和《中国黄金行业社会责任报告》等都是黄金文化中的优质产品，是典型的黄金产品文化在具体产品和服务上的表现。而黄金产品文化又是企业管理和经营文化的重要部分，它更能体现黄金企业的品牌定位和在社会中存在的价值意义。所以，黄金文化是一个系统化的活动，我们要把它们放在黄金文化的时空内进行审视和评价。就某一个活动，不可就轻言已经建成了黄金文化，再者，没有时空沉淀的黄金文化产品在成果转化上也非常困难，即使短期有一定的炒作转化，常常会透支企业的信誉度和美誉度，是黄金文化建设的大忌。

黄金产品文化、黄金企业文化的优化升级主要体现在黄金企业的管理和经营上。一是以黄金原料为载体的 IP（Intellectual Property，知识产权）文化、主题文化、内容文化等，它们在数字时代的社群活动中是否真正"满足消费者的需求"，这是衡量社群在生态圈中存在的意义，否则，难以持续，更谈不上持续化经营的商业模式。二是市场端和供应端的有机配合机制，内容比较丰富，消费互联网和产业互联网的发展、大数据在市场端和供应端的深度融合及应用，倒逼黄金企业等机构必须对传统的管理和经营方式、方法进行结构性的改变和改革，尤其是供给侧结构性改革，可以说在数据时代，改革的快慢甚至决定企业的"生死"。三是由于黄金兼具两重属性，黄金金融产品文化和涉金的金融机构黄金文化的建设，必须要放在"稳定金融大局"上，让黄金服务经济、服务实体，为新时代的社会经济建设服务。四是黄金产品文化和黄金企业文化的建设与企业的存在价值和品牌建设是融为一体的，应做到形式和内容的统一、协调。

黄金企业价值相互融合黄金企业文化和黄金产品文化，共同推动黄金文化的成果转化。

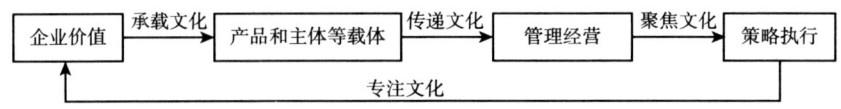

黄金文化的成果转化